Esther Slevogt

Auf den Brettern der Welt

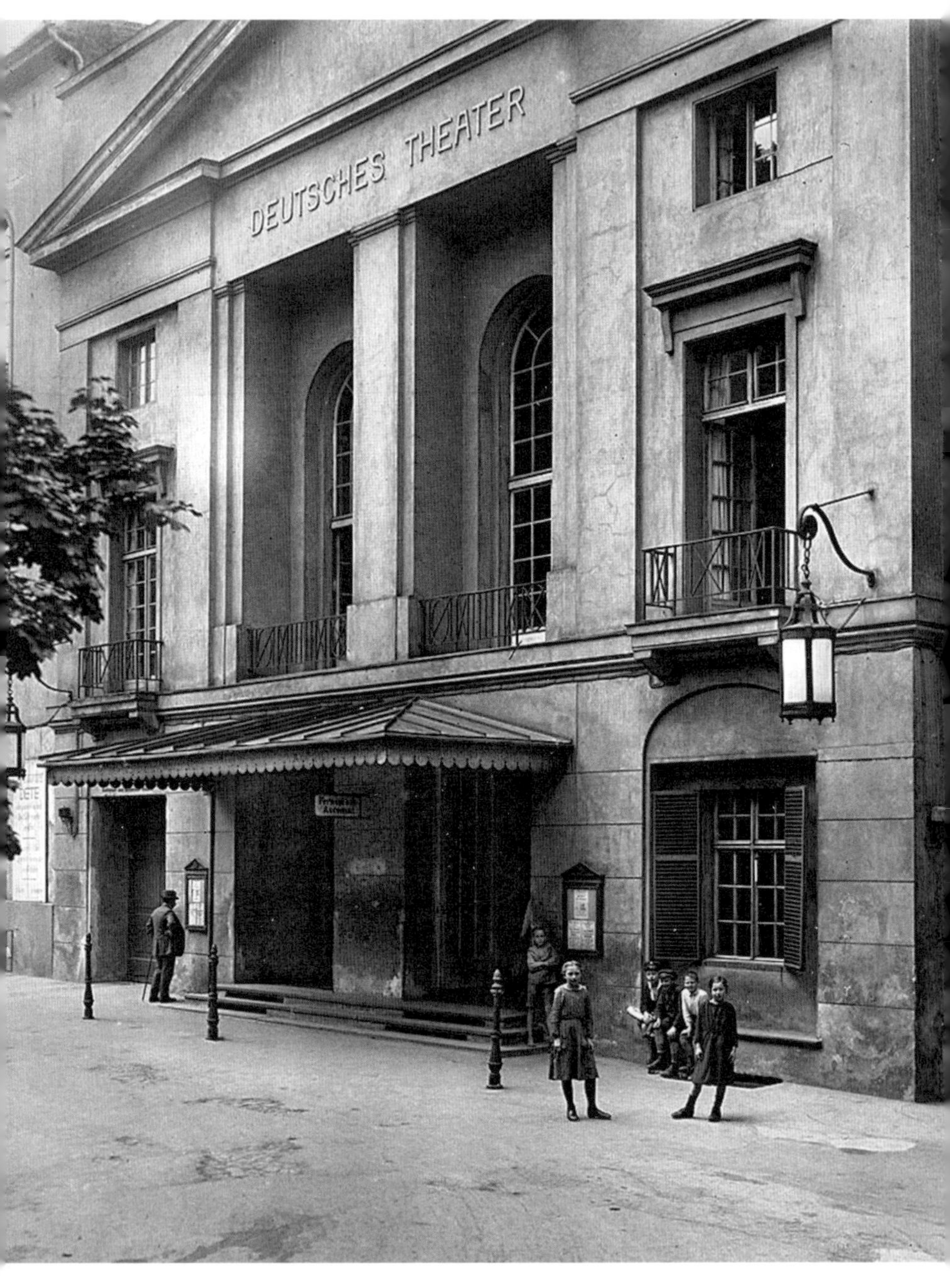
DEUTSCHES THEATER

ESTHER
SLEVOGT

AUF DEN BRETTERN DER WELT

DAS DEUTSCHE THEATER BERLIN

Ch.Links VERLAG

Herausgegeben mit freundlicher Unterstützung
des Deutschen Theaters Berlin

Auch als ebook erhältlich

Die Deutsche Nationalbibliothek verzeichnet diese Publikation in der Deutschen Nationalbibliografie; detaillierte bibliografische Angaben sind im Internet über www.dnb.de abrufbar.

Ch. Links Verlag ist eine Marke der Aufbau Verlage GmbH & Co. KG

www.aufbau-verlage.de/ch-links-verlag
Prinzenstraße 85, 10969 Berlin

Umschlaggestaltung: zero-media.net, München,
unter Verwendung eines Motivs von FinePic®, München
Frontispiz: Das Deutsche Theater um 1910 © bpk-Bildagentur:
Bildarchiv Foto Marburg, 70363443
Satz: LVD GmbH, Berlin
Druck und Bindung: Druckerei F. Pustet, Gutenbergstr. 8, 93051 Regensburg
Gedruckt auf säurefreiem, chlorfrei gebleichtem Papier

ISBN 978-3-96289-202-9

Inhalt

I Auf den Brettern der Welt: ein Prolog

Eine Geschichte des Deutschen Theaters in Berlin muss dort beginnen, wo das Theater die Geheimnisse verbirgt, mit denen es seine Verwandlungen und Bildvisionen technisch erzeugt, und ohne die auch der repräsentative Glanz seiner äußeren Erscheinung nichts bedeuten würde. Also steigen wir zunächst in die Unterbühne hinab: einen nach Staub und Arbeit riechenden Kosmos der Eisenträger, Hubvorrichtungen und Stromschaltkreise. In seinem Zentrum befindet sich ein gemauertes, weiß verputztes Rondell. Es umgibt das Betriebssystem der Drehbühne, einer in den Bühnenboden eingelassenen enormen Scheibe, mit der sich fast die gesamte Fläche der Bühne in Rotation versetzen lässt. Diese Drehbühne ist das Herzstück des Theaters und in gewisser Weise auch Schlüssel zu der Geschichte, die hier erzählt werden soll.

Als die Drehbühne im Jahr 1905 eingebaut wurde, gehörte das Deutsche Theater zu den ersten Theatern in Deutschland, die überhaupt eine solche Vorrichtung besaßen.[1] Waren zuvor von Akt zu Akt (und hinter heruntergelassenem Vorhang) behäbige Umbauten der Kulissen nötig gewesen, konnten mithilfe der Drehbühne nun schnelle Szenenwechsel organisiert, wie von Geisterhand Kulissen und Bauten ins Dunkel des vom Zuschauerraum abgewandten Teils des Bühnenraums gedreht werden, tauchten aus diesem Dunkel immer neue Bilder vor den Augen der Zeitgenossen auf. An der Schwelle zum 20. Jahrhundert machte die Drehbühne fließende, fast filmische Übergänge der Szenen und damit eine nie gekannte Verflüssigung der Handlungsabläufe im Drama möglich.

Elektrizität, Eisenbahn, Motor, Telegrafie, all das war erst seit der Mitte des 19. Jahrhunderts erfunden worden[2] und hatte im Zeitraum von nur einer Generation aus der geruhsamen, biedermeierlichen preußischen Residenzstadt Berlin ein tosendes Zentrum der Industrialisierung

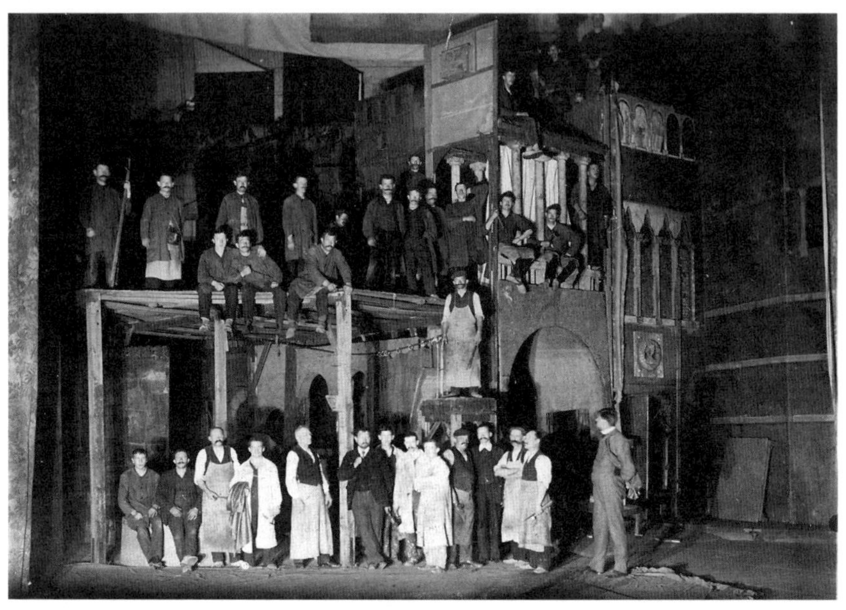

Die technischen Mitarbeiter des Deutschen Theaters auf der Drehbühne, 1907

gemacht. Zum Beginn der Spielzeit 1888/89 war das Deutsche Theater vollständig elektrifiziert worden.[3] Etwa zur gleichen Zeit hatten die Berliner Elektricitätswerke auf der Straße Unter den Linden die ersten elektrischen Straßenlampen in Betrieb genommen. Um 1900 hatten Mechanisierung und Elektrifizierung nicht nur das Leben der Menschen in nie gekanntem Umfang beschleunigt und verändert, sondern längst auch die Produktionsweisen des Theaters nachhaltig umzukrempeln begonnen. Das Deutsche Theater ist einer der Orte, von dem diese technische Revolutionierung der Theatermittel in Deutschland ausgegangen ist und wohl die größten künstlerischen Früchte trug. Davon zeugt in der Unterbühne bis heute die gemauerte Verkleidung des Drehbühnenantriebssystems.

Veranlasst hatte den Einbau der Drehbühne der berühmteste Direktor, den das Deutsche Theater jemals hatte: Max Reinhardt, der seit 1905 nicht nur Intendant des Theaters und sein bedeutendster Regisseur, sondern auch Eigentümer der Immobilie an der Schumannstraße war. Reinhardt und sein Bruder Edmund hatten gemeinsam mit dem Bühnenbildner Gustav Knina, der gleichzeitig Ingenieur und Elektrotechniker war, ein eigenes Drehbühnenpatent entwickelt.[4] Auf der Bühne konnten nun bis zu acht unterschiedliche Szenen gleichzeitig aufgebaut, ihre Wechsel im Nu organisiert werden.[5]

Zur technischen Revolutionierung der Theatermittel jener Zeit gehörte auch der künstlerische Einsatz des elektrischen Lichts. Seit dem Barock hatten Kerzen, Öl- und Gaslampen die Bühne beleuchtet. Im deutlich differenzierten elektrischen Licht hatten die gemalten Prospekte und zweidimensionalen Kulissenteile, die bisher wesentliches Ausstattungselement der Bühne gewesen waren, schlagartig ihre Wirkung verloren. Plötzlich von tageslichthellem Licht beleuchtet, wirkten gemalte Landschaften und Fassaden unnatürlich und primitiv.[6] »Das unverhältnismäßig starke und intensive Licht […] frißt alle Farben der Umgebung weg«, beschrieb es in den 1880er Jahren der vielbeschäftigte Theaterleiter Paul Lindau, der in der Spielzeit 1904/05 Direktor des Deutschen Theaters war, bevor Max Reinhardt es übernahm.[7] Dadurch, dass »in der hellen Beleuchtung die Hilfsmittel grob hervortreten«, sah Lindau die gesamte Theaterillusion zerstört. »Statt eines Baumes sieht man die gemalte Leinwand und anstatt des Himmels ein gezogenes Segeltuch«, lautet seine ernüchterte Feststellung.[8] Neue, von der Architektur und bald auch vom Film her gedachte Mittel wurden nötig, um auf der Bühne glaubhaft die Illusion von Räumen, Bauten, Lichtstimmungen oder Tageszeiten herzustellen. »Es werden an Stelle der groben Linien und Klexereien, in der die landläufige Malerei sich zu bewegen pflegt, mit größerer Feinheit durchgeführte, veredelte Darstellungen treten«, war schon 1882 in der *Deutschen Bauzeitung* zu lesen.[9] Dieser Anspruch würde bald auch an die Kunst der Menschendarstellung gestellt.

Neben einer Bühnenlichtanlage hatte Reinhardt als hinteren Abschluss der Bühne einen festen Rundhorizont einbauen lassen:[10] eine halbzylindrisch abgerundete Riesenwand, mit deren Hilfe sich durch Lichtstimmungen der Eindruck eines unendlich tiefen Raums erzeugen ließ, »die Illusion der Luft und des Himmels«,[11] wie es in der Patentschrift Nr. 206 340 des Kaiserlichen Patentamts Berlin vom 26. Oktober 1906 formuliert ist. Max Reinhardts Rundhorizont im Deutschen Theater war am Anfang des 20. Jahrhunderts eine Art Weltwunder des Bühnenbaus.

Auch dieser Rundhorizont ist bis heute im Einsatz. Er überstand zwei Weltkriege sowie diverse Abrisspläne und zeugt noch immer von der technischen und künstlerischen Revolution, die von diesem Theater in den ersten zwei Jahrzehnten des 20. Jahrhunderts ausgegangen ist. Und von Max Reinhardt, der mit seinem künstlerischen und technischen Forschungsdrang die Regie als gestaltendes Prinzip des Theaters zur eigenständigen Kunstform erhob und das Deutsche Theater zu Weltruhm führte. Denn in Reinhardts Theater geschah etwas Sonderbares: Die von Technik und Industrialisierung entzauberte Welt wurde mit eben dieser Technik im Theater zurückverzaubert. Elektrifizierung und Technisierung der Bühne verbargen die Mittel des Theaters nun in dem Maße, wie Reinhardt gleichzeitig ihre Möglichkeiten in bis dahin ungekannte Dimensionen trieb.

Das Deutsche Theater und seine Köpfe

Doch wir wollen nicht schon zu tief in die Geschichte geraten, deren Anfang doch erst noch erzählt werden muss – eine Theatergeschichte, in der sich die deutsche Geschichte exemplarisch spiegelt: Angefangen von Aufbruch und Emanzipation des Bürgertums in der zweiten Hälfte des 19. Jahrhunderts, dem das Deutsche Theater seine Gründung verdankt, bis in die Abgründe des 20. Jahrhunderts, in die dieses Bürgertum während des Nationalsozialismus stürzte, durch den Kalten Krieg und die DDR hindurch, deren wichtigste Bühne das Theater in der Schumannstraße war, bis in die Jahre der Wende von 1989/90, die aus dem Deutschen Theater heraus wichtige, ja entscheidende Impulse erhielt.

So ist das Deutsche Theater nicht nur der Ort, an dem das bürgerliche Theater, wie wir es heute (noch immer) kennen, wesentlich miterfunden wurde. Es ist selbst Protagonist eines bewegten (deutschen) Dramas, in dem mitunter auch seine Direktoren und Intendanten zu Tragödienfiguren wurden. Die Köpfe der vier berühmtesten unter ihnen säumen heute in Bronze gegossen den Vorplatz des Theaters. Da ist natürlich Max Reinhardt selbst, dessen Büste[12] unter den Platanen rechts vor dem Bühneneingang ihr fliehendes Profil in den Himmel reckt. Ihm gegenüber, vor dem Eingang zum Besucherservice, steht Otto Brahm,[13] der Reinhardt entdeckt und einundzwanzigjährig als Schauspieler an das von ihm von 1893 bis 1903 geleitete Deutsche Theater engagierte.

Brahm war der erste Theatermacher, der das Theater als Tribüne definierte, auf der aktuelle Fragen der Zeit verhandelt werden sollten. Dabei setzte er ausdrücklich auf eine Dramatik, die sich als radikaler Spiegel der Gegenwart begriff. Während in der benachbarten Charité weltberühmte Mediziner wie Robert Koch, Paul Ehrlich oder Emil von Behring Impfstoffe und Heilmittel gegen bis dahin unheilbare und meist tödliche Krankheiten wie Diphterie oder Tuberkulose entwickelten, wollte sich das Theater in der Schumannstraße an die Heilung der Gesellschaft machen.

Im Zuge dessen setzte Otto Brahm die Dramatiker Henrik Ibsen und Gerhart Hauptmann durch: den Norweger Ibsen, der die schwierigen Seelen- und Familienverhältnisse des Bürgertums und seine Zurichtung durch die Ökonomie in beklemmende Dramen goss; und den Schlesier Hauptmann, der zum ersten Mal die soziale Kehrseite und das Elend der rasenden Industrialisierung zum Theaterthema machte, der das Kaiserreich seinen Aufstieg zu einer säbelrasselnden europäischen Großmacht verdankte. Brahm machte das Deutsche Theater zur führenden Bühne des Kaiserreichs. Und er polarisierte. Nach der spektakulären Uraufführung von Gerhart Hauptmanns Sozialdrama »Die Weber« im Jahr 1894 kündigte Kaiser Wilhelm II. die kaiserliche Loge,[14] um fortan zeitgenössische und sozial engagierte Kunst zu bekämpfen und als »Rinnsteinkunst« zu diffamieren.

Hauptmanns Stück über den schlesischen Weberaufstand sah im Deutschen Theater im Jahr darauf auch ein fünfundzwanzigjähriger russischer Student namens Wladimir Iljitsch Uljanow, der unter dem Namen Lenin knapp zwanzig Jahre später die Russische Revolution anführte. Seit 1964 erinnerte eine Bronzetafel am Haupteingang an diesen berühmten Theaterbesucher. Sie wäre, Ironie der Geschichte, beinahe an Hitlers 75. Geburtstag enthüllt worden statt zu Ehren von Lenins 94. Geburtstag, und das in einer Hochphase des Kalten Krieges in der DDR. In einer internen Korrespondenz[15] mahnt Walter Kohls, damals Verwaltungschef des Deutschen Theaters, auf dessen Arm eine Häftlingsnummer aus Auschwitz tätowiert war, eine würdige Gestaltung des 20. April, also Hitlers Geburtstag an. Tatsächlich meinte er den 22. April, auf den Lenins Geburtstag fällt. Doch war der Führergeburtstag wohl noch immer tiefer und traumatischer im Bewusstsein verankert als der des »Führers der ruhmreichen Sowjetunion«. Neun Jahre nach der Wende, als die DDR längst untergegangen war, die sich als Erbin Lenins und seines Kampfes um eine gerechtere Gesellschaft sah, verschwand die Tafel[16] stillschweigend im Archiv. Denn nun galt Lenin auch als einer der Urheber des Schreckens und der Verbrechen, mit denen der Kampf um eine gerechtere Welt geführt und deshalb verloren worden war.

Doch als Leerstelle gehört auch die fehlende Lenin-Tafel zur Geschichte des Theaters, das in sechs deutschen Staatswesen eine herausgehobene Stellung besaß und immer wieder anders kodiert wurde. Die Zeichen an der Substanz des Gebäudeensembles zeugen davon, wie das Theater sich immer wieder neu dem jeweils aktuellen Narrativ anpasste. Schließlich wurde ab der Spielzeit 2001/02 seine große und exemplarische Geschichte ganz aus dem öffentlichen Bild verbannt, das das Deutsche Theater in Berlin von sich produzierte. Der damaligen Leitung schien diese Geschichte offenbar so übermächtig, dass eine Gegenwart im Schatten dieser Vergangenheit nicht gestaltbar schien.

Das Arrangement der Intendantenbüsten auf dem Theatervorplatz stammt aus den Jahren nach der Wende: als das Deutsche Theater im wiedervereinigten Berlin den am Ende vergeblichen Anspruch erhob, das Nationaltheater eines wieder einmal neuen Deutschlands zu werden und zu diesem Zweck die bereits in Theaternähe[17] stehenden Büsten der Gründerfiguren Max Reinhardt und Otto Brahm auf den Vorplatz umziehen ließ. Dort wurden ihnen die beiden Intendanten hinzugefügt, die exemplarisch für die Geschichte dieses Theaters in der Nazi-Zeit und in den Jahren der DDR standen, zu deren Staatsbühnen das Deutsche Theater jeweils gehörte. Und so steht auf der Seite von Otto Brahm, ein Stück weiter Richtung Schumannstraße, seit 1998 auch der bronzene Kopf von Heinz Hilpert,[18] der von 1934 bis 1944 Intendant des Deutschen Theaters war.

1930 hatte Max Reinhardt Hilpert zu seinem Oberspielleiter und Stellvertreter gemacht. 1934 bot Joseph Goebbels, Reichsminister für Volksaufklärung und Propaganda, Heinz Hilpert die Direktion von Reinhardts beiden berühmten Theatern in der Schumannstraße an. Reinhardt hatte Deutschland kurz nach dem Reichstagsbrand und der landesweiten Verhaftungswelle unter den politischen Gegnern der Nationalsozialisten, denen der Brand als Vorwand diente, im März 1933 verlassen.[19]

Heinz Hilpert lavierte das Deutsche Theater, 1934 durch finanzpolitische Winkelzüge räuberisch in deutsches Staatseigentum überführt, durch die Nazi-Jahre. Im Stillen versuchte er, die Tradition des Theaters fortzuführen, fügte sich aber auch den Forderungen nach einem »deutschen Spielplan« mit nationalsozialistisch gefärbten Klassikerinszenierungen sowie prominent besetzten Inszenierungen nationalsozialistischer Gegenwartsdramatik. Das Deutsche Theater war unter Hilpert ein kulturelles Aushängeschild des Nazi-Staats. »Da waren glanzvolle Aufführungen, während Blut über Straße lief«, hat es in den 1950er Jahren der Dramatiker und langjährige DT-Chefdramaturg Heinar Kipphardt formuliert.[20] Aber Hilpert schützte auch Mitarbeiter mit jüdischen Ehepartnern wie den Bühnenbildner Ernst Schütte, engagierte politisch als »belastet« geltende Künstler wie Caspar Neher oder Erich Engel. 1938 stellte er mit Kurt Seeger sogar einen Kommunisten als Dramaturgen ein, der bis 1971 am Deutschen Theater blieb und Hilpert nach 1945 stets gegen alle Anfeindungen und Verdächtigungen verteidigte, ein Nazi gewesen zu sein.

Gegenüber der Hilpert-Büste schließlich, unter den Platanen vor dem Bühneneingang (also auf der Seite Max Reinhardts) steht die

Büste[21] Wolfgang Langhoffs, der von 1946 bis 1963 Intendant des Deutschen Theaters war. Während der Nazi-Zeit war Langhoff als Kommunist im Konzentrationslager gewesen und hatte über diese Zeit ein Buch geschrieben,[22] das 1935 als eine der ersten Dokumentationen des Nazi-Terrors überhaupt weltweit Anerkennung fand. Nach seiner Freilassung überlebte Langhoff die Nazi-Jahre in der Schweizer Emigration. Im Sommer 1946 wurde er von der Sowjetischen Militäradministration, der obersten Regierungsbehörde der sowjetischen Besatzungszone, als Intendant des Deutschen Theaters eingesetzt. Als 1949 die DDR gegründet wurde, deren Staatstheater das seit Kriegsende im Ostsektor Berlins gelegene Deutsche Theater bald darauf wurde, saß Langhoff mit Walter Ulbricht und Wilhelm Pieck auf der Ehrentribüne Unter den Linden, nahe der Ruine des Hohenzollernschlosses, das als Symbol des alten, fehlgeleiteten Deutschlands wenige Monate darauf gesprengt wurde.

Mit der DDR wollte Langhoff ein neues und besseres Deutschland aufbauen, während er in der jungen Bundesrepublik die alten Nazi-Eliten wieder in Schlüsselpositionen gelangen sah und deshalb umso entschiedener an der DDR festhielt. Das Deutsche Theater begriff er als Labor, in dem die Vergangenheit verhandelt, die Gegenwart untersucht und mit Zukunftsentwürfen und Ästhetiken experimentiert werden konnte. Es wurde unter seiner Leitung zur führenden Bühne der DDR. Doch geriet Langhoff immer wieder ins Visier der SED, der er auch selbst angehörte. In einem demütigenden Verfahren wurde Langhoff von Staats- und Parteiführung 1963 schließlich abgesetzt. Jetzt steht Wolfgang Langhoffs Kopf mit den von Bitterkeit ebenso wie von Spott geprägten Gesichtszügen als Bronzebüste auf dem Vorplatz des Deutschen Theaters – fast so, als wäre nichts gewesen.

Das fashionabelste Theater der Reichshauptstadt

Vielleicht muss an dieser Stelle auch einmal erwähnt werden, dass der Theatervorplatz seine heutige repräsentative Weitläufigkeit den Bombennächten des Novembers 1943 verdankt, die damals in Ber-

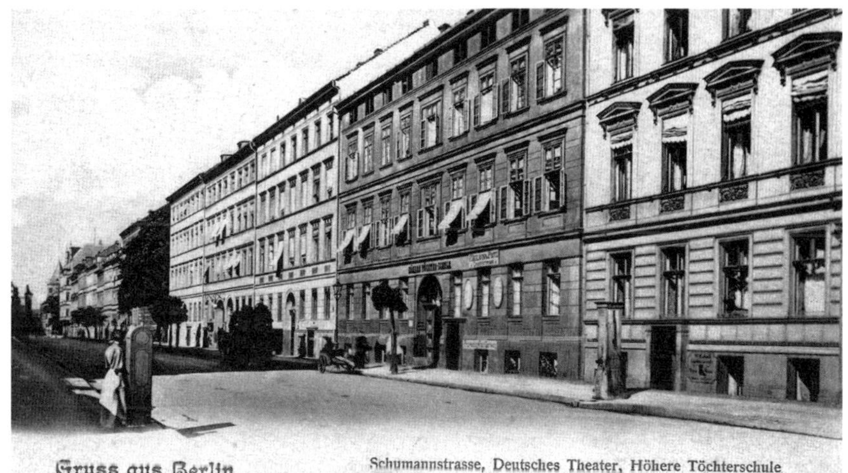

Historische Postkarte aus den 1890er Jahren

lin fast eine halbe Million Menschen obdachlos machten.[23] Damals wurden auch die Vorderhäuser an der Schumannstraße zerstört, auf deren Hinterhof sich das Deutsche Theater und die Kammerspiele bis dahin befunden hatten und wohin Zuschauer und Besucher viele Jahrzehnte lang durch einen Torbogen gelangt waren.[24] Ein Jahrhundert vor den verheerenden Bombennächten von 1943 war hier im Zuge des Ausbaus des Gebiets zwischen Spree und Panke mit der »Friedrich-Wilhelm-Stadt« ein neues Stadtquartier entstanden.

Die Schumannstraße ist nach einem reich gewordenen Seifensieder benannt, der in den 1820er Jahren in diesem, an der damaligen Stadtgrenze gelegenen Gebiet die ersten Häuser baute. Namensgeber des neuen Quartiers war der damals regierende preußische König Friedrich Wilhelm III., der blasse Gatte der berühmten Königin Luise, der hier ebenfalls eine Straße gewidmet ist. Mochten in diesem Viertel alle Straßen die schillernden Namen von Adeligen und Mitgliedern des preußischen Königshauses tragen: mittendrin hatte sich der 1780 als unehelicher Sohn eines Bäckergesellen geborene biedermeierliche Selfmademan

Johann Ferdinand Friedrich Schumann selbst ein Denkmal gesetzt, und dafür gesorgt, dass die Straße, in der er auch sein Wohnhaus errichtet hatte, seinen eigenen Namen trug.

Ein anderer Selfmademan jener Jahre, Friedrich Wilhelm Deichmann mit Namen, ehemals Zimmermann und wie Schumann durch Grundstücksspekulation reich geworden, hatte in dem Viertel 1842 nahe der Stadtmauer (die damals durch das Gelände der heutigen Charité verlief) ein Ballhaus errichtet und es »Friedrich-Wilhelmstädtisches Casino« genannt. Deichmanns Sohn baute das Etablissement wenige Jahre später zum Theater aus: Mitten in den blutigen Unruhen des Revolutionsjahres 1848 hatte er die Erlaubnis der Behörden erhalten, im parkähnlichen, vom Flüsschen Panke durchzogenen Areal hinter dem Casino eine Sommerbühne zu errichten. 1850 ließ Deichmann neben dem Casino eine auch im Winter bespielbare Bühne bauen: das »Friedrich-Wilhelmstädtische Theater«, welches der Grundbau für das Deutsche Theater war, das aus dieser Bühne 1883 hervorging, und in seinen Grundformen bis heute besteht. Ein Zeitungsartikel jener Jahre weiß zu berichten, dass »das zwischen den Wiesen der Tierarzneischule sich erhebende Gebäude in den Augen der Berliner einen so namenlosen Reiz« besessen hätte, dass sie kein anderes Theater lieber besuchten »als das Musenthal in der Pankealp«.[25]

Im Friedrich-Wilhelmstädtischen Theater ließ Deichmann nicht nur Singspiele und komische Opern, sondern auch Lustspiele und Possen spielen, die jedoch nur an der Oberfläche burlesk und harmlos waren, und in täglich wechselnden Einlagen mit frechen Couplets und Versen punktgenau auf die politischen Ereignisse reagierten. In den 1860er Jahren setzte der umtriebige Theaterdirektor in der Schumannstraße den Komponisten Jacques Offenbach und seine irrlichternd subversiven Operetten durch, die das zweite französische Kaiserreich unter Napoleon III. und seine neuen Eliten aufs Korn nahmen und damit nun auch beim Berliner Bürgertum für Begeisterung sorgten.[26]

Durch die Theaterfreiheit von 1870, die jedem Bürger konzessionsfrei die Gründung eines Theaters ermöglichte, in Sorge um seine Existenz geraten,[27] verkaufte Deichmann das Theater 1872 an den Verlagsbuchhändler Heinrich Albert Hoffmann. Der neue Eigentümer ließ das Haus um- und ausbauen. Vor allem der repräsentative Eingangsbereich, der wie ein architektonisches Echo auf den Versailler Spiegelsaal wirkt, in dem 1871 der preußische König zum deutschen Kaiser proklamiert worden war, und der große Foyersaal im ersten Stock stammen aus diesem Umbau:[28] Bühnen für die neuen Eliten des zweiten deutschen Kaiserreichs, die hier in den Pausen mit ihren Damen und Garderoben repräsentieren konnten, aber auch Schauplätze einer neuen, bürgerlichen Öffentlichkeit und eines glamourösen großstädtischen Lebensstils, der damals rund um die Theater entstand. Der zeitgenössische Dramatiker und Literaturwissenschaftler Otto Weddigen bezeichnete in seiner zweibändigen »Geschichte der Theater Deutschlands« das Deutsche Theater jener Jahre denn auch als das »fashionabelste« Theater der Reichshauptstadt.[29]

Seit auf der Rückseite des Theaters ein über Jahrzehnte entstandener Wildwuchs diverser An- und Nebenbauten für das 2015 eröffnete Probebühnenzentrum[30] abgerissen wurde, fließt die Panke wieder sichtbar in ihrem gemauerten Flussbett durch das Gelände hinter dem Theater: durch Gärten, an alten Bäumen und Backsteinbauten vorbei, bis sie für die letzten Meter unter der Erde verschwindet, um auf der Höhe des Theaters am Schiffbauerdamm, dem heutigen Spielort des Berliner Ensembles, schließlich durch ein profanes Abflussrohr in die Spree geleitet zu werden. So ist heute auf der Rückseite des Deutschen Theaters fast wieder ein Hauch jener Zeit erahnbar, als sich Mitte des 19. Jahrhunderts im Grünen rund um eine Parkbühne das biedermeierliche Berlin amüsierte, bevor es von Kaiserreich und Industrialisierung überrollt wurde.

Von seiner repräsentativen Weitläufigkeit war der Platz vor dem Deutschen Theater und den Kammerspielen bis zum November 1943 also weit entfernt. Die letzte Beschreibung der ursprünglichen Lage beider Bühnen stammt von dem Theaterkritiker Richard Biedrzynski, der unter anderem für das NSDAP-Organ *Völkischer Beobachter* schrieb. In einer Publikation über prominente Theaterleute seiner Zeit, darunter auch der damalige Intendant Heinz Hilpert, beschreibt Biedrzynski die Theater in der Schumannstraße als »Poetenwinkel unter den Berliner

Bühnen«. Die »riesenhafte, steinerne Metropole« habe hier »einen abgeschiedenen Musenhof ausgespart«.[31] Als Biedrzynskis Buch wenige Wochen vor der kriegsbedingten endgültigen Schließung aller deutschen Theater zum 1. September 1944 erschien, waren die Kammerspiele bereits von Bomben schwer beschädigt, von den Vorderhäusern nur ausgebrannte Ruinen übrig geblieben. Aus dem Poetenwinkel war eine Trümmerlandschaft geworden. Im Zuge von Enttrümmerung und Wiederaufbau wurden die Ruinen Anfang der 1950er Jahre[32] ebenso abgerissen wie der zerstörte Häuserblock gegenüber, an dessen Stelle sich zwischen Schumannstraße und der heutigen Reinhardtstraße seitdem eine Grünfläche befindet.[33] Seit 1962 standen auf dieser Grünfläche auch die Büsten Max Reinhardts und Otto Brahms, bevor sie auf den Vorplatz des Theaters zogen. Heute befindet sich dort nur noch die Stele der Bildhauerin Christa Sammler, die 1983 zum 100. Geburtstag des Deutschen Theaters aufgestellt wurde.

Gegenüber dieser Grünfläche, auf der linken Seite der Reinhardtstaße, steht vor einem Ensemble nach der Jahrtausendwende erbauter Luxuswohnungen als seltsam aufgetakelte Kulisse der alte Portikus der ehemaligen Probebühne des Deutschen Theaters, die in den 1990er Jahren für diese Bauten abgerissen wurde. Diese Probebühne war in den Jahren 1949/50 in dem Gebäude einer alten, von Friedrich Schinkel entworfenen Kaserne ursprünglich für Bertolt Brecht eingerichtet worden, der nach seiner Rückkehr aus dem amerikanischen Exil zuerst am Deutschen Theater arbeitete, wo er 1949 mit Helene Weigel das Berliner Ensemble gründete. Erst 1954, zwei Jahre vor seinem Tod, zogen Brecht und das Berliner Ensemble um die Ecke ins Theater am Schiffbauerdamm. Doch Brechts wichtigste Arbeiten nach 1945 sind am Deutschen Theater entstanden.

Die legendäre Inszenierung »Mutter Courage und ihre Kinder« kam 1948 sogar noch vor der Gründung des Berliner Ensembles als Produktion des Deutschen Theaters heraus. Und der zur Ikone einer ganzen Theaterepoche gewordene Planwagen, den Helene Weigel in der Titelrolle zäh marschierend gegen die Rotationsrichtung von Max Reinhardts Drehbühne[34] zog, verdankte seine existenzielle Wucht nicht zuletzt Reinhardts Rundhorizont, der die Weite der Schlachtfelder des Dreißigjährigen Krieges nun im Nachkriegsberlin spürbar werden ließ. Vor der Folie dieses Krieges, der 1948 auch für den gerade erst vergangenen stehen sollte, hatte Brecht sein Drama zur Universalparabel über die Unbelehrbarkeit des Menschen gemacht, an die er gleichzeitig die Hoffnung knüpfte, von seinem Theater würde sich der Mensch vielleicht doch belehren lassen.

An der Westgrenze Sowjetrusslands

Seit dem 8. Mai 1945 lagen das Deutsche Theater und die Ruine der Kammerspiele im sowjetisch befreiten und eroberten Berlin. Die sowjetische Militäradministration nannte das Deutsche Theater, das zwölf Jahre lang nationalsozialistische Staatsbühne gewesen war, nun »Max Reinhardts Deutsches Theater« und sorgte auch für die Umbenennung der nach einem preußischen Prinzen benannten Karl-Straße, die dem Theater gegenüberlag, in »Max-Reinhardt-Straße«. Damit verneigte sich die Sowjetische Besatzungsmacht vor dem berühmtesten aller Theateremigranten, der 1943 verarmt in New York gestorben war. Die Umbenennung war aber auch ein Signal an die vielen prominenten Künstler, die sich noch in westlichen Emigrationsländern wie den USA oder der Schweiz befanden und die man nun in den Ostsektor Berlins holen wollte. Als die junge DDR das Theater dann Anfang 1950 in Volkseigentum überführte, die Bühne nun wieder einfach Deutsches Theater hieß und Staatstheater der DDR geworden war, verlor die Max-Reinhardt-Straße lautlos und ohne, dass offiziell jemand davon Notiz nahm, ihren Vornamen. Seitdem heißt sie einfach »Reinhardtstraße«, fast so, als habe man sich allzu explizit an den Namensgeber der Straße und ursprünglichen Eigentümer der Theater nicht mehr erinnern wollen, dessen Erben ein Jahr nach Kriegsende ohne Erfolg ihre Ansprüche auf Rückgabe des geraubten Eigentums geltend gemacht hatten.[35]

Bald nach Kriegsende begann dann der Kalte Krieg, der erbittert (und mit Geheimdienstgeldern) in Ost und West auch auf der Ebene der Kultur geführt wurde. Er verengte die Spielräume bald ebenso wie die

Möglichkeiten der Menschen auf beiden Seiten der Sektorengrenze, noch außerhalb festgefügter ideologischer Raster denken, wahrnehmen oder gar handeln zu können. West-Berlin sollte zur Frontstadt und zum Schaufenster des Westens ausgebaut werden. Doch die berühmteste Berliner Bühne lag im Ostsektor der Stadt: das Deutsche Theater. In West-Berlin gab es außer dem kleinen Hebbel-Theater in Kreuzberg keine vergleichbar repräsentative Bühne. So wurde mit dem Wiederaufbau des zerstörten Schillertheaters in Charlottenburg bald fieberhaft an der Eröffnung eines eigenen West-Berliner Staatstheaters gearbeitet: als Konkurrenz zum Deutschen Theater, dessen Besucher noch immer ebenso aus Ost und West kamen, wie auch seine Mitarbeiter in allen vier Sektoren der Stadt lebten. Denn noch war die Mauer in Berlin nicht gebaut.

»Kein Westberliner besucht ein ›Staatstheater‹ des Ostens!« hatte die West-Berliner Zeitung *Der Tagesspiegel* bereits im Dezember 1948 mitten in der Berlin-Blockade und vor den letzten Magistratswahlen von Groß-Berlin getitelt.[36] Und auf Seite zwei hatte *Tagesspiegel*-Gründer Erik Reger geleitartikelt: »Lasst die vom Ostsowjet annektierten Theater veröden; nennt nicht mehr die Namen der Künstler, die dort spielen, sie seien vergessen. […] Meidet die Pest, wie man die Pest eben meidet!«[37] Von diesem Vergessensverdikt sind bis heute Künstler wie Wolfgang Langhoff betroffen, der ein bedeutender Schauspieler und Regisseur war und der doch noch immer nicht Teil einer gesamtdeutschen Kultur- und Theatergeschichte ist. Damit steht er exemplarisch für viele Künstler, die (nicht zuletzt als Opfer der Nationalsozialisten) der DDR gegenüber loyal blieben, zu der es für sie keine Alternative gab, weil in Adenauers Bundesrepublik viele alte Nazis wieder an Schaltstellen der Macht in Regierung und Justiz gelangt waren, während Kommunisten erneut verfolgt wurden.

Der bekannte West-Berliner Kritiker Friedrich Luft hatte im Juli 1950 Langhoff als Volksverhetzer, das Deutsche Theater entsprechend als völkerverhetzende Anstalt bezeichnet und in einer Theaterkritik laut darüber nachgedacht, »ob die Entsendung ernsthafter Theaterkritik in die immer monotoner werdenden Schaustellungen kommunistischer

Selbstbefriedigung im Osten unserer Stadt überhaupt noch angängig ist«.[38] Sogar der große Schauspieler Fritz Kortner – der lange an Max Reinhardts DT engagiert war und den Wolfgang Langhoff nach Kriegsende dabei unterstützt hatte,[39] nach Deutschland zurückzukehren – schrieb in den 1950er Jahren in seinen Memoiren: »Hinter dem Brandenburger Tor beginnt das neue Russland [...]. Jetzt brauche ich nur ins Deutsche Theater, einstens Max Reinhardts königlichen Besitz, zu gehen, und bin an der Westgrenze Sowjet-Rußlands angelangt.«[40]

Kortners böse Sottise jedoch hatte einen wahren Kern: In unmittelbarer Nähe des Deutschen Theaters befand sich, Reinhardt-/Ecke Albrechtstraße, seit Mai 1945 das Untersuchungsgefängnis des sowjetischen Geheimdienstes NKGB. Es war in einem Bunker eingerichtet worden, den 1943 Zwangsarbeiter ursprünglich für die Deutsche Reichsbahn erbaut hatten, sowie in einem angrenzenden Gebäude, in welchem sich heute die ukrainische Botschaft befindet. Hier verschwanden in der ersten Eskalationsphase des Kalten Krieges um 1950 Verhaftete und Entführte, bevor sie nicht selten in Geheimprozessen verurteilt und in sibirische Straflager wie das im berüchtigten Workuta verschleppt wurden. Oft konnten sie, so haben es ehemalige Häftlinge[41] berichtet, durch die vergitterten oder mit Brettern vernagelten Fenster die Gespräche der Menschen hören, die aus dem Deutschen Theater kamen, und den aufgeschnappten Dialogfetzen entnehmen, welche Vorstellung sie gesehen hatten. Zeitzeugen haben aus den Gebäuden hin und wieder auch Schreie heraus auf die Straße dringen hören.

Auch Wolfgang Langhoff geriet in dieser Zeit wegen seiner Kontakte in der Schweizer Emigration in Bedrängnis und schrammte nur knapp an einer Verhaftung vorbei, die auch ihn zu einem Insassen des gefürchteten Komplexes gemacht hätte. »Wir alle gingen, abendlich gekleidet, an diesem Bunker vorbei zu den berühmten Brecht-Premieren des Berliner Ensembles«,[42] schrieb der Literaturkritiker Fritz J. Raddatz (um 1950 Lektor beim Ost-Berliner Verlag Volk & Welt) über seinen Weg ins Deutsche Theater jener Jahre, wo Brecht damals arbeitete, dessen Meisterschüler Horst Bienek und Martin Pohl ebenfalls verhaftet worden waren.[43] »Alle Stephan Hermlins, Hans Mayers, Herbert Iherings flanierten in festlicher Stimmung [...] an dem finsteren Elendsklotz vorbei, bereit zum Kunstgenuss und Applaus.«[44] Jeder von ihnen und auch er selbst, so Raddatz weiter, wusste genau, was hinter den einschüchternden Mauern des Gebäudekomplexes geschah, der 1950 vom frisch gegründeten Staatssicherheitsdienst der DDR übernommen wurde.

An die Versuche, sich im Berliner Kulturkampf zwischen Ost und West in den ersten Jahren des Kalten Krieges zu behaupten, erinnert noch heute das große goldene Monogramm DT im Giebel des Deutschen Theaters. Es entstand um 1950, als sich das frisch in Volkseigentum überführte Theater nicht nur als Staatstheater der DDR neu erfinden, sondern auch gegen das kurz vor der Eröffnung stehende Schillertheater in Sachen Corporate Design positionieren wollte. Damals brüteten die Kommunisten in der DT-Dramaturgie wie kapitalistische Marketingexperten über Strategien, die Marke »DT« in ganz Berlin zu stärken. Von der geplanten West-Berliner Theatereröffnung wurde voller Verachtung als dem »Barlogputsch« gesprochen, weil der designierte Intendant des Schillertheaters Boleslaw Barlog viele Schauspieler des DT-Ensembles abgeworben hatte. Zunächst war zwischen beiden Theatern noch vereinbart worden, dass die Schauspieler ihre Rollen am DT parallel weiterspielen durften. Doch der West-Berliner Senat verbot den neuen Ensemblemitgliedern des Schillertheaters die gleichzeitige Weiterbeschäftigung am Deutschen Theater. Das ist unter anderem in den Protokollen der Leitungssitzungen aus jener Zeit nachzulesen, die im Nachlass von Herbert Ihering[45] überliefert sind, der von 1945 bis 1956 Chefdramaturg des Deutschen Theaters war. Nach 1989 hatte das Schillertheater dann bald seine Schuldigkeit getan und wurde 1993 geschlossen.

Mit der Schaffung eines neuen Logos für das Deutsche Theater wurden 1951 der damalige Chefbühnenbildner des Hauses John Heartfield und sein Bruder Wieland Herzfelde beauftragt.[46] Die Wirkung dieses Logos blieb jedoch begrenzt. Denn das Deutsche Theater durfte in West-Berliner U-Bahnhöfen bald schon nicht mehr plakatieren. Die noch immer durch alle vier Berliner Sektoren fahrende S-Bahn wurde von den meisten West-Berlinern schon aus Prinzip nicht benutzt, da sie als Teil der Deutschen Reichsbahn unter DDR-Hoheit stand. Das war schon so, bevor (West-) Berlins Regierender Bürgermeister Willy Brandt nach dem Mauerbau im August 1961 zum Boykott der S-Bahn aufrief: »Kein Pfennig mehr für Ulbricht!«, »Der S-Bahnfahrer zahlt den Stacheldraht!« So blieb der Werbeeffekt des Logos mangels Reichweite in Berlins Westsektoren aus. Trotzdem hat das Logo der Brüder Heartfield/Herzfelde ein halbes Jahrhundert lang das Deutsche Theater repräsentiert. Es befand sich auf sämtlichen Druckerzeugnissen des Hauses, auf Plakaten, Programmen und Theaterkarten. Es war schließlich so tief mit der Identität dieser Bühne verbunden, das mancher meinte, es sei bereits von Max Reinhardt in Auftrag geben worden. Erst Bernd Wilms hat das legendäre Logo durch ein neues ersetzt, als er 2001 die Intendanz des Deutschen Theaters übernahm. Nur im Giebel ist es bis heute erhalten.

Vom Gottesgnadentum des Künstlers

Bis 1951 hatte eine Bildmarke für das Deutsche Theater gestanden, deren Vorbild aus dem gründerzeitlichen Deckenschmuck des Zuschauerraums stammt und dort bis heute zu betrachten ist: der deutsche Reichsadler, der in seinem Mittelschild allerdings nicht das Staatswappen, sondern zwei stilisierte Masken,[47] also das Symbol für das Theater, trägt. Dieses Theaterwappen stammt aus dem Jahr 1883, als das Deutsche Theater von vier damals berühmten Schauspielern sowie einem erfolgreichen Stückeschreiber und Theaterdirektor gegründet wurde.

Mit der Verschmelzung von deutschem Staatswappen und dem Theatersymbol brachten die Gründer damals ihr Projekt auf den Punkt, anstelle des alten Friedrich-Wilhelmstädtischen Theaters mit dem Deutschen Theater nun einen Ort in die Theaterlandschaft zu pflanzen, der den Zusammenschluss der deutschen Kleinstaaten zum deutschen Kaiserreich im Jahr 1871 auf dem Theater vollenden sollte: ein Künstlertheater als Nationaltheater, ein *Deutsches Theater* eben. Seit Schiller und Lessing waren alle Versuche, ein deutsches Nationaltheater zu etablieren, an der deutschen Kleinstaaterei gescheitert. Das Programm der

Theatergründer von 1883 war in der Ikonografie des Deckengemäldes des Zuschauerraums noch weiter ausformuliert.

Es war reich mit Porträts einiger der berühmtesten Schauspieler des 19. Jahrhunderts bestückt, die für den Aufstieg der Darstellenden Kunst aus ihrer schizophrenen Nischenexistenz zwischen Jahrmarktspektakel und Fürstenvergnügen zum wesentlichen Element einer neuen bürgerlichen Hochkultur standen, darunter Ludwig Schröder, Karl Seydelmann und Theodor Döring,[48] wie einem Zeitungsbericht von 1883 über die Eröffnung zu entnehmen ist.[49] Es waren die Kinder von Händlern, Kaufleuten, Soldaten und sogar Tagelöhnern, die hier nun, zum Teil in Gold gefasst, wie Adelige und Kirchenfürsten dargestellt wurden, als wollten sie dem Gottesgnadentum, mit dem Fürsten, Könige und seit 1871 auch der Kaiser in Deutschland ihre Macht legitimierten, nun voller Selbstbewusstsein das wahre Gottesgnadentum des Künstlers entgegenhalten. Unter den Porträts befand sich ursprünglich auch Bogumil Dawison, einer der größten deutschen Theaterschauspieler der ersten Hälfte des 19. Jahrhunderts. 1818 als Sohn armer Juden in Warschau geboren, hatte er sich die deutsche Sprache im Selbststudium beigebracht.

Über den Köpfen der Zuschauer des Deutschen Theaters war sie hier damals also schon skizziert, die bürgerliche Gesellschaft der Zukunft, deren Idee um 1800 Aufklärung und französische Revolution geboren hatten, die aber 1883 in Deutschland immer noch nicht wirklich umgesetzt war: dass nicht mehr Geburt und Religion über den Stand des Einzelnen in der Gesellschaft entscheiden sollte, dass alle Menschen gleich und frei geboren sind. Es fehlten freilich die Frauen in diesem schönen Zukunftsbild. Im Wandschmuck des großen Foyersaals im ersten Stock gab es später immerhin Bilder von der Prinzipalin und bedeutenden Gründerfigur des bürgerlichen Theaters Caroline Neuber, den Schauspielerinnen Hedwig Niemann-Raabe, Agnes Sorma oder Else Lehmann.[50] Noch bis zu Max Reinhardts Zeiten wurden die Wände in den Foyers und Wandelgängen des Theaters um Bilder und Büsten der Größen des Fachs und der Dramenliteratur ergänzt.[51]

Der Iffland-Ring

Aus vier in Gold gefassten Medaillons im Deckengemälde schauen immer noch Heinrich Anschütz, Ludwig Devrient, Theodor Döring und Friedrich Haase auf die Zuschauer von heute hinab.[52] Bis auf Anschütz, in der ersten Hälfte des 19. Jahrhunderts ein berühmtes Mitglied des Wiener Burgtheaters, waren sie alle Träger des Iffland-Ringes, der einmal als eine Art Krönungsutensil für Schauspieler galt. Der kostbare Fingerring mit dem Bild des Schauspielers, Theaterdirektors und Dramatikers August Wilhelm Iffland[53] war der Legende zufolge testamentarisch immer an den jeweils größten lebenden Schauspieler weitergegeben worden.[54] Ludwig Devrient, der ihn von Iffland selbst bekommen haben soll, hatte ihn an Emil Devrient vererbt und der wiederum dachte ihn nach seinem Tod Theodor Döring zu. Von Döring hatte schließlich Friedrich Haase den Ring erhalten, der 1883 unter den Gründern des Deutschen Theaters war. Haase wiederum vermachte den Ring 1911 testamentarisch dem Schauspieler Albert Bassermann, auch er ein berühmtes Mitglied des Deutschen Theaters.[55]

Allerdings ist Haases Nachlass die erste wirkliche Quelle für den Mythos vom Iffland-Ring. Möglicherweise entsprang dieser einmal sehr populäre Mythos also erst der Fantasie Haases, der 1825 im Berliner Schloss als Sohn des ersten Kammerdieners des preußischen Königs Friedrich Wilhelm III. geboren wurde und mit dem Iffland-Ring später ein Adelsprädikat für Schauspieler erfand. Der Schriftsteller Ludwig Tieck hatte Haase auf Empfehlung des Königs, der zugleich Haases Pate war, zum Schauspieler ausgebildet, Alexander von Humboldt sich für Haases Engagement ans Hoftheater am Gendarmenmarkt eingesetzt, wo er einer der berühmtesten und bald auch weitgereisten deutschsprachigen Schauspieler seiner Zeit wurde. Bis in die USA hatten Gastspielreisen Haase in den 1860er Jahren geführt, wohin damals noch kaum jemand gelangte, der nicht für immer dorthin auszuwandern gedachte.

Friedrich Haases Biografie macht auch noch einmal den Umfang der gesellschaftlichen und technologischen Umwälzungen des 19. Jahrhunderts in nur einem Menschenalter deutlich. 1825 in den Jahren des Vormärz' geboren, verbrachte Haase die Abende seiner Kindheit im Berliner Schloss noch im Schein von Kerzenlicht und bewegte sich am Anfang seiner Schauspielerkarriere mit Pferdekutschen fort. Als er 1911 starb, war die Bevölkerung Berlins von 220 277 Einwohnern auf 2 084 045 angewachsen. Auch in den Nächten war die Stadt nun hell erleuchtet. Elektrisch betriebene Hoch- und Untergrundbahnen hatten den Transport der Massen in der boomenden Industriemetropole übernommen. Die von der Technik und den damit einhergegangenen ökonomischen Veränderungen umgekrempelte Welt, über die immer noch die Glocke der alten, feudal geprägten Ordnung gestülpt war, stand kurz vor der Explosion.

Albert Bassermann hat den Iffland-Ring, den Haase ihm nach seinem Tod vermachte, selbst nicht mehr weitervererbt. Drei der Schauspieler, denen er den Ring nach seinem Tod zugedacht hatte, starben vor der Zeit, darunter Alexander Moissi,[56] auf dessen Sarg Bassermann im Frühjahr 1935 den Ring zunächst legte. Damals hatte Bassermann Deutschland seiner jüdischen Ehefrau wegen bereits Richtung Wien verlassen, noch eine freie und nicht von den Nazis besetzte Stadt. Den Ring übergab Bassermann schließlich 1938 kurz vor seiner Emigration in die USA dem österreichischen Theatermuseum, das ihn nach Bassermanns Tod 1953 ausgerechnet an Werner Krauß[57] verlieh, (auch er einmal Mitglied des Deutschen Theaters), den Joseph Goebbels im Herbst 1933 zum Vizepräsidenten der frisch gegründeten Reichstheaterkammer ernannt hatte, der Theatergleichschaltungs- und Kontrollbehörde im nationalsozialistischen Deutschland. Später hatte Krauß den mörderischen Antisemitismus Hitlers und der Nationalsozialisten dadurch unterstützt, dass er in Propagandafilmen wie »Jud Süss« mitwirkte, wo er gleich mehrere antisemitische Judenkarikaturen spielte, also seine große Kunst dem Ausrottungswahn zur Verfügung stellte, um es mit den Worten von Krauß' Kollegen Fritz Kortner zu sagen.[58] Kortner konnte kein Verständnis dafür aufbringen, dass Werner Krauß nach dem Krieg in der Bundesrepublik und Österreich mit Ehrungen überhäuft wurde, während Albert Bassermann am 15. Mai 1952 als gehetzter,

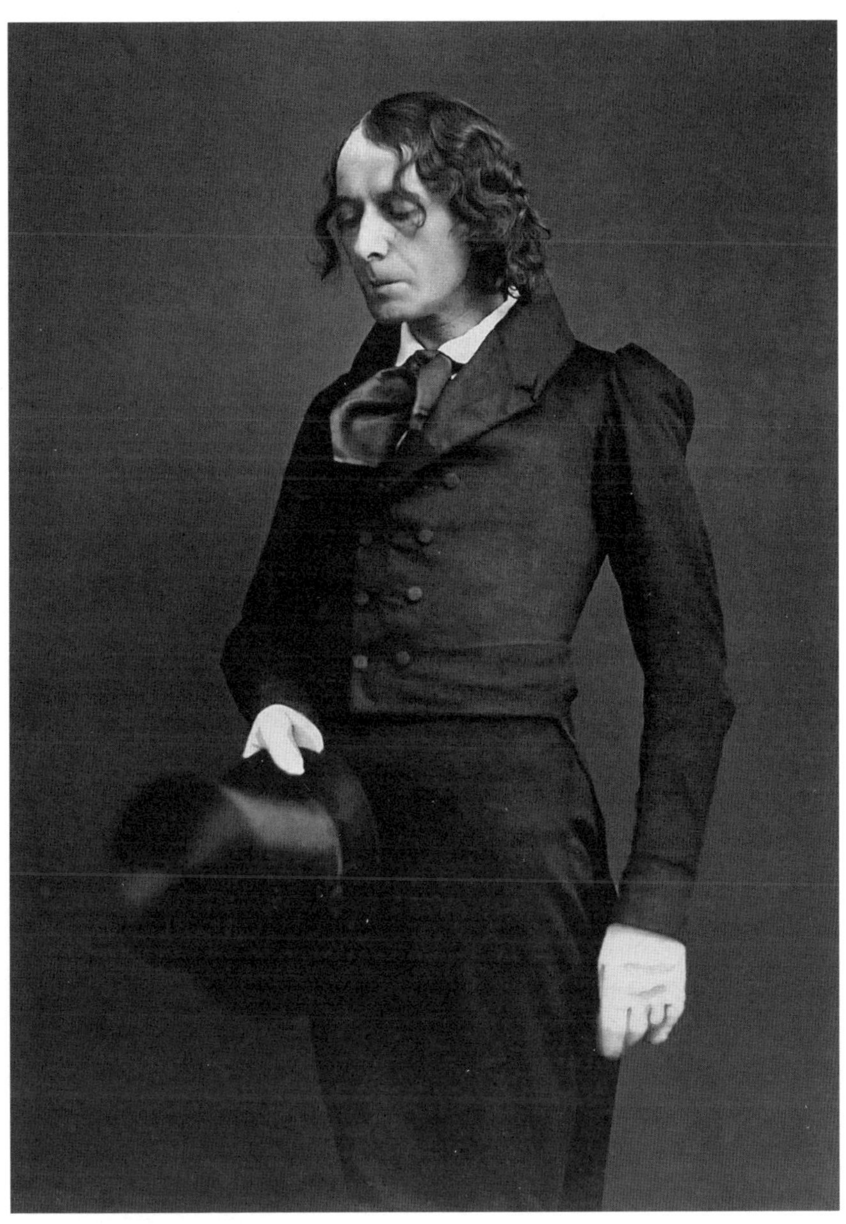

Friedrich Haase um 1862 als Candidat Elias Krumm in »Der gerade Weg ist der beste« von August von Kotzebue, eine seiner Paraderollen

gebrochener Mann im Flugzeug zwischen seinem Emigrationsland USA und Europa starb.

Doch ist der dynastische Gedanke des Iffland-Ringes bis heute im Deckengemälde des Zuschauerraums bewahrt,[59] das auch vom Glauben der Schauspieler handelt, ein Geschlecht von eigenem Adel zu sein.

II Bürgerliche Selbstermächtigung: ein Theater wird gegründet

Der Iffland-Ring-Träger Friedrich Haase allerdings war für die Gründung des Deutschen Theaters nicht von nachhaltiger Bedeutung. Zwar hatte er seinen prominenten Namen und viel Geld in das Projekt »Deutsches Theater« gesteckt, doch ein gutes Jahr nach seiner Gründung hatte Haase noch einmal viel Geld in Form einer Konventionalstrafe gezahlt, um wieder aus dem Sozietätsvertrag entlassen zu werden.

Eigentlicher Initiator der Gründung war der Schauspieler Siegwart Friedmann. Wie Haase gehörte auch er zu einer Kaste von Schauspielern, die im 19. Jahrhundert als reisende Virtuosen in ganz Europa auftraten und bis in die USA gelangten. 1874 hielt er sich, frisch zum Professor der Schauspielschule des Wiener Konservatoriums ernannt,[1] eine Zeit lang in Paris auf und beschäftigte sich unter anderem mit der Organisationsstruktur des Théâtre-Français, das heute besser unter dem Namen Comédie-Française bekannt ist. Im 17. Jahrhundert von Ludwig XIV. gegründet, war das berühmte Theater einst Arbeitsplatz unter anderem von Molière. »Diese bewunderungswürdige Organisation hat die vielbewegten Regierungsformen des wandlungsreichen Staatswesens Frankreichs zwei Jahrhunderte überlebt, sich trotz der zahlreichen Krisen in ihrem eigenen Wirkungskreis stetig weiterentwickelt«, schreibt Friedmann in seinen Erinnerungen.[2]

In Paris begann der Gedanke in ihm zu arbeiten, in Deutschland ebenfalls ein solches Theater zu gründen. Denn nach der »glorreichen Begründung des Deutschen Reiches« müssten doch jetzt endlich auch die Deutschen darangehen, eine dem Théâtre-Français ähnliche Institution ins Leben zu rufen. Beeindruckt war Friedmann auch davon, dass am Théâtre-Français die Schauspieler ein Mitspracherecht bei Besetzungs- und Spielplanfragen hatten und als Sozietäre an den Einnahmen des Theaterbetriebs beteiligt waren.[3]

Das Jahr 1870 und die Theaterfreiheit

Seit Beginn des Jahres 1870 gab es keine größeren Hindernisse mehr, ein Theater zu gründen, was zuvor ausschließlich ein fürstliches Privileg gewesen war. Denn am 1. Januar dieses Jahres waren die Verordnungen zur Allgemeinen Gewerbefreiheit in Kraft getreten.[4] Damit wurden Handels- und Gewerbeschranken aufgehoben, die in den deutschen Kleinstaaten den durch die Industrialisierung rasant expandierenden Märkten im Wege standen. Paragraf 32 der Verordnungen zur Allgemeinen Gewerbefreiheit betraf das Theater: Es musste keine Konzession mehr beantragt werden. Jeder konnte ein Theater gründen und dort spielen, was er wollte, sofern er Geld genug hatte, das Theater auch zu betreiben. Damit war das Monopol der Staats- und Hofbühnen institutionell und, was noch wichtiger war, auch inhaltlich gebrochen. Denn die Hofbühnen allein hatten bis dahin das Recht gehabt, klassische Dramen aufzuführen.

Siegwart Friedmann suchte Mitstreiter für seinen Plan, in Berlin nach dem Vorbild des Théâtre-Français ein »Deutsches Theater« zu gründen, und fand sie unter anderem in Ludwig Barnay, auch er eine Schauspielgröße dieser Zeit. 1871 war Barnay federführend bei der Gründung der Genossenschaft Deutscher Bühnenangehöriger, die die Rechte der Schauspieler als Arbeitnehmer gegenüber dem Deutschen Bühnenverein vertreten sollte. Im Bühnenverein waren seit 1846 die Theaterintendanten als Arbeitgeber organisiert – meist adelige hohe Beamte der jeweiligen Königs- oder Fürstenhöfe, zu denen ihre Theater gehörten, manchmal alte Militärs, die Anspruch auf einen respektablen Posten bei Hofe hatten. Präsident des Bühnenvereins war stets der Intendant der Königlichen Schauspiele in Berlin.[5]

Die Genossenschaft Deutscher Bühnenangehöriger machte sich im

Jahr nach dem Inkrafttreten der Allgemeinen Gewerbefreiheit auch für ein Theatergesetz stark, das Rechte und Pflichten von Arbeitgebern und Arbeitnehmern festlegen und Schauspieler vor Verarmung und Ausbeutung im nach 1870 inflationär zu werden drohenden Theatergewerbe schützen sollte. Mit der Gründung der GDBA bildete sich die Polarisierung der Gesellschaft in Arbeitgeber und Arbeitnehmer, die mit der Industrialisierung und der damit verbundenen zunehmend arbeitsteilig organisierten Gesellschaft entstanden war, nun auch in den Theaterstrukturen ab.

Tragische Affären: Ferdinand Lassalle, Helene von Dönniges, Siegwart Friedmann und die Geburt des Deutschen Theaters

Der gesellschaftspolitische Kontext der Bildung von Parteien und Interessensvertretungen in der zweiten Hälfte des 19. Jahrhunderts spielte auch bei der Gründung des Deutschen Theaters eine Rolle, die man als einen frühen Versuch betrachten kann, ein am sozialdemokratischen Denken orientiertes Mitbestimmungsmodell im Theater zu realisieren. Acht Jahre vor der Gründung der Genossenschaft deutscher Bühnenangehöriger hatte der Schriftsteller Ferdinand Lassalle 1863 in Leipzig als Interessensvertretung der Arbeiter den Allgemeinen Deutschen Arbeiterverein gegründet, aus dem 1875 die Sozialdemokratische Partei Deutschlands hervorging, als sich der Allgemeine Deutsche Arbeiterverein mit der von Wilhelm Liebknecht und August Bebel gegründeten Sozialdemokratischen Arbeitspartei zusammenschloss. Aus einer Abspaltung der SPD konstituierte sich zum Jahreswechsel 1918/19 wiederum die Kommunistische Partei Deutschlands.

Eine Schicksalslinie verbindet die Anfänge der deutschen Sozialdemokratie mit denen des Deutschen Theaters. 1864, nur ein Jahr nach Gründung des Allgemeinen Deutschen Arbeitervereins, starb Ferdinand Lassalle im Alter von neununddreißig Jahren in Genf an den Folgen von Schussverletzungen, die er sich bei einem Duell um die Tochter eines hochrangigen Beamten am bayrischen Hof, Helene von Dönniges, zugezogen hatte. Die Zwanzigjährige heiratete daraufhin den Todesschützen, den rumänischen Prinzen Janco Gregor von Racowitza, mit dem sie bereits verlobt war, als Lassalle um sie warb, die Verlobung dann jedoch für Lassalle gelöst hatte. Dies hatte den Widerstand des aristokratischen Vaters der Braut, Wilhelm von Dönniges, provoziert, der sich so vehement gegen die nicht standesgemäße Wahl seiner Tochter stellte, dass der in seiner Ehre gekränkte Lassalle ihn zum Duell herausforderte. Wilhelm von Dönniges selbst war jedoch nicht zum Duell erschienen, sondern hatte den gehörnten Verlobten seiner Tochter gebeten, gegen Lassalle anzutreten.

Als auch der Prinz wenige Monate nach seiner Heirat mit Helene von Dönniges starb, ging die junge Witwe nach Berlin, um Schauspielerin zu werden. Siegwart Friedmann, der damals noch dem Ensemble des Königlichen Schauspielhauses am Gendarmenmarkt angehörte, nahm sie als Schülerin auf. 1868 heirateten die beiden – vierundzwanzig und fünfundzwanzig Jahre alt.[6]

In Berlin und später am Schweriner Hoftheater waren Helene und Siegwart Friedmann in den wenigen Jahren ihrer stürmischen Ehe ein gefeiertes Schauspielerpaar. Sie spielte Schillers Maria Stuart, er den finsteren Lord Burleigh. In Lessings bürgerlichem Trauerspiel »Emilia Galotti« stand sie als Gräfin Orsina und er als der fürstliche wie intrigante Kammerdiener Marinelli auf der Hofbühne von Großherzog Friedrich Franz von Mecklenburg-Schwerin. Die Aura des Skandals, die Helene Friedmann als aristokratische »Mörderin« Lassalles dabei stets umgab, beförderte noch ihren Ruhm, erschien sie im Bild, das sich die Zeitgenossen von ihr machten,[7] doch selbst wie die tragisch-schillernde Protagonistin eines bürgerlichen Trauerspiels: als Tochter einer zum Christentum konvertierten jüdischen Mutter und eines adeligen katholischen Vaters in München geboren, war sie in ihrer bayerischen Kindheit eine Spielgefährtin des späteren »Märchenkönigs« Ludwigs II. gewesen. Als Achtzehnjährige hatte sie sich in den Arbeiterführer Lassalle verliebt, der aus einer jüdischen Kaufmannsfamilie stammte, um anschließend den rumänischen Prinzen zu heiraten, der Lassalle im Duell erschossen hatte.

Am Strudel der Verstrickungen, der Helene von Dönniges erfasst hatte, wird deutlich, wie stark auch die Klassenschranken im Zuge von Industrialisierung und expandierenden Märkten in jenen Jahren unter Druck geraten waren. Das Theater war der Ort, der die tragischen Umstände, die sich aus der neuen Unübersichtlichkeit zwischen den Klassen ergaben, anhand von Trauerspielen wie »Emilia Galotti« oder »Kabale und Liebe« verhandelte, die jedoch bereits ein knappes Jahrhundert zuvor am Beginn der bürgerlichen Epoche entstanden waren.

Was Helene Friedmann, geborene von Dönniges, betrifft, haben zeitgenössische Kritiker immer wieder eine gewisse Diskrepanz zwischen den Erwartungen, die nicht zuletzt ihr skandalträchtiger Ruf weckte, und ihrer tatsächlichen Bühnenpräsenz zu Protokoll gegeben. »Dieses im brennenden Sonnenlichte so unbändige Temperament wurde merkwürdigerweise zaghaft und verkroch sich förmlich vor dem Rampenlicht. Dafür freilich revanchierte sie sich außerhalb des Theaters, mit dem freiflatternden Haare auf dem Lebenswagen dahinsausend«, schrieb etwa der Wiener Journalist und Schriftsteller Siegmund Schlesinger[8] über die Frau, die immer wieder auf den (damals noch gezeichneten) Titelseiten der sich gerade als neues Massenmedium etablierenden Illustrierten abgebildet war. Ehemann Siegwart wurde stets als der stärkere Schauspieler wahrgenommen – »denn just auf der Bühne als Darstellerin Lärm zu machen, war die sonst genug lärmvolle und auch genug reich veranlagte Frau wenig geschaffen.«[9]

1872 war die Karriere des gründerzeitlichen Glamourpaars auf einem neuen Höhepunkt angekommen: Heinrich Laube, der langjährige Direktor des Burgtheaters, hatte sie nach Wien gerufen, ins Ensemble des von ihm gerade neu gegründeten Wiener Stadttheaters. Eine einzige Aufführung des Stücks »Maria und Magdalena«[10] von Paul Lindau, Berliner Literat, Theaterkritiker und später Kurzzeitdirektor des Deutschen Theaters, hatte das Paar zum Stadtgespräch gemacht. Dann zerbrach ihre Ehe und wurde 1873 geschieden. Um nach der Scheidung Abstand zu gewinnen, unternahm Friedmann wenig später seine Studienreise nach Paris, wo die ersten Pläne zur Gründung einer Schauspielersozietät entstanden, die zehn Jahre später nun mit der Gründung des Deutschen Theaters realisiert werden sollten.

Parvenüpolis Berlin

Vorläufig aber fehlte noch ein Haus, in dem Siegwart Friedmann und die hochkarätige Schauspielergruppe, die er inzwischen um sich versammelt hatte, ihre Pläne umsetzen konnten. Da traf es sich gut, dass das Friedrich-Wilhelmstädtische Theater in der Schumannstraße 1881 wieder einmal den Besitzer gewechselt hatte. Der Käufer war ein vielseitiger Mann, Musiker, Dirigent, Dramatiker, und hatte auch als Theaterleiter bereits Erfahrungen gesammelt. Als Autor beliebter Volksstücke, die meist die Geburt des wilhelminischen (Klein-) Bürgers aus dem Geist des Kapitalismus zum Gegenstand hatten, war Adolph L'Arronge in den Jahren nach der Reichsgründung berühmt und vor allem reich geworden. Wie Friedmann schwebte auch L'Arronge eine bürgerliche Reform des Theaters vor, das zwischen Volksunterhaltung und fürstlichem Deklamationstheater einen eigenen Kunstanspruch formulieren sollte.

Wesentlich inspiriert hatten L'Arronge die Berliner Gastspiele des Ensembles Georg II. Der Herzog von Meiningen hatte zum Entsetzen seiner adeligen Standesgenossen 1873 die bürgerliche Schauspielerin Ellen Franz[11] geheiratet und gemeinsam mit ihr und dem Regisseur Ludwig Chronegk[12] das Theater grundlegend erneuert. In jener Zeit war es von gastierenden Stars und pathetisch vor gemalten Kulissen deklamierten Dichterworten in schlampigen, auf diese Stars zugeschnittenen Inszenierungen geprägt. In der Regel unterstrichen die Schauspieler die Bedeutung ihres Auftritts noch durch pompöse Kostümierungen, die sie selbst bezahlten und mit in die Inszenierungen einbrachten.

Das Theater der Meininger war dagegen von der Idee getragen, eine Theaterinszenierung müsse ein ganzheitlich gedachtes Kunstwerk aus der Wirklichkeit genau nachgebildeten Raum-, Kostüm- und Menschenbildern sein: ein Zusammenspiel der Künste, in dessen Zentrum der

Text des Stückes, aber auch so etwas wie eine schauspielerisch erzeugte psychologische Wahrheit der dargestellten Figuren standen. Zum ersten Mal außerhalb Meiningens war das Ensemble Georgs II. 1874 im Friedrich-Wilhelmstädtischen Theater in der Berliner Schumannstraße mit Shakespeares »Julius Caesar« in Erscheinung getreten, um von hier aus seinen Siegeszug durch Europa anzutreten.

Adolph L'Arronge erwies sich als idealer Partner für die Schauspieler um Siegwart Friedmann. Ein Vertrag sowie eine Satzung wurden ausgehandelt. Und so gründeten Ludwig Barnay, Siegwart Friedmann und Friedrich Haase gemeinsam mit L'Arronge und dem Leipziger Schauspieldirektor August Förster 1883 die Sozietät des Deutschen Theaters.[13] Der Schauspieler Ernst Possart, zunächst ebenfalls eine treibende Kraft, hatte sich vor der Gründung zurückgezogen, um Intendant der Münchner Hoftheater zu werden. L'Arronge wurde der Direktor des Unternehmens. Den Plan, mit den Schauspielerinnen Clara Ziegler, Hedwig Niemann-Raabe und Franziska Ellmenreich auch Frauen in die Sozietät aufzunehmen, hatten die Herren nach kurzer Erwägung nicht weiterverfolgt.[14]

»Am letzten Tag des vorigen Monats schließen sich die Pforten des seit zweiunddreißig Jahren bestehenden Friedrich-Wilhelmstädtischen Theaters für immer«, schrieb am 6. September 1883 die *Nationalzeitung*. »Seit der ersten Stunde des Septembermonats sind viele Arbeitskräfte tätig, sein Innerstes umzugestalten und würdig herzurichten für den stolzen Namen ›Deutsches Theater‹, den es fortan führen soll.« Nach nur einmonatiger Bauzeit wurde das Deutsche Theater am 29. September 1883 mit Friedrich Schillers Trauerspiel um das tödliche Scheitern der Liebe zwischen einer Bürgertochter und einem Aristokratensohn »Kabale und Liebe« im von innen grunderneuerten Haus eröffnet, wie tags darauf in der *Berliner Börsen-Zeitung* zu lesen war.[15]

Der Zeitungsartikel geht besonders auf den Zuschauerraum ein: »Es bestand vollkommene Gleichheit der Ränge, überall, wohin man blickte, bemerkte man Spitzen der Gesellschaft. Galerie und Parkett waren nur den Preisen nach geschieden, die Besucher aber standen gesellschaftlich auf demselben Niveau.«[16] Die Einteilung von Parkett und Rängen nach

Klasse und gesellschaftlichem Stand, wie sie charakteristisch nicht nur für die Hoftheater war, im frisch eröffneten Deutschen Theater galt sie offenbar nicht mehr. Die neue gesellschaftliche Währung war der Ticketpreis.

Die Eröffnungsvorstellung wurde von einem Prolog eingeleitet: Zunächst war die Schauspielerin und Beinahe-Sozietärin Hedwig Niemann-Raabe vor den Vorhang getreten und hatte Verse des heute längst vergessen Dichters Julius Wolff gesprochen. Sie stellten die Musen des Theaters in den Dienst der nationalen Einheit im Kaiserreich, dessen kulturelles Parkett in der boomenden Reichshauptstadt das Deutsche Theater nun in einem Akt bürgerlicher Selbstermächtigung betrat:

Thalia und Melpomene, ihr Hohen!
Schaut uns ins Herz! Da seht ihr Flammen sprühn,
Seht ernsten Willen, seht Begeisterung lohen
Und lautre, unverzagte Wünsche glühn.
Uns irrt nicht Zweifel, nicht der Zeiten Drohen,
Weil Muth und Hoffnung in uns allen blühn,
Wie *ein* Gedanke, *einem* Haupt entsprungen,
Hält uns der Eintracht festes Band umschlungen.[17]

Ein Theatername als Programm

Mit dem programmatischen Namen Deutsches Theater, den die Gründer ihrem Unternehmen gegeben hatten, meldeten sie ihren Anspruch an, die Nationalkultur prägend mitzugestalten. Damit hatte sich in der Schumannstraße ein privat finanziertes bürgerliches Künstlertheater konstituiert, das dem Leitkulturanspruch der alten aristokratischen Eliten entgegentrat. Auch traten mit der Gründung des Deutschen Theaters Menschen als Gestalter der deutschen Nationalkultur an, die die damalige Mainstreamgesellschaft im Kaiserreich nicht zwingend als Deutsche anerkannte, da sie jüdischer Herkunft waren.

Ludwig Barnay war 1842 in der K.-u.-k.-Doppelmonarchie Österreich-Ungarn als Lajos Weiss und Sohn des Justiziars der jüdischen

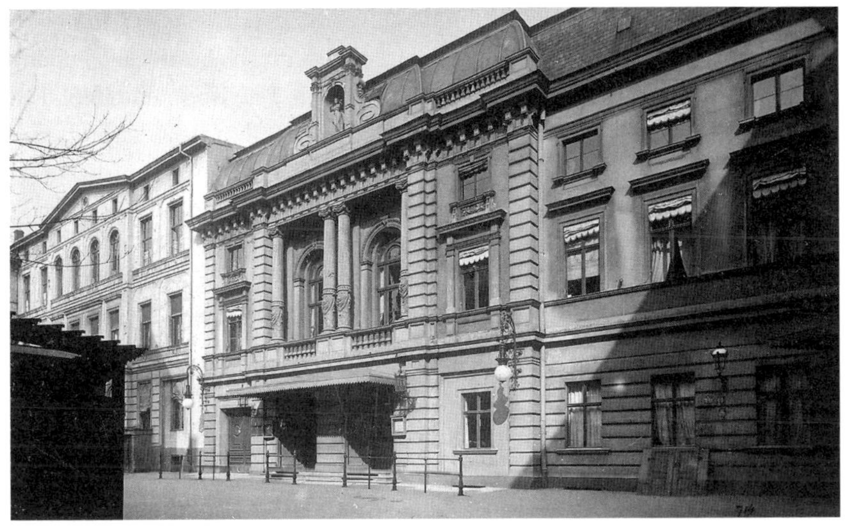

Das Deutsche Theater um 1895, noch mit gründerzeitlicher Fassade, daneben Embergs Tanzsaal, die späteren Kammerspiele

Gemeinde von Pest geboren worden. Traumatisch blieb ein frühes Kindheitserlebnis in sein Gedächtnis eingegraben, als ein gewaltbereiter Mob, mörderische Parolen grölend, sich auf das jüdische Viertel von Pest zubewegt hatte. Im letzten Moment konnte Barnays Vater die johlende Menge durch entschlossenes Auftreten aufhalten und ein Pogrom abwenden.[18] Gegen den Willen der Eltern war Barnay Schauspieler geworden, ermutigt von Vorbildern wie Adolf von Sonnenthal oder Bogumil Dawison, die ihrer stigmatisierten jüdischen Herkunft und damit verbundenen prekären wirtschaftlichen Verhältnissen als Schauspieler in Starruhm und gesellschaftliche Anerkennung entkommen waren.

Als Samuel Friedmann war auch Siegwart Friedmann 1842 in Budapest in eine jüdische Kaufmannsfamilie geboren worden, hatte seinen jüdischen Vornamen abgelegt und gegen den elterlichen Willen den Schauspielerberuf ergriffen. Sein Lehrer war Bogumil Dawison, der auch der erste jüdische Schauspieler gewesen ist, der auf einer deutschen Bühne den Juden Shylock gespielt hat.[19] Dawison hat damals seinen europäischen Virtuosenruhm dazu verwendet, für Shylock Partei zu ergreifen. Zuvor war Shylock meist antisemitisch gefärbt als Popanz und jüdisches Monster dargestellt worden. Dawison nun offenbarte Shylocks Hass als das Resultat des Hasses, der ihm als Juden stets von seiner nichtjüdischen Umwelt entgegengeschlagen war. Aus dem bösartigen Theatermonstrum war so ein tragischer Held, eine fühlende Figur geworden, in der auch die Merkmale, die Shylock als Juden auswiesen (wie eine jiddische Sprachfärbung) nicht in karikierender, diskriminierender Absicht ausgestellt, sondern als selbstverständlicher Teil der Figur gezeigt wurden.[20]

Das Berlin der Gründerjahre des Kaiserreichs, so unvorbereitet von der preußischen Residenzstadt zum rasend wachsenden Zentrum des vereinten Deutschlands geworden, erschien damals nicht nur wirtschaftlich als Stadt der Möglichkeiten. Seit 1812 galten die Juden in Preußen als gleichberechtigte Staatsbürger. Ihre volle rechtliche Gleichstellung war aber erst 1870 erfolgt. Zeitgleich mit den Verordnungen zur Gewerbefreiheit war zum 1. Januar 1870 im Norddeutschen Bund das »Gesetz, betreffend die Gleichberechtigung der Konfessionen in bürgerlicher und staatsbürgerlicher Beziehung« in Kraft getreten.[21] Damit waren prinzipiell nun sogar Staatsämter vom religiösen Bekenntnis unabhängig geworden, auch wenn etwa zivile Eheschließungen erst 1876 möglich wurden. Als Siegwart Friedmann 1868 Helene von Dönniges geheiratet hatte, konnte diese Ehe nur im Berliner »Juden- und Dissidentenregister« eingetragen werden. Die Hürden zu hohen Regierungsämtern oder Karrieren an Universtäten blieben für Juden auch nach 1870 so gut wie unüberwindbar.

Im expandierenden Zeitungsmarkt dagegen gab es wachsenden Bedarf an akademisch gut ausgebildeten Journalisten und literarisch versierten Feuilletonisten. Als Schauplatz neuer, bürgerlicher Öffentlichkeit gewann für die Berliner Juden besonders das Theater an Bedeutung. Hier war das, was man heute den gesellschaftlichen Partizipationsanspruch nennen würde, am ehesten zu verwirklichen: als Künstler, aber auch als Publikum, im Zuschauerraum oder als Teilnehmer am gesellschaftlichen Leben der Foyers und Restaurants, das sich in jenen

Jahren rund um das Theater als städtische Kultur und Lebensform entwickelte.

Die Bedeutung, die das Theater für die endlich rechtlich gleichgestellten jüdischen Bürger im deutschen Kaiserreich gewann, lässt sich auch daran bemessen, wie sie zu Mäzenen oder Finanziers von künstlerisch herausragenden Privattheatern wurden. So stehen auf der Liste derer, die ab 1894 in das Deutsche Theater investierten, Symbolfiguren des assimilierten deutschen Judentums, darunter der Berliner Industrielle James Simon, dem Berlin unter anderem die Büste der Nofretete verdankt (und dessen Namen nun David Chipperfields neues Eingangszentrum für die Berliner Museumsinsel trägt), der schlesische Großindustrielle Georg Caro oder der Bankier Carl Kaskel, aus dessen Bank 1871 die Dresdner Bank hervorgegangen war.

Unter den Geldgebern, die ab 1905 die Direktion Reinhardt finanzierten und ihm schließlich auch den Kauf des Theaters ermöglichten, waren die Bankiers James Hardy und Robert von Mendelssohn sowie AEG-Gründer Emil Rathenau. »Kaiserjuden« hat der Zionist und erste israelische Staatspräsident Chaim Weizmann[22] Männer wie James Simon später despektierlich genannt. Als Simon im Mai 1932 starb, schickte der längst abgedankte Kaiser Wilhelm II. zu seinem Begräbnis auf dem jüdischen Friedhof an der Schönhauser Allee aus seinem niederländischen Exilort Doorn einen Kranz. Diese Berliner Großbürger verkörperten die am Ende vergebliche Hoffnung auf ein modernes, vielfältiges und weltoffenes Deutschland, als dessen Teil sie sich begriffen und das sie, nicht zuletzt durch großes finanzielles Engagement in Kunst und Wissenschaft, mitgestalten wollten.[23] Auch im Angesicht eines wachsenden Antisemitismus.

Denn mit der Reichsgründung war eine Bewegung immer lautstarker geworden, deren Mitglieder sich selbst als Antisemiten bezeichneten und alle Übel dieses Epochenwechsels an der von ihnen so genannten Judenfrage festmachten. Es war die Zeit, als in Berlin der moderne Antisemitismus entstand und der Historiker Heinrich von Treitschke die Parole »Die Juden sind unser Unglück« in Umlauf brachte. Ein weiterer berüchtigter Wortführer dieser Bewegung war der Berliner Hofprediger Adolf Stoecker, der auch unter den Erstunterzeichnern der sogenannten Antisemiten-Petition war, die in den Jahren 1880/81 bei Reichskanzler Otto von Bismarck eine Rücknahme der Gleichstellungsgesetze von 1870 forderte. Juden sollten aus dem Staatsdienst und dem Heer entlassen und vom Richteramt ausgeschlossen, der Zuzug von Juden, die vor den mörderischen Pogromen im zaristischen Russland und aus Österreich-Ungarn in wachsender Zahl nach Deutschland flüchteten, stark begrenzt werden. Die Petition scheiterte zwar am Ende, erfuhr aber kaum nennenswerten öffentlichen oder politischen Widerspruch.

In diesem immer feindseliger werdenden antisemitischen Klima tilgte ein frisch promovierter junger Germanist, 1856 in Hamburg als Otto Abrahamsohn geboren, alles ostentativ Jüdische aus seinem Namen und nannte sich ab 1879 Otto Brahm.[24] Nach innen bekannte Brahm sich jedoch weiterhin zu seinem Judentum, war wahlfähiges Mitglied der Jüdischen Gemeinde. Erst kurz vor seinem Tod im Jahr 1912 trat er aus dem Judentum aus.[25] So kann man sagen, dass der Name »Deutsches Theater«, unter dem Siegwart Friedmann und seine Mitstreiter das Friedrich-Wilhelmstädtische Theater in der Schumannstraße 1883 wiedereröffneten, ein Stück weit auch dem antisemitischen Klima jener Jahre abgetrotzt worden ist.

Die Antisemiten in der Reichshauptstadt erklärten in den 1880er Jahren auch DT-Direktor Adolph L'Arronge zum Juden, den Mann mit dem undeutschen Namen. Ursprünglich habe er Aaron oder Aaronsohn geheißen, wurde verbreitet. In unveröffentlichten Erinnerungen an seinen Großvater hat Gerhart L'Arronge berichtet, diese Zuschreibung gehe auf einen Mann aus dem Dunstkreis des Hofpredigers Adolf Stoecker zurück, der ein antisemitisches Zeitstück geschrieben und dem Deutschen Theater zur Uraufführung angeboten hatte. Doch L'Arronge hatte das Stück abgelehnt.[26] Seit dieser Zeit war das Gerücht in der Welt, L'Arronge sei Jude. Dabei waren die L'Arronges schon von jeher Protestanten.[27] Adolph L'Arronges Vater Everhart Theodor wurde 1812 in Hamburg geboren, das damals unter französischer Besatzung stand. Der französische Kaiser Napoleon I. hatte die Hafenstadt 1806 besetzen lassen, um die Kontinentalsperre durchzusetzen, eine Wirtschaftsblockade der britischen Inseln. Von 1811 bis 1814 war Hamburg die Hauptstadt des »Departements der Elbmündungen« und damit Teil des französischen Staatsgebiets gewesen. So waren die L'Arronges vielleicht Nachkommen der französischen Besatzer. Vielleicht stammten sie auch von Hugenotten ab, französischen Protestanten, die bereits im 17. Jahrhundert ihrer Verfolgung im katholischen Frankreich nach Deutschland entkommen waren.

Adolph L'Arronge selbst fand es stets unter seiner Würde, zu dementieren, dass er Jude sei. Damit hätte er den Antisemiten in die Hände gespielt und das Judentum als eine Angelegenheit markiert, die seine Distanzierung erforderlich machte. So kommt es, dass Wikipedia und andere einschlägige Lexika bis heute Adolph L'Arronge als geborenen Aaron und manchmal auch Aaronsohn führen. 1906 wurde er sogar in die »Jewish Encyclopedia« aufgenommen, ein zwölfbändiges Nachschlagewerk zu jüdischer Geschichte, Religion, Kultur und Tradition, von Isidore Singer in New York herausgegeben. Auch in der Online-Version der Enzyklopädie steht unter »L'Arronge, Adolph« bis heute: »German dramatist and theatrical manager; born in Hamburg March 8, 1838; son of Eduard Theodor L'Arronge (Aaron).«[28]

Übungen in demokratischer Praxis oder: die Schauspieler und ihr Publikum

In der ersten Zeit nach seiner Gründung wurde das Deutsche Theater noch für seine Klassikerinszenierungen angegriffen.[29] Trotzdem war es bereits im ersten Jahr seines Bestehens zu Berlins führender Bühne geworden. Denn während die konservative Kritik dem Deutschen Theater die Befähigung absprach, klassische Stücke spielen zu können, und damit das alte Privileg des Hoftheaters gegen die neue Zeit verteidigte, waren es just diese Klassikerinszenierungen, mit denen das Deutsche Theater sein Publikum und die progressive Kritik eroberte. Dass es ausschließlich moderne Stücke zu spielen habe, werde »ausgesprochen und gedruckt und nachgebetet, nachdem die Inszenierungen des Deutschen Theaters in ihrer Lebendigkeit und der Einheitlichkeit ihrer Stimmung die matten und abgezirkelten Aufführungen der klassischen Werke im Schauspielhaus nicht überholt, sondern ganz einfach totgeschlagen haben«, schieb beispielsweise Otto Brahm, damals noch Theaterkritiker, in einem Rückblick auf die erste Spielzeit. »Für den besseren Teil des Berliner Publikums wenigstens ist der Nimbus, den einst das Hoftheater umgab, jetzt völlig entschwunden: Frage doch Herr Frenzel die fünfzigtausend Besucher der Carlos-Vorstellungen, ob sie Lust haben, auf die Genüsse, welche ihnen Kainz und Friedmann und diese ganze beseelte Aufführung gewährt haben, zu verzichten gegen den traurigen ›Carlos‹ im Hoftheater.«[30]

Ludwig Barnays Inszenierung von Schillers Tragödie, im November 1883 herausgekommen, gehörte zu den herausragenden Erfolgen der ersten Spielzeit des Deutschen Theaters. Siegwart Friedmann hatte König Philipp gespielt und Josef Kainz als sein Sohn in der Titelrolle nicht nur den Kritiker Otto Brahm, sondern auch das Berliner Publikum überzeugt. »In Herrn Kainz besitzen wir einen Don Carlos, um den die ganze deutsche Bühne (die Wiener eingeschlossen) uns beneiden muss«, feiert Brahm den Schauspieler nach der Premiere in der *Vossischen Zeitung*.[31]

»Denn das war und blieb der Ruhmestitel des Deutschen Theaters: die Fähigkeit, jene großen Dichterwerke, unter deren Eindruck das neunzehnte Jahrhundert herangewachsen und alt geworden war, von allem hohl gewordenen Pathos der Darstellung zu befreien und ihnen entweder ihr volles Pathos oder ihren realistischen Ton zurückzugeben«, schrieb zwanzig Jahre später der Kritiker Siegfried Jacobsohn[32] über die Jahre der Direktion Adolph L'Arronge.[33] »In glücklichen Fällen wehte der dichterische Geist, die Individualität eines Dramas von der Bühne herab. Davon wurden nicht nur die meist zahlreichen Zuschauer erweckt und aufgerüttelt, sondern erst recht die Schauspieler.«[34] Denn neben L'Arronges klug aus klassischen und zeitgenössischen Stoffen komponiertem Spielplan waren es die Schauspieler, die den Ruhm des Deutschen Theaters begründeten. Allerdings waren es nicht mehr die Schauspieler, die dieses Theater gegründet hatten, sondern eine neue Generation: Josef Kainz, Agnes Sorma, Adele Sandrock, Max Pohl, Otto

Sommerstorff und seine Frau Theresina Geßner, Georg Engels, Oscar Sauer, Arthur Kraußneck, Marie Pospischil oder Else Lehmann – Namen, von denen bald einige weit über das Berlin jener Jahre hinaus einen fast mythischen Klang hatten. In ihnen erkannte das bürgerliche Publikum der Kaiserzeit sich wieder. Es war, als habe dieses Publikum (durch das Dreiklassenwahlrecht von politischer Gestaltungsmöglichkeit weitgehend ausgeschlossen) mit diesen Schauspielerinnen und Schauspielern seine eigentlichen Repräsentanten gewählt, die zu Stars ihrer Epoche wurden.

Die Schauspielersozietät dagegen begann bereits nach der ersten Spielzeit zu zerfallen. Zuerst schied Ende 1883 Friedrich Haase aus. Der empfindliche Virtuose konnte sich mit der Unterordnung seines schauspielerischen Genies unter den Ensemblegedanken ebenso wenig anfreunden wie mit den langen Leitungssitzungen und ihren heftig wie lautstark geführten Richtungskämpfen. Der nächste, der die Sozietät verließ, war im Sommer 1884 Ludwig Barnay. Auch er scheiterte an der Praxis des Ensemblegedankens. 1888 gründete er in Berlin dann ein eigenes Theater. Die 1880er Jahre, das waren auch Gründerjahre des Theaters, eine Zeit, in der Berlin zur deutschen Theaterhauptstadt wurde. DT-Sozietär August Förster folgte 1888 dem Ruf, Direktor des Wiener Burgtheaters zu werden. Bis dahin allerdings hatte er zum Erfolg des Hauses wesentlich beigetragen. Aus gesundheitlichen Gründen schied 1892 zuletzt Siegwart Friedmann aus.

Doch in der Schumannstraße zum Leben zu erwecken, »was in bedeutender Form der Gegenwart ihr Bild zeigt«, wie Siegfried Jacobsohn es ausgedrückt hat,[35] das gelang dem Deutschen Theater unter L'Arronges Direktion nicht. Mit dieser Ansicht war Jacobsohn damals nicht allein. Das Deutsche Theater spielte zwar auch Zeitgenössisches, Erfolgsdramatiker der Zeit wie Ernst von Wildenbruch, die Brüder Schönthan oder Adolf von Wilbrandt.[36] Ein Stück des Wiener Schriftstellers Theodor Herzl[37] stand ebenso auf dem Spielplan wie immer wieder Adolph L'Arronges eigene populäre Dramen. Den ästhetischen Ansprüchen der Hauptstadtkritik genügten sie immer seltener und führten sogar zu gelegentlichem Naserümpfen über das arg gediegene

»L'Arronge-Theater«. Und doch trafen die Stücke L'Arronges mit ihrem liebevoll-spöttischen Blick auf das damals so mühevoll emporkommende, neue mittelständische Bürgertum der wilhelminischen Parvenuepolis Berlin einen Nerv der Zeit.

»Die Weber« – Urknall eines neuen Theaterzeitalters

Der Geist L'Arrongscher Volksstücke durchweht auch Gerhart Hauptmanns sozialkritische Milieustudie »Der Biberpelz«, die im Deutschen Theater im September 1893 uraufgeführt wurde. Den Stücken dieses jungen Dramatikers zuerst ein öffentliches Podium geboten zu haben, der meist erst mit der Ära des Naturalisten Brahm in Verbindung gebracht wird, gehört ebenfalls zu Adolph L'Arronges Verdiensten. Zwar hatte es in Berlin bereits 1889 eine spektakuläre Uraufführung von Hauptmanns Drama »Vor Sonnenaufgang« gegeben, aber sie wurde als geschlossene, also nicht öffentliche Veranstaltung vom Verein »Freie Bühne« organisiert. Diesen Verein hatten führende Berliner Kritiker, darunter Otto Brahm, Paul Schlenther, Theodor Wolff und Maximilian Harden sowie der Verleger Samuel Fischer gegründet, um eine neue, sozialkritische Dramatik durchzusetzen, die unter die damaligen Zensurgesetze fiel. Durch den juristischen Trick, die Aufführungen der Stücke zu geschlossenen Veranstaltungen nur für Mitglieder zu erklären, konnte die Zensur unterlaufen werden.

Zuerst öffentlich aufgeführt hat, nach der Aufhebung der Sozialistengesetze[38], Hauptmanns Stück »Vor Sonnenaufgang« dann aber Adolph L'Arronge. Damals hatte er auch Hauptmanns Stück »Die Weber« bereits zur Uraufführung angenommen. Schon im Winter 1891/92 präsentierte L'Arronge dieses Stück in einer privaten Lesung in seiner Wohnung am Kronprinzenufer 11 vor ausgewähltem Publikum.[39] Weil das Berliner Polizeipräsidium jedoch über »Die Weber« ein Aufführungsverbot verhängte, war Hauptmanns »Der Biberpelz« am 21. September 1893 die letzte Hauptmann-Uraufführung der Ära L'Arronge. Als »Die Weber« nach langem Zensurstreit zu Beginn der Spielzeit 1894/95 endlich im Deutschen Theater öffentlich uraufgeführt werden konnten, hieß sein Intendant bereits Otto Brahm. Brahm hatte sich L'Arronge durch seine ebenso skandalträchtige wie erfolgreiche und wegweisende Arbeit im Verein »Freie Bühne« empfohlen.

Die Uraufführung der »Weber« am 25. September 1894 war der Urknall eines neuen Theaterzeitalters, das der Wirklichkeit mit der analytischen Energie der Wissenschaft zu Leibe rücken wollte. »In den ›Webern‹ wurde lebendig, was die neue Wissenschaft gelehrt hatte: dass nicht einzelne historische Helden, sondern die volkswirtschaftlichen Verhältnisse die Geschichte machen«, beschrieb Siegfried Jacobsohn das Neue an Hauptmanns Sozialdrama.[40] Damit folgte das Stück in Umrissen auch den Gesetzen des historischen Materialismus von Karl Marx und Friedrich Engels und dem darauf gegründeten Glauben an eine immer besser werdende Welt, die sich am Ende im Kommunismus, also einer klassenlosen Gesellschaft vollenden würde – weshalb sich unter den Zuschauern später auch der junge Lenin befand.

Nach der Premiere der »Weber« kündigte seine Majestät, der Deutsche Kaiser und König von Preußen Wilhelm II. empört seine Loge und ließ sämtliche kaiserliche Insignien daraus entfernen. Vielleicht hätte Wilhelm II. das umstürzlerische Potenzial des Stücks über den schlesischen Weberaufstand weniger Kopfschmerzen bereitet, wenn er Heinrich Manns Schilderung der Uraufführung schon gekannt hätte: »Als die rebellischen Arbeiter auf der Szene eine Fabrikantenvilla plündern, eine Bankiersgattin verprügeln, riefen die Millionäre in weißen Handschuhen da capo, und in den rotsamtenen Logen klatschte man Beifall. Es war eine Szene, der niemand widerstand. Der Racheschrei des ausgesogenen, geschändeten Volkes ging durch das ganze Haus. Er durchschüttelte die Damen, dass ihre Diamanten klirrten.«[41]

Otto Brahm machte in den Jahren seiner Direktion die vollkommene Unterordnung aller gesellschaftlichen Belange unter ökonomische Interessen und den dadurch ausgelösten Entfremdungsprozess zum zentralen Theaterthema. Damit setzte er eine neue Theaterästhetik, eine neue Dramatik durch, die auf unmittelbare Abbildung der gesellschaftlichen Verhältnisse zielte. Brahms Theater thematisierte zum ersten Mal systematisch die Folgen der rasenden Modernisierung, die mit der Industrialisierung die europäischen Gesellschaften umgekrempelt hatte, indem er Gewinner und Verlierer dieser Entwicklung auf die Bühne brachte. In den Stücken von Henrik Ibsen, Arthur Schnitzler, August Strindberg und Gerhart Hauptmann wurde auch der psychosoziale Fallout in Seelen, Familien und Individuen seziert, Themen zum Gegenstand dramatischer Betrachtung erhoben, die bisher eher die Polizei als die Kunst beschäftigt hatten: ungewollte Schwangerschaften, Armut, die Unterdrückung der Frau in der Ehe und die Unterdrückung einer ganzen Klasse, des Proletariats.

Mit Schauspielern wie Rudolf Rittner, Else Lehmann, Hermann Nissen, Emanuel Reicher, Otto Sauer, Albert Bassermann oder Max Reinhardt richtete Otto Brahm den Blick nicht nur auf Bürger und Bankiers sowie ihre unglücklichen Ehefrauen und seelisch verkümmerten Nachkommen, sondern auch auf Fuhrleute, Mägde, Knechte und kleine Beamte im wilhelminischen Machtapparat. Brahms Schauspielerinnen und Schauspieler, das waren Experten des bürgerlichen und proletarischen Alltags des ausgehenden 19. Jahrhunderts, der auf der Bühne mit der Präzision niederländischer Barockmaler porträtiert wurde. In Essensszenen wurde wirklich gegessen. Dann war der Zuschauerraum von Kohlgeruch erfüllt, Kohl war damals der Inbegriff eines Arme-Leute-Gerichts. Jeder Riss im Jackett einer Figur, jede verschlissene Stelle an Hosen oder Schuhwerk, jeder Flicken am Ärmel war sorgfältigst in den Theaterwerkstätten hergestellt, die Bärte und Haare kunstvoll von Fachkräften in der Maske angeklebt und zerzaust worden. Das Publikum aber konnte erfahren, dass die Tragödien, in deren Mühlen die Figuren gerieten, nicht minder bedeutend und mitleiderregend waren, als die der bisher geläufigen Theaterhelden.

> Alles müssen wir erfassen:
> So das Schöne wie das Rohe,
> Das Gemeine und das Hohe
> Mit dem Künstler gelten lassen

hieß es im Prolog der Eröffnungspremiere der Ära Brahm (mit Schillers »Kabale und Liebe«), in dem der Schauspieler Josef Kainz dem Publikum mit Versen von Gerhart Hauptmann das Credo dieses Neuanfangs vermittelte.[42]

Und durchschmerzt es uns die Kehle
Wie von wehem Tiefbegreifen,
Werden sich von unserer Seele
Neunundneunzig Hüllen streifen.
Kaufmann, Arbeitsmann und Kaiser,
Christ und Jude, hingerissen,
Werden billiger und weiser,
Menschen sich erkennen müssen.[43]

Damit war die Hoffnung auf die erkenntnis-, toleranz- und gemeinschaftsbildende Funktion einer neuen bürgerlichen Dramatik formuliert, die auch den Blick vor den neuen gesellschaftlichen Realitäten nicht verschloss. Auch kam darin die Hoffnung auf das Theater als Ausdrucks- und Reflexionsmedium einer neuen, bürgerlichen Öffentlichkeit zum Ausdruck, in der Klassen- und Religionsunterschiede sich über kurz oder lang auflösen würden. Mit Brahm war das Theater politisch geworden, im Sinne seiner Zeit. Nachfolgende Generationen von Theatermachern haben sich deshalb später wesentlich auf Otto Brahm und seinen nach Authentizität und Wahrhaftigkeit fragenden naturalistischen Stil bezogen, seine Neigung zu Stücken, welche die menschliche Misere an gesellschaftlichen und ökonomischen Verhältnissen festmachten. Adolph L'Arronge dagegen geriet in Vergessenheit. Dabei hatte er das Deutsche Theater als bedeutende Bühne und Plattform bürgerlicher Selbstverständigung überhaupt erst etabliert, gegen alle Angriffe verteidigt und in der neuen Öffentlichkeit behauptet.

Auftritt Max Reinhardt

Wie bedeutend und auch populär L'Arronge jedoch einmal war, das wurde noch einmal an den Feierlichkeiten zu seinem 70. Geburtstag im März 1908 deutlich. Da lag seine Demission als Direktor des Deutschen Theaters bereits fast fünfzehn Jahre zurück. Eine Woche lang spielten in der ersten Märzwoche des Jahres nicht nur viele Theater in Berlin, sondern im ganzen Land Adolph L'Arronges Stücke. Kaiser Wilhelm II. hatte den Jubilar in den Tagen vor seinem Geburtstag zum Professor ernannt. »Von allen L'Arronge-Feiern, von denen die deutsche Bühnenwelt jetzt wiederhallt, war die bedeutsamste der gestrige Abend im Deutschen Theater«, hob am 8. März 1908 das *Berliner Tageblatt* auf Seite zwei eine der vielen Veranstaltungen besonders hervor.[44] Zu Ehren des Jubiliars war dort die Neueinstudierung eines alten L'Arronge-Stücks von 1889, »Der Compagnon«, in einer Festaufführung mit Eduard von Winterstein und Else Heims herausgekommen. Der Direktor des Deutschen Theaters hieß inzwischen Max Reinhardt, an den L'Arronge sein Theater 1905 verkauft hatte.

Max Reinhardt, 1873 in Baden bei Wien als Sohn des aus Ungarn stammenden Kaufmanns Wilhelm Goldmann und seiner Frau Rosa geboren, hatte zu den Schauspielern der ersten Stunde und schließlich am meisten Beschäftigten im Ensemble Otto Brahms gehört. Bereits als Neunzehnjährigen hatte Brahm Max Reinhardt 1892 in einem Wiener Volkstheater[45] entdeckt und 1894 dann ans Deutsche Theater engagiert. Acht Jahre später hatte Reinhardt das Deutsche Theater ernüchtert verlassen, weil Brahms Ästhetik ihm zu monoton und seine Weltsicht ihm zu eng geworden war. »Was mir vorschwebt, ist ein Theater, das den Menschen wieder Freude gibt. Das sie aus der grauen Alltagsmisère über sich selbst hinausführt in eine heitere und reine Luft der Schönheit«, hat Reinhardts Jugendfreund und späterer Dramaturg Arthur Kahane die programmatischen Äußerungen Reinhardts aus dem Spätsommer 1902 überliefert, kurz nachdem Reinhardt Brahms Ensemble verlassen hatte. »Ich fühle es, wie es die Menschen satthaben, immer nur das eigene Elend wiederzufinden.«[46]

Nach seinem Weggang vom Deutschen Theater gründete Max Reinhardt Unter den Linden ein eigenes Theater, Schall und Rauch, und übernahm bereits im Jahr darauf ein weiteres: das Neue Theater am Schiffbauerdamm, das ab 1954 der theatergeschichtsträchtige Spielort von Brechts Berliner Ensemble werden sollte.[47]

Dort hatte Anfang des Jahres 1904 eine Inszenierung Premiere, die bis heute paradigmatisch für Reinhardts Theaterarbeit steht: »Ein Sommernachtstraum« von William Shakespeare mit der Bühnenmusik von Felix Mendelssohn-Bartholdy. Zur Signatur dieser Inszenierung wurde die Drehbühne, die hier zum ersten Mal in Berlin zum Einsatz kam. Reinhardts tüftelnder Bühnenbildner Gustav Knina hatte nach den Ideen des Regisseurs einen wirklichen Wald auf die enorme Drehscheibe gebaut, die mit jeder Drehung neue An- und Einsichten bot. Um die Illusion zu perfektionieren, ließ Reinhardt vor den Vorstellungen Tannenduft im Zuschauerraum versprühen.

Die Inszenierung wurde ein Angriff auf sämtliche Sinne der Zeitgenossen, wie es ihn auf dem Theater so noch nicht gegeben hatte. Das naturgetreue Abbild eines Waldes entsprach zwar noch dem naturalistischen Anspruch des Theaters jener Jahre, trieb ihn jedoch ins Überwirkliche, Märchenhafte und Fantastische. »Ein unvergesslicher Eindruck, wenn nach den Worten ›Wir wollen still den Weg zur Laube finden‹ die schöne Musik Mendelssohns einsetzte, die Bühne sich vor den Augen der Zuschauer langsam zu drehen begann, und Titania mit ihrem Pyramus-Esel, umtanzt und umhüpft von den winzigen kleinen Elfchen, im Mondschein, der durch die Blätter drang, durch den Wald den Gang zu ihrem Brautlager antrat«, erinnert sich Eduard von Winterstein,[48] der damals mit der Figur des Demetrius einen der vier jungen Leute[49] spielte, deren Sinne in der Shakespear'schen Sommernacht (wie die des Publikums) in Verwirrung geraten. »Wie wir uns dann am Schluss dieser Szenen, einer nach dem anderen, ermüdet ins tannenduftende Gras legten, während die Zauberklänge des Notturno über uns hingingen, fühlten wir uns lebendig und leibhaftig in die Welt des Sommernachtstraums versetzt. [...] Als sich der Vorhang über die Szene senkte, hatte wohl jeder im Publikum das Gefühl, etwas nie Dagewese-

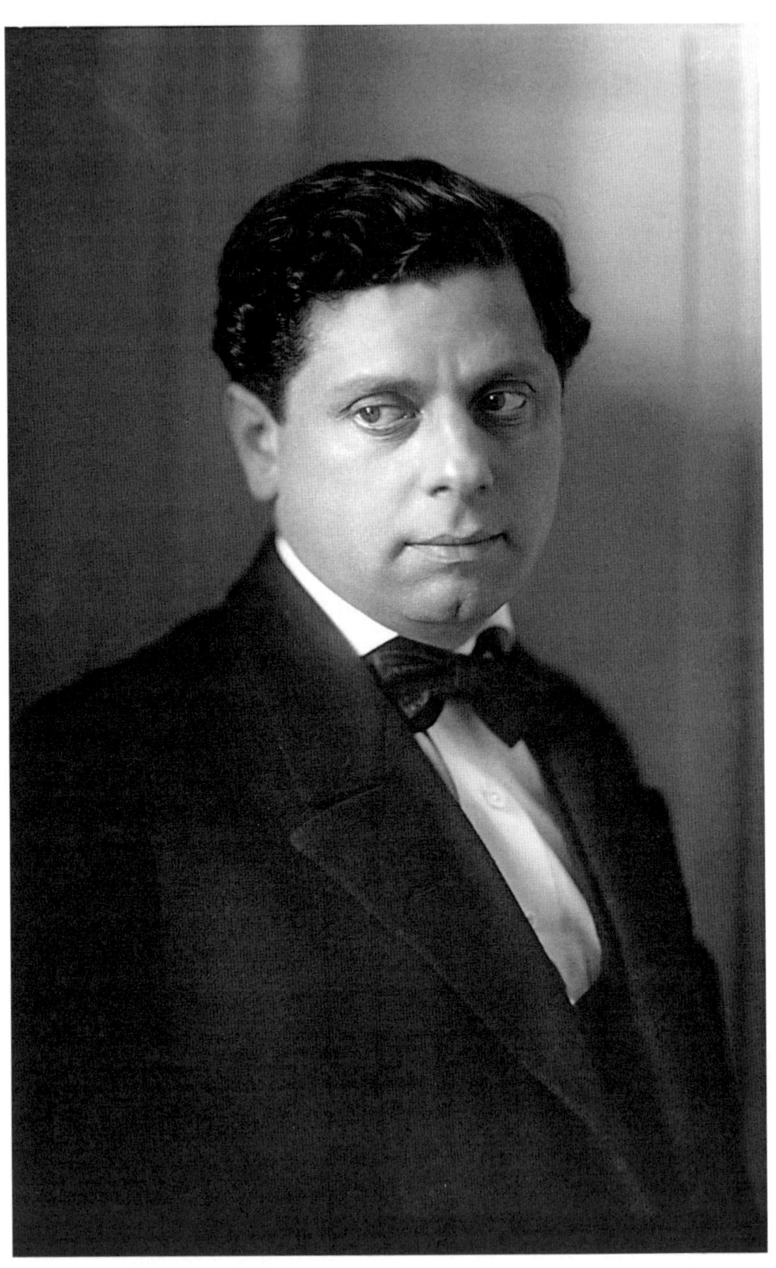

Max Reinhardt um 1909

nes erlebt und gesehen zu haben.«[50] Der sensationelle Erfolg, den Reinhardt am Neuen Theater mit dem »Sommernachtstraum« erfuhr, bewog Adolphe L'Arronge schließlich dazu, Reinhardt die Direktion des Deutschen Theaters anzutragen.

Allerdings kapitulierte L'Arronge bald vor den immer umfänglicher werdenden technischen Umbauwünschen, mit denen Reinhardt den alten Theaterbesitzer konfrontierte, sodass der sich am Ende entschloss, Reinhardt gleich das ganze Deutsche Theater samt dazugehöriger Liegenschaften zu verkaufen, welches er dann selbst nach seinen Wünschen – und vor allem auf eigenes finanzielles Risiko – technisch aufrüsten konnte.

Zu diesen Liegenschaften gehörte unter anderem auch das schlecht beleumundete Tanzlokal Emberg neben dem Deutschen Theater, als das inzwischen Deichmanns altes Friedrich-Wilhelmstädtisches Casino betrieben wurde. Reinhardt kündigte dem Mieter und gab bei dem jungen Architekten William Müller den Ausbau des Gebäudes zu einer völlig neuen Art von Theater in Auftrag.[51] Ein Theater, das Bühne und Zuschauerraum in einer einzigen Raumsituation zusammenfasste: die 1906 eröffneten Kammerspiele, nach deren Vorbild bald viele Theater Deutschlands ihren Häusern kleine, intime Bühnen für die »Kammermusik des Theaters«[52] angliederten.

Die neue Bühne war am 8. November 1906 mit Reinhardts Inszenierung von Henrik Ibsens Verfallsgeschichte einer bürgerlichen Familie »Gespenster« eröffnet worden. Das Bühnenbild hatte der norwegische Künstler Edvard Munch entworfen. »Der Zuschauerraum ist nicht breiter als die Bühne, liegt nicht tiefer als die Bühne, ist von ihr durch kein Orchester, keinen Souffleurkasten getrennt und hat es darum leicht, von unvergleichlicher Geschlossenheit und Intimität zu sein. Im Hintergrund der Szene ist uns eine Menschengruppe näher als sonst dicht an der Rampe. Kein Hauch geht verloren,« beschrieb nach der Premiere Siegfried Jacobsohn diesen neuen Theaterraum und die Unmittelbarkeit seiner Wirkung.[53] Die Menschengruppe, die dem Publikum in diesem neuartigen Theaterraum so nahegerückt war, als säße es mit in ihrem Wohnzimmer, das war die Familie Alving,

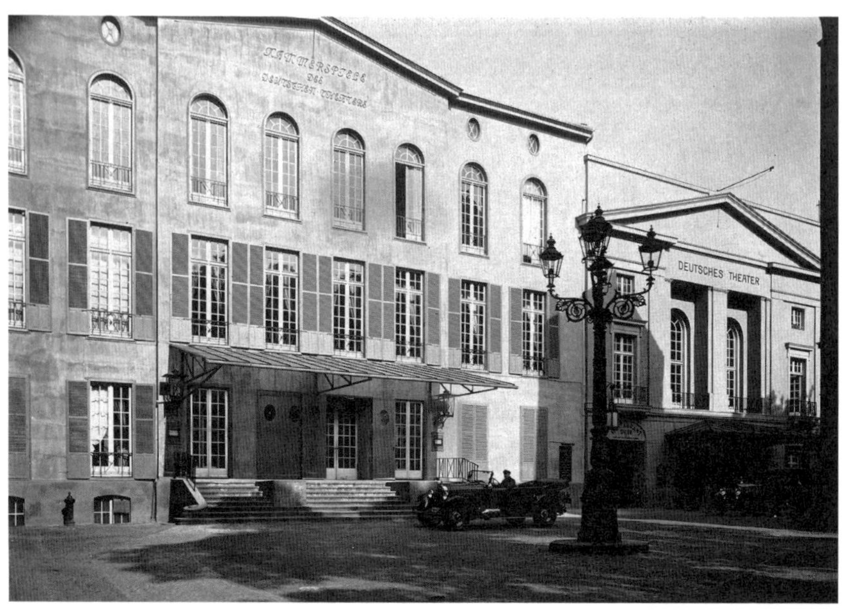

Die Kammerspiele um 1910

deren Agonie Reinhardts Inszenierung so beklemmend und soghaft geschildert haben muss, dass es immer wieder vorkam, dass sich nach der Vorstellung zunächst lähmendes Entsetzen ausbreitete und niemand applaudierte.

Schon zum Beginn seiner Direktion 1905 hatte Reinhardt das Deutsche Theater hell streichen und zuvor die schwerfällige gründerzeitliche Fassade, die der Dresdener Architekt Hermann August Richter ihm 1872 gegeben hatte, entrümpeln und in formstrengem neoklassizistischem Stil neu gestalten lassen. Zusammen mit der eleganten Kammerspielfassade erhielt das Gebäudeensemble in der Schumannstrasse im Spätherbst 1906 die Gestalt, die sich bis heute nur unwesentlich verändert hat.

Und so saß am Abend des 7. März 1908 der vierunddreißigjährige Direktor und Eigentümer des Deutschen Theaters Max Reinhardt in einer Loge und verfolgte am Vorabend von Adolph L'Arronges 70. Ge-

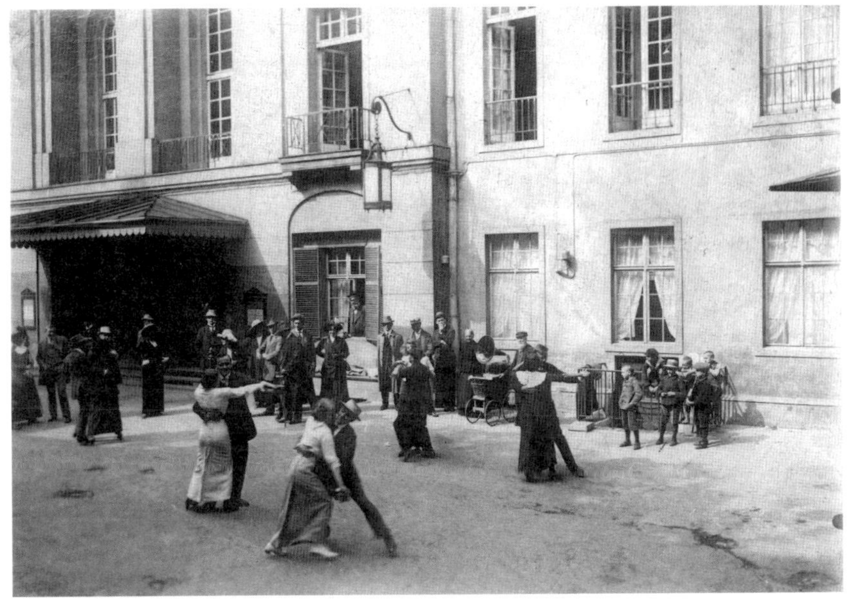

Schwof im Hof: Mitarbeiter tanzen vor dem Deutschen Theater, 1906

burtstag die Premiere von dessen Stück »Der Compagnon«, bei dem der Jubilar auch Regie geführt hatte. In einer weiteren Loge hatte Siegwart Friedmann Platz genommen, wie Berichten der Sonntagsausgaben diverser Berliner Zeitungen am Tag darauf zu entnehmen ist. Friedmann war der Einzige der Sozietäre von 1883, der L'Arronge bei dieser feierlichen Gelegenheit die Reverenz erwies.

»Als nach dem zweiten Akt L'Arronge vortrat, als er ein paar feine Gentlemanworte sprach und seine Rührung nicht meistern konnte, stand er als eine geschichtliche Person vor uns, der in einer faulen und müden Theaterepoche Berlins das Deutsche Theater erfunden, gestaltet und gehalten und aus dem Nichts eine Notwendigkeit geschaffen hat«, hielt am 8. März 1908 im *Berliner Tageblatt* der Kritiker und Publizist Fritz Engel fest.[54] »Als die Sozietäre sich verlaufen hatten, wurde L'Arronge erst recht der Neuschöpfer.« Und im *Berliner Lokalanzeiger* war zu lesen: »Es ist nun bald 25 Jahre her, dass L'Arronge diese bedeutendste Privatbühne geschaffen hat, die in Deutschland je ermöglicht worden ist, ein Organisator, ein Regisseur, ein Talententdecker und Erzieher hohen Ranges, der zu der großen Familie der Schröder, Iffland und Laube gehört.«[55]

Am Abend des 8. März 1908 lud L'Arronge dann zum großen Geburtstagsbankett ins Prinz Albrecht.[56] In dem eleganten Hotel in der Prinz-Albrecht-Straße zwischen Wilhelmstraße und Anhalter Bahnhof fanden sich noch einmal viel Prominenz aus Gesellschaft und Theaterwelt, Freunde und Weggefährten ein, um das »Löwenhaupt von Berlin« zu feiern, wie L'Arronge nicht nur seiner üppigen Haar- und Barttracht wegen genannt wurde. Seinen Geburtstag hat L'Arronge nur um wenige Wochen überlebt. Er starb am 25. Mai 1908.

In das Hotel Prinz Albrecht zog 1934 der Leiter der SS Heinrich Himmler mit seinem Führungsstab und wandelte auch das benachbarte Palais des Prinzen Albrecht, der der jüngste Bruder Kaiser Wilhelms I. gewesen war, zum Zentralstandort für die Organisation um, die das Dach für die Terror-, Mord- und Repressionsbehörden im nationalsozialistischen Deutschland wurde: das Reichssicherheitshauptamt. Im benachbarten einstigen Kunstgewerbemuseum richtete die Gestapo ihr Hauptquartier ein. Der Gesamtkomplex in der Prinz-Albrecht-Straße war besonders berüchtigt für seine Folterkeller. Hier wurde 1935 auch der damals dreiundzwanzigjährige saarländische Kommunist Erich Honecker gefoltert, bevor er für den Rest seiner Jugend im Zuchthaus verschwand und erst 1945 freikam. Auch Walter Kohls, der als Verwaltungsdirektor das Deutsche Theater nach dem Zweiten Weltkrieg wieder mit aufgebaut hat, wurde als junger Mann 1942 in einem Keller des Prinz-Albrecht-Hotels drei Tage lang schwer misshandelt und kurz darauf in das Konzentrationslager Auschwitz deportiert.[57] Dessen Errichtung hatte Heinrich Himmler Anfang des Jahres 1940 ebenfalls in der Prinz-Albrecht-Straße angeordnet.

Adolph L'Arronges Wohnhaus am Kronprinzenufer 11 im Alsenviertel, wo eine Straße weiter – In den Zelten 14 – Otto Brahm bis zu seinem Tod im Jahr 1912 wohnte, kaufte nach 1933 die Reichsjugendführung, der die Hitlerjugend unterstand. Der Reichstag, dessen Bau L'Arronge in den Jahren von 1884 bis 1894 in unmittelbarer Nachbarschaft beinahe über die gesamte Dauer seiner Direktion hatte verfolgen können, war da nur noch eine ausgebrannte Ruine. Die Siegessäule, seit ihrer Einweihung zum Sedan-Tag[58] des Jahres 1873 das Zentrum dieses eleganten Viertels im nordöstlichen Spreebogen, wurde 1938 an den Großen Stern versetzt. In diesem Spreebogen sollte im Zuge der Monumentalplanungen für eine Neugestaltung der Reichshauptstadt[59] Albert Speers gigantische Halle des Volkes entstehen, mit Plätzen für bis zu 180 000 Menschen. Teile der wertvollen klassizistischen Bebauung des Alsenviertels waren für die Fundamente der Halle bereits abgerissen worden.

Den Rest des Viertels zerstörten Bombenangriffe in den letzten Monaten des Zweiten Weltkrieges und schließlich der Endkampf um Berlin, so auch das Wesendoncksche Palais In den Zelten 21. Dort hatte seit 1902 Max Reinhardt zwei Jahre lang gewohnt und 1904 die Schauspielschule des Deutschen Theaters gegründet, die sich an diesem Ort bis zum Jahr 1911 befand und zu deren ersten Lehrern Siegwart Friedmann gehörte. Die Schule besteht unter dem Namen des Schauspielers Ernst Busch an anderem Ort bis heute. Zerstört wurde auch die Kroll Oper, die dem Reichstagsgebäude gegenüberstand. Nach dem Reichstagsbrand hatte sie als Ausweichstätte für die Scheinsitzungen des Parlaments gedient, das seit Dezember 1933 nur noch aus NSDAP-Abgeordneten bestand. In diesem einmal sehr berühmten Musiktheater begann mehr als ein halbes Jahrhundert zuvor der vielseitige Adolph L'Arronge seine Berliner Karriere als Dirigent und wurde 1866 im Alter von achtundzwanzig Jahren dessen Direktor. Über das Grundstück von L'Arronges Wohnhaus verlief später die Berliner Mauer. Heute trägt das einstige Kronprinzenufer ausgerechnet den Namen des westdeutschen Wirtschaftswunderministers und Bundeskanzlers der Jahre von 1963 bis 1966 Ludwig Erhard.

III Wege zum Weltruhm: die Direktion Max Reinhardt

Am Anfang des 20. Jahrhunderts, als die Karriere von Max Reinhardt so rasant an Fahrt aufnahm und das Deutsche Theater in Berlin zu einer der berühmtesten Bühnen Europas wurde, warfen die kommenden Katastrophen ihre Schatten bereits voraus.

Ein fatales Jahrhundert beginnt

Russland wurde von einer Terrorwelle erschüttert, doch war die Revolution noch einmal blutig niedergeschlagen worden. Anarchistische Attentate aber gab es nicht nur in Russland, wo der Zar seit der Jahrhundertwende mehrere Anschläge überlebt hatte. Auch in London scheiterte im Frühjahr 1900 ein Anschlag auf das Leben des britischen Kronprinzen nur knapp. Kurz darauf wurde der italienische König Umberto I. in Rom ermordet. Im US-Bundesstaat New York erschoss ein Anarchist den amerikanischen Präsidenten McKinley und Theodore Roosevelt wurde sein Nachfolger. Die österreichische Kaiserin Elisabeth, genannt Sisi, war 1898 in Genf von einem Anarchisten erstochen worden. Im Boxerkrieg kämpften die Chinesen gegen ihre christliche Missionierung und imperialistische Bestrebungen einer Allianz europäischer Großmächte, Japans und der USA. Engländer und Franzosen bauten mit militärischer Gewalt ihre Kolonialmacht auf dem afrikanischen Kontinent aus. Nach seiner Gründung wollte auch das Deutsche Kaiserreich eine Großmacht mit Kolonien werden und rüstete militärisch in nie gekanntem Umfang auf. Im heutigen Namibia kamen zwischen 1904 und 1908 Zehntausende von Herero ums Leben, die gegen die deutsche Kolonialherrschaft aufgestanden waren. Im Zuge der Niederschlagung dieser

Aufstände wurden von den deutschen Kolonialherren im damaligen »Deutsch Südwestafrika« die ersten Konzentrationslager errichtet. Während das säbelrasselnde Deutsche Kaiserreich nach dem Tod Bismarcks, der kurz vor der Jahrhundertwende gestorben war, international zunehmend in die Isolation geriet, wurde im Innern der Nationalismus immer militanter.

Diesem bedrückenden Gesamtklima war Max Reinhardts Deutsches Theater diametral entgegengesetzt. Es war sinnlich, hell und voller Rhythmus und Bewegung. Der Spielplan war international, was Reinhardt die Möglichkeit bot, auch mit Theaterformen anderer Kulturen zu experimentieren. Aber das Deutsche Theater jener Jahre leuchtete auch die seelischen Abgründe des Bürgertums aus, die bigotte Moral der Emporgekommenen und ihre geistige und moralische Enge. Reinhardt stützte sich auf eine Gruppe starker Mitarbeiter, bei denen es sich fast ausschließlich um Jugendfreunde handelte. Sie alle waren damals fast noch jung, waren Anfang bis Mitte dreißig: Da war Reinhardts jüngerer Bruder Edmund, der kongenial die wirtschaftliche Seite des wachsenden Theaterunternehmens dirigierte. Da war der Schriftsteller Arthur Kahane, ein Jahr älter als der 1873 geborene Reinhardt und in Wien zur Welt gekommen. Kahane ist so etwas wie der Urtyp des Dramaturgen als Vermittler zwischen Werk, es aufführendem Künstler und Publikum.

Zu den Mitarbeitern der ersten Jahre gehörte auch der Schriftsteller Ephraim Frisch, 1873 in der Nähe der damals zu Österreich gehörenden galizischen Stadt Lemberg, dem heutigen Lviv, geboren. 1895 hatte er in Berlin ein Philosophie- und Literaturstudium begonnen und sich mit dem Dichter und bedeutenden Ibsen-Übersetzer Christian Morgenstern angefreundet, über den er zu Max Reinhardt und seinem Kreis gestoßen war. Den 1868 in Mähren geborenen Bernhard Held kannte Reinhardt aus seiner Zeit in Salzburg, wo er vor seinem Engagement durch Brahm Schauspieler gewesen war. Held, im Jahr 1905 zunächst Gründungsdirektor der Schauspielschule des Deutschen Theaters, war Regisseur und später virtuoser Choreograf der Massenszenen vieler Reinhardt-Inszenierungen. Als »Stabschef im Theaterreich Seiner Majestät«, wie es

Fritz Kortner in seinen Erinnerungen formulierte, galt der in Berlin bestens vernetzte Felix Hollaender, 1867 in Schlesien geboren. Er war Schriftsteller und Regisseur, und es ist im Wesentlichen sein Verdienst, dass an Reinhardts Theatern immer wieder Künstler wie Emil Orlik, Lovis Corinth, Alfred Roller, Max Slevogt und Karl Walser für die Gestaltung der Dekorationen gewonnen wurden. So hat es zumindest die Schauspielerin Tilla Durieux überliefert.[1]

Max Reinhardt inszenierte zeitgenössische Stücke und las die europäischen Klassiker neu. »Klassische Tragödien und Komödien wurden mit jungen Augen gesehen, als ob sie niemals aufgeführt worden wären«, schrieb der bedeutende Kritiker Herbert Ihering, nach 1945 dann selbst Dramaturg am Deutschen Theater.[2] Reinhardt gestaltete die Stücke zu dramatischen Tableaus, die ihr Thema nicht mehr alleine aus der Sprache oder der Gestaltung der Figuren heraus entwickelten. In seiner Inszenierung von Shakespeares »Der Kaufmann von Venedig« hatte er auf der Drehbühne ein fast naturgetreues Renaissance-Venedig errichten lassen. »Hier konnte der Schüler Otto Brahms die gesellschaftliche Realität der Stadtrepublik Venedig aufbauen und zugleich einen romantischen Märchenton anschlagen«, hat Herbert Ihering diese Inszenierung aus dem Jahr 1906 und ihre Wirkung beschrieben.[3] »Aber diese Romantik war keine Weltflucht, sie machte die aristokratisch leichtsinnige Jugend Venedigs nicht sympathischer, als sie Shakespeare zeichnete und verbog nicht die Tragik des Shylockschicksals.« »Die humane Botschaft der Inszenierung verkörpert Rudolf Schildkraut als Shylock«, war nach der Premiere in der in Wien erscheinenden *Deutschen Zeitung* zu lesen, »von dem die rechte Presse nach der Premiere meinte, er hätte sich besser hüten sollen, diesen boshaften, tückischen und rachsüchtigen Schacherjuden zum Märtyrer, zum deklamatorischen Verteidiger zertretener Menschenrechte zu stempeln.«[4]

Reinhardt und seine Schauspieler übersetzten Szenen in minutiös durchgeplante innere und äußere Vorgänge, welche die Zuschauer fast körperlich ergreifen sollten, um umgekehrt mit ihrer Ergriffenheit wiederum die Schauspieler zu illuminieren: »Es ist ein Märchen, daß der Schauspieler jeden Zuschauer vergessen könnte«, so Reinhardt einmal.

»Gerade im Augenblick der höchsten Erregung stößt das Bewußtsein, das Tausende ihm mit atemloser, zitternder Spannung folgen, die letzten Türen zu seinem Innern auf.«[5]

»Eine semitische Kulturblüte inmitten germanischer Völkerschaften«

Das Ensemble war für damalige Verhältnisse beinahe schon multikulturell, das Traumbild einer Zukunft, die es niemals geben würde. Alexander Moissi, Gertrud Eysoldt, Tilla Durieux, Paul Wegener, Camilla Eibenschütz oder der als Sohn eines jüdischen Hoteliers in Konstantinopel geborene Rudolf Schildkraut, in den 1920er Jahren dann Elisabeth Bergner oder Alexander Granach: Das waren Menschen, die anders aussahen als der Mainstream jener Jahre, und andere Schönheits- und Heldenmaßstäbe setzten; Menschen, die anders sprachen und manchmal noch nicht einmal in Deutschland geboren waren, weshalb ihre, ein großes Publikum elektrisierende Eigenart gelegentlich auch darin bestand, dass Deutsch nicht ihre Muttersprache war, wie beispielsweise im Fall des irrlichternden Alexander Moissi, der als Hamlet, Ödipus oder Osvald Alving zum Inbegriff des todessüchtigen, zerrissenen modernen Individuums wurde, dem noch die Energie fehlt, sich als Anarchist gegen die ihn zerstörenden Verhältnisse aufzulehnen. Viele von Reinhardts Schauspielern wurden Ikonen ihrer Zeit. Bekannte Maler schufen von einigen berühmte Porträts: Lovis Corinth malte Gertrud Eysoldt. Franz von Struck, Max Slevogt, Oskar Kokoschka und sogar Auguste Renoir porträtierten Tilla Durieux, die durch Bühnenfiguren wie Salomé, Judith oder Prinzessin Eboli aus Schillers »Don Carlos« zum Inbegriff der neuen, sexuell selbstbestimmten Frau geworden war, welche die Männer das Fürchten lehrte.[6]

Bereits 1906, im zweiten Jahr von Reinhardts Direktion, erschien ein antisemitisches Pamphlet, das konstatierte: »Das Deutsche Theater ist ein undeutsches Theater geworden.«[7] Der Verfasser war ein Schüler von Reinhardts Schauspiel- und Regieschule, Ernst Bergmann[8] mit Namen, der Reinhardts »unkeusche Art zu inscenieren« als »specifisches Charakteristikum einer orientalischen Phantasie«, als »decorative Prunksucht und ästhetisches Parvenutum« verunglimpfte. Die Dichtung diene Reinhardt lediglich als Vorwand, »um Ausstattungsprunk zu entfalten, in dieser Respectlosigkeit und Ungeniertheit, mit der Effekten und Nebenwirkungen nachgegangen wird, der nichts heilig ist, die alles betastet«. Reinhardts Bildsprache appelliere »immer an körperliche Regungen und Reizzustände«, streife »immer das Sexuelle« und sei eine »semitische Kulturblüte inmitten der germanischen Völkerschaften«. Diese »jüdische Kulturblüte«, so Bergmann weiter, »umfasst heute schon alle Gebiete der Kunst. Jüdische Namen finden sich unter den ersten Meistern des Schrifttums, der Musik, Malerei und Bildhauerkunst etc. Diese Kulturblüte sollte man aber nicht zu einer deutschen umfälschen.«[9] Bergmanns Schmähschrift enthielt bereits viele Klischees und antisemitische Gemeinheiten, Vorurteile und Missverständnisse, die seitdem zum Standardrepertoire der Reinhardt-Kritik gehören. Zum Teil wirken sie bis in die Gegenwart und verstellen den Blick auf Reinhardt bis heute.

Die Masse – transzendental obdachlos gewordenes Treibgut der Moderne

Im Januar des Jahres 1908 stand wieder ein beinahe täuschend echter Wald auf der Bühne des Deutschen Theaters.[10] In diesem Wald ist es Nacht und plötzlich beginnt in der Stille jemand, von einem Baum herab zu pfeifen. Ein zweiter stimmt mit ein, und dann ein dritter – bis alles in ein anschwellendes Pfeifkonzert mündet. Aus den Pfiffen werden Worte: »Gesang schwillt aus hundert Kehlen – plötzlich braust es durch die Nacht: ›Ein freies Leben führen wir …‹«[11] Mit der Roller-Szene aus Schillers »Räuber«, die der Kritiker Julius Bab hier mit spürbarer Faszination beschreibt, hatte Max Reinhardt zum ersten Mal eine jener Massenszenen inszeniert, die zu einer weiteren Signatur seiner Theaterarbeit werden würde.

Schillers Räuberbande hatte Reinhardt um ein Vielfaches multipliziert. Die Räuber waren nun überall, saßen auf den Wipfeln der Bäume oder brachen drohend aus dem Dunkel des Waldes hervor, um auf Rollers Zeichen hin zu einem einzigen Körper zu werden. Mit diesen Massenszenen erzeuge Reinhardt eine Illusion, die »beängstigend leiblich in den Zuschauerraum übergriff«,[12] hat es 1910 ein anderer zeitgenössischer Fachbesucher, der Theaterwissenschaftler Artur Kutscher beschrieben, in dessen Münchner Vorlesungen wenige Jahre später auch die Studenten Bertolt Brecht und Erwin Piscator saßen. Es sollte nicht mehr lange dauern, bis diese Masse beängstigend leiblich auch das Straßenbild deutscher Städte beherrschen würde.

Diese Masse geriet als transzendental obdachlos[13] gewordenes Treibgut der Moderne in den ersten Jahren des 20. Jahrhunderts nicht nur als Protagonist in Inszenierungen Max Reinhardts in den Fokus. In ihr erkannte Reinhardt auch sein potenzielles Publikum. 1910 inszenierte er in München mit Schauspielern des Deutschen Theaters während des 100. Oktoberfestjubiläums in der Festhalle auf der Theresienhöhe »König Ödipus« von Sophokles. Die Halle bot Platz für über dreitausend Zuschauer, die billigsten Karten wurden für 50 Pfennig angeboten. Reinhardt zeigte die antike Tragödie mit einem Doppelchor aus zweiundzwanzig Solisten und über fünfhundert Statisten, die minutiös choreografiert, sich aus dem Publikum erhoben. In den Kegeln einer effektsicher gesteuerten Lichtregie bewegten sie sich synchron, streckten dabei mitunter auch ihre Arme synchron dem titelgebenden König entgegen: Hochkultur für die Massen und Massensuggestion zugleich.

Nach der Münchner Premiere tourte die Inszenierung bald von Paris bis St. Petersburg durch Europas Zirkusarenen: Theater für alle, Theater das Raum und Zeit, Klassengrenzen und vor allem die Grenze zwischen Zuschauerraum und Bühne aufheben wollte. Seit November 1910 war »König Ödipus« auch in Berlin zu sehen, im Zirkus Schumann am Schiffbauerdamm, den Reinhardt 1919 durch den Architekten Hans Poelzig als »Theater der 5000« zum Großen Schauspielhaus umbauen lassen würde, einem der markantesten Bauten des Expressionismus. Den greisen Chorführer spielte in Berlin ab 1911 der damals neunzehnjährige Fritz Kortner: die erste Rolle, die er bei Max Reinhardt übernahm.

Der Erste Weltkrieg – zwischen Euphorie und Fatalismus

Kurz vor Beginn der Spielzeit 1914/15 brach der Erste Weltkrieg aus, entfesselt von dem Mord am österreichischen Kronprinzenpaar, das in Sarajevo von einem jungen bosnischen Anarchisten am 28. Juni 1914 erschossen worden war. Alexander Moissi, der in München und Berlin die Rolle des Ödipus gespielt hatte und einer der größten Stars des Ensembles war, meldete sich noch im August freiwillig an die Front. Dafür war er kurz zuvor deutscher Staatsbürger geworden. »Mein Entschluss, ins deutsche Heer einzutreten, ist keineswegs nur eine Geste der Dankbarkeit gegen die gastfreundliche Nation, in deren Mitte ich eine für einen Ausländer gewiss seltene Laufbahn zurücklegen durfte«, ließ der Sechsundzwanzigjährige über diverse Tageszeitungen verbreiten. »Nicht Gastfreundschaft, sondern das ungeheure Bild moralischer und menschlicher Kraft, das sich in diesen Tagen vor mir entrollte, hat mich bewogen.«[14] Der Schauspieler, der wie kein anderer für Untergangsstimmung und Todessehnsucht der Vorkriegszeit stand, der sterbende Osvald aus der Kammerspiel-Eröffnungssensation »Die Gespenster« von 1906, dieser Schauspieler hatte sich nun vorgenommen, in den Stahlgewittern des Krieges ein deutscher Held zu werden.

Im September 1914 gehörte Max Reinhardt zu den Unterzeichnern des »Manifests der 93«, jenes später berüchtigten »Aufrufs an die Kulturwelt«, mit dem prominente deutsche Intellektuelle, Wissenschaftler und Künstler das Vorgehen des deutschen Militärs nach dem Überfall auf Belgien verteidigten. Gleichzeitig verwahrten sie sich gegen das Bild von den kulturzerstörenden Barbaren, das besonders in Großbritannien von den Deutschen gezeichnet wurde. »Wir als Vertreter deutscher Wissenschaft und Kultur erheben vor der gesamten Kulturwelt Protest gegen die Lügen und Verleumdungen, mit denen unsere Feinde Deutschlands reine Sache in dem ihm aufgezwungenen schweren Daseinskampfe zu beschmutzen trachten.«[15] Den Aufruf hatten neben Reinhardt auch etliche Nobelpreisträger wie Gerhart Hauptmann, Wilhelm Röntgen, Paul Ehrlich, Fritz Haber oder Max Planck unterschrieben.

Auch die bekannten Maler Franz von Struck und Max Liebermann waren dabei.[16] Reinhardt distanzierte sich bald von diesem Aufruf, den der Schriftsteller Ludwig Fulda verfasst hatte, dessen genauen Inhalt Reinhardt, wie viele andere Unterzeichner, wohl aber gar nicht gekannt und im patriotischen Überschwang der allerersten Kriegswochen eher reflexhaft unterzeichnet hatte.

Doch zunächst schwelgte auch das Deutsche Theater in Kriegseuphorie. Am 10. September 1914, es war der Tag nach Max Reinhardts 41. Geburtstag, fand ein »Vortrag vaterländischer Dichtungen« statt, an dem sich so prominente Ensemblemitglieder wie Gertrud Eysoldt und Eduard von Winterstein beteiligten. »Der Hurrapatriotismus trug in diesen Tagen herrliche Blüten«, schrieb von Winterstein später in seinen Erinnerungen,[17] der wie viele andere damals der Meinung war, länger als vier Wochen werde dieser Krieg nicht dauern. Zwei Tage nach diesem vaterländischen Vortrag hatte Karl Gutzkows Komödie »Zopf und Schwert« Premiere. Vor Beginn der Vorstellung trat die Schauspielerin Rosa Bertens vor den Vorhang und deklamierte pathetisch das Gedicht aus der Zeit der Freiheitskriege gegen die napoleonische Besatzung »Was ist des Deutschen Vaterland?« von Ernst Moritz Arndt, dessen zehn Strophen auf diese Frage jeweils die unterschiedlichen deutschen Provinzen und Kleinstaaten aufzählen, um jedes Mal mit dem Refrain zu enden: »O nein, nein, nein! / Sein [des Deutschen] Vaterland muss größer sein!«

Nur wenige Tage nach dieser deutschtümelnden Premiere nahm sich am 16. September Victor Arnold aus Angst und Verzweiflung über den Krieg das Leben – ein Ereignis, das im Theater für lähmendes Entsetzen sorgte. Victor Arnold hatte seit Anfang des Jahrhunderts zum Kern der Reinhardt-Schauspieler gehört. Der auf komische Rollen spezialisierte Melancholiker gilt auch als der Entdecker von Ernst Lubitsch. 1911 hatte er den damals neunzehnjährigen Angestellten eines Berliner Herrenkonfektionärs zunächst als Kleindarsteller ans Deutsche Theater geholt, bevor Lubitsch dann eine Ausbildung an Reinhardts Schauspielschule durchlief und mit der Spielzeit 1915/16 fest zum Ensemble kam.

Schon im ersten Kriegsjahr wurde das Deutsche Theater für seinen von europäischer Dramatik geprägten Spielplan in der Presse angegriffen. Dennoch setzte es seinen bereits im Jahr vor Ausbruch des Krieges zum dreihundertsten Todestag des Dramatikers begonnenen Shakespeare-Zyklus fort. Mitten in der nationalistischen Kriegseuphorie wurde auch ein »Deutscher Zyklus« angekündigt. Doch statt kriegerischer deutscher Dramen mit Propagandapotenzial wie »Wallenstein« oder »Prinz Friedrich von Homburg«, wie sie noch unmittelbar nach Kriegsbeginn auf dem Spielplan standen, wurden nun tendenziell antimilitaristische Stücke ausgewählt – Stoffe, die auch von der Verlustgeschichte der Moderne und der deutschen Nationswerdung erzählten. Den Auftakt bildete ein nie gespieltes Stück des damals völlig vergessenen Sturm-und-Drang-Dichters Jakob Michael Reinhold Lenz, das Reinhardt und seine Mitarbeiter Arthur Kahane und Felix Hollaender wiederentdeckt hatten: »Die Soldaten«. Es kam trotz anfänglicher Widerstände der Zensurbehörde im Oktober 1916 unter anderem mit Werner Krauß, Emil Jannings, Lothar Müthel und Hermine Körner heraus.

Im Zuge der Auseinandersetzung mit Lenz war man im Deutschen Theater auch auf den damals unbekannten Dramatiker, Arzt und Revolutionär Georg Büchner gestoßen, der 1837 mit dreiundzwanzig Jahren im Zürcher Exil gestorben war und dem Lenz' »Soldaten« Vorbild für ein eigenes Stück mit dem Titel »Woyzeck« gewesen war. Im Rahmen des »Deutschen Zyklus« inszenierte Max Reinhardt im Dezember 1916 nun Büchners nachgelassenes, erst 1902 uraufgeführtes Stück »Dantons Tod« und machte es damit über Nacht zum Klassiker. Das Stück über den unterbezahlten und für medizinische Versuche missbrauchten Soldaten Woyzeck, der am Ende zum Mörder seiner Geliebten wird, blieb dagegen von der verschärften Kriegszensur wegen seines »zersetzenden« Inhalts verboten. Mit ähnlich durchschlagender Wirkung wie »Dantons Tod« wurde das Stück dann erst 1921 von Max Reinhardt am Deutschen Theater inszeniert, in einem Bühnenbild von John Heartfield.

Reinhardts »Danton« mitten im Ersten Weltkrieg war erst die dritte Inszenierung dieses Stücks. Seine bühnentechnischen Erneuerungen hatten das aus Kurzszenen zusammengesetzte geschichtsfatalistische

Revolutionsdrama überhaupt erst aufführbar gemacht. Auf fast leerer Bühne setzte Reinhardt die grelle Tragödie nun lediglich mit Nebel und Lichteffekten in Szene: »In den großen Szenen auf den Straßen und Plätzen, im Jakobinerclub, im Nationalkonvent und vor dem Revolutionstribunal greift ein Scheinwerfer scheinbar sinnlos und willkürlich in dieses von den Massen durchwühlte Dunkel hinein«, ist der Abend in einer Kritik beschrieben, »und für Sekunden sieht man ein Gesicht. Der Scheinwerfer erlischt, flammt an einer anderen Stelle wieder auf, der Arm greift in seinen Strahl hinein und wieder erlischt der Scheinwerfer. Der Bühnenraum verliert sich in diesem unbestimmten Dunkel und scheint ganz ohne Grenzen zu sein. In diesem Raum bewegen sich Reinhardts Volksmassen.«[18]

Da war sie also wieder, die Masse Mensch, als deren virtuoser Choreograf sich Max Reinhardt hier erneut bewies.[19] Nun aber brachte er sie als von diffuser Mordlust erfassten Revolutionsmob auf die Bühne. Manchmal wurden, von Lichtkegeln schlagartig hervorgehoben, in dieser wütenden Menge einzelne Individuen kenntlich: Büchners traurige und dem Untergang geweihte Revolutionäre. Vom Überschwang der ersten Kriegswochen war im »Deutschen Zyklus« nichts übrig geblieben und Reinhardts Danton-Inszenierung wurde als finsteres Mysterienspiel vom Scheitern aller revolutionären und individuellen Glücks- und Beglückungsversuche im Jahr vor der russischen Oktoberrevolution fast zum prophetischen Fanal für alles, was kommen würde.

»In dem Dutzend trauriger Köpfe, die augenblicklich die Welt regieren, will es nicht Licht werden, deswegen muss weiter geschlachtet, weiter geblutet und gehungert werden«, schrieb Reinhardt wenige Monate später im August 1917 an seinen Freund und Mitarbeiter Felix Hollaender. »Aber die fürchterlichste Erkenntnis für mich ist es, dass es gar keine Rolle spielt, ob Autokratie oder Demokratie herrscht. Die Tyrannei kommt ja nicht von oben, sie ist nur die Folge eines tiefwurzelnden Bedürfnisses der Masse. [...] Ob der Diktator [...] Napoleon, Kerenski oder Marat, Venizelos, S. M. oder Erzberger heißt, ändert letzten Endes nichts an der elementaren Tatsache, daß die Menge beherrscht, geknechtet regiert sein will von irgendetwas, das sie nicht begreift. Wenn sie revolutioniert, weil sie wieder jemand dazu zwingt und knechtet, nicht für Freiheit, Gleichheit, Brüderlichkeit. Freiheit und Brüderlichkeit schalten sich gegenseitig aus und sind in dieser Welt nicht möglich, und Gleichheit? Es gibt nicht zwei gleiche Lebewesen in der Natur, und wäre es denn wünschenswert, dass es sie gäbe? Diese Begriffe sind nur anders geartete Mordwaffen für die Tyrannei, aber nicht minder gefährlich wie Kaiser, Nation, Vaterland usw. [...] Die Menge macht sich aus allem eine Religion. [...] Es gibt nichts Grauenhaftes, was die Menschen nicht tun würden, wenn es ihnen einer vormacht oder befiehlt.«[20] Obwohl noch ein halbes Jahr vor Ende des Krieges in den Foyers des Deutschen Theaters Plakate dazu aufforderten, Kriegsanleihen zu zeichnen, war der Optimismus längst verflogen, die Geschichte könnte noch ein gutes Ende haben.

Die Wunde Reinhardt

Mit seinen Theaterformaten vom Kammerspiel bis zum Massentheaterspektakel, die das Verhältnis von Schauspielern und Zuschauern neu vermessen haben, reagierte Reinhardt seismografisch auf die gesellschaftlichen und medialen Umbrüche der Zeit. Auch die Inszenierungen selbst sind oft subtile Kommentare zur Zeit, deren Intelligenz und stupende Beobachtungsgabe selbst nach den mehr als hundert Jahren, die inzwischen vergangen sind, in den überlieferten Kritiken und Fotografien noch fast physisch greifbar werden – bis hin zu der nahezu mathematischen Genauigkeit, mit der Max Reinhardt Schauspielertypen zu besetzen und wie Farben und Formen auf einem Gemälde kontrapunktisch einzusetzen verstand.

Es ist ein gängiges Vorurteil, Reinhardts Kunst sei unpolitisch gewesen, er selbst ein Bühnenzauberer, Kapitalist und schillernder Theaterunternehmer, der das Theater als illusionistisches Opium des Volkes eingesetzt hat. Auch das Deutsche Theater selbst tat sich immer wieder schwer mit Max Reinhardt. Hatten die sowjetischen Kulturoffiziere sich 1945 noch vorbehaltlos zu dem Mann bekannt, der gemeinsam mit Konstantin Stanislawski[21] um 1900 die Regie als zentrales Gestaltungselement des Theaters zur eigenständigen Kunstform erhoben hatte, wurde in der DDR der bald als »spätbürgerlich« eingeordnete Max Reinhardt oft nur noch mit spitzen Fingern angefasst: jener Theaterzauberer und Theatrarch, der auf der Szene erschienen war, als »die bürgerliche Gesellschaft des eben angebrochenen neuen, zwanzigsten Jahrhunderts sich vom trügerischen Glanz einer untergehenden Sonne« bestrahlen ließ, und Reinhardt die »nach Jugend, Schönheit und Tod süchtigen Zeitgenossen verzaubert und ihre romantischen Träume auf dem Welttheater seines eigenen Lebens verwirklicht« hat.[22]

Dass Reinhardt »Humanist« war, darauf konnte man sich gerade noch einigen, nicht aber auf seinen künstlerischen Rang. Als er im September 1973 aus Anlass seines 100. Geburtstags posthum zum Ehrenmitglied des Deutschen Theaters ernannt werden sollte, inzwischen Staatstheater der DDR, hatte sich die Kulturpolitik im Vorfeld so unwürdig um eine Haltung zu Reinhardt herumgedrückt, dass der damalige Intendant Gerhard Wolfram sich zu einem mahnenden Brief an Kulturminister Hans-Joachim Hoffmann herausgefordert sah: »Selbstverständlich können wir keine Reinhardt-Ehrung durchführen, die den Mann zernichtet«, hatte es darin unter anderem geheißen.[23] Schließlich verdanke das Haus Reinhardt seinen historischen Weltruf.

Auch nach der Wende blieb Reinhardt verdächtig. Sein Erfindungsreichtum, sein Experimentieren mit immer neuen Theaterformaten wurde als kindlicher Eklektizismus betrachtet. Noch 2005, als dem 100. Jubiläum des Beginns der Ära Reinhardt im Deutschen Theater immerhin eine ganze Spielzeit gewidmet war, befand der damalige Intendant Bernd Wilms, dass Reinhardt ein Antimoderner gewesen sei.[24] Ein Konservativer, mehr Hochstapler als Künstler von Weltrang, der daher auch keine Schüler und Adepten hinterlassen habe. Schüler, so Bernd Wilms damals, hätten nur die, die das Theater, die Welt oder am besten gleich beides verändern wollten. »Zum Beispiel Brecht und die vielen Brechtianer. Reinhardt wollte wirken und damit basta.«[25]

Möglicherweise haben die Schwierigkeiten im Umgang mit Max Reinhardt auch damit zu tun, dass sich das Theater in Deutschland seit Friedrich Schillers berühmter Mannheimer Vorlesung 1784 tendenziell als moralische Anstalt versteht. Die moralische Anstalt möchte den Zuschauer erziehen, ästhetisch und überhaupt. Sie möchte ihm dabei behilflich sein, sich aus der selbstverschuldeten Unmündigkeit zu befreien und zum freien Menschen und nützlichen Mitglied der Gesellschaft zu werden. Dabei gehen die Theatermacher in der Regel davon aus, dass sie selbst diese Entwicklung bereits erfolgreich absolviert und damit als Volkserzieher die nötigen Voraussetzungen vorzuweisen haben. In Otto Brahm und seinem sozialkritischen Theater, das die Folgen von Industrialisierung und Kapitalismus verhandelte, konnte man sich stets mühelos wiedererkennen. Und erst recht in Brecht und seinem Katechismus »Kleines Organon für das Theater«. Was aber war von einem Theatermann zu halten, der niemals irgendwelche Anstalten gemacht hat, sein Publikum zu belehren, geschweige denn es zu erziehen, für den die Bühne keine Agitationsplattform war, sondern der das Theater wieder zum festlichen Spiel machen wollte, das er als die eigentliche Bestimmung des Theaters empfand.[26]

Reinhardts Zeit, das war die Zeit, in der die Kunst als Waffe[27] nicht nur von den Künstlern selbst, sondern auch von der Politik entdeckt wurde, die sich immer professioneller ihre Suggestivkräfte anzueignen verstand. Um diese Suggestivkräfte hat auch Reinhardt gewusst: »Die Bühne stellt die mächtigste und direkteste Kunstform dar [...], weil sie sich nicht nur an den Einzelnen, sondern an die Öffentlichkeit wendet, weil sie die Macht hat, die Öffentlichkeit zu beherrschen und zu beeinflussen«, gab er Anfang der 1920er Jahre bei einem amerikanischen Gastspiel in einem Interview zu Protokoll.[28] Man kann also sagen, dass Reinhardt die Macht der Waffe Theater durchaus erkannte, sie aber nur für friedliche Zwecken eingesetzt hat.

»Wenn das Theater Politik machen soll, so muß es eine sein, die über die Politik hinauswächst. Die Politik des Theaters kann keine Parteipolitik sein. Sie muß sich aus dem eigentlichen Wesen des Theaters entwickeln und muß mit den eigenen Mitteln des Theaters arbeiten, nicht mit den Mitteln des Parteipolitikers«, hat Reinhardts langjähriger Dramaturg Arthur Kahane das Verhältnis des Theaters der Reinhardt-Ära zur Politik formuliert.[29] »Nicht im Vortrag drückt sich das Theater aus, sondern im Vorgang. Nicht eine vorgetragene Gesinnung, sondern nur eine mit seinen Mitteln gestaltete, Leben und Wirklichkeit gewordene, kann es vertreten.«

»Die Natur verleiht jedem Menschen ein besonderes Gesicht. Es gibt ebensowenig zwei Menschen, die einander vollkommen gleichen, wie es an einem Baum zwei Blätter von absoluter Kongruenz gibt. Aber im schmalen Flußbett des bürgerlichen Lebens, vom Alltag hin und her gestoßen, werden die Menschen schließlich so abgeschliffen wie runde Kieselsteine. Einer sieht wie der andere aus. Sie bezahlen diesen Schliff mit ihrer Physiognomie.«[30] Hinter diesem Bild, das Reinhardt sich hier im Jahr 1930 von seinen Zeitgenossinnen und Zeitgenossen (und seinem Publikum) macht, sind die gleichen Arbeiter- und Angestelltenheere zu erkennen, wie sie in Büchern Siegfried Kracauers,[31] den Filmen von Fritz Lang (»Metropolis«, 1927) oder von Charlie Chaplin (»Modern Times«, 1936) geschildert werden: jene neuzeitlichen Massen also, die die marxistisch geschulten Philosophen Theodor W. Adorno und Max Horkheimer in der verwalteten Welt von Bürokratie und Kulturindustrie zu kollektiven Stereotypen umfunktioniert sah, weil sie »unterm Apriori der Verkäuflichkeit«[32] ihre Seele veräußerlichen und zur Ware machen mussten. Auch für den marxistischen Philosophen Georg Lukács[33] galt die Zurichtung des Menschen durch den kapitalistischen Arbeitsprozess als Kern einer gesamtgesellschaftlichen Zurichtung, die das Individuum fortschreitend fragmentierte und sich selbst entfremdete.

An diesen zugerichteten, eben wie Kieselsteine abgeschliffenen modernen Menschen richtete Max Reinhardt sein Theaterangebot. Im Theater sollte der von der Moderne entindividualisierte Mensch sein Gesicht wiederfinden können. In einem unentfremdeten Raum des Spiels sollte er auf dem Weg der ästhetischen Erfahrung zu sich zurückfinden: im Theater, der einzigen Kunstform, die ihre Aura noch nicht an die technische Reproduzierbarkeit verloren hatte, da ihre Kunstwerke für Reinhardt erst in dem magischen Augenblick entstehen konnten, wenn sich die Seelen der Schauspieler und der Zuschauer begegneten.

Es ist eigentlich erstaunlich, dass die Marxisten nie das Marxistische in Max Reinhardts Denken entdeckt haben. Doch das hat wohl damit zu tun, dass Reinhardt nicht die Welt verbessern wollte, sondern nur das Theater; dass er nicht, wie beispielsweise Bertolt Brecht, der Meinung war, diese Welt müsse um jeden Preis verändert werden, selbst wenn man dafür den Schlächter umarmen müsse, wie Brecht es 1930 in seinem Stück »Die Maßnahme« den Zeitgenossen empfahl. »Ich glaube: die Menschheit wäre glücklicher, wenn nicht Einzelne sie immer wieder um jeden Preis beglücken wollten – selbst um den Preis des Glücks«, schrieb dagegen Max Reinhardt wenige Wochen vor seinem Tod 1943 in New York.[34] Da hatten die Zwangsbeglücker diese Welt bereits in eine noch größere Katastrophe als den Ersten Weltkrieg gestürzt.

Die Reinhardt-Bühnen in der Weimarer Republik

Der Erste Weltkrieg ging am 9. November 1918 mit der Abdankung von Kaiser Wilhelm II. zu Ende. Begleitet von einer kurzen, jedoch für den Fortgang der deutschen Geschichte sehr folgenreichen Revolution, in deren Verlauf sich kurzfristig auch der Schauspieler Alexander Moissi, Leutnant des Heeres a. D. und seit Juli 1915 Träger des Eisernen Kreuzes, den Spartakisten anschloss, wurde aus dem Deutschen Kaiserreich eine Republik. Um die Ordnung auf den Straßen wiederherzustellen, hatte die neue sozialdemokratische Regierung alte kaiserliche Militärs rekrutiert, die als »Freicorps« zunächst gegen die Kommunisten kämpften, die ein sozialistisches und kein demokratisches Deutschland wollten. Aber bald kämpften die Freicorps auch gegen die junge deutsche Republik und ihre Repräsentanten. Aufgrund der Revolutionswirren, die am 15. Januar 1919 mit der Ermordung der kommunistischen Arbeiterführer Rosa Luxemburg und Karl Liebknecht durch Freicorps in Berlin ihren traurigen Schlusspunkt erlebten, hatte aus Sicherheitsgründen die verfassungsgebende Versammlung der neuen Republik nach den ersten demokratischen Wahlen vom 19. Januar 1919 nicht im Berliner Reichstag, sondern am 6. Februar 1919 an einem Ort stattgefunden, der fernab der umkämpften Hauptstadt lag: in Weimar, der Stadt, die der ersten deutschen Republik ihren Namen gab.

Mit der neuen, republikanischen Staatsform war das Modell des privatfinanzierten bürgerlichen Künstlertheaters wie es das Deutsche Theater auch nach 1918 immer noch war, im Grunde obsolet geworden: ein bürgerliches Theater, das sich mithilfe der Gesetze des freien Marktes in struktureller, inhaltlicher oder ästhetischer Opposition zu den alten monarchistischen Eliten positionierte. Denn aus den Hoftheatern waren nun öffentlich finanzierte Staatstheater geworden. Im Oktober 1919 berief der sozialdemokratische Kulturminister Konrad Haenisch den Königsberger Intendanten Leopold Jessner zum Intendanten des ehemaligen Hoftheaters und neuen Staatstheaters am Gendarmenmarkt, der es gründlich entstaubte und schon in der ersten Spielzeit zu einer führenden Bühne der Weimarer Republik machte. Andere Theater, wie die Volksbühne am Bülowplatz, die Max Reinhardt während des Krieges für drei Spielzeiten von ihrem Eigentümer, dem Verein »Freie Volksbühne«, gepachtet hatte, verfügten über eigenes Vermögen durch Beitragszahlungen ihrer Mitglieder. Unternehmungen wie Erwin Piscators epochale politische Revuen wurden von der Abteilung »Agitation und Propaganda« der Kommunistischen Partei Deutschlands (KPD) finanziert, die dafür unter anderem auch Max Reinhardts Großes Schauspielhaus anmietete und füllte. Max Reinhardt dagegen stemmte sein Theater-Unternehmen mithilfe seines Bruders Edmund noch immer als Privatunternehmer.

Allerdings entsprach das Feedback auf seine Kunst, wie es sich in Form von Kartenverkäufen an der Kasse ablesen ließ, durchaus seinem Credo: »Ihr Platz im Zuschauerraum«, adressierte Reinhardt einmal seine Zuschauer in einer Rede, »das ist ein wichtiger Platz in unserem Spiel, nicht nur, weil er bezahlt wird (was ja gewiss eine erfreuliche und notwendige, leider nicht immer zuverlässige Nebenerscheinung ist), vor allem aber deshalb, weil die Kunst des Theaters nur existieren kann, wenn sie aufgenommen wird.«[35] Die unternehmerische Eigenregie garantierte Reinhardt darüber hinaus stets politische und parteiliche Unabhängigkeit, auch wenn er sich im Kaiserreich immer wieder mit der Zensur auseinanderzusetzen hatte, gegen die das Deutsche Theater aber Autoren wie Frank Wedekind schließlich doch beim Publikum

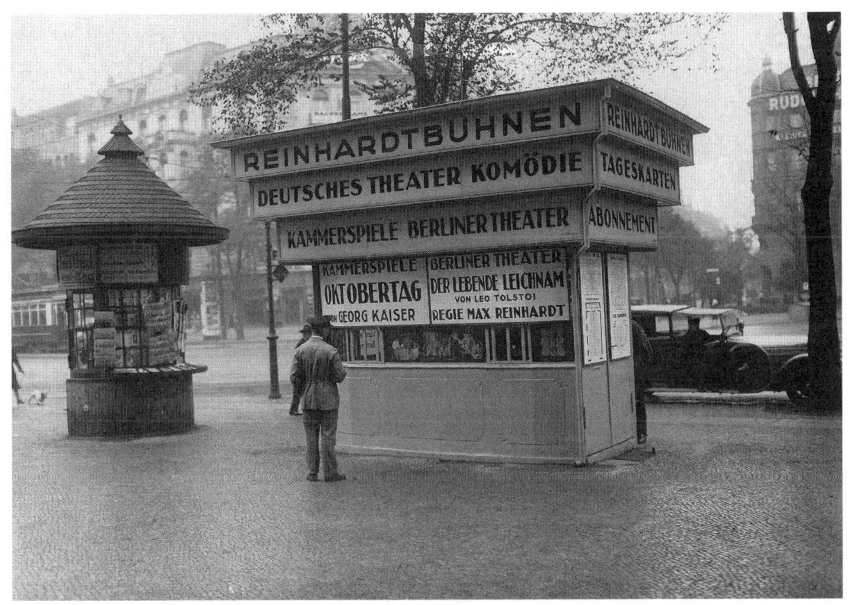

Theaterkasse der Reinhardt-Bühnen auf dem Kurfürstendamm in Berlin, um 1929

durchsetzen konnte. »Das Deutsche Theater ist das einzige künstlerische Privattheater in der Welt, das sowohl unter meinen Vorgängern Brahm und L'Arronge als auch unter meiner Direktion sich ohne jede Subvention und daher frei von jeder politischen und parteilichen Bindung selbst erhalten hat«, hob Reinhardt in einer Rede noch 1932 die Vorteile des künstlerischen Privatunternehmertums hervor.[36]

Trotzdem war dieses Modell spätestens 1920 an seine Grenzen gekommen. Denn in diesem Jahr hatte die Einführung der Vergnügungssteuer (beziehungsweise Lustbarkeitssteuer, wie das damals hieß) in Höhe von fünfzehn Prozent auf alle Bruttoeinnahmen die Wettbewerbssituation auf dem Theatermarkt über die Konkurrenz mit staatlich oder mitgliederfinanzierten Bühnen hinaus zusätzlich verzerrt. Denn staatlich oder städtisch finanzierte Theaterbetriebe wie das Staatstheater am Gendarmenmarkt waren von dieser Steuer befreit.

Die Volksbühne war als gemeinnützige Unternehmung ebenfalls nicht lustbarkeitssteuerpflichtig. Privattheater wie das Deutsche Theater arbeiteten künstlerisch auf gleichrangigem Niveau, wurden steuerlich jedoch mit Etablissements wie Revuetheatern, Bars und Nachtclubs gleichgesetzt.

Reinhardts Bruder Edmund, der virtuose Wirtschaftsfachmann und oberster Steuermann des Reinhardtschen Theaterkonzerns, klügelte immer neue Rentabilitätssysteme aus: ein raffiniertes Besetzungssystem beispielsweise, das die Stars des Ensembles bald nach den publicityträchtigen Premieren gegen Zweit- und Drittbesetzungen tauschte, um sie dann in schnell nachgeschobenen Neuproduktionen wieder als Kassenmagneten einsetzen zu können. Dem Deutschen Theater, den Kammerspielen und dem Großen Schauspielhaus wurden mit den Theatern am Kurfürstendamm[37] Mitte der 1920er Jahre zwei weitere Bühnen angegliedert, um Synergieeffekte zu schaffen. Ziel war es, die Kosten der einzelnen Theater zu senken, um konkurrenzfähig zu bleiben, aber auch, mit immer neuen Theaterformaten auf die medial und politisch im Umbruch begriffene Zeit reagieren, das sich diversifizierende Publikum mit genau auf seine einzelnen Segmente zugeschnittenen Angeboten besser erreichen zu können.

Der Kurfürstendamm mit seinen wie Pilze aus dem Boden wachsenden Lichtspielpalästen, mit denen das Theater nun zunehmend um sein Publikum konkurrieren musste, entwickelte sich damals zum Broadway Berlins. Hier wollte auch der Reinhardtsche Theaterkonzern Präsenz zeigen, und vor allem dem Kino Paroli bieten, dessen Stars er in seinen intimen wie eleganten Theatern am Kurfürstendamm dann nicht als Zelluloidphantome auf der Leinwand, sondern leibhaftig auf der Bühne in Erscheinung treten ließ – selbst wenn der Flagshipstore des Unternehmens auch in den zwanziger Jahren unangefochten das Deutsche Theater in der Schumannstraße blieb.

»Das Deutsche Theater war in den zwanziger Jahren nicht mehr in gleichem Maße das führende Haus wie in meiner Jugend«, schrieb 1957 der damalige Cheflektor des Aufbau-Verlages Max Schroeder.[38] »Das Staatstheater unter Jessner, das Theater am Schiffbauerdamm, die

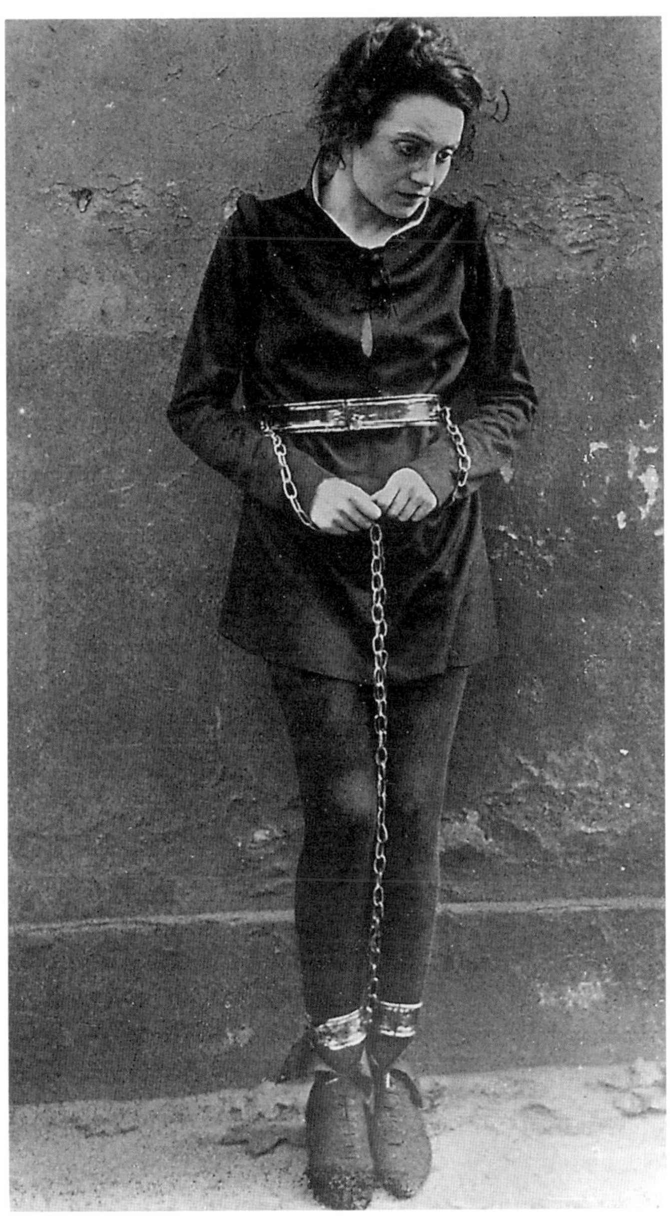

Elisabeth Bergner 1924 als Johanna in »Die heilige Johanna« von George Bernhard Shaw, inszeniert von Max Reinhardt

Piscator-Bühne, Berthold Viertels ›Truppe‹ brachten neue Impulse, aber das Haus blieb das Haus, das Heimathaus des deutschen Theaters, geschichtlicher Boden.« Im Jahrzehnt von 1920 bis 1930 schlingerte der Tanker DT immer wieder. Max Reinhardt lebte und arbeitete nicht mehr kontinuierlich in Berlin, die Leitung des Deutschen Theaters wechselte immer wieder. Aber der Tanker sank nicht, denn von seiner Strahl- und Anziehungskraft auf Nachwuchskünstler ebenso wie auf das Publikum hatte das berühmte Theater nichts verloren.

Doch Hyperinflation und Wirtschaftskrise verschärften zunehmend seine wirtschaftliche Situation. Zwar war die Lustbarkeitssteuer 1924 von fünfzehn auf zehn Prozent gesenkt worden, trotzdem hatte das Deutsche Theater Steuerschulden, die es im Juni 1925 mit 15 000 Freikarten für Arbeitslose und Rentner abgelten musste.[39] Zum Ende der Spielzeit 1925/1926 erreichte Edmund Reinhardt nach langen Bemühungen und gegen teilweise erheblichen politischen Widerstand im Berliner Magistrat schließlich, das Deutsche Theater und die Kammerspiele unter dem Dach einer gemeinnützigen GmbH zusammenfassen zu können. Damit waren zumindest diese beiden Bühnen von der Vergnügungssteuer befreit. Im Herbst 1924 war dem Deutschen Theater und Max Reinhardt mit der deutschsprachigen Erstaufführung des Stücks »Die heilige Johanna« von George Bernhard Shaw noch einmal ein Welterfolg gelungen, wieder ein zutiefst geschichtspessimistischer Stoff. Die Titelrolle wurde von der jungen Schauspielerin Elisabeth Bergner[40] gespielt, die damit ihren Durchbruch erlebte und in der Weimarer Republik bald ein gefeierter Filmstar war. Im Jahr nach der Erstaufführung erhielt Shaw den Literaturnobelpreis.

Imperium am Abgrund

Am 18. Juli 1929 starb vollkommen unerwartet Max Reinhardts Bruder Edmund. Er war nicht nur sein engster Vertrauter, sondern auch der Mann gewesen, der sämtliche Reinhardt-Bühnen und internationalen Projekte gesteuert hatte, zudem Architekt des verschachtelten Theaterunternehmens mit seinen Gesellschaften und Untergesellschaften, darunter die »Gemeinnützige Gesellschaft des Deutschen Theaters und der Kammerspiele«.[41]

1929 war auch das Jahr, als nach dem New Yorker Börsenkrach im Oktober die Weltwirtschaftskrise einsetzte. Die Arbeitslosenzahlen in Deutschland erreichten immer schwindelerregendere Höhen. Viele Menschen hatten kein Geld mehr, um ins Theater zu gehen. Bereits im April waren die Kammerspiele wegen Unrentabilität geschlossen worden. Die gewalttätigen Auseinandersetzungen zwischen Nationalsozialisten und Kommunisten nahmen auf den Straßen bürgerkriegsähnliche Zustände an. Reichskanzler Heinrich Brüning konnte das Land bald nur noch auf der Basis von Notverordnungen regieren.

Anfang des Jahres 1932 beliefen sich die Schulden der Reinhardt-Bühnen bei der Bank der Deutschen Arbeit, einem Kreditinstitut des Deutschen Gewerkschaftsbundes, auf 1,7 Millionen Mark, Schulden, die jedoch durch die erheblichen Immobilienwerte in der Schumannstraße und Am Zirkus gesichert waren, wo das Große Schauspielhaus stand. Mit Beginn der Spielzeit 1932/33 zog sich Reinhardt endgültig aus der Direktion des Deutschen Theaters zurück, die er im Jahr 1929 noch einmal selbst übernommen hatte. Ohne seinen Bruder Edmund fühlte er sich der Aufgabe, sein Theaterunternehmen zu führen, nicht mehr gewachsen, das er ohne diesen öffentlich nie wirklich sichtbaren Partner niemals so erfolgreich hätte aufbauen und führen können. Die beiden Bühnen in der Schumannstraße verpachtete Reinhardt an den aus Wien stammenden Theaterdirektor Rudolf Beer und den Regisseur Karlheinz Martin, der für seinen Wechsel ans Deutsche Theater die Intendanz der Volksbühne am damaligen Bülowplatz aufgab, die er seit 1929 leitete.

Doch das neue Leitungsduo hielt dem Druck der immer unruhiger werdenden Zeiten nicht lange stand. Bereits die zweite Premiere, Martins Inszenierung eines historischen Schauspiels, wurde nach nur vier Vorstellungen auf Druck der nationalsozialistischen Presse abgesetzt. »›Deutsches Theater‹? Ein jüdischer Saustall!«[42], war nach der Premiere von »Gott, Kaiser und Bauer« am 23. Dezember des Jahres 1932 in der Gauzeitung der Berliner NSDAP *Der Angriff* zu lesen. Der

Dramatiker Julius Hay[43] habe ein problematisches Kapitel der Kaisergeschichte des Spätmittelalters in grotesker Übertreibung dramatisiert, um Geistlichkeit und Kaisertum diffamieren zu können. Und über den Schauspieler Fritz Kortner in der Rolle des mittelalterlichen Kaisers Sigismund (dessen historisches Vorbild den böhmischen Reformator Johann Hus trotz zugesicherten freien Geleits an das Konzil von Konstanz und damit dem Todesurteil auslieferte) hieß es: »Man hat sich für die Hauptrolle dem Juden Kortner-Kohn verschrieben, der im Berliner Theaterleben eigentlich längst ausgespielt haben sollte. Er ist so ziemlich der schmierigste und übelste jüdische Typ, der je auf einer deutschen Bühne gestanden hat.«[44] Das Deutsche Theater nahm das Stück vom Spielplan und musste noch vor dem Jahreswechsel 1932/33 schließen. Kurz darauf gab die Direktion Beer/Martin auf. »Es macht eine Weile Spaß, Päpste und Könige vergangener Zeit so sprechen zu hören, als lebten sie heute«, hatte der Kritiker Alfred Kerr nach der Premiere von »Gott, Kaiser und Bauer« im *Berliner Tageblatt* über die Inszenierung geschrieben.[45] Und über den aus seiner Sicht überragenden Protagonisten hieß es bei Kerr: »Kortner ist: Kraft und Geist. Er hat neben dem Wuchtigen das Federnde. Noch im Brutaliker zeigt er den Heutigen. Wer, so, außer ihm?«[46] Es war eine der letzten Theaterkritiken die Kerr in Deutschland geschrieben hat – und Fritz Kortners letzte Theaterrolle in der Weimarer Republik. Er verließ Deutschland im Februar 1933.

Vier Wochen nach Absetzung der Inszenierung gewann am 31. Januar 1933 die Nationalsozialistische Arbeiterpartei Deutschlands die Reichstagswahl. Noch am Vortag dieser Wahl hatten zwei neue Pächter einen Vertrag mit Reinhardt abgeschlossen. Einmal noch inszenierte Max Reinhardt selbst in der Schumannstraße: das allegorische Mysterienspiel »Das große Welttheater« von Hugo von Hofmannsthal nach Calderón. Als der mitwirkende Eduard von Winterstein am Abend des 27. Februar 1933 durch das Alsenviertel zur Generalprobe fuhr, sah er den Reichstag brennen.[47]. Eine Woche nach der Premiere verließ Max Reinhardt Berlin. Es war ein Abschied für immer. Ende März 1933 verschwand auch »Das große Welttheater« vom Spielplan des Deutschen Theaters.

Am 5. Mai 1933 hatte in Anwesenheit von Joseph Goebbels, Minister für Volksaufklärung und Propaganda, Hans Hinkel, Staatskommissar im Preußischen Kulturministerium, und anderer Nazi-Prominenz Friedrich Schillers »Wilhelm Tell« im Deutschen Theater Premiere. Den »Tell der nationalen Revolution«, so war am 7. Mai die Kritik im *Völkischen Beobachter* überschrieben, spielte Attila Hörbiger,[48] der Landvogt Gessler, gegen den Tell sich erhebt, war Heinrich George,[49] und zwar »mit Tartarenschädel, hängendem Schnurbart und glasigen Augen«, wie am 8. Mai 1933 die Kritik des Berliner Gau-Blatts *Der Angriff* festhielt,[50] deutlich als »slawisch-bolschewistisches« Zerrbild angelegt. Als Rösselmann, vom Schauspieler Heinrich Gretler[51] verkörpert, den Rütli-Schwur sprach, hoben sich die Hände der Schauspieler statt zum Schwur zum Hitlergruß. Schließlich ließ der Regisseur des Abends, Reinhardt-Nachfolger Carl-Ludwig Achaz,[52] den neuen Gegebenheiten am Deutschen Theater, wo inzwischen alle jüdischen Mitarbeiter und Künstler entlassen worden waren, auch noch im Schiller-Originalton huldigen: »Der Boden ist rein!« So endete der Abend mit den Worten von Melchthal, um den begeisterten Applaus des Publikums zu ernten.

IV Im Nationalsozialismus

Als Max Reinhardt Deutschland im März 1933 verließ, waren sowohl das Deutsche Theater und die Kammerspiele als auch die Immobilien in der Schumannstraße, die die Theater beherbergten, noch in seinem Privatbesitz. Die Enteignung der Theater und seiner Immobilien, darunter auch das Grundstück Am Zirkus 1, auf dem das Große Schauspielhaus stand, durch das neue Regime verlief bald darauf nach allen Regeln deutscher Verwaltungskunst.[1] Im Zuge der Gleichschaltung wurden von den Nationalsozialisten Anfang Mai die Gewerkschaften zerschlagen. So kam die gewerkschaftseigene Bank der Deutschen Arbeit, Hauptgläubigerin Max Reinhardts, unter die Kontrolle der Deutschen Arbeitsfront (DAF). Die DAF war die nationalsozialistische Einheitsorganisation, in der nach der Zerschlagung von Gewerkschaften und berufsständischen Verbänden ab Mai 1933 Arbeitgeber und Arbeitnehmer zusammengefasst wurden. Doch weil die Reinhardt-Theater trotz Schulden nach wie vor grundsätzlich gesunde Unternehmen waren, wurden weitere Maßnahmen nötig.[2]

Die Enteignung oder: wie aus dem Deutschen Theater ein deutsches Staatstheater wurde

Als nächster Schritt wurde von den Finanzbehörden der 1926 erteilte Status der Gemeinnützigkeit des Deutschen Theaters und der Kammerspiele für nichtig erklärt. Durch die Forderung einer Nachzahlung der Vergnügungssteuer seit 1926 entstanden weitere Schulden in siebenstelliger Höhe. Als Gläubigerin nutzte die inzwischen unter nationalsozialistischer Kontrolle stehende Bank der Deutschen Arbeit ihre Möglichkeiten, um im Frühjahr 1934 den Aufsichtsrat der Deutsches

National-Theater AG zum Rücktritt zu zwingen, darunter Max Reinhardt selbst und der Zeitungsverleger Wolfgang Huck. Der Aufsichtsrat der AG wurde nun regimetreu, nämlich unter anderem mit zwei Direktoren der Bank besetzt, um weiter den Masterplan umzusetzen, der für die Enteignung der Theater verwaltungs- und finanztechnisch nötig war. Durch Kapitalsenkung brachte die Bank nun die Aktienmehrheit der Deutsches National-Theater AG an sich. Die alten Aktien mussten von ihren Inhabern persönlich bei der Bank umgetauscht werden. Aktien, die nicht persönlich umgetauscht wurden, weil ihre Eigentümer sich vor den Nationalsozialisten bereits ins Ausland in Sicherheit gebracht hatten, wurden öffentlich versteigert. Reinhardt, der inzwischen in Österreich lebte, ermächtigte das Bankhaus Hardy & Co, das sein Aktiendepot verwaltete, seine Anteile an der Gesellschaft für zehn Prozent ihres Wertes zu verkaufen. Am Ende hatte sich die DAF in den Besitz der Aktienmehrheit gebracht.

Aber noch immer waren die Immobilien, in denen sich die Theater befanden, Max Reinhardts Besitz. So ließ als nächsten Schritt der Aufsichtsrat der Deutsches National-Theater AG als Grundschuld einen Betrag von 600 000 Mark ins Grundbuch der Schumannstraße 12 eintragen und beantragte die Zwangsversteigerung der Immobilie. Letzter Akt in diesem abgekarteten Spiel war die Zwangsversteigerung an die Deutsches National-Theater AG, die inzwischen eine reine Nazi-Organisation war. »Dieser Erwerb geschah im Einvernehmen mit dem Reichspropagandaministerium und im Sinne der Bestrebungen der Reichsregierung«, war später im Geschäftsbericht der Deutsches National-Theater AG für das Jahr 1934 zu lesen.[3] Auf diesem unrühmlichen Weg wurde aus dem Deutschen Theater, das einst von Liberalismus und Gewerbefreiheit als bürgerliche Plattform ermöglicht worden war, ein deutsches Staatstheater.[4] Seine Zwangsversteigerung fand am 28. September 1934, also fast auf den Tag genau einundfünfzig Jahre nach seiner Eröffnung durch Adolph L'Arronge, Siegwart Friedmann, Ludwig Barnay, Friedrich Haase und August Förster mit Friedrich Schillers bürgerlichem Trauerspiel »Kabale und Liebe« am 29. September 1883 statt.

»Bisher wurde unterschieden zwischen öffentlichen (städtischen und gemeindlichen) und Privattheatern«, erläuterte ein Zeitungskommentar im Mai 1934 die Verabschiedung eines neuen Theatergesetzes der nationalsozialistischen Regierung. »Für die Privattheater galt lediglich das Gewerberecht. Dieser Zustand hat nun ein Ende gefunden. An die Stelle des vielgestaltigen tritt jetzt ein einheitliches Theatergesetz. Der Gesetzgeber lehnt es ab, das Theaterunternehmen lediglich als einen Erwerbsbetrieb zu behandeln, sondern er sieht das Theater als eine Anstalt der nationalen Erziehung an.«[5] Das Gesetz vom 15. Mai 1934 war Teil einer ganzen Reihe von Maßnahmen zwischen 1933 und 1935 zur nationalsozialistischen Neustrukturierung der deutschen Theaterlandschaft. Dazu gehörte auch das Verbot des Bühnenvereins und der Genossenschaft deutscher Bühnenangehöriger, deren Arbeitsbereiche in die neugeschaffene Reichstheaterkammer beim Ministerium für Volksaufklärung und Propaganda eingegliedert wurden.

Angebot aus dem Hause Goebbels: die Intendanz Heinz Hilpert

Seit Beginn der Spielzeit 1934/35 hieß der Intendant des Deutschen Theaters Heinz Hilpert, dessen Name bereits seit der Weimarer Republik mit diesem Theater verbunden war. 1929 hatte ihn Max Reinhardt zum Oberspielleiter und seinem Stellvertreter gemacht. In den Jahren 1930/31 produzierte Hilpert mit zwei berühmten Uraufführungen zwei der größten Erfolge des Hauses in jener Zeit: »Der Hauptmann von Köpenick«, Carl Zuckmayers (auf Anregung von Fritz Kortner entstandene) Satire über den deutschen Kadavergehorsam mit Werner Krauß in der Titelrolle, und Ödön von Horváths todtrauriges Weltwirtschaftskrisendrama »Geschichten aus dem Wiener Wald«, in dem unter anderem Hans Moser[6] die Rolle des Zauberkönigs spielte. Als Reinhardt die Theater in der Schumannstraße 1932 an Karlheinz Martin verpachtete, war Hilpert als Martins Nachfolger Intendant der Volksbühne geworden. Wohl schon im Herbst 1933 erreichte ihn dort die Offerte von Joseph Goebbels, als Intendant wieder ans Deutsche Theater zu wechseln.

Doch musste Hilpert klar gewesen sein, dass als rechtmäßiger Eigentümer eigentlich nur Max Reinhardt ihn hätte berufen können. Also kommunizierte Hilpert, so wird es überliefert (der genaue Inhalt der Depeschen leider nicht) mit Reinhardt über dieses Angebot. Längst wurde Reinhardt in der deutschen Presse als »Jude Goldmann«[7] verunglimpft und als »Kunstjude« verhöhnt, dessen seelen- und wertlosem Theater nun endlich der Garaus gemacht werde. »›Professor‹ Reinhardt (eigentlich Jud Goldmann) beherrschte zeitweilig als Theaterhohepriester nicht weniger als vier Theater in Berlin, nämlich die ›Komödie‹, die ›Kammerspiele‹, das ›Deutsche Theater‹ und das ›Theater am Kurfürstendamm«, war beispielsweise als Begleittext zu einer Fotografie Max Reinhardts in einem 1933 erschienenen infamen antisemitischen Bildband mit bösartig kommentierten Porträts prominenter Juden aus Wissenschaft, Kunst, Wirtschaft und Politik zu lesen, »getaugt haben sie unter ihm alle nichts.«[8] Dabei waren Weltruhm und herausragende Qualität der Arbeit des Deutschen Theaters der Grund, dass die Nationalsozialisten es nun an sich bringen und dabei trotzdem so bruchlos wie möglich weiterführen wollten, wofür ein Mann wie Heinz Hilpert genau der Richtige war.

Unter dem Druck der Verhältnisse hatte Reinhardt schon im Juni 1933 in seinem berühmten »Brief an die Nationalsozialistische Regierung Deutschlands«[9] die Theater in der Schumannstraße ideell zum Nationalvermögen Deutschlands erklärt – wohl in der Hoffnung, sein Lebenswerk auf diese Weise dem Schmutz entziehen zu können, in den man es seit der Machtübernahme durch die Nationalsozialisten zog. Im Herbst 1933 waren Ächtung, Entrechtung und Ausschluss der Juden aus dem öffentlichen Leben in Deutschland bereits so weit vorangeschritten, dass niemand sich ernsthaft mehr falsche Illusionen über die fatale Lage der Juden in Deutschland machen konnte, nicht Heinz Hilpert und erst recht nicht Max Reinhardt. Und so bedankte sich Max Reinhardt im Oktober 1933 in einem kurzen, resigniert klingenden Brief bei Heinz Hilpert für gute Wünsche »und Ihre ganze Haltung mir gegenüber«.[10] Viel mehr als Dank für den Respekt, den Hilpert ihm, dem Geächteten, Vertriebenen und Entrechteten noch entgegenbrachte, lässt sich aus

Reinhardts Note an Hilpert kaum lesen. Doch Hilpert (und mit ihm seitdem ganze Heerscharen von Exegeten) las sich dieses kurze und gern auch als Faksimile präsentierte Schreiben als Segen Reinhardts schön, dessen geraubtes Theater nun aus der Hand der Räuber entgegennehmen zu können. »Mit freudiger Bereitschaft«[11] nahm Heinz Hilpert also im April 1934 das Angebot aus dem Hause Goebbels an und wurde Intendant des Deutschen Theaters.

Die Enteignung der Theater in der Schumannstraße war zu diesem Zeitpunkt allerdings noch nicht abgeschlossen. Daher musste Hilpert zunächst mit Max Reinhardt einen einjährigen Pachtvertrag schließen. Von der Pacht, die aus den Subventionen des Propagandaministeriums für das Deutsche Theater gezahlt wurde, sah Reinhardt freilich keinen Pfennig. Denn das Geld floss zur Verrechnung der Schulden direkt an die Bank, die als Gläubigerin den Pachtvertrag mitunterzeichnet hatte. Ab 1. August 1935 war das Deutsche Theater dann einschränkungslos ein Betrieb unter dem Dach des Reichspropagandaministeriums. Hilpert aber war offenbar sehr bewusst, dass das nun von ihm geleitete Theater im Grunde noch immer Max Reinhardts Theater war: »In herzlicher Verehrung sende ich Ihnen von Ihrem schönen alten Deutschen Theater, das das erste Jahr unter meiner Führung gut überstanden hat, die allerherzlichsten und innigsten Glück- und Segenswünsche mit dem Ausdruck der schönsten und bleibendsten Verbundenheit mit Ihnen und ihrem künstlerischen Geiste«, telegrafierte er am 16. August 1935 an Reinhardt nach Salzburg.[12]

Es spricht manches dafür, dass Heinz Hilpert sich tatsächlich als eine Art Treuhänder Max Reinhardts betrachtete und versucht hat, das Deutsche Theater in Reinhardts Sinn weiterzuführen, auch wenn das Theater nun unter Kuratel von Joseph Goebbels und dessen Reichsdramaturgen Rainer Schlösser stand. Allerdings ist zumindest bis Kriegsausbruch kaum eine kritische Distanz seinem neuen Dienstherrn im Propagandaministerium gegenüber zu erkennen, der Hilpert 1935 auch zum »Reichskultursenator« berief. Mit einigem Überschwang gratulierte Hilpert dem »Schutzherrn und Mäzen« des Deutschen Theaters, Joseph Goebbels, im Oktober 1937 auch im Namen des Theaters zum vierzigsten Geburts-

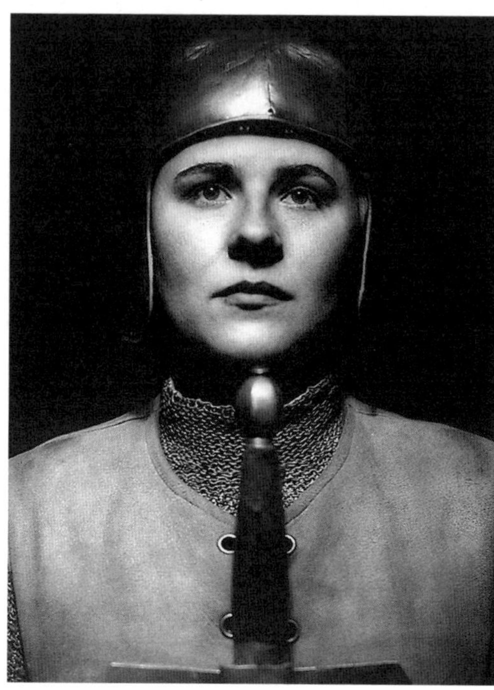

Paula Wessely 1934 als Johanna in »Die heilige Johanna« von George Bernhard Shaw, inszeniert von Heinz Hilpert

tag und lobte in dem Schreiben, das für eine routinierte Ergebenheitsadresse entschieden zu zugewandt klingt, Goebbels' »feine, menschliche und männliche Eigenschaften«, seinen Humor und eine »zündende Begeisterungsfähigkeit« sowie die »Unermüdlichkeit«, mit der Goebbels sich stets der Sorgen der Theaterleute annähme.

Max Reinhardts berühmtes Ensemble war da bereits in alle Winde zerstreut, ins Exil getrieben oder gezwungen, unter dem Dach des Jüdischen Kulturbundes zu arbeiten, der einzigen Institution, in der Juden als Künstler und als Zuschauer überhaupt noch zugelassen waren. An den Bühnen in der Schumannstraße geblieben waren nur die arischen Reste. Dieses Restensemble wurde dann bald um viele, später sehr prominente Namen aufgestockt, die teilweise noch bis in die 1960er Jahre Film und Theater in Österreich und der späteren Bundesrepublik prägen würden, unter ihnen Paul Dahlke, Albin Skoda, Axel von Ambesser,

Elisabeth Flickenschildt, Trude Hesterberg und Gisela von Collande. 1938 kam der Schauspieler Ferdinand Marian dazu, der später in berüchtigten Propagandafilmen wie »Jud Süß« mitgewirkt hat. Seinen größten Erfolg im Deutschen Theater hatte er 1939 als Jago in einer »Othello«-Inszenierung von Erich Engel, deren Bühne Caspar Neher gestaltet hatte.

Die Hilpert-Jahre am Deutschen Theater waren auch die Jahre, in denen die Karrieren von Paula Wessely und den Brüdern Hörbiger an Fahrt aufnahmen, die noch von Max Reinhardt an sein Wiener Theater in der Josefstadt engagiert worden waren. Paula Wessely schien 1934 in Heinz Hilperts Neuinszenierung des Reinhardtschen Erfolgsstücks »Die heilige Johanna« von Shaw mit heldisch-hartem Gesicht und unter einer stahlhelmartigen Kopfbedeckung fast programmatisch als bäuerlich-soldatische Gegenfigur zu Elisabeth Bergners flirrend-kapriziöser Johanna von 1924 konzipiert. Auch auf Rollenfotos anderer Inszenierungen der Hilpert-Ära wirken Schauspieler wie Wessely oder die Hörbiger-Brüder wie Figuren, deren existenzielle Wucht sich eher im Kampf mit der Scholle als in höheren tragischen Konflikten zu entfalten schien. Es gab Inszenierungen nationalsozialistischer Gegenwartsdramatik von Autoren wie Hans Rehberg,[13] Hermann Burte[14] oder Hanns Johst. Auch Inszenierungen von nationalsozialistisch verbogenen Klassikern wie Schillers »Don Carlos« oder Kleists »Prinz Friedrich von Homburg« standen auf dem Spielplan. Doch der meistgespielte Dramatiker der Jahre zwischen 1934 und 1944 hieß William Shakespeare.

Die den Teufel beim Namen kannten

In jenen Jahren entstanden am von Gustaf Gründgens geleiteten Staatstheater am Gendarmenmarkt gleißende und berühmte bis berüchtigte Inszenierungen, die das Kapital ihrer Wirkung häufig aus einer hochambivalenten Reibung an der Ästhetik des Faschismus und seiner Protagonisten schlugen. So lebten etwa die Inszenierungen von Jürgen Fehling[15] häufig davon, dass sie mit Monumentalität, Pomp und Pathos des Nationalsozialismus kokettierten und dabei latent auch eine kritische Lesart zuließen. Trotzdem verdankten sie ihre existenzielle Wucht der Nazi-Ästhetik.[16]

Währenddessen versuchten Hilpert und sein Stab, »der Wirklichkeit ihr stilleres, schlichteres Bild entgegenzuhalten und dachten, die Wahrheit zu finden, wenn sie den Menschen unangegriffen an den Abgründen vorbeiführten und aus seiner gepflegten Welt aufgeklärter bürgerlicher Behaglichkeit die letzten Entscheidungen verbannten«.[17] So hat es Wolfgang Drews auf den Punkt gebracht, der von 1936 bis 1941 Chefdramaturg und stellvertretender Direktor des Deutschen Theaters war. »Es gab keine Effekte an diesem Theater, aber auch keine Affekte. Hilpert hat, und das fühlte sein Publikum sehr wohl, unbestreitbar daran mitgewirkt, daß der Geist der Duldung, die Haltung der Menschlichkeit, der Sinn für die Würde nicht ganz vergessen wurden.«[18] Wobei dieser Geist der Duldung auch die Duldung des immer monströseren Unrechts einschloss, das im Namen der Deutschen geschah, und das zu verdrängen der von Drews beschworene »Geist der Duldung« am Deutschen Theater mit seinem diskreten wie kultivierten Bildungsbürgertheater mitbefördert hat. Auch darin war es, dem Urteil seines damaligen Chefdramaturgen zufolge, »ein Abbild der Epoche, das das schwankende, haltlose Gegenspiel der Gutgesinnten darstellte, die den Teufel beim Namen kannten, aber sich bedenkenlos mit ihm an den Tisch setzten.«[19]

Doch konnte sich Heinz Hilpert erfolgreich wehren, als sein langjähriger Bühnenbildner Ernst Schütte, mit dem er bereits vor 1933 in seinen erfolgreichsten Inszenierungen zusammengearbeitet hatte, wegen seiner jüdischen Ehefrau entlassen werden sollte. Eigentlich verbot Paragraf 5 von Hilperts Pachtvertrag die Beschäftigung »nichtarischer« oder »nichtarisch versippter Personen«. Schütte aber blieb unter Hilperts Schutz die Nazi-Jahre hindurch einflussreichster Bühnenbildner des Hauses und konnte so auch Frau und Tochter schützen. Hilpert selbst hielt zu seiner jüdischen Geliebten, die 1943 mit seiner Unterstützung schließlich in die Schweiz entkommen konnte. Nach Kriegsende (und der Scheidung von seiner ersten Frau) heiratete Hilpert die von ihm »Nuschka« genannte Anneliese Heuser.[20] Den Regisseur Erich

Engel durfte Hilpert aufgrund »politischer Belastung« nicht fest engagagieren, doch er erreichte zumindest, dass Engel als Gast regelmäßig am Deutschen Theater inszenieren konnte. Auch Caspar Neher, Bühnenbildner und Jugendfreund von Bertolt Brecht, wurde weiter beschäftigt, obwohl er als politisch belastet galt.

1938 engagierte Heinz Hilpert mit Kurt Seeger[21] einen Kommunisten für die Dramaturgie des Deutschen Theaters. Seeger, 1902 geboren, würde bis 1971 dem Theater angehören und blieb Hilpert gegenüber auch in der DDR zutiefst loyal. Er hat Heinz Hilpert ein Leben lang gegen Vorwürfe verteidigt, sich zu eng an die Nationalsozialisten angeschmiegt zu haben. Im Gegenteil, man habe im Theater offen geredet und der Hitlergruß sei verpönt gewesen, schrieb Seeger 1953 in einer Broschüre zum 70. Jubiläum des Deutschen Theaters.[22] »Durch Heinz lebten wir wie in einem Zauberkreis, beschirmt gegen die Finsternisse da draußen. In seiner Umgebung war die Wärme und der Duft des Hausbrotes, war lichte Geborgenheit. Unser Deutsches Theater war gleichsam eine Oase, eine Insel. Trotzdem kapselten wir uns nicht ab von dem Leben da draußen, denn es wollte auch uns nicht aus den Fängen lassen. Morgens brachte Ernst Schütte, Max Reinhardts und Heinzens langjähriger erster Bühnenbildner, den längst der Rasen deckt, die neuesten Nachrichten vom BBC. Er bangte um seine Frau, eine Jüdin, um Claudia, seine bildhübsche, begabte Tochter«, so Seeger im Jahr 1958.[23]

Heil Hitler, Herr Schlesinger!

Dass Seegers Zeugnisse möglicherweise jedoch mit Vorsicht zu genießen sind, davon legt die von ihm überlieferte Geschichte über Paul Otto Zeugnis ab. Otto war Theaterschauspieler, Regisseur und früher Stummfilmstar. Erfolgreich führte er später auch in Tonfilmen Regie, schrieb Drehbücher und wurde 1937 aufgrund seiner Erfolge am Deutschen Theater zum Staatsschauspieler ernannt. 1942 übertrug Goebbels ihm die Leitung der »Fachschaft Bühne« der Reichstheaterkammer. Otto gehörte zu den wenigen NSDAP-Mitgliedern im DT-Ensemble, es waren insgesamt vier, und muss sich im Theater immer wieder als glühender Nationalsozialist gegeben haben: »Als im Winter 1943 die großen Bombardements der Royal Air Force begannen«, so Kurt Seeger über Otto Anfang der 1950er Jahre, »flüchtet er sich, nachdem es uns endlich gelungen war, ihm die Augen zu öffnen, aus Scham in den Freitod (zusammen mit seiner Frau).«

Die Wirklichkeit jedoch, die sich hinter Seegers Schilderungen verbarg, war weitaus tragischer. Denn Paul Otto war 1878 in Berlin als Paul Otto Schlesinger zur Welt gekommen und Jude, was er hinter der Maske des engagierten Nazis lange hatte verbergen können. Doch dann wurde er im November 1943 im Theater eines Tages von einem Kollegen mit »Heil Hitler, Herr Schlesinger!« begrüßt. Die Tarnung war aufgeflogen. Aus Angst vor der Deportation nahm sich Otto mit seiner Frau, der Schauspielerin Charlotte Kinder, am 30. November 1943 das Leben.[24] Ganz offenbar hat Paul Otto im Deutschen Theater außerhalb des von Seeger so romantisch beschworenen Hilpertschen Zauberkreises gelebt und aus diesem Zauberkreis der Selbsttäuschung war selbst über zehn Jahre nach Ottos tragischem Tod zu Seeger noch nichts über dessen wahre Hintergründe gedrungen.

In anderen Aufzeichnungen[25] schildert Seeger sein Büro in der Dramaturgie auch als Treffpunkt einer kleinen illegalen kommunistischen Zelle im Deutschen Theater. Es gibt gute Gründe zu bezweifeln, dass Seeger hier wirklich die zentrale Rolle gespielt hat, die er sich selbst zuschreibt. Allerdings hat es diese kommunistische Zelle tatsächlich gegeben. Heinz Hilpert persönlich berichtete Joseph Goebbels von dieser Gruppe, der Ende Februar 1940 in seinen Tagebüchern notierte: »Die war nur klein und betraf das Theater überhaupt nicht.«[26] Da war die Widerstandszelle jedoch bereits aufgeflogen und einige ihrer Mitglieder verhaftet worden. Auch hatte die Gruppe das Theater sehr wohl betroffen, wenngleich es lediglich ein Nebenschauplatz war und das Zentrum der Aktivitäten der illegale KPD-Unterbezirk Adlershof gewesen ist.[27]

Die Gruppe, der zunächst nur ein paar Techniker angehörten, hatte sich unmittelbar nach Ausbruch des Zweiten Weltkrieges zu Aktionen im Theater entschlossen. Kurt Seibt, damals Theatermeister am Deutschen Theater und später Vorsitzender der Zentralen Revisionskommission der SED, hat in seinen Erinnerungen davon berichtet.[28] Demnach hatte der nationalsozialistische Betriebsobmann des Theaters am 1. September 1939 bei einer außerordentlichen Ensembleversammlung eine laustarke Rede gehalten, die aus den aggressiven Rechtfertigungsfloskeln der offiziellen Kriegspropaganda bestand und mit den Worten schloss: »Der Krieg gegen die Feinde Deutschlands hat begonnen!« Doch habe die Versammlung, so Seibt, statt Beifall zu klatschen, diese Rede mit eisigem Schweigen quittiert. »Verschiedene Schauspielerinnen, unter ihnen Fita Benkhoff, brachen in bitteres Weinen aus.«[29] Chefdramaturg Wolfgang Drews zufolge, dem ebenfalls ein Bericht dieser Veranstaltung in der Vorhalle der Kammerspiele zu verdanken ist,[30] die mit der Übertragung von Adolf Hitlers berüchtigter Reichstagsrede am Morgen durch den Großdeutschen Rundfunk begonnen hatte, war Empörung die erste Reaktion. Bereits während Hitler sprach seien aufgeregte Stimmen vernehmlich gewesen: »es gab ein Gepolter, eine Tür wurde aufgerissen, und jemand flog hinaus. Ein jüngerer Schauspieler hatte sich nicht mehr beherrschen können, der Betriebsobmann, der häusliche Hüter der Zwangsordnung, der interne Vertreter der regierenden Gewalt, hatte eingegriffen, und ihn sogleich zum Schweigen gebracht und damit die Zuhörerschaft, die der körperlos drohenden Stimme lauschte, handgreiflich an die gefahrvolle Wirklichkeit erinnert, die hinter dieser Stimme stand. Schon war die Auflehnung wieder stumm.«[31] Ob es sich bei dem jungen Schauspieler, der die Fassung verlor, um Kurt Weiße oder Oskar Schättiger gehandelt hat?

In den Tagen danach gewannen die kommunistischen Untergrundaktivisten der Schilderung Seibts zufolge die Schauspieler Kurt Weiße und Oskar Schättiger sowie die Schauspielschülerin Maria Hoffmann als Unterstützer, und gemeinsam wurde ein Flugblatt mit dem Titel »An alle Schauspieler« gegen den Krieg formuliert, in dem es unter anderem hieß: »Wir müssen das Lügengewebe Hitlers zerreißen. Wir müssen uns von einer Regierung befreien, die unser Volk und andere Völker unterdrückt, die den Namen der deutschen Nation schändet.«[32] Doch bereits im Dezember flog ein Teil der Gruppe auf. Theatermeister Kurt Seibt sowie Oskar Schättiger und Kurt Weiße wurden verhaftet. Wegen »Zersetzung der Wehrkraft« und »Vorbereitung zum Hochverrat« wurde der 1908 geborene Seibt zu einer lebenslänglichen Zuchthausstrafe verurteilt und kam erst nach Kriegsende frei. Auch Oskar Schättiger wurde zu einer Zuchthausstrafe verurteilt. Sein Kollege Kurt Weiße nahm sich nach mehreren Vernehmungen im Februar 1940 in der Haft das Leben, möglicherweise aus Angst vor weiterer Folter und den schweren Misshandlungen, die mit diesen Vernehmungen in der Regel einhergingen.[33] Hans-Rainer Sandvoß von der Gedenkstätte Deutscher Widerstand, der sich eingehend mit der Gruppe um Seibt und Weiße beschäftigt hat, ist der Meinung, dass Weißes Verzweiflungstat, »der dabei bestimmt auch an den Schutz seiner Freunde dachte«, mehrere Gefährdete vor weiterer Verfolgung bewahrt hat.[34]

Weiße hatte laut Informationen der Gedenkstätte Deutscher Widerstand auch Kontakte zu Willi Gall, dem Instrukteur der illegalen Abschnittsleitung Berlin-Zentrum der KPD, den Weiße auch materiell unterstützte und der 1941 in Plötzensee hingerichtet wurde. In Plötzensee starb auch der Schauspieler Robert Dorsay,[35] damals neununddreißig Jahre alt. Im Restaurant des Deutschen Theaters hatte ein Spitzel der Gestapo im März 1943 gehört, wie er einen Anti-Hitler-Witz erzählt hatte. Daraufhin wurde auch sein Briefverkehr überwacht. Wegen einer sarkastischen Bemerkung über Hitler wurde Dorsay im Juni 1943 verhaftet und im Oktober hingerichtet. Sein Name wurde aus den Abspännen aller Filme, in denen er mitgewirkt hatte, getilgt.

So bleibt die Bewertung der Ära Hilpert widersprüchlich. Das viel kolportierte Goebbels-Zitat, das Deutsche Theater sei »ein KZ auf Urlaub« gewesen, lässt sich nirgends belegen. Eher klingt es wie eine Paraphrase aus Zuckmayers (von Hilpert uraufgeführtem) »Hauptmann von Köpenick«, dessen Protagonist Wilhelm Voigt nach seiner Haftentlassung wie »eine Leiche auf Urlaub« durch Berlins Straßen geistert, bevor er in falscher Uniform die Köpenicker Stadtkasse raubt. Auch wird das Zitat gleichlautend auf Max Reinhardts Wiener Theater in der Josefstadt angewandt, dessen Leitung Hilpert nach dem sogenannten Anschluss Österreichs, der Besetzung des Landes im Frühjahr 1938, ebenfalls übernahm, also auch dort zu einem Profiteur der Arisierung wurde.

Andererseits beteiligte sich Hilpert 1938 an der internationalen Kampagne zur Freilassung des einst sehr populären Schriftstellers Ernst Wiechert, den unter anderem seine Weigerung, an der Abstimmung für den »Anschluss« Österreichs an das Deutsche Reich teilzunehmen, im Mai 1938 ins Konzentrationslager Buchenwald gebracht hatte. Hilpert setzte ein Stück von Wiechert auf den Spielplan und intervenierte bei Heinrich Himmler, um Wiecherts Entlassung aus dem KZ zu erreichen, was sich nach 1945 auf Hilperts Entnazifizierungsverfahren sehr positiv auswirkte. Ernst Wiecherts kam Ende August 1938 frei. Sein Drama »Der verlorene Sohn« hatte am 4. November 1938 im Deutschen Theater Premiere. Der Regisseur des Abends war Staatsschauspieler Paul Otto.

Der Umbau der Kammerspiele

Einer oft kolportierten Ansicht zufolge ist die Neugestaltung der Kammerspiele 1937 nach dem Geschmack von Joseph Goebbels erfolgt. Die ursprüngliche Kammerspielversion von 1906 wird dagegen sehr idealisiert. Doch bereits Max Reinhardt selbst hatte schon früh angefangen, mit dem Format zu hadern. Den ersten einschneidenden Umbau der Kammerspiele gab es bereits 1912. Damals wurde auch Edvard Munchs berühmter, mit dem Mythos dieser Bühne untrennbar verbundener Gemäldezyklus »Lebens-Fries« entfernt.[36] Dass er die Kammerspiele für einen Irrweg hielt, weil dieser Zusammenschluss von Schauspielern und Zuschauern in einen Erlebnisraum in seinen Augen ein unerreichbares Ideal bleiben musste, darüber hat Max Reinhardt 1916 auch in einem Interview gesprochen.[37] Immer stärker hatte er sich im Laufe der Jahre am salonhaften Luxus dieser Bühne und seinem dazu passenden Publikum gestört, die Sessel in den Kammerspielen viel zu bequem gefunden, um der Intensität der Darbietungen mit der ihr angemessenen Aufmerksamkeit folgen zu können. Darüber hinaus hatte es aufgrund der geringen Zahl der Sitzplätze wiederholt Rentabilitätskrisen gegeben. 1929 waren die Kammerspiele deshalb sogar für einige Zeit geschlossen worden.

Kann es also sein, dass Hilpert, als er seinen (und auch schon Max Reinhardts) Bühnenbildner Ernst Schütte mit dem Umbau der Kammerspiele beauftragte, auf bereits existierende Pläne zurückgriff und Goebbels nur der dazu benötigten finanziellen Mittel wegen ins Boot geholt werden musste? Pläne, die aus den Jahren um 1930 stammten und möglicherweise das Format der Bühnen am Kurfürstendamm für Komödien und Gesellschaftsstücke mit prominenten Filmschauspielern, die damals der Wirtschaftskrise wegen aufgebeben worden waren, an die Kammerspiele verlagern sollte?

Mit der Ausführung der Wandmalereien der neugestalteten Kammerspiele wurde der Maler Willy Robert Huth[38] beauftragt, der aus dem Umfeld der Expressionisten stammte, die damals längst als »entartet« galten. Auch das spricht nicht unbedingt für eine Ausführung nach Goebbels Geschmack. Der 1889 geborene Huth hatte bereits in den späten 1920er Jahren im Auftrag des Deutschen Theaters für dessen Innenausstattung Schauspielerporträts von Else Lehmann und Albert Steinrück angefertigt.[39] 1937, im Jahr der Baumaßnahmen, in deren Verlauf nicht nur in den Kammerspielen, sondern auch im ersten Rang des Deutschen Theaters eine Führerloge eingebaut wurde, erhielt Huth von den nationalsozialistischen Behörden endgültig Mal- und Ausstellungsverbot. Trotzdem konnte er bei Hilpert in der Schumannstraße weiterarbeiten. Führerlogen mussten in jenen Jahren in vielen Berliner Theatern eingebaut werden. Das allein reicht nicht als Indiz, dass der Umbau auf die Initiative des nationalsozialistischen Trägers des Theaters zurückgeht.

Als die Kammerspiele am 27. April 1937 wieder eröffnet wurden, erschien in den *Blättern des Deutschen Theaters* unter der Überschrift »Das Theater der Vierhundert« ein Text von Heinz Hilpert, der sich auch als leiser polemischer Kommentar zu den Werten der nationalsozialistischen Bauherren lesen lässt. Hilpert spricht umständlich vom »Huldischen«, das er scharf gegen das »Heldische« des NS-Zeitgeistes abrückt. »Die Heiterung durch stille Humore«, so Hilpert, sei der Sinn ihrer Arbeit, und niemand werde bestreiten, »dass solch ein Sinn mindestens genau so zur deutschen Form der Lebensbejahung gehört, wie der Wett-

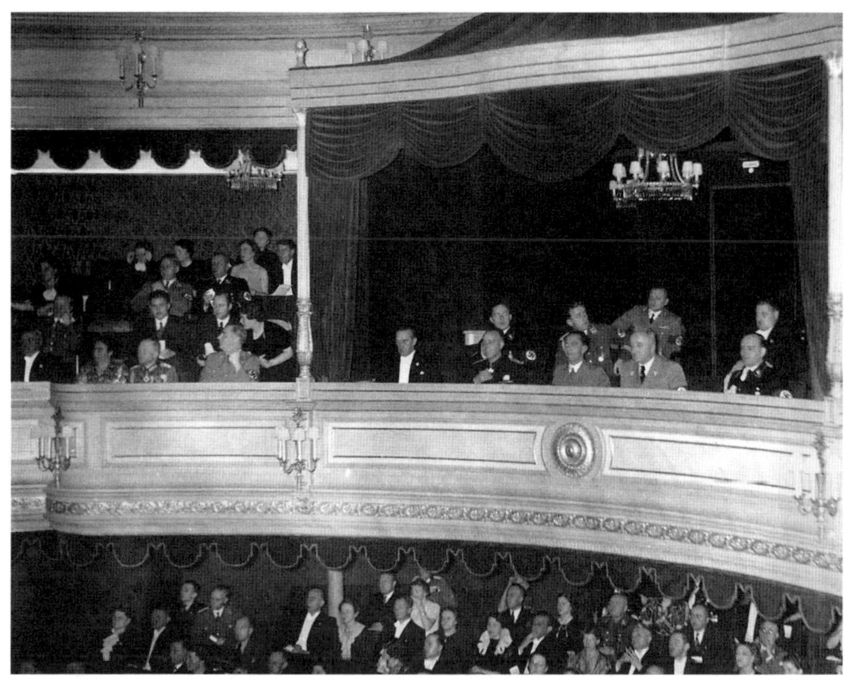

Nazi-Prominenz (Joseph Goebbels, Mitte) 1938 in der Führerloge des Deutschen Theaters

lauf mit Kraft und Sieg und die Gestaltungsfähigkeit für prometheische Schicksale.«[40]

Bereits in den 1970er Jahren erwog die Denkmalpflege der DDR, die Version von 1906 zu rekonstruieren.[41] Als 1978 die Kammerspiele wegen Einsturzgefahr geschlossen werden mussten und man sich bei der Grunderneuerung beider Bühnen zum hundertsten Bestehen des Deutschen Theaters im Jahr 1983 schließlich aus Mangel an aussagekräftigen Bauunterlagen für die Rekonstruktion der Ausführung von 1937 entschied, traf man möglicherweise eine Entscheidung, die durchaus im Sinne Max Reinhardts gewesen wäre.

Bombenangriffe beschädigten im November 1943 die Kammerspiele so schwer, dass sie nicht mehr bespielt werden konnten. Auch die Werkstätten wurden in diesen Wochen von Bomben vollständig zerstört. Der wertvolle Kostümfundus verbrannte. Seit Beginn der Luftangriffe im Januar des Jahres wurden den Programmheften Beiblätter mit Verhaltensmaßregeln für die Zuschauer im Fall eines Bombenalarms beigelegt. Die Vorstellungen begannen in der Spielzeit 1943/44 bereits am späten Nachmittag, damit die Zuschauer noch vor der Verdunklung, die bei drohendem Luftangriff angeordnet wurde, wieder zu Hause sein konnten. Die Künstler wurden nach den Aufführungen zu Brandwachen eingeteilt, um im Fall eines Einschlags Lösch- und Rettungsarbeiten veranlassen zu können. Am 20. August 1944 verfügte Joseph Goebbels, inzwischen auch Reichsbevollmächtigter für den totalen Kriegseinsatz, die kriegsbedingte Schließung aller Theater zum 1. September 1944.

Denunziation in den letzten Kriegswochen

Ende August 1944 meldete ein gewisser Friedrich Mahlo, Abteilungsleiter Fremdenverkehr im Propagandaministerium, seinen Dienstherren pflichtschuldig eine Unterhaltung, die er zwischen Heinz Hilpert und dem berühmten Arzt Ferdinand Sauerbruch belauscht hatte und in deren Verlauf die beiden Männer auch positiv über Juden gesprochen hatten. So wurde Hilpert als einziger deutscher Intendant, gemeinsam mit etwa achtzig Angehörigen der Belegschaft des Deutschen Theaters im Zuge des »totalen Kriegseinsatzes der Kulturschaffenden« ab November 1944 zur Zwangsarbeit in einen Rüstungsbetrieb der Telefunken AG geschickt. Noch im März 1945 wurde der Fünfundfünfzigjährige zum sogenannten Volkssturm eingezogen, wie man die ebenso schlecht ausgebildeten wie miserabel bewaffneten Ersatztruppen aus Teenagern und nicht mehr wehrfähigen älteren Männern euphemistisch bezeichnete, die in den letzten Kriegswochen noch einberufen wurden, um die immer tiefer ins Landesinnere vorrückenden Truppen der Alliierten abzuwehren. Ein Herzinfarkt ersparte Hilpert, in diesen letzten sinnlosen Gefechten kurz vor der endgültigen Niederlage noch verheizt zu werden. Ein Stabsarzt schickte ihn zur Rekonvaleszenz aufs Land. »Wenn Du die Psalmen bei Dir hast, lies sie, sie sind neben Goethe meine tägliche Lektüre«, schrieb Hilpert am 12. April 1945 von dort an seinen Dramaturgen Kurt Seeger.[42]

Am 2. Mai 1945 eroberte die Rote Armee die von Luftangriffen schwer zerstörte deutsche Hauptstadt. In der Nacht vom 8. auf den 9. Mai 1945 unterzeichneten in Berlin-Karlshorst die Oberkommandierenden der deutschen Wehrmacht die bedingungslose Kapitulation. Vier Tage später, am 12. Mai 1945, gaben der Stadtkommandant der Sowjetischen Militäradministration (SMAD) Generaloberst Nikolai Erastowitsch Bersarin[43] und sein oberster Informationsoffizier Oberst Sergej Iwanowitsch Tulpanow[44] den Befehl zur unverzüglichen Wiederbespielbarmachung der Theater aus. Noch war die Sowjetunion die einzige alliierte Macht, die in Berlin das Sagen hatte. Erst knapp zwei Monate später wurde die Stadt in vier Sektoren aufgeteilt und das von den Amerikanern befreite Thüringen, das damit unter sowjetische Militärverwaltung kam, gegen die drei Berliner Westsektoren getauscht, wo Franzosen, Briten und US-Amerikaner fortan als zuständige Besatzungsmächte regierten.

V Auf Trümmern

Einige Wochen nach Kriegsende lag über der Stadt noch immer der Geruch von Brand und Verwesung. Mehr als achtundzwanzig Quadratkilometer der bebauten Fläche Berlins – also über ein Drittel aller Gebäude – war zerstört.[1] Besonders betroffen waren die innerstädtischen Bezirke, wo ganze Straßenzüge, Häuserblocks und Quartiere nur noch aus zerbombten, ausbrannten Skeletten bestanden. Meterhohe Schutthaufen, zerschossene Fahrzeuge und zerstörtes Kriegsgerät prägten das Stadtbild ebenso wie unzählige verwahrloste Menschen, die Leiterwagen mit geretteten Habseligkeiten hinter sich herzogen.

Auch die meisten Berliner Theater waren zerstört,[2] das einstige Staatstheater am Gendarmenmarkt ebenso wie die Volksbühne oder das Charlottenburger Schillertheater. Das unversehrt gebliebene Theater am Schiffbauerdamm wurde im Sommer 1945 von der Roten Armee für eigene Zwecke requiriert. So sammelten sich unter dem kaputten Dach des Deutschen Theaters bald die Reste des Hilpert-Ensembles und wer vom Ensemble des Staatstheaters am Gendarmenmarkt übrig geblieben war, darunter auch sein ehemaliger Intendant Gustaf Gründgens. Heinz Hilpert selbst war nach Kriegsende nicht nach Berlin zurückgekehrt.

Interimistisch hatte ein Schauspielerkollektiv um Bruno Hübner[3] die Theaterleitung übernommen. Als im März 1944 bei einem Bombenangriff Feuer auf das Dach des Deutschen Theaters übergriff, war es ihm als zuständige Brandwache unter Lebensgefahr gelungen, größeren Schaden abzuwenden. Sieben Wochen nach Kriegsende fand am 26. Juni 1945 in der Schumannstraße die erste Nachkriegspremiere statt: Friedrich Schillers Lustspiel »Der Parasit oder Die Kunst, sein Glück zu machen«, eine Übernahme aus dem Staatstheater am Gendarmen-

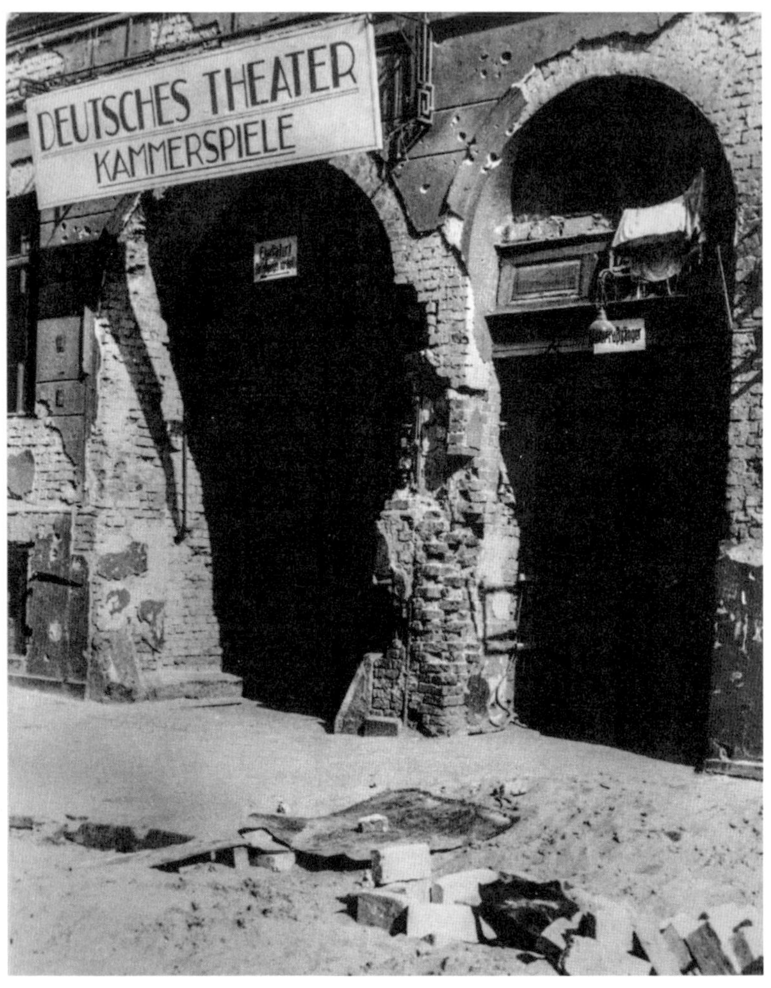

Noch stehen die Ruinen der Vorderhäuser in der Schumannstraße: Sommer 1945

markt. Im August 1945 bestellte die Sowjetische Militäradministration den aus der Moskauer Emigration zurückgekehrten Schauspieler und Regisseur Gustav von Wangenheim zum ersten Nachkriegsintendanten des Deutschen Theaters.

Ende September 1945 erschien in der von deutschsprachigen Emigranten 1934 in New York gegründeten Wochenzeitung *Der Aufbau* ein Aufruf Gustav von Wangenheims an die vor den Nazis geflohenen Theaterleute, nach Deutschland zurückzukehren: »Mein erster Gruß gilt heute all denen, die ihr Leben liessen und denen, die fern der Heimat starben. Gruß unserem Hans Otto, der als echter, deutscher, jugendlicher Held von den nazistischen Banditen bestialisch umgebracht wurde. Gruss unserem Meister und Lehrer Max Reinhardt, der sterben musste, fern seinem früheren Wirkungskreis, dem Deutschen Theater in der Schumannstrasse! Gruss Alexander Granach und all den vielen Anderen!«[4] verneigte sich von Wangenheim darin zunächst vor all jenen, die sein Aufruf nicht mehr erreichen konnte, weil sie ermordet oder in der Emigration gestorben waren. »Und alle Ihr, die Ihr fern der Heimat lebt, seid Ihr bereit, trotz aller Schwierigkeiten beim Wiederaufbau mitzuhelfen?« so von Wangenheim weiter. »Dann kommt! Alles, was wir erträumten, können wir jetzt schaffen, auch aus dem Nichts. Es ist meine Pflicht, als neuer Intendant Euch zu rufen, Wolfgang Langhoff, Albert Bassermann, Elisabeth Bergner, Fritz Kortner und andere. Jeder von Euch ist gemeint! Wenn ich einen vergessen habe, so gilt mein Ruf auch ihm. Jeder ist gemeint! Er komme! Wir alle wollen am gemeinsamen Werk mitarbeiten.«[5]

Ungeklärte Eigentumsverhältnisse

Eigentümerin von Theatern und Immobilien in der Schumannstraße war nach wie vor die Deutsches National-Theater AG. Das Vermögen der AG, deren Aktienkapital sich mehrheitlich noch immer im Besitz der Deutschen Arbeitsfront befand, war am 4. Juni 1945 als Nazi-Vermögen beschlagnahmt und das Deutsche Theater und die (bis auf Weiteres noch nicht bespielbaren) Kammerspiele dem Berliner Magistrat Abteilung Volksbildung unterstellt worden.[6] Der letzte Pachtvertrag, den Heinz Hilpert im März 1941 im Auftrag des Reichspropagandaministers mit der Deutsches National-Theater AG abgeschlossen hatte, war auf dem Papier noch bis zum 31. Juli 1946 in Kraft.[7]

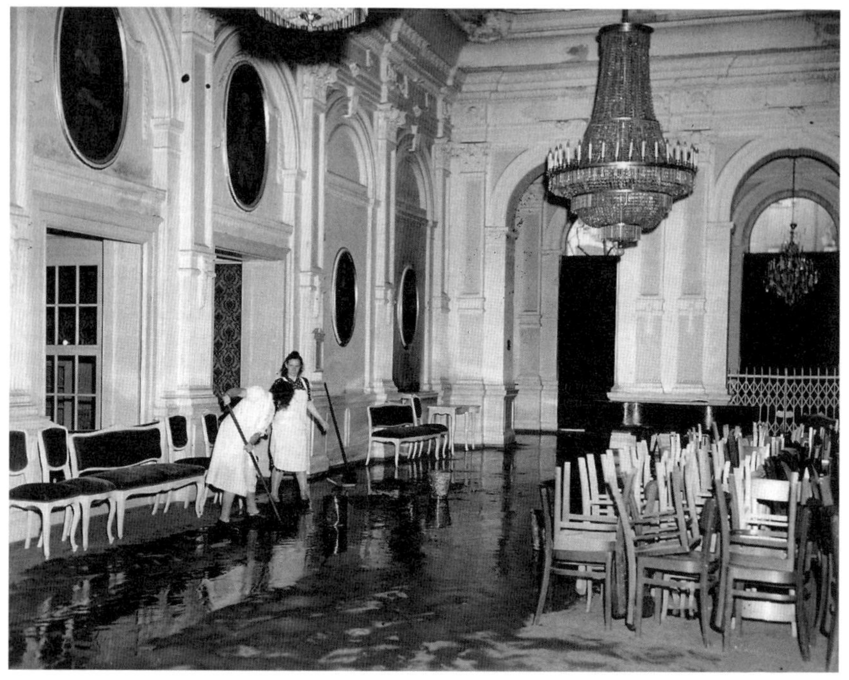

Das Dach ist kaputt und es regnet herein: Rangfoyer des Deutschen Theaters, Juli 1945

Bemühungen der Deutsches National-Theater AG um einen neuen, den veränderten Verhältnissen angepassten Pachtvertrag blieben erfolglos.

Die ungeklärten Rechts- und Eigentumsfragen waren noch viele Monate nach Kriegsende Gegenstand verunsicherter Schriftwechsel zwischen dem eingesetzten Treuhänder der Deutsches National-Theater AG, dem Deutschen Theater und einzelnen Abteilungen des Berliner Magistrats.[8] Auch wenn das DT nun (gemeinsam mit der Staatsoper, die nach der Zerstörung des berühmten Knobelsdorff-Baus Unter den Linden nun im Admiralspalast an der Friedrichstraße residierte) offiziell als »ehemaliges Staatstheater« geführt wurde. Besonders der notwendigen Bereitstellung öffentlicher Mittel für Instandsetzung und

Wiederaufbau wegen war der Klärungsbedarf offenbar groß. Bis zum Herbst 1946 sollten fast 700 000 Mark in Instandsetzungsmaßnahmen der Bühnen in der Schumannstraße fließen.

Die kurze Intendanz des Gustav von Wangenheim

Am 7. September 1945 wurde das Deutsche Theater programmatisch mit Lessings zwölf Jahre lang verfemtem Stück »Nathan der Weise« offiziell wiedereröffnet. Zwei Tage nach dieser symbolträchtigen Premiere zogen dreißig Demonstrationszüge im Gedenken an die Opfer der Nazi-Herrschaft mit Transparenten durch die zerstörte Stadt. Einer Initiative ehemaliger politischer Häftlinge folgend hatte der Berliner Magistrat den 9. September zum »Tag der Opfer des Faschismus« (OdF) erklärt. Es marschierten Verbände der neuzugelassenen Parteien und wieder zugelassenen Gewerkschaften, der Kirchen und der wiedergegründeten Jüdischen Gemeinde gemeinsam mit Häftlingen und Überlebenden aus Zuchthäusern und Konzentrationslagern, die teilweise ihre gestreiften Häftlingsanzüge trugen, zur Abschlusskundgebung ins Neuköllner Stadion, das kurz zuvor nach einem von den Nazis 1944 ermordeten kommunistischen Sportler in »Werner Seelenbinder Kampfbahn« umbenannt worden war.[9]

»Umrahmt von 14 Fahnen der von Deutschland überfallenen Länder, erhob sich in der Mitte des Platzes das von dem Baustadtrat Hans Scharoun entworfene Ehrenmal«, ist in einem zeitgenössischen Bericht über die Veranstaltung zu lesen.[10] »Es trug die Inschrift: ›Die Toten mahnen die Lebenden‹, das Motto des ersten ›OdF-Tages‹. Tausend Kränze wurden in der Mitte des Stadions niedergelegt. Zehntausende Berliner standen gemeinsam mit Gästen aus allen Besatzungszonen dicht gedrängt, als Chopins Trauermarsch erklang.« Zwei Schauspieler aus dem Ensemble des Deutschen Theaters, Horst Caspar und Ernst Wilhelm Borchert,[11] rezitierten Gedichte, darunter Johannes R. Bechers »Kinderschuhe von Lublin« über die ermordeten Kinder des in einem Vorort Lublins gelegenen Konzentrations- und Vernichtungslagers Majdanek.

Nur wenige Wochen zuvor war Horst Caspar noch in Veit Harlans Durchhaltefilm »Kolberg« in der Rolle des Major Gneisenau zu sehen gewesen, der die Eingeschlossenen der belagerten pommerschen Stadt Kolberg fanatisch zum Kampf gegen die Belagerer aufruft. Der Film war am 31. Januar 1945 in die deutschen Kinos gekommen.

Der 9. September 1945, der jetzt als »Tag der Opfer des Faschismus« begangen wurde, wäre auch Max Reinhardts 72. Geburtstag gewesen. Reinhardts Name war dem Namen des Deutschen Theaters bei seiner feierlichen Wiedereröffnung hinzugefügt worden. Offiziell firmierte es jetzt als »Max Reinhardts Deutsches Theater« – als könne der Schrecken, der dem Wort »deutsch« nun anhaftete, nach all den Verbrechen, die in den vergangenen zwölf Jahren in seinem Namen begangen worden waren, abgemildert werden durch den Namen Max Reinhardts, der hier nun nicht mehr allein als Künstler von Weltruhm Referenzfigur war, sondern auch als Opfer des Faschismus.

So hatte es im Vorfeld der Gedenkkundgebung Überlegungen gegeben, zum Abschluss des »OdF«-Tages auch im Deutschen Theater eine Feier zu Ehren der Opfer des Faschismus zu veranstalten. »Ich habe mit Geschke schon darüber gesprochen, dass wir die ganze Feier über Max Reinhardt als Opfer und die anderen Opfer des Faschismus unter den Schauspielern und Theaterleuten mit dem allgemeinen Gedenktag verbinden«, hatte im August 1945 der frisch ins Amt gekommene Intendant des Deutschen Theaters Gustav von Wangenheim an Otto Winzer, Stadtrat für Volksbildung beim Berliner Magistrat, geschrieben.[12] Niemand sah damals offenbar einen Widerspruch darin, Reinhardts Namen zwar dem des Theaters hinzuzufügen, gleichzeitig aber keinerlei Anstalten zu machen, die nun so ausgewiesenen Eigentumsverhältnisse auch rechtlich wieder herzustellen, das Reinhardt von den Nazis angetane Unrecht zumindest durch die Restitution seines Besitzes an seine Erben auszugleichen.

Die Gedenkveranstaltung für Max Reinhardt fand im Deutschen Theater dann erst im folgenden Jahr statt. Aus diesem Anlass wurde die Karl-Straße feierlich in Max-Reinhardt-Straße umbenannt. »Wir hören, dass am 16. Juni eine Feier zur Ehrung von Max Reinhardt von der Stadt

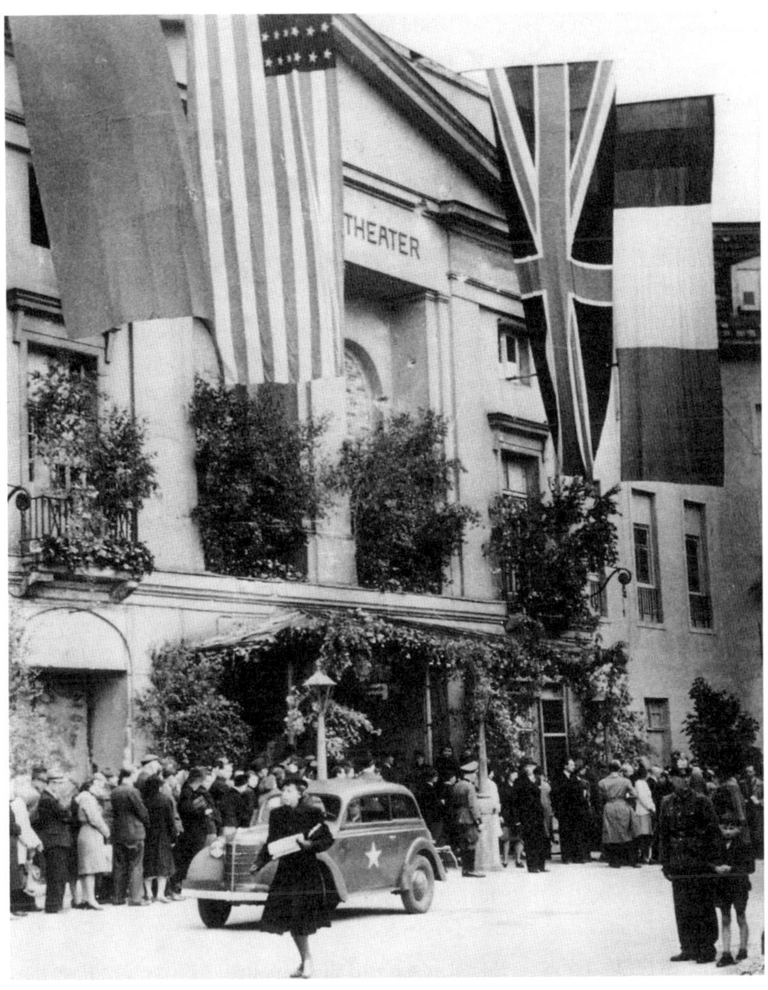

Alliierte Beflaggung des Deutschen Theaters anlässlich der Max-Reinhardt-Gedenkveranstaltung, Juni 1946

Berlin und dem Deutschen Theater veranstaltet wird, bei der eine Berliner Straße nach MR benannt werden soll – STOP«, war dann in einem Telegramm[13] zu lesen, das am Tag der Reinhardt-Feier aus den USA im Deutschen Theater eintraf und von so berühmten Künstlern im US-amerikanischen Exil wie Thomas und Heinrich Mann, Bertolt Brecht, Helene Weigel, Vicki Baum, Fritz Kortner, Ernst Lubitsch, Hanns Eisler, Albert Bassermann, Bruno Walter, Fritzi Massary und Arnold Schönberg unterzeichnet war. »Bitte übermitteln sie den Ausdruck unserer großen Freude und tiefen Bewegung über diese symbolische Handlung, mit der das heutige kulturelle Deutschland sichtlich seinen Anschluss an die so jäh abgeschnittene Tradition seiner künstlerischen Vergangenheit bekundet – STOP – In Gedanken nehmen wir an dieser bedeutungsvollen Feier teil.« Zu den Unterzeichnern des Telegramms gehörten auch Mitglieder von Max Reinhardts Familie, seine Söhne Wolfgang und Gottfried aus erster Ehe, ihre Mutter Else Reinhardt-Heims sowie Reinhardts Witwe Helene Thimig.

Ebenso programmatisch wie die Wiedereröffnung mit Lessings »Nathan der Weise« war in der Woche darauf die Uraufführung des Stücks »Der Gerichtstag«. Sein Autor, Julius Hay, das war jener österreichisch-ungarische Dramatiker, dessen Stück »Gott, Kaiser und Bauer« nach der Premiere am 23. Dezember 1932 im Deutschen Theater unter dem Druck der NS-Presse, bestellter SA-Störer und antisemitischer Angriffe gegen den Hauptdarsteller Fritz Kortner nach nur zwei Vorstellungen abgesetzt worden war und kurz vor dem Sieg der NSDAP bei den Reichstagswahlen im Januar 1933 das Ende der Direktion Rudolf Beer und Karlheinz Martin bedeutet hatte. Bald darauf hatte Hay seine Wahlheimat Deutschland verlassen und war – über Wien und Zürich – 1935 nach Moskau emigriert. 1945 war er in sein Geburtsland Ungarn zurückgekehrt.

Hays Stück »Der Gerichtstag« handelt von einer deutschen Familie, die sich im Jahr 1943 vor den alliierten Bombenangriffen aus der Stadt in die Berge in Sicherheit bringt. Dort entladen sich auf ebenso mörderische wie biblische Weise nun die Spannungen und politischen Konflikte der deutschen Geschichte seit 1919, dem Jahr der gescheiterten Revolution. Ein alt gewordener Berliner Metallarbeiter hat einen kommunistischen und einen nationalsozialistischen Sohn. Der Nazi-Bruder tötete einst den kommunistischen Bruder: Kain und Abel in Deutschland. Nun hält der alte Arbeiter Bolzmann Gerichtstag und erwürgt schließlich seinen Nazi-Sohn Walter: »Nur wer mit sich selbst Gerichtstag hält, der kann gerettet werden, nur der«, sagt schließlich Emmy, die Tochter des ermordeten Kommunisten, die symbolträchtig als Vertreterin einer neuen, unbelasteten Generation als Einzige die Familientragödie überlebt. Und doch nahm die gespenstische Symbolik der beiden feindlichen Brüder bereits die deutsche Teilung vorweg, die in diesem Herbst des Jahres 1945 freilich noch niemand voraussehen konnte. So leicht jedoch würden sich die Geister der Geschichte nicht befrieden lassen.

Hay hatte das Stück 1943 in der Moskauer Emigration geschrieben, nach der Niederlage der deutschen Wehrmacht in Stalingrad, die ein Wendepunkt des Zweiten Weltkrieges gewesen war. Die Uraufführung fand nun im Vorfeld der Nürnberger Kriegsverbrecherprozesse statt. Wie Intendant von Wangenheim hatte auch der hochgewachsene blonde Schauspieler Heinrich Greif,[14] der in Hays Stück mit dem Nazi-Sohn Walter seine erste Rolle am Deutschen Theater spielte, die Nazi-Zeit in der sowjetischen Emigration überlebt.

»Julius Hay ist der erste, der den Griff in die nächste Vergangenheit wagt und den kaum verblassten Spuk auf die Bühne stellt«, schrieb der Kritiker Friedrich Luft, damals zweiunddreißig Jahre alt, nach der Premiere in der amerikanisch lizensierten *Allgemeinen Zeitung*. Zwar handelte es sich Lufts Eindruck zufolge um eine »hastige Arbeit«, die für ihn manchmal mehr nach Leitartikel denn nach Drama klang. Doch grundsätzlich war für diesen Kritiker die Bilanz des Abends positiv: »Der Anfang ist gemacht. Das Zeitdrama ist versucht. Die politische Tragödie, die neue, ist begonnen. Man wird abwarten müssen, wie sie klingt, wenn wir selbst nicht mehr so brennend nah am Feuer stehen.«[15]

An Gustav von Wangenheim knüpften sich in dieser ersten Nachkriegsspielzeit große Erwartungen, das Deutsche Theater in eine neue Zeit und zu altem Glanz zu führen. Dieser, in den Jahren der Weimarer Republik so prominente kommunistische Künstler mit Abstammung aus dem Max-Reinhardt-Kosmos und Moskauer Emigrationshintergrund schien eine Idealbesetzung für diese Aufgabe zu sein. 1895 als Sohn des Schauspielers und DT-Urgesteins Eduard von Winterstein und seiner ersten Frau, der deutsch-jüdischen Schauspielerin Minna Mengers geboren, hatte Gustav von Wangenheim bereits seine Ausbildung an Max Reinhardts Schauspielschule gemacht, und ab 1915 zum Ensemble des Deutschen Theaters gehört. In den 1920er Jahren zunächst als Schauspieler im Stummfilm – etwa in Ernst Lubitschs Komödie »Kohlhiesels Töchter« (1920) und Friedrich Wilhelm Murnaus »Nosferatu« (1922) – und später auch als Dramatiker und Regisseur sehr erfolgreich, war von Wangenheim nach dem Ersten Weltkrieg politisiert und 1923 KPD-Mitglied geworden. Seine Agitprop-Gruppe »Truppe 1931« gehörte zu den berühmtesten und erfolgreichsten der späten Weimarer Jahre. 1933 war Wangenheim über Paris nach Moskau emigriert.

Hier hatte er in den letzten Kriegsmonaten zu einer Gruppe von Exil-Künstlern und -Journalisten gehört, die unter Federführung des Exil-KPD-Vorsitzenden Wilhelm Pieck und in Zusammenarbeit mit sowjetischen Stellen Richtlinien für eine Zeit nach Hitler in Deutschland entwickelten. In diesem Zusammenhang war von Wangenheim im September 1944 unter den Teilnehmern einer denkwürdigen Zusammenkunft im Hotel Lux gewesen, in deren Verlauf erste kulturpolitische Koordinaten für die Nachkriegszeit umrissen wurden, die damals bereits greifbar schien. Das Hotel in der Moskauer Gorkistraße war ein ehemaliges Luxushotel aus der Zarenzeit, das die Kommunistische Internationale (Komintern) seit 1921 zunächst als Gästehaus für internationale Delegierte genutzt hatte. Ab 1933 war es dann das schicksalhafte Quartier der deutschen Kommunisten in der sowjetischen Emigration.

Weitere Teilnehmer an der Sitzung, die im Zimmer Wilhelm Piecks stattfand, waren die Schriftsteller Friedrich Wolf und Johannes R. Becher, die Theaterleute Maxim Vallentin, Fritz Erpenbeck und Hans Rodenberg. Johannes R. Becher hatte ein zentrales Referat über die »Umerziehung des deutschen Volkes«[16] gehalten, Maxim Vallentin[17] in seinem Referat zur Theaterpolitik unter anderem auch Schlüsselfiguren in den Blick genommen, die für den Aufbau einer neuen Theaterkultur in einem neuen Deutschland infrage kommen würden. Neben den Kollegen in der sowjetischen Emigration nannte Vallentin Mitglieder des berühmten

Emigrantenensembles am Zürcher Schauspielhaus, darunter Leonard Steckel, Wolfgang Langhoff, Wolfgang Heinz, Mathilde Danegger, Teo Otto, Karl Paryla, Hortense Raky oder Emil Stöhr, die innerhalb des Theaters einer kommunistischen Zelle angehörten oder mit ihr sympathisierten.

In der britischen Emigration lebten John Heartfield und sein Bruder Wieland Herzfelde. In den USA warteten prominente linke Künstler wie Bertolt Brecht, Hanns Eisler, Fritz Kortner, Alexander Granach, Erwin Piscator, Helene Weigel oder Paul Dessau auf das Ende der Nazi-Herrschaft. All diese Verstreuten, deren Karrieren in der Weimarer Republik begonnen hatten und vom Nationalsozialismus abgeschnitten worden waren, galt es in die Planung des Theaterlebens in einem Nachkriegsdeutschland einzubeziehen.[18] Unmittelbar nach Kriegsende waren alle Teilnehmer dieser Sitzung aus Moskau nach Deutschland zurückgekehrt und hatten Schaltstellen in der sowjetischen Besatzungszone besetzt, um in diesem Sinne zu wirken.

Gustav von Wangenheim war der erste Nachkriegsintendant des Deutschen Theaters geworden. Mit Herbert Ihering hatte er sogleich einen der bedeutendsten Theaterkritiker der Weimarer Republik als Chefdramaturgen verpflichtet. Ihering allerdings war nicht unbelastet: 1933 hatte er beim *Berliner Tageblatt* den Posten seines Kontrahenten Alfred Kerr übernommen, der den Kritikerberuf in Deutschland seiner jüdischen Abstammung wegen nicht mehr ausüben durfte. Klaus Mann karikierte ihn in seinem Roman »Mephisto« 1936 in der Figur des opportunistischen Dr. Ihrig. Gleichzeitig wurde Ihering 1936 aus der Reichsschrifttumskammer ausgeschlossen und erhielt Berufsverbot. Von 1942 bis 1944 war Ihering Dramaturg am Burgtheater im deutsch besetzten Wien. Seine ambivalente Rolle prädestinierte Ihering nun dazu, die kulturpolitischen Ziele der sowjetischen Besatzer zu erfüllen, die nicht allein den Rückruf der Emigranten, sondern auch die Integration in Deutschland gebliebener Schauspieler ins Nachkriegstheatersystem vorsahen, so sie nicht aktiv schuldig geworden waren. Noch in den Weimarer Jahren hatte Ihering außerdem Wangenheims kommunistische Agitprop-Gruppe »Truppe 1931« dramaturgisch beraten und zu den frühesten Förderern Bertolt Brechts gehört, und dem damals Vierundzwanzigjährigen 1922 als Alleinjuror den Kleist-Preis verliehen.

An Brecht schrieb Ihering bereits im Oktober 1945 in dessen kalifornisches Exil: »Lieber Brecht, wir haben große Sehnsucht nach Ihnen und nach Gesprächen mit ihnen. Gestern las ich die ›Mutter Courage‹. Es war eine Erfrischung. Wir wollen es am Deutschen Theater spielen. Ebenso ›Galileo Galilei‹, leider haben wir kein Buch. Ich bin bei Wangenheim am Deutschen Theater.«[19] Doch reagierte Brecht weder auf diesen noch auf spätere Kontaktversuche Iherings.

Am 29. Mai 1946 kam in der Schumannstraße das erste sowjetische Gegenwartsstück heraus: Gustav von Wangenheim hatte Leonid Rachmanows, von Julius Hay übersetztes Drama »Stürmischer Lebensabend« inszeniert. Das Stück erzählt die Geschichte eines renommierten pensionierten St. Petersburger Universitätsprofessors, der sich in den Jahren von 1916 bis 1918 zum glühenden Verfechter der Oktoberrevolution wandelt. Um die Überzeugungskraft der Entwicklung dieser bürgerlichen Identifikationsfigur zum Bolschewiken für das Berliner Publikum zu erhöhen, hatten die sowjetischen Kulturoffiziere darauf gedrängt, die Rolle des Professors mit Paul Wegener zu besetzen, der im Vorjahr bereits »Nathan der Weise« gewesen war. Doch Wegener hatte aus der für die politische Botschaft des Stück so wichtigen Figur ein »grunzendes, kicherndes, kreischendes, seniles Männchen«, einen »Witzblattprofessor« gemacht, wie der Kritiker Wolfgang Harich befand.[20]

»Die Proben mit Wegener waren eine Qual«, berichtete von Wangenheim in einem Rückblick auf seine erste und einzige Spielzeit als Intendant des Deutschen Theaters.[21] »Ich musste die peinlichsten politischen Bemerkungen überhören, um einen offenen Bruch zu vermeiden.« Der Regisseur konnte sich gegen den eigensinnigen Theaterstar nicht durchsetzen, der die ideologische Absicht der Inszenierung unterlief und die Figur dem Gelächter auslieferte. Vernichtend befand das gerade fünf Wochen alte Zentralorgan der SED *Neues Deutschland*[22] nach der Premiere: »Das alles hätte der Regisseur, Gustav von Wangenheim, nicht zulassen dürfen.«[23] Es war von Wangenheims letzte Inszenierung als

Intendant des Deutschen Theaters. Kurz vor seiner Demission starb am 16. Juli 1946 von Wangenheims Emigrationsgefährte, wichtigster Protagonist und engster Berater Heinrich Greif im Alter von neununddreißig Jahren in der Charité an den Folgen eines ärztlichen Kunstfehlers bei einer Leistenbruchoperation. Der alte, an beginnender Demenz leidende Ferdinand Sauerbruch hatte die Operation durchgeführt und dabei eine Schlagader durchtrennt, sodass Greif innerlich verblutet war.[24]

»Ich muss mit Entschiedenheit erklären, daß ich bis heute nicht weiß, warum ich eigentlich als Intendant in einer in unserem Beruf völlig ungebräuchlichen Art kurz nach der Spielzeit 1945/46 gestürzt worden bin«, schrieb von Wangenheim ratlos noch Jahre nach seiner Demission.[25] Die mangelnde Geduld der Sowjetischen Militäradministration mit dem von ihr eingesetzten Intendanten und getreuen kommunistischen Kader hat nicht nur ihm selbst, sondern auch der Nachwelt Rätsel aufgegeben.

Exkurs Moskau oder: »Man bläst nicht in einen Daunenhaufen.«

Es gibt Indizien, dass von Wangenheim von Ereignissen zu Fall gebracht wurde, die schon ein Jahrzehnt zurücklagen, als die Sowjetische Militäradministration im Sommer 1946 in Berlin-Karlshorst seine Absetzung beschloss. Dass in der Sache »nichts, irgendwie ins Gewicht Fallendes«[26] vorgebracht werden konnte, wie von Wangenheim später beklagt hat, könnte damit zusammenhängen, dass die Gründe, die ihn nun so abrupt die Intendanz kosteten, an das Tabu der Ereignisse während des Großen Terrors von 1936 bis 1938 in der Sowjetunion gerührt hätten und daher offen gar nicht angesprochen werden konnten.

In vier Schauprozessen waren damals hohe Funktionäre und Revolutionshelden von 1917 wie Marschall Michail Tuchatschewski oder Nikolai Bucharin als Verräter und »Feinde des Volkes« angeklagt, verurteilt und erschossen worden – und mit ihnen fast das gesamte Politbüro der alten Bolschewiki. Im Zuge der Verhaftungs- und Hinrichtungswellen, die diese Prozesse begleiteten, verloren nicht nur bedeutende

Künstler wie Isaak Babel, Sergej Tretjakow, Ossip Mandelstam oder Wsewolod Meyerhold und seine Frau, die Schauspielerin Sinaida Reich, ihr Leben oder waren schlimmen Repressalien ausgesetzt. Auch Tausende kommunistischer Emigranten aus vielen Ländern – insbesondere aus Deutschland – wurden aufgrund oft haarsträubender Anschuldigungen ohne Beweise verhaftet, in Lager verschleppt, zum Tode verurteilt oder an Nazi-Deutschland ausgeliefert. Diejenigen, die die Jahre des Terrors in der Sowjetunion überlebt hatten, dem am Ende über die Hälfte der dorthin emigrierten deutschen Kommunisten zum Opfer fiel,[27] waren tief verstrickt oder zumindest Mitwisser dieser Vorgänge gewesen. Auch Gustav von Wangenheim stand im Verdacht, sich nach seiner Einbestellung in die berüchtigte Geheimdienstzentrale in der Lubjanka dem NKGB als Informant angedient und Freunde und Kollegen verraten zu haben, darunter auch die nach Moskau emigrierte Schauspielerin Carola Neher, eine enge Freundin Bertolt Brechts (und die »Uraufführungs-Polly« der Berliner »Dreigroschenoper« von 1928[28]), die später in einem sowjetischen Lager starb.

Einer, der den Preis kannte, den viele deutsche Kommunisten in Moskau für ihr Überleben gezahlt hatten, war der Schriftsteller Friedrich Wolf. 1937 war er selbst einer drohenden Verhaftung in den Spanischen Bürgerkrieg entkommen[29] und erst 1941 nach Moskau zurückgekehrt. In der Kulturpolitik der ersten Nachkriegszeit fiel Wolf als einflussreiche und gestaltende Persönlichkeit ohne konkreten Aufgabenbereich auf. Im Frühjahr 1946 unternahm er gemeinsam mit seiner Frau Else eine vierwöchige Reise in die westlichen Besatzungszonen. Im Auftrag des zu jener Zeit noch gesamtdeutsch wirkenden »Kulturbundes für die demokratische Erneuerung Deutschlands« führte er an vielen Orten Gespräche und hielt Vorträge. In Stuttgart, wo er bis 1933 gelebt hatte, sprach Friedrich Wolf im April 1946 im Rahmen einer Vortragsreihe des baden-württembergischen Innenministeriums. In seiner alten Heimatstadt traf er einstige Freunde und Kollegen wieder. Zu einem der Treffen war auch Hans Hauska erschienen.

Der 1901 geborene Komponist und Musiker war 1937 in Moskau verhaftet worden.[30] Sein Name hatte auf einer von Wangenheim verfassten

Liste gestanden, die bei der Kaderleitung der Komintern gefunden wurde. Hauska hatte 1935 die Musik zu Wangenheims in Moskau realisiertem Spielfilmdebüt »Kämpfer« komponiert.[31] Ein Jahr lang hatte Hauska unter schlimmsten Bedingungen in sowjetischen Gefängnissen verbracht, bevor er nach Deutschland abgeschoben wurde und dort als Kommunist nach einem Hochverratsprozess wiederum ins Zuchthaus kam. »Was hast Du eigentlich so dabei gedacht?«, fragte Hauska wenige Monate nach Kriegsende in einem Brief den einstigen Freund und Kollegen nach den Gründen für die Denunziation.[32] »Vielleicht war es bei Dir nur die Angst um die eigene Haut?« Ein Jahr später durfte Hauska öffentlich nicht mehr behaupten, dass von Wangenheims Liste ausschlaggebend für seine Verhaftung gewesen war.[33] Doch hatte Hans Hauska im April 1946 Friedrich Wolf in Stuttgart bei ihrem Wiedersehen seinen Fall vorgetragen und Rehabilitierung verlangt.

Mehrfach wurden Else und Friedrich Wolf im Mai 1946 bei ihrer Fahrt durch die westlichen Besatzungszonen mit den Moskauer Jahren 1936 bis 1938 konfrontiert: »Hier und auf unseren Reisen in Stuttgart, Frankfurt und Düsseldorf wurden wir überhäuft mit Fragen nach dem Verbleib von so vielen Genossen, die in der S. U. waren und noch sind«, schrieb Else Wolf am 1. Dezember 1946 an Wilhelm Pieck. »Was soll man darauf antworten? Wenn wir schweigen oder mit Ausflüchten antworten, versuchen die Angehörigen andere Wege zu gehen, etwas zu erfahren, was die Oeffentlichkeit nicht gerade in unserem Sinne beunruhigt.«[34] Doch was hätte Pieck Else Wolf antworten sollen? Hatte er doch in jenen Jahren, gemeinsam mit Walter Ulbricht und Herbert Wehner (dessen damalige Frau Lotte Loebinger in »Kämpfer« eine Hauptrolle gespielt hatte und nach 1945 zum Ensemble des Deutschen Theaters gehörte) als Exil-Parteileitung jeweils den Parteiausschlüssen zugestimmt, die den Exekutionen in der Regel vorausgingen.

Informationen zu den Jahren des Terrors sind mit Sicherheit nicht nur über Erwin Piscator und Alexander Granach, die damals im letzten Moment aus der Sowjetunion in die USA entkamen, in die amerikanischen Emigrantenkreise um Bertolt Brecht gedrungen. Befremdet hatte Brecht bereits im Svendborger Exil die Protokolle der Schauprozesse gelesen. Darüber hinaus hatte er sich bei einem Aufenthalt in Moskau 1936 zutiefst mit Wangenheim überworfen. Von diesem Zerwürfnis hat Friedrich Wolf ebenso gewusst[35] wie um die Tatsache, dass auch die Verhaftung Alexander Granachs im November 1937, der in der Weimarer Republik mit Gustav von Wangenheim befreundet und nicht zuletzt seinetwegen 1935 in die UdSSR gegangen war, auf eine Denunziation von Wangenheims zurückging.[36] 1938 war Granach nach seiner Freilassung aus sowjetischer Haft über Zürich in die USA gelangt. Im Jahr darauf brachte Granach seine Erfahrungen mit dem Stalinismus in Ernst Lubitschs Komödie »Ninotschka« ein, wo er einen sowjetischen Funktionär spielt, der mit zwei Kollegen von Moskau nach Paris geschickt wird, um dort die Juwelen der ermordeten Zarenfamilie zu verkaufen. Mit dem Erlös soll der klammen Volkswirtschaft der Sowjetunion aufgeholfen werden. In Paris erliegen die strammen Genossen allerdings bald den Verführungen des Kapitalismus, weshalb die gestrenge kommunistische Funktionärin Ninotschka (gespielt von Greta Garbo) auf sie angesetzt wird.

Ernst Lubitsch hatte seinen Film auf der Basis realer Eindrücke aus der Sowjetunion entworfen. Denn 1936 war er ebenfalls in Moskau gewesen. Am Rande eines Filmkongresses hatte er damals seinen alten Freund Gustav von Wangenheim in der Gemeinschaftswohnung Kusnezkij most 22 besucht, wo Wangenheim mit seiner Frau Inge und deren Mutter Hermine eines von insgesamt sieben Zimmer bewohnte.[37] Unter anderem lebten auch Hans Hauska, die Schauspieler Heinrich Greif und Bruno Schmidtsdorf dort. Schmidtsdorf, der in Wangenheims Film »Kämpfer« die Hauptrolle spielte, wurde 1938 in Moskau wenige Monate vor seinem 30. Geburtstag zum Tode verurteilt und erschossen.

Lubitsch und von Wangenheim kannten sich seit den gemeinsamen Tagen in Max Reinhardts Schauspielschule. Mit Lubitschs Komödie »Kohlhiesels Töchter« hatte von Wangenheim 1920 seinen Durchbruch als Filmschauspieler erlebt. Lubitsch, 1892 in Berlin geboren, war schon 1922 nach Hollywood gegangen. Seine künstlerische Laufbahn hatte er kurz vor dem Ausbruch des Ersten Weltkrieges am Deutschen Theater begonnen. Erstmals hatte er dort 1915 mit Gustav von Wangenheim ge-

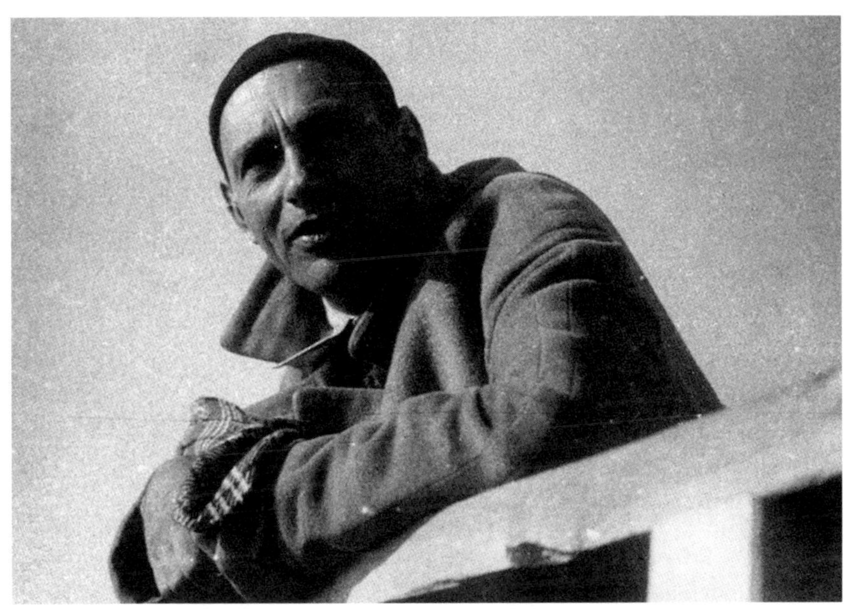

Gustav von Wangenheim in der sowjetischen Emigration, fotografiert von seiner Frau Inge von Wangenheim, Bolschewo bei Moskau 1936/37

meinsam auf der Bühne gestanden: In Max Reinhardts berühmter Hamlet-Inszenierung mit Alexander Moissi waren die beiden frisch von der Schauspielschule engagierten Nachwuchskräfte damals als die beiden zwei Totengräber zum Einsatz gekommen, die in einer der berühmtesten Szenen des Stücks beim Ausheben von Ophelias Grab auf den ikonographischen Schädel stoßen.

Das Szenenbild des Films »Ninotschka« zitierte 1939 ziemlich detailgenau von Wangenheims Zimmer in Moskau, samt einer Wandbildcollage zur Geschichte der Theaterkunst, die Inge von Wangenheim angefertigt hatte. Diese Entdeckung geht auf Laura von Wangenheim zurück, die vor einigen Jahren in einem Archiv eine Kiste mit Fotografien fand, die ihre Großmutter in den Jahren der sowjetischen Emigration gemacht hatte. Darunter befanden sich auch Fotos vom karg ausgestatteten Zimmer in der »Kommunalka«, das Lubitsch bald nach seinem Moskaubesuch in Hollywood für die linientreue Kommunistin Ninotschka alias Greta Garbo nachbauen ließ.[38] Zu den Inspirationsquellen für diese Figur hat merklich aber auch die spröde wie eiserne kommunistische Träumerin Inge von Wangenheim gehört,[39] die nach dem Krieg ebenfalls dem Ensemble des Deutschen Theaters angehörte, wo sie gelegentlich auch Regie geführt hat.

Wie stark eine befürchtete toxische Wirkung der Moskauer Jahre auf den inneren und äußeren Wiederaufbau in der sowjetischen Besatzungszone tatsächlich in die Entscheidung hineinwirkte, Gustav von Wangenheim als Intendanten des Deutschen Theaters abzulösen, ist nicht belegbar zu rekonstruieren. Zu mächtig war das Tabu, zu stark möglicherweise auch der Wille einzelner wie Friedrich Wolf, nach all den furchtbaren Fehlern und Irrtümern müsse jetzt doch noch alles gut werden, als dass damals offen hätte gesprochen werden können. Denn zu viele waren schuldig geworden.[40]

»Ich habe zehn Tage gebraucht, die Antwort auf Ihr Schreiben vom 19. 3. zu überlegen und komme zu dem gleichen Ergebnis nach reiflicher Erwägung aller Umstände und Bezüge, wie es sich mir schon in der ersten spontanen Reaktion aufgedrängt hat: ich muss mich mit einer abschlägigen Antwort bescheiden!«, schrieb Inge von Wangenheim 1970 an einen Literaturwissenschaftler,[41] der sie im Rahmen seiner Recherchen für eine Publikation der Akademie der Künste der DDR zum Exiltheater in der Sowjetunion um Informationen gebeten hatte.[42] »Die Ursache dafür liegt weder bei Ihnen noch bei mir, sie liegt auch nicht im Gegenstand selbst, sondern ausschließlich in der Geschichte jener Jahre. Um es mit einem Bilde zu sagen: man bläst nicht in einen Daunenhaufen, um zu einer einzigen Daune zu gelangen. Sie aber sanft von oben fortzunehmen ist auch nicht möglich, denn schon die leiseste Handbewegung erzeugt einen Wind, der die gesamte Menge hochwirbeln ließe. Ich empfehle also, nicht daran zu rühren. Ich hoffe, Sie sind informiert genug, um es mir zu ersparen, noch deutlicher werden zu müssen. Von der psychischen Belastung, die für mich persönlich damit verbunden wäre, will ich gar nicht sprechen. Wenn es sich lohnen würde, würde ich sie auf mich nehmen. Ich glaube aber, dass es sich nicht lohnt. Es tut mir leid, Ihnen nichts Erfreulicheres bieten zu können und verbleibe gleichwohl mit den besten Grüßen als Ihre Inge von Wangenheim.«[43]

Und wer weiß, vielleicht lag der Grund dafür, dass Gustav von Wangenheim im Sommer 1946 als Intendant des Deutschen Theaters abgelöst wurde, wirklich allein in seinem glanzlosen Wirken. Fest steht, mit Wolfgang Langhoff war Friedrich Wolf auf der letzten Station seiner Reise durch die westlichen Besatzungszonen in Düsseldorf ein bekannter Künstler (wieder)begegnet, dessen Profil dem von Wangenheims sehr ähnlich war: ein Kommunist und renommierter Künstler mit Erfahrungen sowohl im bürgerlichen als auch im Agitproptheater, Emigrant und Opfer des Faschismus. Langhoff, mit Wolf seit der Vorkriegszeit befreundet, hatte im Mai 1946 als Generalintendant in Düsseldorf Wolfs Stück »Professor Mamlock« inszeniert.[44] In einem entscheidenden Punkt jedoch wich Wolfgang Langhoffs Profil von dem Wangenheims ab: Als Westemigrant war Langhoff unbelastet von jedem Verdacht, in den Moskauer Terror verstrickt gewesen zu sein.

»Als Friedrich Wolf in seine Heimat fuhr, besuchte er Wolfgang Langhoff«, stellt lapidar der damalige Leiter der Kulturabteilung der Sowjetischen Militäradministration Alexander Dymschitz 1970 den Fall in seinen Erinnerungen dar. »Er regte an, Langhoff nach Berlin zu holen und ihm die Leitung des Deutschen Theaters zu übertragen.«[45] In Weimar kam es Anfang August während der ersten Interzonenkonferenz der Landesverbände der Genossenschaft Deutscher Bühnenangehöriger, an deren Wiedergründung nach dem Krieg der erfahrene Bühnengewerkschafter Langhoff federführend beteiligt war, zu einer ersten Begegnung zwischen Langhoff und den sowjetischen Kulturoffizieren. Man wurde sich einig und Langhoff nahm die Berufung an. Mit einer Intervention beim obersten Befehlshaber der Sowjetischen Besatzungsarmee versuchte Walter Ulbricht kurz darauf erfolglos, den Wechsel an der Spitze des Deutschen Theaters im letzten Moment zu verhindern.[46] Resigniert gab das SED-Zentralsekretariat in seiner Sitzung vom 21. August 1946 zum Tagesordnungspunkt »Änderung der Intendantur (sic!) des Deutschen Theaters« zu Protokoll, »dass es vorher nicht gefragt, sondern vor vollendete Tatsachen gestellt wurde.«[47]

Theater für ein neues Deutschland: Wolfgang Langhoff wird Intendant

So trat Wolfgang Langhoff im September 1946 bei bereits laufender Spielzeit die Intendanz des Deutschen Theaters an. Im Oktober eröffneten in der Schumannstraße die wiederaufgebauten Kammerspiele mit einer Inszenierung von Gustaf Gründgens, »Kapitän Brassbounds Bekehrung« von George Bernhard Shaw, der ein paar Wochen darauf Langhoffs Nachfolge als Intendant in Düsseldorf antrat. Die Bühne für Gründgens' Inszenierung entwarf Hilperts Chefbühnenbildner Ernst Schütte, der in dieser Funktion noch immer am Deutschen Theater tätig war. Verwaltungsdirektor war der alte Othmar Keindl, der 1905 als Sekretär von Edmund Reinhardt begonnen hatte und seit dessen Tod 1929 die wirtschaftlichen Geschicke des Deutschen Theaters steuerte.

Ihm hatte Gustav von Wangenheim im Herbst 1945 einen jungen Mann an die Seite gestellt, der eine Häftlingsnummer aus Auschwitz am linken Unterarm trug: Walter Kohls, der bald darauf von dem damals bereits fast siebzigjährigen Keindl das Amt übernahm und es bis 1970 ausüben würde. Noch aus Max Reinhards Zeiten, in denen er als junger Bühnenarbeiter begonnen und sich zum Technischen Direktor der Theater in der Schumannstraße hochgearbeitet hatte, stammte Karl Ruppert. Er ist der einzige Nicht-Künstler, der je zum Ehrenmitglied des Deutschen Theaters ernannt worden ist. Damals, im Jahr 1959, war es eine Referenz von Wolfgang Langhoff an diejenigen, die das Theater technisch realisieren und ohne die es niemals möglich wäre. So wurde es in den fast siebzehn Jahren seiner Intendanz zur Sitte, dass nach Premieren nicht nur Schauspieler, Regisseure, Kostüm- und Bühnenbildner zum Applaus auf die Bühne kamen, sondern auch die an der Aufführung beteiligten Techniker.[48]

Unmittelbar nach Amtsantritt begann auch Wolfgang Langhoff, Kontakt zu Künstlern in der Emigration aufzunehmen, wie es sein kulturpolitischer Auftrag vorsah. So wandte er sich an den Regisseur und Emigrationsgefährten Leopold Lindtberg, der 1941 am Zürcher Schauspielhaus die Uraufführung von Brechts Stück »Mutter Courage und ihre Kinder« mit Therese Giehse in der Titelrolle inszenierte, in der Langhoff den Courage-Sohn Eilif gespielt hatte: »Wärest Du bereit, am Deutschen Theater eine Gastinszenierung zu übernehmen? Wenn ja, welches Stück schlägst Du vor? Könntest Du evtl. mit der Thesi hier ›Mutter Courage‹ machen?«[49] Auch dem Schauspieler Erwin Parker, ebenfalls Mitglied des Zürcher Emigrantenensembles und enger Freund der Familie, machte Langhoff im Dezember 1946 das Angebot, ans Deutsche Theater zu kommen.[50] »Wenn Ihr Kommunisten seid, könnt Ihr nicht in London leben. Kommt nach Berlin, hier werdet Ihr gebraucht«, schrieb Langhoff an das Schauspielerpaar Amy Frank und Friedrich Richter in ihr Exil.[51] Beide würden nach ihrer Rückkehr über viele Jahre zu den bekanntesten Schauspielern des Deutschen Theaters gehören. Auch mit dem Komponisten Paul Dessau nahm Langhoff Kontakt auf. Über Paris war Dessau 1939 in die USA gelangt. Dessau und Langhoff verband bereits seit Mitte der 1920er Jahre eine enge Freundschaft.[52] So war Langhoff Pate von Dessaus 1926 geborener Tochter Eva.[53]

Fritz Kortner hatte sich selbst an das Deutschen Theater gewandt und sein Interesse bekundet, aus der amerikanischen Emigration dorthin zurückzukehren. »Wir freuen uns, dass Sie als Rolle Brechts ›Galileo Galilei‹ vorgeschlagen haben, dessen Aufführung wir uns etwa in der Mitte der Spielzeit denken könnten«, ließ Langhoff seinen Chefdramaturgen Herbert Ihering an Kortner schreiben, »vielleicht käme noch der König Philipp in ›Don Carlos‹ in Frage und außerdem eine Regie.«[54] »Ihre Anfrage ist eine große Freude für mich! Kommen Sie unbedingt!«, ergänzte der Intendant handschriftlich auf der Rückseite des Briefs. »Für Unterkommen, Verpflegung ist (natürlich den Verhältnissen entsprechend) gesorgt. Es wäre wunderbar, wenn wir den ›Galileo‹ machen könnten. Kabeln Sie, wenn Sie einverstanden sind. Wir würden wohl am besten den Vertrag durch die amerikanische Theaterkontrolle schicken.«[55]

Dringlich hatte sich Wolfgang Langhoff im Dezember 1946 in zwei Telegrammen und einem Brief auch an Bertolt Brecht gewandt: »Von ausländischen Stücken, mit denen die deutsche Bevölkerung bis jetzt bekannt wurde, sind die meisten für die deutsche Situation unbrauchbar, weil der ausgesprochen tiefe Pessimismus der Existenzialisten von Anouilh bis Sartre und Camus und der neue Romantizismus der Amerikaner die Depression nur noch steigern helfen. Es mehren sich deshalb die Stimmen der einsichtigen Kritiker, die nach dem deutschen Autor fragen, der zu den Zeitstücken Stellung nehmen kann«, hieß es in einem langen Schreiben, in dem Langhoff Brecht einen detaillierten Überblick über seine Sicht auf die aktuelle Berliner Nachkriegssituation gab und ihn um Aufführungsrechte für seine Stücke bat. »Unsere Dramatiker der Vorhitlerzeit, Friedrich Wolf und Günther Weisenborn, sind die einzigen, die mit einigem Erfolg aufgeführt werden können. Der Schrei nach dem deutschen Dichter verhallt in der Wüste und Bert Brecht schweigt in Deutschland.«[56]

Und anders als Chefdramaturg Herbert Ihering mit seinen diversen Anfragen während der Intendanz Gustav von Wangenheims bekam Wolfgang Langhoff beinahe postwendend eine Antwort: »Sie können sich denken, wie froh ich bin, dass jetzt Leute wie Sie, lieber Langhoff am Aufbau des Theaters arbeiten«, schrieb am 2. März 1947 Bertolt Brecht aus dem kalifornischen Exil. »Wir tun hier alles, um im Sommer hinüber kommen zu können. Meine im Exil geschriebenen Stücke, alle geschrieben für ein kommendes deutsches Theater, könnten, denke ich, ein ganz gutes, kleines artistisches Kapital werden, wenn wir es voll ausnutzen.«[57]

Der Eiserne Vorhang senkt sich

Doch Bertolt Brecht und seine Familie kamen im Sommer 1947 nicht nach Berlin. Zwar war ein Dienstvertrag zwischen Helene Weigel und dem Deutschen Theater bereits zum 4. Mai 1947 in Kraft getreten. Doch angesichts der Rasanz, mit der der Kalte Krieg Gestaltungs- und Handlungsspielräume einzuengen begann, verdüsterten sich die Perspektiven. Wolfgang Langhoffs optimistischer Plan, das Deutsche Theater aus der Tagespolitik herauszuhalten und einen Spielplan für ganz Berlin zu machen, wie er es bei seiner ersten Pressekonferenz im September 1946 versprochen hatte, wurde bald zum Spießrutenlauf.

Zehn Tage, nachdem Brecht in Kalifornien seine Antwort an Langhoff formuliert hatte, verkündete der amerikanische Präsident Harry S. Truman vor dem Kongress in Washington, die USA würden ab sofort allen freien Völkern beistehen, »die sich der angestrebten Unterwerfung durch bewaffnete Minderheiten oder durch äußeren Druck widersetzen«.[58] Trumans Einlassung, die als »Truman-Doktrin« in die Geschichte einging, war direkt an Stalins Sowjetunion und deren Bestrebungen adressiert, die befreiten Länder in Osteuropa ihrem Machtbereich einzuverleiben, im griechischen Bürgerkrieg die aus dem kommunistischen Widerstand gegen die Nazi-Besatzung geborene Rebellenarmee gegen die konservative Nachkriegsregierung zu unterstützen oder sich in Konflikte in der Türkei einzumischen. Denn längst waren nach Kriegsende in der Welt neue Krisenherde entstanden, verfolgten nicht nur die Sowjetunion, sondern auch die USA neue geopolitische Ziele.

Ausgerechnet das Deutsche Theater wurde dann zum Schauplatz für den Ausbruch des Kalten Krieges im Berliner Kultursektor, und zwar während des Ersten Deutschen Schriftstellerkongresses, der vom 4. bis 7. Oktober 1947 im Deutschen Theater und dem im amerikanischen Sektor gelegenen Hebbel-Theater stattfand und eigentlich als gesamtdeutsche Veranstaltung geplant war, in deren Kontext sich Schriftsteller aus Ost und West angesichts der wachsenden internationalen Spannungen als systemübergreifendes Parlament des Geistes profilieren wollten. In einem einstimmig angenommenen Manifest hatten sich die Schriftsteller aller vier Zonen zu Kongressbeginn verpflichtet, das moralische Bewusstsein der Verantwortlichkeit für Leiden und Folgen der Nazi-Herrschaft wachzuhalten und für den Frieden zu wirken. Doch am dritten Kongresstag wurden die Kammerspiele zur Arena heftigster politischer Auseinandersetzungen zwischen Gastrednern aus der Sowjetunion und den USA.

Flammend hatte sich in seiner Rede am Nachmittag des 6. Oktober 1947 der sowjetische Dramatiker Wsewolod Wischniewski[59] in den Kammerspielen ans Publikum gewandt und zunächst an den unter Schmerzen gewonnenen Kampf gegen den Nationalsozialismus erinnert. Dann aber holte er zum Angriff auf die einstigen Alliierten aus: »Es gibt in der Welt solche Menschen, die uns, die progressiven, fortschrittlichen Menschen, zerspalten wollen«, polemisierte Wischniewski mit direktem Bezug auf Harry S. Trumans Zwei-Lager-Theorie. »Ich nenne sie: die amerikanische Reaktion, die britische Reaktion. Sie wollen uns einfache demokratische Menschen in zwei Teile teilen, einen Eisernen Vorhang schaffen. Das wird niemals gelingen, denn wir, die demokratischen Kräfte sind einig.«[60]

Wischniewski spielte auf die amerikanische Atombombe an, auf das in neue Kolonialkriege in Afrika verwickelte Großbritannien, die in den USA an Fahrt aufnehmende Jagd auf Kommunisten, den dort wieder eingesetzten Ausschuss für unamerikanische Umtriebe, vor den nur drei Wochen darauf, am 30. Oktober 1947, auch Bertolt Brecht und Hanns Eisler geladen wurden. Wischniewski schloss seine Rede mit einer rhetorischen Volte, die noch einmal die Truman-Doktrin und das Schutzangebot vor der Sowjetunion polemisch aufgriff: »In dem Moment, wo Sie uns brauchen, kommen wir zu Ihnen, um Schulter an Schulter zu kämpfen gegen Weltreaktion, gegen neuen Weltkrieg, für Weltfrieden, für neue Weltdemokratie, für neues einheitliches Deutschland!«[61] bot er nun seinerseits den anwesenden Westschriftstellern an. Brüskiert verzichtete daraufhin der bekannte britische Publizist Henry Noel Brailford auf seinen Beitrag, der als Nächstes auf der Rednerliste stand.

Am Morgen des nächsten Kongresstages trat in den Kammerspielen plötzlich ein völlig Unbekannter ans Rednerpult. Niemand kannte den jungen Mann, der einige Teilnehmer an den jungen Lenin erinnerte. Niemand wusste, wie der damals siebenundzwanzigjährige Melvin J. Lasky überhaupt auf die Rednerliste gekommen war. Sein überraschender Auftritt wurde später als vom US-Geheimdienst CIA gesteuerte Aktion gewertet,[62] mit der die USA den Spindoktoren in der Informationsabteilung der Sowjetischen Militäradministration einen Strich durch die Rechnung machen wollten, den Kongress ihrerseits für Propagandazwecke zu nutzen.

Melvin J. Lasky nahm in seinem gut fünfzigminütigen, sorgfältig vorbereiteten Vortrag direkt auf Wsewolod Wischniewskis Polemik vom

Vortag Bezug. Strategisch klug verurteilte er die »kleingeistigen amerikanischen Bürokraten und ihre inoffizielle Kontrollausübung«,[63] die Künstlern in den USA aktuell das Leben schwer machten. Allerdings hätten die freiheitlichen USA im Gegensatz zur Sowjetunion niemals eine politische Zensur gehabt. Lasky wies auch auf Widersprüche der sowjetischen Außenpolitik gegenüber Hitler-Deutschland hin, erwähnte den Hitler-Stalin-Pakt und sprach sogar den Moskauer Terror an. Süffisant erklärte er sich schließlich mit den sowjetischen Schriftstellern solidarisch: »Auch sie stehen im Kampf um die kulturelle Freiheit, und ich glaube, wir alle müssen ihnen unsere offenherzige Sympathie entgegenbringen. Wir wissen, wie deprimierend es ist, mit dem Bewußtsein zu arbeiten, daß hinter einem der politische Zensor steht und hinter ihm die Polizei. Denken Sie daran, was es für die russischen Schriftsteller bedeuten muss, dauernd in Sorge zu sein, ob die neue Parteidoktrin, ob die revidierte Form des sozialistischen Realismus oder Formalismus oder Objektivismus oder was auch immer es sei, nicht bereits überholt ist, und sie vielleicht über Nacht schon als ›dekadente konterrevolutionäre Werkzeuge der Reaktion‹ abgestempelt hat.«[64] Immer wieder brachen während Laskys Rede Tumulte unter den Zuhörern aus. Der Kongress war gesprengt und mit ihm endgültig auch die auf einen antifaschistischen Konsens gegründete Einheit der deutschen Schriftsteller. Der zweite deutsche Schriftstellerkongress fand 1948 in Frankfurt am Main bereits weitgehend ohne ostdeutsche Beteiligung statt. Auch hatte sich 1947 die westdeutsche Gruppe 47 konstituiert, die diskursbestimmend für die Nachkriegsliteratur in der Bundesrepublik wurde.

»Die Freiheit als solche ist ein Begriff, in den sich die Schriftsteller gern verflüchtigen«, versuchte Intendant Wolfgang Langhoff als Gastgeber der Konferenz am Nachmittag nach Laskys Auftritt moderierend noch einmal eine vorsichtige Konkretisierung des ideologisch nicht nur von Lasky so strapazierten Freiheitsbegriffs, der zum zentralen Kampfbegriff des Westens im Kalten Krieg wurde, »und dann sehr zum Vorteil derjenigen reaktionären Gruppen, denen es nur angenehm ist, wenn von Menschlichkeit, Freiheit, Unmenschlichkeit, kurz von Worten schlechthin gesprochen wird und nicht von konkreten Bedingungen und den konkreten Situationen, unter denen eine solche Freiheit zu *er*kämpfen und eine Unmenschlichkeit zu *be*kämpfen ist.«[65] Ohne Parteilichkeit aber war für Langhoff Freiheit nicht zu haben. »Daneben stehen und sagen: politisch Lied ist garstig Lied; es gibt überhaupt keine Partei, das ist billig und einfach, und ist nach meiner Meinung nur wieder eine Flucht in die Unverbindlichkeit, die wir uns aber heute nach meiner Meinung nicht mehr leisten dürfen.«[66]

In seiner Adresse an die Kongressteilnehmer erinnerte Langhoff auch an den einst aus Deutschland geflohenen und im Zürcher Exil verstorbenen Dichter Georg Büchner, der hier am Deutschen Theater entdeckt worden war. Für den Kongress hatte Langhoff die Proben zu seiner Inszenierung von Büchners »Woyzeck« unterbrochen: Das erste Stück der deutschen Literatur, dessen tragisches Subjekt mit dem Soldaten Woyzeck ein gänzlich Unterprivilegierter, aus Langhoffs Sicht also ein Proletarier war, und das von Büchner als »eine der größten sozialen Anklagen« verfasst wurde, »die je ein deutscher Dichter sich aus dem Herzen schrieb.«[67]

Als »eines der stärksten Theatererlebnisse seit Kriegsende« beschrieb vier Wochen später der Kritiker der (Ost-)*Berliner Zeitung* Paul Rilla Langhoffs »Woyzeck«-Inszenierung, die am 14. November 1947 Premiere hatte. In Langhoffs Bühnenfassung und Regie erhalte Büchners »geniales Fragment« erst seine volle dramatische Gestalt. Es ende nicht mit Woyzecks Selbstmord, der das Drama nach einem Moralschema von Schuld und Sühne zu Ende bringen würde. Der Abend reiße fragmentarisch ab – »mit dem Ausblick auf das Gericht, das die Gesellschaft über den Mörder halten wird.«[68] »Wir waren in der guten Stube des historischen Materialismus«, schrieb dagegen abfällig Walter Karsch im 1945 von ihm mitgegründeten, amerikanisch lizensierten (West-) Berliner *Tagesspiegel*.[69] »Indem Langhoff Woyzeck sich sozusagen der weltlichen Justiz ausliefern läßt, macht er das Ende zwar realer, aber er vergreift sich endgültig an der dichterischen Substanz, an der Schwermut und Ausweglosigkeit dieser gehetzten Seele.«[70] Der Eiserne Vorhang hatte während des Schriftstellerkongresses nicht nur laut hörbar im Parkett der Kammerspiele des Deutschen Theaters gequietscht, wie das erst im Januar 1947 von der britischen Militärverwaltung in Hannover lizensierte Magazin *Der Spiegel* damals metaphorisch schrieb.[71] Er hatte sich auch in die Köpfe der Zeitgenossen gesenkt.

In den Sog der Zeitverläufe gerieten auch die Verhandlungen des Deutschen Theaters mit Fritz Kortner. »Angesichts der Tatsache, dass Werner Krauss und andere Größen des Dritten Reiches nun vor deutschen Spruchkammern rehabilitiert werden, käme einem Kortner-Gastspiel eine große kulturpolitische Bedeutung zu«, bat Langhoff im Sommer 1947 seinen alten noch im kalifornischen Exil lebenden Freund Paul Dessau in einem Brief um Vermittlung.[72] Als Kortner schließlich im Dezember 1947 nach Berlin kam, um in einer Inszenierung von Wolfgang Langhoff die Rolle von Don Carlos' Vater König Philipps II. zu übernehmen, verboten die amerikanischen Besatzungsbehörden ihm jeglichen Auftritt in der sowjetischen Besatzungszone und drohten Kortner bei Zuwiderhandlung den Entzug der amerikanischen Staatsbürgerschaft an. Doch auf den Schutz dieser Staatsbürgerschaft wollte Kortner vor dem Hintergrund seiner Erfahrungen als Verfolgter des Nazi-Regimes und Opfer schlimmster antisemitischer Hetzkampagnen in Deutschland nicht verzichten.

So kam Wolfgang Langhoffs Inszenierung von »Don Carlos« am Deutschen Theater erst im Jahr 1952 zustande. Ohne Fritz Kortner, der das Stück im amerikanischen Sektor am Hebbel-Theater im Dezember 1950 selbst inszenierte und dort auch die Rolle von König Philipp übernahm. Die Rolle der Prinzessin Eboli spielte bei Langhoff die junge Inge Keller. Eigentlich hatte die 1923 in Berlin-Friedenau geborene Schauspielerin diese Rolle 1950 schon bei Kortner spielen sollen. Dann aber wehten die Winde des Kalten Krieges die Fabrikantentochter und ihren damaligen Lebensgefährten (und späteren Ehemann), den kommunistischen Journalisten Eduard von Schnitzler, 1950 nach Ost-Berlin und ans Deutsche Theater.

Bei der Premiere von Kortners »Don-Carlos«-Inszenierung war es im Dezember 1950 zu Tumulten gekommen, weil sich das Publikum von dem jüdischen Remigranten Fritz Kortner und seiner Inszenierung zwischen den Zeilen auf den Massenmord an den Juden während des Nationalsozialismus angesprochen fühlte: »Als Posa die Worte ›Da stieß ich auf verbrannte menschliche Gebeine …‹ an mich richtete, entstand die erste Unruhe in dem zwischen Wohlwollen und Haß gespaltenen Publikum«, erinnerte Fritz Kortner sich später an die gespenstischen Vorfälle.[73] »Mir wurde nachträglich klar, daß der Protest dadurch erregt wurde, daß jene Worte so langsam und so eindringlich gesagt und ausgerechnet an mich gerichtet waren.« Als Kortners Regie nach den Worten des Herzogs Alba »Unterdessen geb ich Madrid Frieden« die königlichen Garden aufmarschieren und direkt ins Publikum feuern ließ, »wurden der Schrecken und der Protest im Zuschauerraum so laut, dass Rufe nach Beendigung ertönten und mehrere Frauen in heftige Zustände gerieten«, wie der Kritiker Friedrich Luft überliefert hat.[74] Nach etlichen Drohbriefen legte Fritz Kortner nach der zweiten Vorstellung die Rolle des König Philipp in seiner Inszenierung nieder und verließ West-Berlin Richtung München.

Berlin 1948 – eine Stadt bricht auseinander

Am Ende der Spielzeit 1947/48 war Bertolt Brecht noch immer nicht in Berlin eingetroffen. Am Tag nach seiner Ladung vor den »Ausschuss für unamerikanische Umtriebe« in Washington hatte er fluchtartig die USA verlassen und war über Paris im November 1947 nach Zürich gereist. Kurz nach seiner Ankunft fuhr der Zürcher Chefdramaturg Kurt Hirschfeld in Brechts Auftrag (der selber kein Visum bekam) nach Berlin, um die Einzelheiten für Brechts künftige Arbeit am Deutschen Theater auszuhandeln. Begleitet wurde Hirschfeld von Max Frisch, damals sechsunddreißig Jahre alt, den Hirschfeld am Zürcher Schauspielhaus als Dramatiker durchgesetzt hatte. In Frischs Tagebuchaufzeichnungen[75] sind verschlüsselte Details dieser Reise überliefert. So wohnte man beim amerikanischen Theateroffizier Benno Frank[76] in Zehlendorf, konferierte freundschaftlich aber auch mit den beiden sowjetischen Kulturoffizieren Alexander Dymschitz und Ilja Fradkin. Nach einem dieser Treffen schlief der erschöpfte Max Frisch im Deutschen Theater in einer Garderobe ein.

Doch die rapide absinkende Temperatur des Kalten Krieges erschwerte die Situation. Immerhin erhielt das Deutsche Theater von Brecht die Aufführungsrechte für sein Stück »Furcht und Elend des Dritten Reiches«, das in einer Inszenierung von Wolfgang Langhoff zum 15. Jahrestag der Machtergreifung am 30. Januar 1948 Premiere hatte, die erste autorisierte Brecht-Inszenierung[77] im Nachkriegs-Berlin. Begleitet war die Inszenierung von einer Ausstellung über die ermordeten Widerstandskämpfer der Gruppe Schultze-Boysen. Zu Brechts 50. Geburtstag am 10. Februar 1948 fand dann im Rangfoyer des Deutschen Theaters eine Matinee mit Balladen, Songs, gelesenen Prosastücken und einem Vortrag von Herbert Ihering statt, die so erfolgreich war, dass sie wiederholt werden musste.

Am 21. Juni 1948 wurde in den westlichen Besatzungszonen Deutschlands und den Berliner Westsektoren mit der Währungsreform die D-Mark eingeführt und damit die Teilung Deutschlands in zwei Volkswirtschaften vollzogen. Kurz darauf riegelte sowjetisches Militär die Berliner Westsektoren hermetisch ab. Der gesamte Personen- und Warenverkehr auf dem Landweg war damit unterbrochen. Fast ein Jahr lang konnte die westliche Halbstadt nur über die Luftbrücke versorgt werden, hauptsächlich durch Militärmaschinen der US-amerikanischen und britischen Luftwaffe. Die Blockade machte Groß-Berlin nun endgültig unregierbar. Sitzungen des Magistrats wurden regelmäßig von Demonstranten gestört, die gegen die separate West-Berliner Währungsreform protestierten, weil sie für die Bewohner des Ostsektors das Einkaufen im Westen so verteuert hatte, dass die Dinge für sie unerschwinglich wurden. Gleichzeitig deckten sich West-Berliner mit billigen Ostwaren ein und verschärften im Ostsektor so die ohnehin schon schwierige Versorgungslage. Abgeordnete der nichtkommunistischen Parteien wurden von Demonstranten immer wieder am Zutritt zu den Magistratssitzungen gehindert. Anfang September wichen die Abgeordneten der Westsektoren deswegen nach Charlottenburg aus und tagten dort getrennt.

Am 9. September 1948 hielt der SPD-Politiker Ernst Reuter vor der Ruine des Reichstagsgebäudes – nicht weit von der Stelle wo einmal die Wohnhäuser von Otto Brahm und Adolphe L'Arronge gestanden hatten – seine berühmte Rede »Ihr Völker der Welt, ihr Völker in Amerika, in England, in Frankreich, in Italien! Schaut auf diese Stadt und erkennt, daß ihr diese Stadt und dieses Volk nicht preisgeben dürft und nicht preisgeben könnt!« Im Juni 1948 hatte die Stadtverordnetenversammlung Reuter mehrheitlich zum Oberbürgermeister gewählt, doch die Sowjetische Militäradministration hatte ihm als einzige Besatzungsmacht die notwendige Bestätigung verweigert. An diesem 9. September, an dem Reuter durch seine Rede zu einer West-Berliner Symbolfigur wurde, feierte das Deutsche Theater den 75. Geburtstag Max Reinhardts mit einer festlichen Matinee. Wenig später erklärten die in Ost-Berlin verbliebenen Abgeordneten den bisherigen Magistrat für abgesetzt. Der SED-Politiker Friedrich Ebert – ein Sohn des SPD-Politikers und ersten Reichspräsidenten der Weimarer Republik Friedrich Ebert –, der mit Wolfgang Langhoff im KZ gewesen war, wurde zum Oberbürgermeister Ost-Berlins gewählt.

Es waren die Monate, in denen der West-Berliner *Tagesspiegel* zum Boykott der Theater im sowjetischen Sektor aufrief, und im Blatt dann Hasstiraden wie diese zu lesen waren: »Reicht niemandem mehr die Hand, der in jenem SED-Lager der Unzucht steht; nehmt keine der illegalen ›Verwaltungsstellen‹ des Ostsowjet in Anspruch, wenn ihr nicht unbedingt müsst; lasst tiefe Stille um die Puppe sein, die man euch als ›Oberbürgermeister‹ hingesetzt hat; macht einen Bogen um die ›Volkspolizisten‹; laßt die vom Ostsowjet annektierten Theater veröden; nennt nicht die Künstler, die dort spielen – sie seien vergessen; kauft die Ostzeitungen nicht länger, bildet schweigende Kreise der Verachtung um den, der sie an öffentlichen Plätzen liest. Meidet die Pest, wie man die Pest eben meidet. Scheuert den Tisch mit Seife ab, auf dem ein Blatt wie die ›Tägliche Rundschau‹ gelegen hat, dessen »Journalismus« ein Schandfleck dieser Stadt ist, der wahrlich abgewaschen werden muss.«[78] Nach den Magistratswahlen vom Dezember 1948, die nur noch in den Westsektoren stattfinden konnten, übernahm im Januar 1949 Ernst Reuter in West-Berlin das Amt des Oberbürgermeisters, das seit Inkrafttreten der (West-)Berliner Verfassung von 1950 »Regierender Bürgermeister« heißt.

Bertolt Brecht am Deutschen Theater

Inmitten der Berliner Chaoswochen, als die Stadt endgültig auseinanderbrach, kam Bertolt Brecht in Ost-Berlin an: am 22. Oktober 1948 – quasi auf Stichwort und zum 300. Jahrestag des Westfälischen Friedens, der das Ende des Dreißigjährigen Krieges bedeutet hatte, jenes Krieges also, der auch die Geschäftsgrundlage der Titelfigur in Brechts Drama »Mutter Courage und ihre Kinder« ist, mit dessen Proben Brecht und Erich Engel als Co-Regisseur im Deutschen Theater bald darauf begannen. Monatelang hatten sich die Bemühungen der Theaterleitung hingezogen, in Zusammenarbeit mit unterschiedlichsten offiziellen und inoffiziellen Stellen, amerikanischen und sowjetischen gleichermaßen, die Reise von Brecht und seiner Familie aus Zürich nach Ost-Berlin zu organisieren.[79] Nun war es gelungen, und auch noch fast punktgenau zum Jahrestag des Westfälischen Friedens, ein Coup. »Wichtig wäre es«, hatte Brecht an Wolfgang Langhoff noch kurz vor dem Aufbruch aus Zürich geschrieben, für die Courage-Bühnenbilder »Neher nach Berlin zu bekommen. Könnten Sie für ihn bezüglich der Visen eine ähnliche Reiseroute organisieren, wie für Helli und mich?«[80] Die Bühne für diese Inszenierung gestaltete dann jedoch der junge Heinrich Kilger, der vom Hebbel-Theater in die Schumannstraße gewechselt war. Die Bühnenmusik komponierte Paul Dessau, der aus der US-Emigration als Hauskomponist ans Deutsche Theater kam.

Die Premiere von »Mutter Courage« am 11. Januar 1949 wurde ein Triumph für die Rückkehrer Bertolt Brecht und Helene Weigel, die hier zum ersten Mal seit 1933 wieder als Schauspielerin auf der Bühne stand. Aber sie wurde auch ein Triumph für das Deutsche Theater und damit alle Theater Ost-Berlins, zu deren Boykott im Westteil der Stadt noch fünf Wochen zuvor aufgerufen worden war. »Das bleibt aus der Erinnerung nicht wieder zu entfernen: wie der bedeutendste Dramatiker unserer Sprache nach 15 Jahren unwirtlicher Emigration wieder auf einer Berliner Bühne stand und nun der Jubel der Betroffenen aus dem Zuschauerraum über ihn hinging«, schrieb in der amerikanisch lizensierten *Neuen Zeitung* Friedrich Luft.[81] »Dieser hartnäckig unbe-

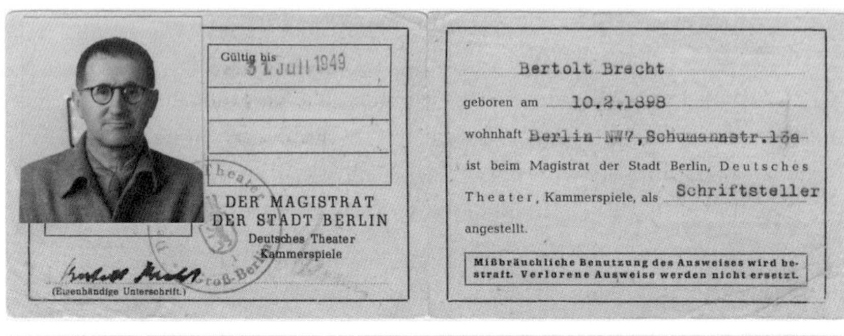

Gültig bis 31. Juli 1949

DER MAGISTRAT
DER STADT BERLIN
Deutsches Theater
Kammerspiele

(Eigenhändige Unterschrift.)

Bertolt Brecht

geboren am 10.2.1898

wohnhaft Berlin NW7, Schumannstr.13a

ist beim Magistrat der Stadt Berlin, Deutsches Theater, Kammerspiele, als Schriftsteller angestellt.

Mißbräuchliche Benutzung des Ausweises wird bestraft. Verlorene Ausweise werden nicht ersetzt.

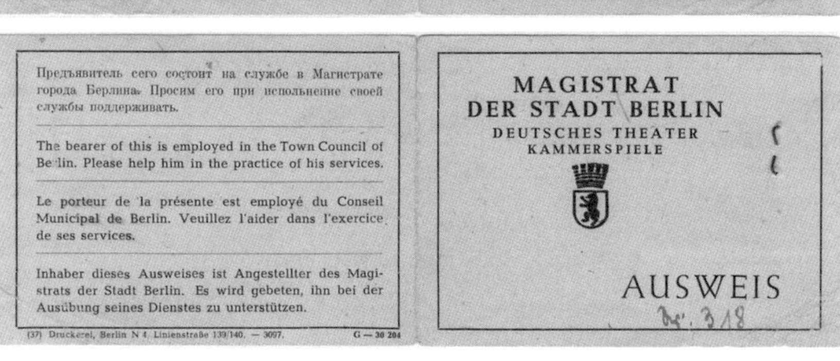

Предъявитель сего состоит на службе в Магистрате города Берлина. Просим его при исполнении своей службы поддерживать.

The bearer of this is employed in the Town Council of Berlin. Please help him in the practice of his services.

Le porteur de la présente est employé du Conseil Municipal de Berlin. Veuillez l'aider dans l'exercice de ses services.

Inhaber dieses Ausweises ist Angestellter des Magistrats der Stadt Berlin. Es wird gebeten, ihn bei der Ausübung seines Dienstes zu unterstützen.

(37) Druckerei, Berlin N 4, Linienstraße 139/140. — 3097. G — 30 204

MAGISTRAT
DER STADT BERLIN
DEUTSCHES THEATER
KAMMERSPIELE

AUSWEIS
Nr. 318

Mitarbeiterausweis von Bertolt Brecht, 1949

queme Dichter gibt mit einem dramatischen Schlage wieder Anlaß, die Positionen der Zeit und des Theaters genau zu überdenken und zu revidieren.«

So kam das Westpublikum auch weiterhin in die Ost-Berliner Theater, insbesondere zu den Bühnen in der Schumannstraße. Viele Theater in den Westsektoren dagegen hatten die Währungsreform wirtschaftlich nicht überlebt. Von zehn Bühnen dort gab es 1949 nur noch drei, darunter das Hebbel-Theater in Kreuzberg und das Renaissance Theater am Knie, jene weiträumige Verkehrsschnittstelle am Ende der Charlottenburger Hardenbergstraße zwischen Tiergarten und Moabit, die später den Namen Ernst Reuters erhalten sollte. Denn hier befand sich in einem Gebäude der Technischen Universität der Ausweichtagungsort der West-Berliner Magistratsabgeordneten, bevor das Rathaus Schöneberg zum Sitz der West-Berliner Stadtregierung wurde.

Mit seiner überaus erfolgreichen Produktion »Mutter Courage«, deren Planwagen zur Signatur einer neuen Theaterepoche wurde, unternahm das Deutsche Theater 1949, im schwierigen Jahr der deutschen Teilung, sogar Gastspielreisen nach Westdeutschland: nach Düsseldorf, Köln und Braunschweig, wohin Wolfgang Langhoff freundschaftliche oder kulturpolitische Kontakte unterhielt. Davon berichtete mit sich vor Begeisterung überschlagender Stimme auch ein Radioreporter des Berliner Rundfunks, als er Wolfgang Langhoff am 7. Oktober 1949, dem Tag der Gründung der DDR, bei der großen Parade auf der Ehrentribüne Unter den Linden zwischen Walter Ulbricht, Wilhelm Pieck, Otto Grotewohl und anderen prominenten Gesichtern der DDR-Gründergeneration entdeckte.[82] Langhoff war aus Anlass der Staatsgründung von einer dieser Gastspielreisen zurückgekehrt, die er als Intendant begleitet hatte.

Das DT wird Staatstheater der DDR

Am 23. Mai 1949 war in Bonn am Rhein die Bundesrepublik Deutschland als westdeutscher Teilstaat, knapp fünf Monate darauf dann als Reaktion in Ost-Berlin die Deutsche Demokratische Republik gegründet worden. Nun zogen die Verbände der Massenorganisationen des jungen ostdeutschen Staates in einem großen Fackelzug durch das zerstörte historische Stadtzentrum: an der Ruine des Stadtschlosses vorbei, das wenig später als Symbol des fehlgeleiteten Deutschland und seiner Klassengesellschaft, die in Nationalsozialismus und Krieg geführt hatte, von den hier nun regierenden Kommunisten abgerissen werden würde, an den Trümmern und zerschossenen Fassaden der in die Unkenntlichkeit gebombten einstige Prachtstraße Unter den Linden entlang.

»Wir stehen unter dem nächtlichen Himmel, riesige Scheinwerfer beleuchten den unabsehbaren Zug der Jugend, die mit ihren Fahnen und Transparenten hier an dieser Tribüne vorüberziehen«, rief DT-Intendant Wolfgang Langhoff an diesem 7. Oktober 1949 einem Radioreporter voller Euphorie ins Mikrofon. »Es ist wirklich die Geburtsstunde einer neuen, demokratischen Republik! […] Und alle diejenigen, die uns noch zaudernd, fremd oder zögernd gegenüberstehen, wünsche ich auf diesen Platz, um dieser großen Stunde teilhaftig zu werden!«[83]

Der Aufbau des neuen Staats begann mit großen Hoffnungen, aber auch schweren historischen und materiellen Hypotheken. Zu diesen Hypotheken gehörte auch, dass die Kommunisten ihr neues Deutschland mit den alten Deutschen aufbauen mussten. Während die politische und künstlerische Elite des jungen Staates wesentlich aus heimgekehrten Emigranten, aus dem Untergrund oder aus Nazi-Zuchthäusern und Konzentrationslagern zurückgekehrten Verfolgten des Nazi-Regimes bestand, war das Staatsvolk das alte geblieben: Nur ein paar Jahre zuvor hatte es mehrheitlich den Hitler-Staat unterstützt. Unter dessen ersten Opfern waren 1933 die Kommunisten gewesen. Viele von ihnen waren in den Folterkellern der Nazis grausam misshandelt und ermordet worden. Die Überlebenden waren traumatisiert, ihre Identität als Deutsche beschädigt, ihre Identifikation mit der Sowjetunion auch ein daraus resultierender Schutzreflex.

Diese Frontstellung trug auf keiner Seite zur Bildung einer tragfähigen Vertrauensbasis bei. Doch während der Wiederaufbau in West-Berlin und der Bundesrepublik bald wesentlich aus Mitteln des US-amerikanischen Konjunkturprogramms »Marshall-Plan« finanziert werden konnte, war die DDR wirtschaftlich auf sich gestellt. Darüber hinaus musste sie die Reparationsforderungen der Sowjetunion an Deutschland allein erfüllen und hatte ein Wirtschaftssystem etabliert, das nicht mehr auf Privateigentum an den Produktionsmitteln und einer Steuerung von Produktion und Konsum durch den Markt beruhen sollte. Schon 1945 hatte die Bodenreform in der sowjetischen Besatzungszone unter dem Motto »Junkerland in Bauernhand« Kleinbauern, Vertriebene oder einfache Landarbeiter zu Grundbesitzern gemacht, die Großgrundbesitzer enteignet und mit der Kollektivierung landwirtschaftlicher Betriebe die Voraussetzungen für die Entwicklung einer sozialistischen Planwirtschaft geschaffen.

Im Bildungssektor sollte mit den sozialen Reproduktionsmechanismen Schluss gemacht werden, die unter anderem ein Resultat der simplen Tatsache waren, dass Kinder von Arbeitern, Bauern oder sozial Benachteiligten von Bildungsmöglichkeiten traditionell ausgeschlossen waren. Das hatte für die Zementierung der Klassenschranken gesorgt, die nun fallen sollten. In der jungen DDR wurden Arbeiter- und Bauernfakultäten (ABF) gegründet, die den Rang von Hochschulen hatten, und an denen Arbeiter und Bauern jeden Alters sich für ein Hochschulstudium qualifizieren konnten.

Unter den jungen Arbeitern, die diesen Weg einschlugen, war auch der 1941 geborene Dieter Mann, der von 1984 bis 1991 ein bedeutender Intendant des Deutschen Theaters war. 1958 ging Mann als siebzehnjähriger Metall-Facharbeiter, der nur acht Schulklassen absolviert hatte, mit einem staatlichen Stipendium ausgestattet zum Studium an eine Arbeiter- und Bauernfakultät, um die Hochschulreife zu erlangen. Anschließend studierte er an der Staatlichen Schauspielschule, als die Max Reinhardts Schauspielschule des Deutschen Theaters nach dem Krieg wieder gegründet worden war, der heutigen Hochschule für Schauspielkunst »Ernst Busch«. 1964 kam Mann ans Deutsche Theater, wo er ein das Ensemble fast drei Jahrzehnte prägender Schauspieler wurde.

Mit Gründung der DDR waren alle seit 1945 unter der Klammer »Ehemalige Staatstheater« zusammengefassten Bühnen – also Staatsoper, Deutsches Theater und Kammerspiele – aus der Verantwortlichkeit des Berliner Magistrats herausgefallen und unterstanden nun der Hoheit des neuen Staates. Die Vermögenswerte der bisher treuhänderisch von der Verwaltungsstelle »Sondervermögen« bei der Abteilung Finanzen des Berliner Magistrats verwalteten Deutsches National-Theater AG wurden »samt der von den Theaterbetrieben Deutsches Theater und Kammerspiele betrieblich genutzten Grundstücke«[84] in der Schumannstraße zum 1.1.1951 in Volkseigentum überführt. Das Deutsche Theater war nun ein Staatstheater der DDR.

Damit geriet das hochkarätige wie traditionsreiche bürgerliche Kulturinstitut unter weiteren Veränderungsdruck. Denn nun hieß es, sich auch den Arbeitern und jenen Teilen der Bevölkerung zu öffnen, an die das Angebot dieses Theaters bisher nicht explizit adressiert war. In den Jahren der DDR kamen regelmäßig Gruppen aus Fabriken und Betrieben organisiert ins Theater. Wer die begehrten Auszeichnungen für Arbeiterinnen und Arbeiter erhalten wollte, musste auch eine ausreichende Anzahl von Theaterbesuchen nachweisen können. Die Kartenpreise waren für alle erschwinglich. Viele Theater in der DDR übernahmen Patenbetriebe und leisteten dort Kultur- und Bildungsarbeit. Patenbetrieb des Deutschen Theaters wurde der VEB Bergmann-Borsig in Berlin-Oberschöneweide, wo Wolfgang Langhoff im Dezember 1950 gemeinsam mit Schauspielern seines Theaters und Laien aus dem Betrieb das Stück des tschechischen Arbeiterschriftstellers Vašek Káňa[85] »Brigade Karhan« als Leiter eines Kollektivs realisierte. Denn die Arbeiter sollten sich und ihre Lebenswelten auch in den Stoffen auf der Bühne wiederfinden können.

»Brigade Karhan« war eine Entdeckung von Friedrich Wolf. Im Vorjahr war das Stück zur Eröffnung des Neuen Theaters im polnischen Łódź uraufgeführt worden. Seit 1949 war Wolf der erste Botschafter der DDR in der Volksrepublik Polen. Für die Inszenierung des Deutschen Theaters hatte Paul Dessau eine Musik geschrieben. »Karhan, nach dem die Brigade und das Stück benannt sind, ist ein erfahrener, alter Arbeiter«, schrieb nach der Premiere das junge westdeutsche Nachrichtenmagazin *Der Spiegel* über die Inszenierung,[86] in deren Zentrum ein Schleifer einer Maschinenfabrik steht, der zum Auslöser einer Debatte um neue sozialistische Arbeitsmoral wird. »Er und seine Altersgenossen schätzen noch die gemütliche, von Pausen durchsetzte Tätigkeit, wie sie zur kapitalistischen Ausbeutung gehörte. Die jungen Arbeiter, darunter Karhans begabter, ehrgeiziger Sohn, sehen es anders: Ihnen allen gehört die Fabrik, also schneidet man sich nur ins eigene Fleisch, wenn man herumtrödelt und nichts erfindet.«[87] Am Ende war selbstredend die Produktivkraft maximal erhöht, die ältere Generation überzeugt und die Euphorie entsprechend.

Im Unterton der *Spiegel*-Kritik klingt stets leichter Spott über das dramatische Sujet und die sozialistische Logik des Plots, aber auch eine gewisse Faszination angesichts des ungewohnten Gesamt-Settings an: »Maschinen füllen funkensprühend die Bühne« ist da etwa über diesen Theaterabend in der Werkhalle einer echten metallverarbeitenden Fabrik zu lesen. Und auch, dass die Frauen, die auftreten, wie Männer arbeiten. In der Bundesrepublik, wo es kein institutionalisiertes Theater außerhalb der repräsentativen Theaterbauten gab, hatte gerade der rigorose Rückpfiff der durch die kriegsbedingte Abwesenheit der Männer kurzzeitig ins Berufsleben gelangten Frauen an den heimischen Herd begonnen. Das Kollektiv um Wolfgang Langhoff erhielt für die Produktion der »Brigade Karhan« einen der ersten Nationalpreise der jungen DDR.

Der Bildungsauftrag der Theater-Kulturarbeit in den Betrieben war durchaus wechselseitig gedacht: Einerseits sollten die Arbeiter mit den Inhalten des bislang nur für die bürgerliche Klasse gültigen literarischen Kanons von der Antike bis zum frühen 20. Jahrhundert bekannt gemacht werden, der nun um Themen und Figuren aus Lebens- und Erfahrungsräumen der Arbeiterinnen und Arbeiter erweitert wurde. Doch auch bürgerliche Schauspielerinnen und Schauspieler konnten sich auf diesem Weg lebensweltlich mit ihrem neuen Publikum vertraut machen, das dem Selbstverständnis des Arbeiter- und Bauernstaates DDR zufolge jetzt die herrschende Klasse war. Diese Erfahrungen sollten den Schauspielerinnen und Schauspielern dabei helfen, Figuren einer neuen sozialistischen Dramatik zu gestalten, deren Gegenstand nun auch das Umfeld der Betriebe oder Landwirtschaftlicher Produktionsgenossenschaften (LPG) und die dort arbeitenden Menschen werden würden. 1953 schloss das Deutsche Theater einen Partnerschaftsvertrag mit dem Theater der Bergarbeiterstadt Senftenberg in der Niederlausitz, auch um seinen Künstlernachwuchs nicht mehr allein in den der gesellschaftlichen Realität tendenziell enthobenen Kunstgefilden der Berliner Schumannstraße, sondern nah an sozialistischen Produktionsbedingungen auszubilden.

Das ideologische Wettrüsten beginnt

Es wurde ein erklärtes Ziel des Deutschen Theaters, sich der Entwicklung einer neuen sozialistischen Klassik zu widmen. Denn so, wie in den Jahren um 1800 das Bürgertum am Beginn des bürgerlichen

Zeitalters die Werke der bürgerlichen Klassik als Zeugnisse der Selbstermächtigung und -vergewisserung geschaffen hatte, stand man nun der Zeitrechnung marxistischer Geschichtsschreibung zufolge wiederum am Beginn einer neuen Epoche, die ihre eigene Klassik hervorbringen würde, die jetzt naturgemäß erst einmal Gegenwartsdramatik war. Die Werke der Vergangenheit dagegen galt es, als »humanistisches Erbe« auf ihre Brauchbarkeit für die sozialistische Zukunft zu überprüfen und in einer neuen Zeit neu zu lesen. Besonders die identitätsstiftende Dramatik der deutschen Klassik aber musste zunächst aus dem Schutt Nazi-Deutschlands geborgen und von den Spuren ihres ideologischen Missbrauchs gereinigt werden.

»Das ›Faustische‹ zum Beispiel musste herhalten für Hitlers blutige Weltwirtschaftspläne. Goethes erbarmungslose, bittersüße und ironische Abrechnung mit der deutschen Seele im ›Faust‹ wurde umgefälscht zum ›Weltenstürmer‹ und zum Gipstitan auf deutschen Vertikos, zum metaphysischen Fanfarenklang im Marschtritt der Barbaren«, schrieb Wolfgang Langhoff 1957 rückblickend auf die vergiftete Ausgangslage,[88] aus der seine Inszenierung von Goethes »Faust« einen Ausweg suchte, um dieses Werk für eine veränderte Gegenwart und neue Zeit zu retten. Langhoffs »Faust«-Inszenierung war Ende August 1949 herausgekommen – im Goethe-Jahr, das sowohl in den Westzonen wie auch in der Sowjetischen Besatzungszone begangen wurde und ein erster Wettkampf um die Deutungshoheit über die deutsche Klassik und diesen deutschesten aller Dichter war. »Auf den ›titanischen Schrei‹ folgte dann die Stille. Die Totenstille. Unter Ruinen von Häusern, Menschen und Seelen. In dieser Stille, die schon den Keim des Neuen in sich trug, spielten wir Goethes ›Faust‹«, fährt Wolfgang Langhoff in seinem Rückblick auf diese Inszenierung fort. »Vor neuen Menschen, verwirrten und suchenden, misstrauischen und hoffenden, vor solchen, die das Wort an der Tat zu prüfen begannen.«

Wolfgang Langhoff stellte die Uhren für Goethes »Faust« noch einmal auf Anfang – orientierte sich am »Urfaust«, also Goethes ältester und düsterer Version seines exemplarischen Dramas. Mit seiner Lesart des Stoffs hat Langhoff auch Bertolt Brecht und dessen berühmte, 1953 mit seinem Schüler Egon Monk realisierte »Urfaust«-Inszenierung stark beeinflusst. Denn an Goethes »Urfaust« ließ sich in aller Deutlichkeit das deutsche Dilemma mit der Dialektik der Aufklärung verhandeln: wie nach der Entzauberung der Welt durch Vernunft und Wissenschaft die vertriebenen Dämonen und Nachtseiten andere Einfallsschleusen suchten, um in die Welt zurückzukehren: als Faschismus zum Beispiel. Paul Dessau hatte für Langhoffs »Faust«-Inszenierung eine unheimliche Bühnenmusik für ein ungewöhnliches Tasteninstrument geschrieben, das Trautonium,[89] eine Art Vorläufer des Synthesizers, mit dem sphärische elektronische Klänge erzeugt werden konnten. Langhoff selbst spielte (im Wechsel mit Werner Hinz) die Rolle des Verführers Mephisto.

Während die BRD als Erbin Nazi-Deutschlands und all der dunklen deutschen Traditionen galt, die den Nationalsozialismus möglich gemacht hatten, betrachtete sich die DDR als die historische Erfüllung aller Bemühungen des »guten« Deutschland seit den Bauernkriegen um demokratische Erneuerung. Besonders die Werke des »humanistischen Erbes« oder jene historischen Perioden und Ereignisse gerieten in den Fokus, die nach DDR-Lesart der positiven Entwicklungslinie der deutschen Geschichte zugeordnet werden konnten: Ein Stück wie Friedrich Wolfs Historiendrama »Thomas Müntzer«, das 1953 im Deutschen Theater von Wolfgang Langhoff uraufgeführt wurde und in dem er selbst die Titelrolle übernahm, ist beispielhaft für diese frühe DDR-Dramatik. Das Stück steht jedoch mit seiner Idealisierung des Reformators und Luther-Zeitgenossen Müntzer[90] als Vorkämpfer für ein gerechteres Deutschland, in dem die DDR sich nun selbst gerne erkennen wollte, auch für die blinden Flecken, die dieser Geschichtsdiskurs produzierte.

Mit ihrer bis in die 1960er Jahre anhaltenden Weigerung, sich mit dem Nationalsozialismus und seinen Verbrechen auseinanderzusetzen, der neuerlichen Verfolgung der Kommunisten in Westdeutschland, die 1956 zum Verbot der KPD in der Bundesrepublik führte, während die alten Nazi-Eliten in der restaurativen Adenauer-Republik schnell in Schlüsselpositionen der Macht zurückkehren konnten, leistete die BRD der DDR-Lesart Vorschub, das Erbe Nazi-Deutschlands angetreten zu haben.

Bereits in den Jahren des Nationalsozialismus verfolgte Kommunisten, darunter auch alte Freunde und Weggefährten von Wolfgang Langhoff, die mit ihm im Konzentrationslager gewesen waren, wurden ab 1950 wieder verfolgt. Der alte Antikommunismus ließ sich gut für den Kalten Krieg instrumentalisieren. Bei vielen juristisch zweifelhaften politischen Prozessen waren westdeutsche Kommunisten als Angeklagte mit alten Nazi-Richtern konfrontiert, deren Kollegen sie nach 1933 wegen Hochverrats schon einmal zu KZ- oder Zuchthaushaft verurteilt oder ihnen die bürgerlichen Rechte entzogen hatten. Bei erneuter Verurteilung verloren sie in der Bundesrepublik meist die Renten, die ihnen als NS-Verfolgte vorher zuerkannt worden waren. Bekannte Nazis und Witwen von Kriegsverbrechern dagegen erhielten unstrittig volle Rentenbezüge.

Der grosse Verrat

Doch auch in der DDR verfinsterte sich die Atmosphäre. Unter der Überschrift »Das ZK der Sozialistischen Einheitspartei Deutschlands zur Verbindung von Funktionären der SED mit amerikanischen Agenten« erschien am 1. September 1950 auf der Titelseite der Zeitung *Neues Deutschland* ein ganzseitiger Text mit einer Erklärung, die mit wuchtigen Vokabeln über die Vereitelung blutrünstiger Pläne des Klassenfeindes und die Verwicklung einiger Spitzenfunktionäre der DDR in diese Pläne berichtete. Unter denen, die hier nun als Verräter öffentlich am Pranger standen, war auch Wolfgang Langhoff. Auch der Intendant des Deutschen Theaters, der berühmte Antifaschist Langhoff, sollte sich an der Planung von Spionage und Sabotage gegen die DDR beteiligt haben. »Neun befühlen ihren Hals für den nächsten Schauprozess«, höhnte *Der Spiegel.* Im Vorjahr war während der sogenannten Rajk-Prozesse in Budapest unter anderem Langhoffs Schweizer Emigrationsgefährte Tibor Szönyi für ähnliche Vergehen zum Tod am Galgen verurteilt worden, wie man sie nun Langhoff vorwarf.[91]

Es war die Zeit, als in den jungen osteuropäischen Volksrepubliken wieder stalinistische Schauprozesse durchgeführt wurden, erst in Bulgarien, dann in Ungarn und bald auch in der ČSSR, wo hohe kommunistische Parteifunktionäre nach fadenscheinigen Anklagen verurteilt und hingerichtet wurden, deren einziges Verbrechen darin bestand, dass sie nicht in Moskau, sondern in Staaten des Westens in der Emigration gewesen waren. Zu Beginn der Spielzeit 1950/51 hatte auch Walter Ulbricht sein Ensemble für einen Schauprozess in der DDR gecastet. Wolfgang Langhoff wurde nun seine Vergangenheit als Westemigrant zum Verhängnis, die ihm wenige Jahre zuvor noch den Weg in die Intendanz des Deutschen Theaters geebnet hatte. Im Auftrag der Moskauer Exil-Parteileitung der KPD hatte Langhoff in der Schweizer Emigration, wo er auf eine lange kommunistische Untergrundarbeit zurückblicken konnte, 1945 mit dem Wissen sowjetischer Instanzen und der Unterstützung der Amerikaner die Rückführung kommunistischer Kader aus der Schweizer Emigration nach Westdeutschland organisiert.[92]

Doch der Schauprozess fiel in der DDR am Ende aus. Viele dafür Auserkorene wurden sowjetischer Gerichtsbarkeit unterstellt und verschwanden teilweise für Jahre in Zuchthäusern oder sowjetischen Lagern. Dieser Kelch ging an Wolfgang Langhoff vorüber. Jedoch wurde er, bis jetzt auch hochrangiger SED-Funktionär und Abgeordneter der Volkskammer, unehrenhaft all seiner Parteifunktionen enthoben. Seine Intendanz stand in diesem Spätsommer des Jahres 1950 ebenfalls zur Disposition. Wieder wurde er von der Westpresse verhöhnt: Langhoff, der sich bis zur künstlerischen Selbstaufgabe bemüht habe, »das Niveau von Max Reinhardts Deutschem Theater auf das Niveau kommunistischer Parteiversammlungen zu bringen, ist dem SED-Purgatorium selbst zum Opfer gefallen.«[93]

Schon lange wurde im Westen die Arbeit von Wolfgang Langhoff kaum noch mit klarem Blick betrachtet. Langhoff galt als Kalter Krieger an der Kunstfront, dessen Arbeit kaum mehr als beurteilenswert erachtet wurde. Nur zu erwartbaren Skandalen kamen viele Westkritiker überhaupt noch ins Deutsche Theater, um sich anschließend planmäßig zu echauffieren. Über Langhoffs Inszenierung von Ernst Fischers Anti-Tito-Stück »Der große Verrat« im Juli 1950 beispielsweise, ein Stück, das bei aller Propaganda die mörderische Stimmung jener Jahre gut auf den Punkt bringt, in denen aus den einstigen Alliierten Feinde wurden, die Paranoia auf allen Seiten irrationale Züge annahm und in dem Sätze fallen, wie dieser: »Es gibt nur eine Welt des Sozialismus, wie es nur eine Welt des Kapitalismus gibt. Und zwischen den Fronten wächst kein Gras, blüht kein Baum!«[94]

»Dies ist ungelenke, dies ist unverbrämte Völkerverhetzung«, schrieb der Westkritiker Friedrich Luft nach der Premiere. »Der Zeitpunkt ist gekommen, da zu bedenken ist, ob die Entsendung ernsthafter Theaterkritik in die immer monotoner werdenden Zuschaustellungen kommunistischer Selbstbefriedigung im Osten unserer Stadt überhaupt noch angängig ist.«[95] Doch war »Der große Verrat« (wo die große DT-Schauspielerin Inge Keller[96] ihre erste Rolle in der Schumannstraße spielte) nicht ausschließlich ein politisches Kampagnenstück zur Rechtfertigung von Moskaus Anti-Tito-Kurs und der Parteisäuberungsmaßnahmen. Es war auch ein packendendes wie pointenreiches Konversationsstück, das die Nachkriegsgesellschaft und ihre verschiedenen Akteure just in dem Augenblick unter die Lupe nahm, als sich der Eiserne Vorhang senkte und jeden zu zerquetschen drohte, der nicht rechtzeitig auf der einen oder anderen Seite war. Ein Stück außerdem, dessen Aufführung die SED zunächst wegen »Verherrlichung des Parlamentarismus« verbieten wollte.

Längst aber konnte West wie Ost die Welt nur noch durch die eigene ideologische Brille betrachten, war die Wahrnehmung auf beiden Seiten ebenso getrübt, wie das grundsätzliche Klima vergiftet. »Eine Karriere, die das schöne Haus in der Schumannstraße zu Grunde richtete, wird nun aus anderen Gründen gerichtet«, spottete Friedrich Luft vollkommen empathielos angesichts der existenziellen Not, in der sich Wolfgang Langhoff befand. »Wer als neuer Hauptstatist in der Schumannstrasse folgen wird, ist müßig zu fragen. Es ist uninteressant geworden. Es besteht kein Deutsches Theater mehr.«

In dem Glauben, durch mangelnden Kontakt zur Partei in den Jahren der Emigration möglicherweise aus Unwissenheit schuldig geworden zu sein, stand Langhoff jedoch die inquisitorische Parteisäuberung und alle damit verbundenen Angriffe in Ost und West durch und blieb am Ende Intendant des Deutschen Theaters. Bis in die letzte Konsequenz hatte man in seinem Fall nicht zu gehen gewagt. Freunde und Emigrationsgefährten Langhoffs dagegen traf es härter. Sie verschwanden teilweise für Jahre in Zuchthäusern oder sowjetischen Lagern, darunter Bruno Goldhammer, Fritz Sperling und Leo Bauer, der nach seiner Entlassung aus sowjetischer Lagerhaft in der Bundesrepublik Berater Willy Brandts wurde.

Trotzdem sah Wolfgang Langhoff damals keine andere Möglichkeit, als sich mit der DDR zu arrangieren. Denn zur gleichen Zeit, als die SED im Zuge der sogenannten »Field-Affäre«[97] ihre Reihen von »Westemigranten« und anderen »feindlichen Elementen« säuberte, erließ die Bonner Adenauer-Regierung ein Berufsverbot für Kommunisten in öffentlichen Institutionen, wurde der Verbotsantrag gegen die KPD gestellt, die als Partei nach 1945 auch in den westlichen Besatzungszonen zunächst als ein von Nazi-Verbrechen unbelasteter Partner beim Wiederaufbau der Demokratie geschätzt worden war. Unter denen, die nun wieder als Kommunisten verfolgt wurden und im Zuge des Ausschlusses der Kommunisten aus dem politischen System der jungen Bundesrepublik in die Mühlen der westdeutschen Justiz gerieten, waren ebenfalls Freunde Langhoffs aus der Vorkriegszeit, einstige KZ-Gefährten und Genossen.

So hatte im Zuge dieser Maßnahmen im September des Jahres 1950 unter anderem auch der oberste Bühnenmeister der Städtischen Bühnen Düsseldorf Eugen Eggerath seine Stelle verloren, der als Kommunist mit Wolfgang Langhoff im KZ gesessen hatte, wo er, wie auch Langhoff, schwer misshandelt und gefoltert worden war. Nach 1945 erwarb Eggerath sich große Verdienste beim Wiederaufbau der Düsseldorfer Bühnen. Das aber half ihm nun ebenso wenig wie eine Intervention von Gustaf Gründgens, Langhoffs Nachfolger als Intendant in Düsseldorf, der sich vergeblich für seinen verdienten Bühnenmeister einsetzte. Denn nicht einmal in dieser Funktion konnte ein Kommunist in der Bundesrepublik seit 1950 noch Angestellter einer öffentlichen Einrichtung sein.

Eugen Eggeraths achtzehnjährige Tochter Hanna wurde 1954 aufgrund ihrer Aktivitäten in der westdeutschen Freien Deutschen Jugend (FDJ) nach deren Verbot kurz vor ihrem Abitur verhaftet und in dasselbe Düsseldorfer Gefängnis gebracht, in dem 1933 schon ihre Mutter und Wolfgang Langhoff von den Nazis inhaftiert waren.[98] Sie verdankte es schließlich allein dem unbeirrbaren Einsatz der Direktorin ihres Gymnasiums, dass sie nach der Haftentlassung in Düsseldorf überhaupt Abitur machen durfte. 1954 wurde sie wegen »Geheimbündlerei« als »Rädelsführerin einer Vereinigung, der FDJ, deren Zwecke und Tätigkeit sich gegen die verfassungsmäßige Ordnung der Bundesrepublik richtet«[99] zu einer Bewährungsstrafe verurteilt. Eine Ausbildung konnte sie ihrer Vorstrafe wegen anschließend nur unter größten Schwierigkeiten beginnen. Ein Hochschulstudium blieb ihr ganz verwehrt. 1951 war auf einer Demonstration der westdeutschen FDJ gegen die Wiederbewaffnung der Bundesrepublik in Essen ein junger, aus Bayern angereister Arbeiter von der Polizei erschossen worden, der einundzwanzigjährige Schlosser Philipp Müller – ein vergessener Toter der linken Geschichte Westdeutschlands, lange vor Benno Ohnesorg.[100] Bis heute kämpfen die Kinder der unter Adenauer wieder verfolgten Kommunisten vergeblich um ihre Anerkennung als Opfer des Kalten Krieges und um Entschädigung für erlittenes Unrecht.

Es sind diese Entwicklungen und Ereignisse in der jungen Bundesrepublik Deutschland, deren Kanzleramt seit dem Jahr 1950 vom einstigen Kommentator der Nürnberger Rassengesetze Hans Globke geleitet wurde, die für die von ihrer NS-Verfolgung traumatisierte Kommunistengeneration Wolfgang Langhoffs die junge DDR alternativlos und öffentlich nicht kritisierbar machten – aus Sorge, sie würden damit dem Feind in die Hände arbeiten. So galt ihnen die DDR trotz allem erst einmal als das beste Deutschland, das unter den gegenwärtigen Bedingungen zu haben war und als dessen Zukunftslabor Wolfgang Langhoff – trotz seiner eigenen Beschädigung durch die Vertreter dieses Staats – das Deutsche Theater nun erst recht begriff. Zukunftslabor für einen Staat jedoch, der die DDR aus seiner Sicht erst noch werden musste.

Sozialistischer Shakespeare dringend gesucht

In diesen 1950er Jahren begannen in der DDR die Karrieren junger Autoren wie Heiner Müller oder Peter Hacks, der aus München in die DDR gekommen war. »Ich gestehe, ich wundere mich immer sehr über Leute, die nicht aus Westdeutschland in die DDR kommen«, hatte der junge Hacks frech 1957 in einem Interview mit dem DDR-Fernsehen gesagt.[101] Auch der später so bedeutende DDR-Kritiker Ernst Schumacher war damals aus München nach Ost-Berlin gekommen. Hacks' von Langhoff am DT uraufgeführte historische Komödien »Die Schlacht bei Lobositz« und »Der Müller von Sanssoucis« beleuchteten deutsche und preußische Geschichte neu und aus der Sicht derer, die in der DDR erst zur herrschenden Klasse werden konnten. Heiner Müllers frühe und literarisch wegweisende Stücke aus der Produktion oder über die sozialistische Neuformatierung der Gesellschaft entstanden zum Teil im Zuge der Bemühungen des Deutschen Theaters um eine neue sozialistische Klassik. Zwar hatte die Dramaturgie Müllers Stück »Der Lohndrücker« über den ersten »Helden der Arbeit« Hans Garbe[102] noch abgelehnt, die Begabung des sechsundzwanzigjährigen Autors jedoch erkannt und ihm ein Stipendium des Kulturministeriums verschafft. Mit dieser Hilfe schrieb Müller »Die Umsiedlerin oder Das Leben auf dem Lande« über Bodenreform und Kollektivierung der Landwirtschaft, die am Deutschen Theater geplante Uraufführung fand allerdings nie statt. Denn an Gegenwartsstücken wie diesen, deren Autoren sich bei aller grundsätzlicher Solidarität mit dem jungen Staat auch mit dessen Schwierigkeiten und wirtschaftlichen Problemen auseinandersetzten, wurden sehr schnell die Grenzen der Möglichkeiten deutlich, die gesellschaftlichen Realitäten der DDR realistisch darzustellen.

Neben Wolfgang Langhoff war im Deutschen Theater besonders sein junger Chefdramaturg Heinar Kipphardt[103] mit der Entwicklung und Förderung aktueller Gegenwartsdramatik beschäftigt. Der eigenwillige Achtundzwanzigjährige hatte zunächst als Nervenarzt in der Charité gearbeitet. Zu Beginn der Spielzeit 1950/51 wurde er von Langhoff ans

Deutsche Theater engagiert. Die erste Dramaturgie, die ihm übertragen wurde, war die Begleitung der Inszenierung »Brigade Karhan«. Im Programmheft der Inszenierung hatte Kipphardt entscheidende Stellen des Vernehmungsprotokolls der amerikanischen Schriftsteller und Drehbuchautoren Howard Lawson und Albert Maltz vor dem »Ausschuss für unamerikanische Umtriebe« von 1947 abdrucken lassen. Lawson und Maltz gehörten zu den »Hollywood Ten«, jenen zehn prominenten Drehbuchautoren in Hollywood, die eine Aussage vor dem Ausschuss mit Berufung auf die amerikanische Verfassung verweigert hatten und eine Gefängnisstrafe verbüßen mussten. Nicht nur Lawson, 1939 für den Oscar nominiert, konnte nach seiner Entlassung 1951 nur noch unter Pseudonym in Hollywood als Autor arbeiten.

»Bei uns im Parkett sitzen junge Zimmerleute, die entschlossen sind, die Erde bewohnbarer und den Menschen menschlicher zu machen. Sie wollen vom Theater wissen, wie man das macht«, beschrieb Kipphardt die Ausgangssituation seiner Stücksuche in einem Grundsatztext zur sozialistischen Dramatik,[104] über den er demonstrativ das Stalin-Zitat »Schreibt die Wahrheit« setzte, und der 1954 zuerst in der Zeitschrift *Theater der Zeit* erschien. »Sie wollen die Wahrheit wissen, ausschließlich die Wahrheit, ohne Beschönigung, ohne Kompromisse.« Doch tat sich die Politik schwer mit dieser Forderung. Stattdessen reagierte sie mit kompromissloser Härte auf alle Kritik, weshalb die Ausbeute an Gegenwartsstücken, die den hohen Qualitätsansprüchen des Deutschen Theaters genügten, vorerst mager blieb.

»Die Menschen des Stücks kommen mir vor wie aus einer allgemein fortschrittlichen Heim-Illustrierten entlehnt, die von einer mit dem Sozialismus sympathisierenden Hedwig Courths-Mahler redigiert wird«, kanzelte Heinar Kipphardt in einem theaterinternen Gutachten beispielsweise ein Stück der Dramatikerin Hedda Zinner als »geschmacklosen Edelkitsch« ab,[105] und sprach sich gegen eine Uraufführung am Deutschen Theater aus. Hedda Zinner war die Ehefrau Fritz Erpenbecks, inzwischen einflussreicher Theaterkritiker und darüber hinaus auch Leiter der Hauptabteilung Darstellende Kunst beim Ministerrat der DDR. Doch Kipphardts Entscheidung gegen das

Stück »Auf jeden Fall verdächtig« der Ehefrau dieses mächtigen Kulturfunktionärs blieb unangefochten: Es wurde 1959 nicht im Deutschen Theater, sondern in Erfurt uraufgeführt. Nur gelegentlich setzte Intendant Wolfgang Langhoff aus Parteiräson Stücke zur Uraufführung an, die den Ansprüchen des Hauses nicht genügten. Doch wehte ihn bei zu viel Kompromissbereitschaft schnell der Widerstand des Ensembles und besonders seines Chefdramaturgen Heinar Kippardt an. »Man muss zornig werden, wenn man sieht, wie ein Haufen banausenhafter Kleinbürger den Sozialismus fortwährend verarmt, vulgarisiert und einen lügenhaften Opportunismus an die Stelle dialektischer Mühe stellt«, schrieb Kipphardt damals in einem Brief an seine Eltern nach Krefeld.[106]

Über die Schwierigkeiten bei der Suche nach neuen Autoren und sozialistischen Stoffen im damaligen Gesamtklima schrieb Kipphardt 1952 sein satirisches Lustspiel »Shakespeare dringend gesucht«.[107] Das am 28. Juni 1953 am Deutschen Theater uraufgeführte Stück schildert satirisch zugespitzt die Leiden eines Dramaturgen, der sich auf der Suche nach dem sozialistischen Shakespeare durch Berge schlechter Stücke arbeiten muss: von dünnen Drämchen einfallsloser Zeitungsschnipsel-Monteure bis hin zu den Elaboraten ebenso berechnender wie talentloser Parteipoeten, die dem gebeutelten Dramaturgen mit bösartigem Pathos entgegenschleudern, ihr Werk sei dem Präsidenten der DDR höchstpersönlich gewidmet. Eine bitterböse Brecht-Karikatur kam in Kipphardts Stück ebenfalls vor: ein nuschelnder Dramatiker mit Hornbrille, Schiebermütze und »im Maßatelier gefertigter Arbeiterkleidung«, wie die Regieanweisung vermerkt. »Mein Name ist Zaun«, stellt er sich dem entnervten Kipphardt-Alter-Ego Amadeus Färbel in dessen Büro unterm Dach des Deutschen Theaters vor. Er sei Partisan des wissenschaftlichen Theaters und entschlossen, »jedwedes Erlebnis auf der Bühne zu liquidieren.«[108] Inzwischen nämlich hatten sich die Beziehungen zwischen Bertolt Brecht und dem Deutschen Theater deutlich verschlechtert.

Theater im Deutschen Theater: Brechts Berliner Ensemble

Noch vor der Gründung von BRD und DDR hatte am 18. Mai 1949 Bertolt Brecht mit Unterstützung Wilhelm Piecks und des Politbüros der SED das Berliner Ensemble gegründet. Da das Theater am Schiffbauerdamm, das Brecht für sein Theater in Aussicht gestellt worden war, interimsweise noch von der Volksbühne genutzt wurde, deren Stammhaus am Rosa-Luxemburg-Platz aufgrund starker Kriegsschäden nicht bespielbar war, gewährte Wolfgang Langhoff Brechts Ensemble in seinem Theater nun ein vorläufiges Gastrecht. Hier arbeiteten sie ja seit 1948 ohnehin schon, mit der offiziellen Gründung des Berliner Ensembles nun allerdings nicht mehr als Teil des Deutschen Theaters, sondern als eigene Institution. Damit beherbergten die Bühnen in der Schumannstraße nun de facto zwei Theater: das Deutsche Theater von Wolfgang Langhoff und Bertolt Brechts Berliner Ensemble, dem als Intendantin Helene Weigel vorstand. Ursprünglich für eine Spielzeit geplant, würden fast fünf Jahre vergehen, bis das Berliner Ensemble ins Theater am Schiffbauerdamm umziehen konnte.

Es wurden konfliktreiche Jahre, in denen immer erbitterter um die knappen Ressourcen, um Räume und Probenzeiten, aber auch um die Mitarbeiter gestritten wurde. Denn Techniker, Maskenbildner oder Requisiteure waren eigentlich beim Deutschen Theater angestellt, sollten nun aber auch Weisungen von Helene Weigel Folge leisten, die sich in Briefen mit Beschwerden immer wieder erbost an Wolfgang Langhoff wandte, wenn dies nicht geschah. Einmal vermutete sie gar, dass Elektriker des Deutschen Theaters Aufführungen des Berliner Ensembles gezielt sabotieren würden: »Meine und Brechts Ansicht ist, dass sich die Staatssicherheit mit dieser Sache befassen sollte.«[109]

»Kohls!«, wandte sich Helene Weigel ein anderes Mal ohne weitere Anrede mit ihrem berüchtigten rauen Charme in einem Schreiben an den technischen Direktor, in dessen Verlauf sie Walter Kohls mit der recht umstandslos vorgetragenen Bitte konfrontierte, kurzzeitig zwei Kronleuchter aus den Logen für Caspar Nehers Bühnenbild zu »Puntila

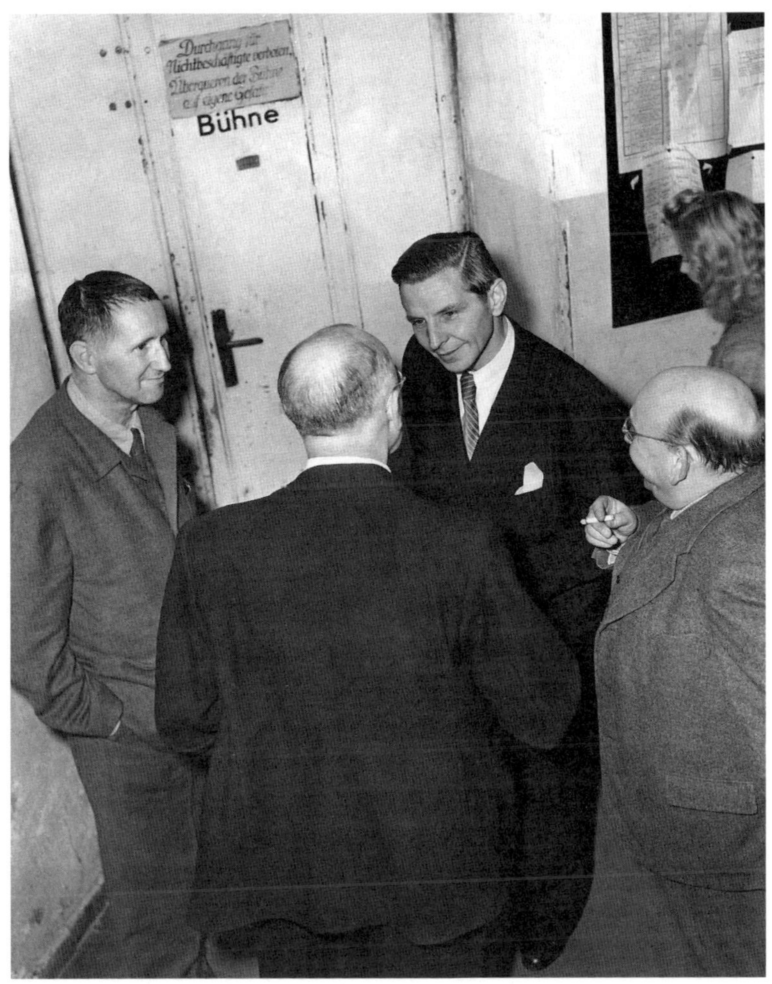

Bertolt Brecht, Johannes R. Becher, Wolfgang Langhoff und Hanns Eisler (v. l.) um 1950 im Deutschen Theater

und sein Knecht Matti« abzubauen, der ersten Eigenproduktion des Berliner Ensembles im DT. »Ich verspreche Dir, im Laufe des Novembers prächtige Untiere in der Republik zu finden und beizuschleifen. Die aus Messing gehen nicht und von Euren prächtigen aus Max Reinhardts

Zeiten gibt es oben in Fräulein Lasts Zimmer nur einen – soviel ich weiß – aber nicht zwei. Gib doch Deinem Herzen einen Stoß.«[110]

Umgekehrt brachte der deutlich laxere Umgang der Brecht-Truppe mit Regeln und Formalitäten wiederholt den preußisch disziplinierten Wolfgang Langhoff und seinen Technischen Direktor auf. Mal musste Wolfgang Langhoff Helene Weigel mahnen, ihre Schauspieler anzuhalten, nicht erst im letzten Moment im Theater zu erscheinen, wenn sie Vorstellungen zu spielen hatten. Unter derartigem Zeitdruck könnte die Maske nicht auf dem gewünschten Niveau arbeiten. Ein anderes Mal beschwerte sich die Technik darüber, in Brechts Proben über Gebühr beansprucht zu werden. Helene Weigel wurde bei Langhoff vorstellig, weil ihr Grafiker Peter Palitzsch angeblich gemobbt und am Arbeiten gehindert werde, der andererseits gelegentlich kluge kleine Texte für Programmhefte von Produktionen des Deutschen Theater schrieb, also dort eher geschätzt als gemobbt wurde.

Immer wieder war Walter Kohls außerdem mit Publikumsbeschwerden über allzu geräuschvolles Verhalten der BE-Assistenten und vor allem zu lautes Filmen während der Vorstellungen in den Proszeniumslogen konfrontiert, und bat Helene Weigel, ihre Mitarbeiter zur Ordnung zu rufen.[111] Bei den lärmenden jungen Mitarbeitern handelte es sich insbesondere um zwei junge Praktikanten, darunter der siebzehnjährige Hans-Jürgen Syberberg,[112] der damals mit seiner Super-8-Kamera die wenigen Filmdokumente drehte, die es von den frühen, in der Schumannstraße entstandenen Arbeiten des Berliner Ensembles gibt.[113] Gemeinsam mit seinem Klassenkammeraden Hans Pölkow und eben jener Kamera war der Sohn eines im Zuge der Bodenreform enteigneten mecklenburgischen Gutsbesitzers 1952 aus Rostock ans Deutsche Theater, beziehungsweise Brechts Berliner Ensemble gekommen. Dort war er Ruth Berlau unterstellt worden, die dem Foto- und Filmwesen des Brecht-Theaters vorstand.

Syberberg und Pölkow gehörten zum wachsenden Tross aus Schülern und Assistenten, der sich um Brecht und sein Ensemble gruppierte. Unter den Um-die-Zwanzigjährigen, die zwischen 1949 und 1953 Aufnahme in Brechts jugendlichen Mitarbeiterstab fanden, waren Egon Monk, Fritz Kortners Tochter Marianne, Wera und Klaus Küchenmeister, Manfred Wekwerth, Benno Besson, Peter Palitzsch, Horst Bienek und Martin Pohl.[114] Kinder von Emigranten und Widerstandkämpfern ebenso wie aus ganz normalen Nazi-Mitläuferfamilien. Klaus Küchenmeister war der Sohn Walter Küchenmeisters, der 1943 in Plötzensee als Mitglied der Widerstandsorganisation »Rote Kapelle« hingerichtet worden war. Egon Monk und Manfred Wekwerth gehörten den sprichwörtlich gewordenen Flakhelfer-Jahrgängen 1926 bis 1928 an, hatten als Teenager in den letzten Kriegswochen auf den Flaktürmen mit enormen Kohlebogenscheinwerfern den Himmel ausgeleuchtet, damit die feindlichen Bomber abgeschossen werden konnten, bevor sie ihre Ladung über den Städten abwerfen konnten. Kohlebogenscheinwerfer wie diese fanden sie nun im Deutschen Theater als Bühnenscheinwerfer vor.[115]

Als sich die Konflikte zwischen Berliner Ensemble und Deutschem Theater weiter verschärften, scheute Helene Weigel nicht davor zurück, sich direkt an Mitglieder des Politbüros zu wenden, um Druck auf Langhoff auszuüben. Auch als er im Herbst 1950 im Rahmen der Parteisäuberungen unter existenziellen Druck geriet, gab es kein öffentliches Zeichen der Solidarität seitens des Berliner Ensembles mit seinem Gastgeber. Die immer angespannter werdende Lage zwischen den beiden Theatern konnte auch nicht wesentlich entzerrt werden, als für das Berliner Ensemble 1951 in der Reinhardtstraße der ehemalige Marstall einer von Friedrich Schinkel entworfenen Kaserne aus dem 19. Jahrhundert zu einer komfortablen Probebühne ausgebaut wurde, die der Bühne des Deutschen Theaters im Verhältnis 1:1 nachgebildet war. Wolfgang Langhoff selbst empfand Brechts Theater, dem er an seinem Haus einst mit leichter Hand das Gastrecht gewährt hatte, zunehmend als bedrückende Besatzungsmacht. Während der amtierende Chefdramaturg des Deutschen Theaters Herbert Ihering sich in Konflikten immer wieder auf die Seite des Brecht-Theaters schlug und bei Wolfgang Langhoff Zugeständnisse anmahnte, war Heinar Kipphardts Verhältnis zur Brecht-Fraktion im Haus immer deutlicher von Distanz geprägt. 1953 löste er Herbert Ihering als Chefdramaturg ab.

Trauma und Retrauma: der 17. Juni 1953

Noch immer kamen die Mitarbeiterinnen und Mitarbeiter des Deutschen Theaters aus West- und Ost-Berlin, im künstlerischen Bereich ebenso wie in den Bereichen Technik, Kostüm, Requisite und Verwaltung. Die Arbeitsatmosphäre in der Schumannstraße war – nicht zuletzt der vielen Emigranten wegen und der beiden sie prägenden, so konträren Ausnahmekünstler Wolfgang Langhoff und Bertolt Brecht – vergleichsweise weltoffen, im Gegensatz zu den sich überall verengenden Horizonten des Kalten Krieges. Der West-Berliner Senat tauschte den im Westen lebenden DT-Mitarbeitern »siebenhundert Mark von ihrer monatlichen Gage oder ihrem Gehalt in D-Mark um«, wie der Schauspieler Otto Mellies in seinen Erinnerungen überliefert hat. »Damit konnten sie ihre Miete im Westteil der Stadt bezahlen, mit der Ostmark kauften sie im Osten ein.«[116] Doch jedes politische Beben ließ die Zahl der Westmitarbeiter in Ost-Berliner Einrichtungen zusammenschrumpfen. Im Deutschen Theater jedoch blieb ihre Zahl lange vergleichsweise konstant.

Den größten Aderlass verursachte hier die Wiedereröffnung des Charlottenburger Schillertheaters als West-Berliner Staatstheater zu Beginn der Spielzeit 1951/52. Dessen Intendant Boleslaw Barlog warb damals aus dem Ensemble Spitzenkräfte wie Elsa Wagner, Paul Bildt, Aribert Wäscher, Ernst Wilhelm Borchert und Käthe Braun ab. Zunächst hatten Barlog, der in den 1920er Jahren Regieassistent von Heinz Hilpert gewesen war, und Langhoff vereinbart, dass die Schauspieler parallel zu ihrem Engagement im Schillertheater auch weiterhin am Deutschen Theater spielen durften. Doch das wurde vom damaligen West-Berliner Senator für Volksbildung Joachim Tiburtius untersagt. Die Rollen am Deutschen Theater mussten umbesetzt, neue Schauspieler gesucht und gefunden werden, um die entstandenen Lücken zu füllen. Am Theater Halle entdeckte Intendant Wolfgang Langhoff im Zuge der Suche nach Ersatz die junge Schauspielerin Gisela May und engagierte sie ans Deutsche Theater.

Im Vorfeld der Eröffnung des Schillertheaters hatte Senator Tiburtius verfügt, dass Wolfgang Langhoff von der feierlichen Eröffnungspremiere am 6. September 1951 mit Schillers »Wilhelm Tell« wieder ausgeladen wurde – wie alle Ost-Berliner Intendanten, darunter auch Walter Felsenstein von der Komischen Oper, Staatsopernintendant Ernst Legal, der Intendant der Volksbühne Fritz Wisten und selbst Langhoffs damaliger Chefdramaturg Herbert Ihering, der seinen Wohnsitz nach wie vor im West-Berliner Bezirk Zehlendorf hatte. Per Telefon hatte Tiburtius ihnen allen mitteilen lassen, dass sie auch beim Kauf einer regulären Karte keinen Zutritt zur Eröffnungspremiere erhalten würden. Einen Premierenbesuch der leitenden Herren aus dem Osten betrachte man als Friedensstörung, erklärte der Senator der Presse. Falls die Herren Intendanten trotz des Verbots ins Theater kämen, werde man »durch geeignete Vertrauensleute dafür sorgen«, dass sie recht bald wieder hinausgingen. So gab damals unter anderem *Der Spiegel* die Vorgänge wieder,[117] und zitierte in der Causa schließlich auch den Intendanten des zu eröffnenden Theaters Boleslaw Barlog: »Ich bin tief beschämt. Zum ersten Male habe ich auf höheren Befehl etwas getan, was ich als menschliche Unanständigkeit ansehen muß.« Seit diesen Tagen zu Beginn der Spielzeit 1951/52 galt für Ost-Berliner Intendanten in West-Berliner Theatern bei Premieren ein generelles Hausverbot.

Nach den Unruhen des 17. Juni 1953 war die Personalbilanz im Deutschen Theater überraschenderweise positiv. Lediglich zwei Mitarbeiter blieben nach der Niederschlagung des Aufstands im Westen. Dagegen standen zehn Mitarbeiter, die sich für eine Übersiedlung in den Ostteil der Stadt entschieden. Das stellte eine Woche nach Beendigung der Unruhen durch sowjetische Panzer die Leitung der SED-Grundorganisation des Deutschen Theaters fest.[118] Wie jeder Betrieb hatte auch das Deutsche Theater eine eigene Betriebsparteigruppe, eine sogenannte Parteigrundorganisation (GO), wie diese kleinste Organisationseinheit der SED bezeichnet wurde. Die Parteigrundorganisation sollte Einfluss und Kontrolle der Partei an der Basis sicherstellen und war darüber hinaus als Organ gedacht, das idealerweise dafür sorgen sollte, dass Belange der Basis in die höchsten Parteigremien gelangen konnten.

Als am Vormittag des 17. Juni 1953 die ersten Informationen über die Eskalation der Unruhen ins Theater drangen, wurde für 15:15 Uhr eine Betriebsversammlung einberufen. Die Unruhen hatten bereits am Vortag begonnen: als die Bauarbeiter auf der Stalinallee, der damals im Bau befindlichen neuen sozialistischen Prachtstraße, in den Streik getreten waren, um gegen eine zehnprozentige Normerhöhung zu protestieren, die sich de facto als zehnprozentige Lohnkürzung auf ihre Einkünfte ausgewirkt hatte. Die Proteste, zu denen sich der Bauarbeiterstreik schnell ausweitete, richteten sich bald gegen die gesamte Politik Walter Ulbrichts, dessen rigoros betriebener Aufbau des Sozialismus das Land in eine schwere wirtschaftliche und politische Krise gestürzt hatte.

Schon im Winter 1952/53 war es zu Versorgungsmängeln gekommen. Selbst staatstragende Einrichtungen wie das Deutsche Theater bekamen nicht mehr genug Material zur Beheizung, weshalb die Zuschauer gebeten wurden, während der Vorstellungen die Mäntel anzubehalten, wie Wolfgang Langhoff im Februar 1953 in einem Brief ans ZK der SED schrieb und um Abhilfe bat.[119] Im Frühjahr hatte der Ministerrat der DDR Beschlüsse gefasst, die zu weiterem Unmut in der Bevölkerung führten. So war neben der Arbeitsnormerhöhung kleinen Gewerbetreibenden das Anrecht auf Lebensmittelkarten entzogen worden – eine Maßnahme, die etwa zwei Millionen Menschen in der DDR betraf. Dramatisch war seitdem die Zahl derer angewachsen, die über die noch immer offenen Grenzen in den Westen gingen.

Am Mittag des 16. Juni 1953 hatten sich bereits Tausende von Menschen den streikenden Bauarbeitern von der Stalinallee angeschlossen und waren zum Regierungssitz, dem Haus der Ministerien in der Leipziger Straße gezogen, wo sie Ministerpräsident Otto Grotewohl und SED-Parteichef Walter Ulbricht zu sprechen verlangten und die Absetzung der berüchtigten Richterin Hilde Benjamin[120] forderten. Obwohl die Normerhöhung von der Regierung noch am gleichen Tag zurückgenommen wurde, breiteten sich die Demonstrationen weiter aus und erreichten auch andere Städte der DDR. Es kam zu Übergriffen auf Staats- und Parteieinrichtungen, Misshandlungen von Parteifunktionären und sogar zu einem Lynchmord. Denn es hat bei Weitem nicht nur die friedlich Demonstrierenden gegeben, von denen seither im Kontext des 17. Juni 1953 in der westdeutschen Überlieferung der Ereignisse stets die Rede ist.

»Die Straße freilich mischte die Züge der Arbeiter und Arbeiterinnen schon in den frühen Morgenstunden des 17. Juni auf groteske Art mit allerlei deklassierten Jugendlichen, die durch das Brandenburger Tor, über den Potsdamer Platz, auf der Warschauer Brücke kolonnenweise eingeschleust wurden, aber auch mit den scharfen, brutalen Gestalten der Nazi-Zeit, den hiesigen, die man seit Jahren nicht mehr in Haufen hatte auftreten sehen und die doch immer dagewesen waren«, schildert Bertolt Brecht die Lage in Berlin wenige Tage später in einem Brief an seinen Verleger Peter Suhrkamp in Frankfurt am Main, der Brecht um eine Stellungnahme zu den Ereignissen gebeten hatte.[121] Auch in jenem Juni 1953, als die junge DDR in ihre bisher größte Krise geriet, arbeitete Brecht noch immer unter dem Dach des Deutschen Theaters. Drei Jahrzehnte lang habe er mit seiner Literatur die Sache der Arbeiter zu vertreten versucht, so Brecht weiter an Peter Suhrkamp. »Aber ich habe in der Nacht des 16. und am Vormittag des 17. Juni die erschütternden Demonstrationen der Arbeiter übergehen sehen in etwas sehr anderes als den Versuch, für sich die Freiheit zu erlangen. Sie waren zu Recht erbittert. Die unglücklichen und unklugen Maßnahmen der Regierung, die bezwecken sollten, überstürzt auf dem Gebiet der DDR eine Schwerindustrie aufzubauen, brachten zu gleicher Zeit Bauern, Handwerker, Gewerbetreibende, Arbeiter und Intellektuelle gegen sie auf.« All dies habe sie nun auf die Straße getrieben, dabei jedoch bald die großen Vorteile vergessen lassen, welche »die Vertreibung der Junker, die Vergesellschaftung der Hitlerschen Kriegsindustrie, die Planung der Produktion und die Zerschmetterung des bürgerlichen Bildungsmonopols ihnen verschafft hatten«.

»Die Parolen verwandelten sich rapide«, so Brecht weiter in seinem Bericht. »Aus ›Weg mit der Regierung!‹ wurde ›Hängt sie!‹, und der Bürgersteig übernahm die Regie. Gegen Mittag, als auch in der DDR, in Leipzig, Halle, Dresden, sich Demonstrationen in Unruhen verwandelt hatten, begann das Feuer seine alte Rolle wieder aufzunehmen. Von den

Linden aus konnte man die Rauchwolke des Columbushauses, an der Sektorengrenze des Potsdamer Platzes liegend, sehen, wie an einem vergangenen Unglückstag einmal die Rauchwolke des Reichstagsgebäudes.«[122]

Nicht nur bei Brecht, der am Tag nach dem Reichstagsbrand mit seiner Familie aus Deutschland geflohen war, auch bei manch anderem Verfolgten des Nazi-Regimes wurden an diesem 17. Juni Erinnerungen an die brutalen Nazi-Schläger ebenso wach wie die alte Angst vor ihnen. Der Reichstagsbrand, der den frisch an die Macht gelangten Nationalsozialisten 1933 als Vorwand für die massenhaften Verhaftungen und brutalen Misshandlungen ihrer politischen Gegner gedient hatte, war gerade zwanzig Jahre her. In einer der Nächte nach dem Reichstagsbrand war im Keller eines Düsseldorfer Gefängnisses auch Wolfgang Langhoff von der SA fast totgeschlagen worden.

»Lieber Suhrkamp«, endet Brechts Schreiben an seinen westdeutschen Verleger, der ebenfalls nationalsozialistische Gefängnisse und Lager kennengelernt hatte, »machen wir uns nichts vor: Nicht nur im Westen, auch hier im Osten Deutschlands sind ›die Kräfte‹ wieder am Werk. Ich habe an diesem tragischen 17. Juni beobachtet, wie der Bürgersteig auf die Straße das ›Deutschlandlied‹ warf und die Arbeiter es mit der ›Internationale‹ niederstimmten. Aber sie kamen, verwirrt und hilflos, nicht durch damit.«[123]

Bereits am Morgen des 17. Juni waren vereinzelte sowjetische Panzer auf den Straßen gesehen worden. Auch gegenüber dem Deutschen Theater bezog ein Panzer der Roten Armee Position. Das Theater selbst hatte einen Betriebsschutz eingerichtet. Zum Schutz der Gebäude in der Schumannstraße vor Übergriffen der Demonstrierenden wurden sogar Nachtwachen eingeteilt. Ein Mann, der eigentlich Theaterkarten kaufen wollte, nun aber versuchte, den Panzer vor dem Theater zu fotografieren, wurde abgeführt.[124] Ab 12:30 Uhr rückten die Panzer direkt gegen die Demonstrierenden vor, kurz darauf verhängte der sowjetische Militärkommandant den Ausnahmezustand. Wenig später wurden die ersten Toten gemeldet. Entsprechend angespannt war auch die Stimmung im Deutschen Theater.

Die Versammlungsprotokolle der Parteigrundorganisation dokumentieren noch tagelang andauernde kontroverse Debatten im Theater »über die Richtigkeit der Maßnahmen der Regierung und auch über den Ausnahmezustand«.[125] Doch besonders durch das »bewusste Auftreten der Genossen Langhoff, Kilger und vor allem des Genossen Dr. Kipphardt wurden die gegnerischen Argumente in der Hauptsache zerstreut«.

Am Tag nach der Niederschlagung des Aufstands bat Heinar Kipphardt gemeinsam mit drei weiteren Kollegen um Aufnahme in die SED, darunter auch Paul Dessaus damalige Frau, die Schauspielerin Antje Ruge. »Diese Kollegen sind der Meinung, dass ihre Mitarbeit in der Partei der Arbeiterklasse jetzt mehr denn je notwendig ist«, hält das Protokoll der Versammlung ihre Beweggründe für diese Entscheidung fest.[126] Auch Bertolt Brecht bewegten die Ereignisse zu einer Solidaritätserklärung mit der DDR. Tagebuchaufzeichnungen Erwin Strittmatters zufolge, hat Brecht nach dem 17. Juni kurzzeitig sogar den Eintritt in die SED erwägt.[127] Am 23. Mai 1953, also knapp drei Wochen zuvor, hatte Brecht Strittmatters Komödie aus dem Dorfmilieu der jungen DDR nach der Bodenreform »Katzgraben«[128] im Deutschen Theater uraufgeführt. Doch natürlich war Brecht ebenso wie Wolfgang Langhoff und seinem Chefdramaturgen Heinar Kipphardt bei aller Solidarität mit der DDR klar, dass in ihrem Staat einiges im Argen lag.

Es waren die Tage der Unübersichtlichkeit nach dem niedergeschlagenen Aufstand – Ausnahmezustand und Ausgangssperre waren gerade erst aufgehoben –, die Kipphardt und Langhoff sich nun zu Nutze machten, am 28. Juni 1953 Kipphardts bis dahin offiziell nicht zur Aufführung freigegebene Satire »Shakespeare dringend gesucht« trotzdem uraufzuführen. Zwei Tage vor der Premiere von Kipphardts Stück hatte das Politbüro die Absetzung Walter Ulbrichts als Staats- und Parteichef beschlossen, wie erst Jahrzehnte später bekannt geworden ist. Doch am selben 26. Juni 1953 war in Moskau auch der Mann, der diesen neuen Kurs stützte, der sowjetische Innenminister Lawrentij P. Berija,[129] entmachtet worden. Nach Stalins Tod im März hatte der einstige gefürchtete Geheimdienstchef kurzzeitig das entstandene Machtvakuum für erste Entstalinisierungsmaßnahmen zu nutzen versucht. Nun, nach Berijas Entmachtung, gewann Ulbricht wieder die Oberhand in der SED und in der DDR und räumte bald diejenigen beiseite, die die Moskauer Kurskorrekturen in der DDR unterstützt hatten.

Trotz allem bestimmte an diesen letzten Juni-Tagen des Jahres 1953 eine fast unheimliche Leichtigkeit die Atmosphäre: Auf einmal durfte sogar über die Borniertheit der Funktionäre gelacht werden. Selbst die berüchtigte Staatliche Kunstkommission wurde in Kipphardts Stück durch den Kakao gezogen. Mit Beginn des Jahres 1954 würde sie aufgelöst und durch ein von Johannes R. Becher geleitetes Kulturministerium ersetzt. Während der Premiere kam es wechselweise immer wieder zu Tumulten und minutenlangem Szenenapplaus. In der Regierungsloge im ersten Rang saß Ministerpräsident Otto Grotewohl, wie die Premierenkritik der *Berliner Zeitung* überliefert hat. »Es war hübsch anzusehen, wie unter dem Publikum verstreute Parteifunktionäre schamhaft nach der Regierungsloge schielten, ob sie zustimmen durften«,[130] ist dort die kurze Stille am Ende der Vorstellung beschrieben. Schließlich stand Ministerpräsident Otto Grotewohl auf, trat bis an die Brüstung der Loge und klatschte »lang und anhaltend«. Die Sottisen gegen Borniertheit und Kunstfeindlichkeit der Parteifunktionäre wirkten in jenen Tagen offenbar sogar selbst auf die so Dargestellten befreiend.

»Kipphardts Stück kommt zur rechten Stunde«, schrieb im SED-Zentralorgan *Neues Deutschland* der Kritiker Henryk Keisch.[131] »Es wird helfen, eine erneuernde Atmosphäre zu schaffen, in der die Münder sich auftun und die Herzen sich erschließen, eine Atmosphäre mutiger Kritik und Selbstkritik.« Im Programmheft hatte das Deutsche Theater Josef Stalin höchstpersönlich als Kronzeugen für seinen kritischen Kurs berufen und einen Auszug aus einem Brief Stalins an den Schriftsteller Maxim Gorki abgedruckt: »Wir können ohne Selbstkritik nicht auskommen. […] Ohne sie sind Stagnation, Fäulnis im Apparat, Anwachsen des Bürokratismus, Abwürgung der schöpferischen Initiative der Arbeitsklasse nicht zu vermeiden. Natürlich liefert die Selbstkritik den Feinden Material. Darin haben Sie völlig recht. Aber sie liefert auch Material (und gibt den Anstoß) für unsere Fortbewegung.«[132] Denn Stalin war zwar tot, aber noch galt sein Wort. Auch wurde er östlich der Elbe noch immer als Bändiger der Gewalten des 20. Jahrhunderts und Hitler-Bezwinger verehrt und geliebt. In den kommenden drei Jahren wurde »Shakespeare dringend gesucht« an zwölf weiteren Theatern in der DDR inszeniert und insgesamt über vierhundert Mal gespielt, Heinar Kipphardt 1953 mit einem Nationalpreis ausgezeichnet.

Im September 1953 stand dann im Deutschen Theater ein Doppeljubiläum an: Mit einer festlichen Matinee wurde am 9. September Max Reinhardts 80. Geburtstag begangen. Am 29. September feierte das Theater das 70. Jubiläum seiner Gründung im Jahr 1883. Wolfgang Langhoff und Herbert Ihering hatten aus diesem Anlass im Vorfeld versucht, bei der Stadt anzuregen, Straßen in unmittelbarer Nähe des Theaters nach Adolph L'Arronge und Otto Brahm zu benennen. »Wir dachten dabei an die Albrecht-, Marien- oder Luisenstraße«, schrieb Langhoff an Oberbürgermeister Friedrich Ebert.[133] Gern hätte man diese Umbenennung bei der Siebzig-Jahr-Feier auch schon verkündet, doch die Eingabe blieb ohne Erfolg. »Natürlich wäre es sinnvoll, den Straßen in der Nähe des Theaters solche Namen, die in Verbindung mit der Geschichte des Theaters stehen, zu geben«, nahm dazu in einem internen Schriftwechsel Eberts Stellvertreter Herbert Fechner Stellung.[134] »Außerordentlich bedenklich scheint mir jedoch, den Namen Adolph L'Arronge für die Bezeichnung einer Straße zu nehmen. Er wird sich schwerlich bei der Bevölkerung einbürgern. Außerdem bin ich informiert worden, daß es eine Festlegung geben soll, daß in der Innenstadt Berlins vorläufig keine Veränderungen von Straßennamen vorgenommen werden sollten, bis eine endgültige Konzeption in der Planung vorliegt.« Die Luisenstraße, in der sich bis 1954 auch das Intendanzbüro des Berliner Ensembles befand, wurde erst 1971 umbenannt: nach dem SED-Funktionär Hermann Matern.

Das 70. Theaterjubiläum stellte das Deutsche Theater im September 1953 wieder einmal in das Licht seiner großen Geschichte. In Glückwunschschreiben erwiesen auch viele Gratulanten aus Politik und Kultur der DDR dieser Geschichte samt ihrer Protagonisten die Reverenz. Heraus sticht hier besonders ein Schreiben des ehemaligen Buchenwaldhäftlings und damaligen Rostocker Bezirksparteisekretärs Egon Rentzsch[135] – in der frühen DDR auch ein einflussreicher Kulturpolitiker –, der den Bühnen in der Schumannstraße stoische Glückwünsche zum »6. Jahrestag der Gründung des Deutschen Theaters Berlin nach der Beseitigung der nazistischen Kulturbarbarei durch die wuchtigen Schläge der siegreichen Sowjetarmee« entgegenbrachte.[136]

»Und wenn wir heute unseren siebzigsten Geburtstag feiern, so müssen wir auch eines anderen Geburtstages gedenken«, sagte Intendant Langhoff in seiner Festrede mit Blick auf den 7. Oktober in der Woche darauf: »des vierjährigen Jubiläums unserer jungen Deutschen Demokratischen Republik, deren Staatstheater wir geworden sind. Unsere junge Republik macht es uns erst möglich, den großen Zielen Brahms und Reinhardts nachzustreben, sie gab uns die wirtschaftlichen und geistigen Fundamente, auf denen wir ein Haus des Friedens und der Menschenliebe bauen konnten. Ihr unser erster und letzter Dank!«[137]

VI Zwischen den Stühlen der Systeme

In den 1950er Jahren befand sich das Staatstheater der jungen Deutschen Demokratischen Republik in der paradoxen Situation, dass es einerseits kulturelle Leitbilder für diesen neuen Staat formulieren sollte und wollte, sich sogar als dessen wesentliches Zukunftslabor begriff, andererseits aber in einem noch ungeteilten Berlin mit seinen offenen Grenzen zu bestehen hatte. Denn die Teilung der Stadt war auf ideologischem und politischem Feld zwar vollzogen, doch die Realität ihrer Bewohner war eine ganz andere. Nach wie vor konnten die Berlinerinnen und Berliner relativ problemlos von einer Stadthälfte in die andere gelangen. Eine S-Bahn-Fahrt kostete zwanzig Pfennig Ost, da die Berliner S-Bahn unter Ost-Berliner Kontrolle stand. So stürzte sich auch die Jugend aus dem Ostteil mit Vorliebe ins von Jazz, Boogie Woogie, Rock'n'Roll und amerikanischem Kino geprägte West-Berliner Nachtleben, dessen einschlägige Etablissements längst ins Visier der Stasi geraten waren, die das Treiben ihrer Staatsjugend dort ebenso aufmerksam wie machtlos verfolgte. Jazz und Rock'n'Roll waren in der DDR als seelen- und hirnvergiftende Importe des Klassenfeindes verpönt. Die Menschen sollten die Höhen der Kultur erklimmen, statt in den Niederungen der NATO-Unkultur[1] und in den Massenprodukten der amerikanischen Kulturindustrie zu versacken, also von einem neuen »Opium des Volkes«[2] benebelt zu werden.

West-Berliner kauften in Ost-Berlin bevorzugt billige Grundnahrungsmittel und Industriegüter aus DDR-Produktion ein, was immer katastrophalere Folgen für die Versorgungssituation im Ostteil der Stadt hatte – besonders für Menschen, die keinen Zugang zu Westwährung hatten. Der Wechselkurs zwischen West- und Ostmark betrug in den

1950er Jahren 1:4. Ost-Berliner, die im Westteil arbeiteten, hatten aufgrund des Umtauschkurses ihres in Westmark ausgezahlten Gehalts einen höheren Lebensstandard als Ost-Berliner, die ihre Gehälter in Ostmark ausgezahlt bekamen. Da half auch wenig, dass die DDR an den innerstädtischen Grenzen scharfe Zollkontrollen einführte und diejenigen ihrer Bürger durch diffamierende Kritik in den Medien zu mehr Solidarität mit dem eigenen Staat und seinem Projekt einer gerechteren Wirtschaftsordnung zu drängen versuchte, die im Westteil arbeiteten. Dort wiederum machten sie aufgrund ihrer deutlich niedriger liegenden Löhne gleichqualifizierten West-Berlinern Konkurrenz auf dem Arbeitsmarkt. Auf allen Seiten blühten Schiebertum und Korruption. Entsprechend nahm die Gereiztheit auf allen Seiten zu.

1958 kam immer noch die Hälfte des Publikums der Ost-Berliner Theater aus West-Berlin,[3] auch wenn West-Berliner Zeitungen seit 1951 keine Ost-Berliner Spielpläne mehr veröffentlichten. Wegen der großen Popularität der Ost-Berliner Theater in Gesamt-Berlin traten prominente Theaterleiter wie Helene Weigel und Wolfgang Langhoff bei den Wahlen zum West-Berliner Abgeordnetenhaus bis zum Bau der Mauer regelmäßig als Spitzenkandidaten der SED an, die im Westen dennoch nie auf mehr als zwei Prozent der Stimmen kam.

Und so orientierte das Deutsche Theater bis zum Mauerbau sein Angebot nicht allein an den Repräsentationsbedürfnissen der DDR, dessen erstes Staatstheater es nun war, sondern auch an den komplexen Gesamtgegebenheiten der Stadt und ihrer Bewohner. Wolfgang Langhoff hat diese, von ihm bereits in seiner ersten Pressekonferenz 1946 angekündigte Spielplanpolitik vor verschiedensten politischen Instanzen der DDR in den Jahren seiner Intendanz immer wieder verteidigt. Insbesondere vor der Kulturkommission beim ZK der SED, dem zwischen 1957 und 1962 einflussreichsten kulturpolitischen Gremium der DDR. Mitunter trug Langhoff zur Rechtfertigung seiner Politik auch das Argument vor, der Betriebsfrieden im Haus werde durch allzu einseitige Agitation und Ausrichtung der Produktionen zugunsten Ost-Berlins gefährdet.[4]

Die komplexe Situation Berlins spiegelte sich auch in der Belegschaft des Deutschen Theaters wieder. Noch Anfang 1959 lebte jeder sechste

Mitarbeiter des Theaters im Westteil der Stadt. Eine Tatsache, die von den in West-Berlin wohnenden Schauspielerinnen und Schauspielern gelegentlich als Druckmittel benutzt wurde, um bessere Rollen zu bekommen, wie die Schauspielerin Gisela May berichtet hat. Immer wieder nämlich hätten im Westen lebenden Schauspieler kleine und größere (Liebes-) Beweise ihrer Unabkömmlichkeit in der Schumannstraße verlangt und ansonsten mit Kündigung gedroht, im Ostteil der Stadt wohnende Schauspieler daher in Besetzungsfragen manchmal das Nachsehen gehabt.[5]

1958 war Heinz Hilpert als Regisseur noch einmal ans Deutsche Theater zurückgekehrt, inzwischen Intendant des Göttinger Stadttheaters, das seit 1950 ebenfalls Deutsches Theater hieß. Vor allem Kurt Seeger hatte sich für Hilperts Engagement eingesetzt, Wolfgang Langhoff von Hilperts Integrität als Mensch und Intendant jedoch erst überzeugen müssen. Vielleicht überwogen bei Langhoffs Entscheidung, seinen Vorgänger von nationalsozialistischen Gnaden noch einmal in der Schumannstraße inszenieren zu lassen, damals auch andere Überlegungen: nämlich in Zeiten der sich immer weiter voneinander entfremdenden beiden deutschen Staaten (und Berliner Stadthälften) ein Zeichen gegen die Spaltung zu setzen, indem er einen der wichtigsten westdeutschen Regisseure jener Jahre für eine Arbeit verpflichtete. Damit konnte Langhoff auch die gesamtdeutsche Geschichte des Deutschen Theaters noch einmal hervorheben.

So inszenierte Hilpert im Frühjahr 1958 in der Schumannstraße Anton Tschechows »Drei Schwestern«: mit Ursula Burg (Olga), Inge Keller (Mascha) und Margarethe Taudte (Irina) – eine von der Kritik in Ost und West fast einhellig gefeierte Arbeit. Der damals siebenundfünfzigjährige Wolfgang Langhoff stand als Schauspieler ebenfalls auf der Bühne. Als Oberst Werschenin sprach er den Jüngeren mit verschmitztem Optimismus davon, dass ihre heutige Zeit (aus der sich alle Figuren des Stücks so heftig wegsehnen) im Grunde nichts als die Vorbereitung auf eine bessere Zukunft sei. Die Sehnsucht der drei Schwestern nach Moskau erhielt damit etwas Konkretes und Politisches, das sich mühelos auf die bleierne Atmosphäre jener Jahre beziehen ließ und den lebensverhindernden Kräften, von denen Tschechow-Figuren normalerweise gezeichnet sind, diametral entgegengesetzt war. Denn damit machte Langhoff in der Inszenierung des Westregisseurs Hilpert den Ruf der drei Schwestern »Nach Moskau!« zwischen den Zeilen jetzt zu einer vitalen politischen Positionsbestimmung Ost.

Handreichungen für den Klassenfeind

In der Atmosphäre der sich verhärtenden Fronten im Kalten Krieg verstand sich das Deutsche Theater mit Blick auf den Westteil der Stadt stets auch als Ort einer sozialistischen Gegenöffentlichkeit, spielte Stücke im Westen verfolgter kommunistischer Autoren, wie des türkischen Dichters und Tolstoi-Übersetzers Nazim Hikmet, oder US-amerikanische Autoren, die in die Mühlen der antikommunistischen McCarthy-Umtriebe und damit auf schwarze Listen geraten waren und nicht mehr arbeiten durften, darunter Lillian Hellmann oder der Dramatiker und Drehbuchautor Irwin Shaw. Shaw war nach seiner Vorladung vor das Komitee für unamerikanische Umtriebe und der anschließenden beruflichen Ächtung in die Schweiz ins Exil gegangen.

Die von Heinar Kipphardt herausgegebenen Programmhefte[6] jener Jahre sind vielschichtige Dokumente des Ost-West-Spagats des Deutschen Theaters: einerseits sollte der literarische Kanon für eine neue Zeit, einen neuen Staat und ein neues Publikum, eine sozialistische Gegenwartsdramatik entwickelt werden. Andererseits wollte man dem Westpublikum die Sichtweisen des sozialistischen Lagers auf aktuelle politische Konflikte und Themen vermitteln und auch mit dem von der DDR-Kulturpolitik behaupteten Anspruch der Deutungshoheit auf die Werke der Klassik überzeugen. Letztlich musste selbst sozialistische Gegenwartsdramatik auch beim Westpublikum auf Akzeptanz stoßen, um erfolgreich zu sein.

Jedes Programmheft ist ein bibliophiles Unikat – von herausragenden Grafikern und Typografen der Zeit wie Werner Klemke, den Brüdern Heartfield/Herzfelde oder Frans Haacken gestaltet. Nur das berühmte DT-Logo der Brüder Heartfield/Herzfelde außen auf dem Titelblatt weist die Programmhefte als Publikationen des Deutschen Theaters aus. Innen wird im Reader's-Digest-Format jeweils die Gedankenwelt aufgeblättert, vor deren Hintergrund die Inszenierungen entstanden. Bei Klassikerinszenierungen wurde die Einordnung in den Kontext des materialistischen Geschichtsbegriffs vollzogen, in dem die Werke stets als Arbeiten herausgehoben wurden, an denen sich der gesellschaftliche Fortschritt der jeweiligen Entstehungszeit ablesen ließ, der schließlich zur Gründung der DDR geführt hatte. In erhellenden wie gut verständlichen Texten wird die marxistische Lesart von Klassikern wie Shakespeare, Molière, Schiller oder Lessing, der jeweilige Klassenstandpunkt der Dramen und ihrer Autoren herausgearbeitet. In dieser Lesart erhielten die Stücke oft ganz ohne oberflächliche Aktualisierungen neue gedankliche Schärfe und zeitgemäße Sprengkraft.

Insbesondere Wolfgang Langhoffs Inszenierungen suchten in den klassischen Stoffen stets nach der Gegenwart, in der diese Stücke einmal entstanden waren, deren Haltungen jedoch – samt der politischen und aufklärerischen Positionen – für ihn im theatralischen Schwulst ihrer bildungsbürgerlichen Vereinnahmung unkenntlich geworden waren. Aus dem wenigen Material, das von Langhoffs Inszenierungen überliefert ist, sticht bis heute das präzise dramaturgische Denken heraus, mit dem er jeweils den Stoff durchdrang und daraus Form und Ästhetik einer Inszenierung erst entwickelte. Die analytische Schärfe seiner Regiezugriffe wurde von den Bühnenbildern Heinrich Kilgers noch hervorgehoben: komplexe, von der Bildenden Kunst her gedachte Tableaus, die Räume und Landschaften oft nur andeuteten und sich jedem oberflächlichen Realismus in eine subtile Zeichenhaftigkeit entzogen.

In Langhoffs Inszenierungen vermischen sich gelegentlich die Künste auf eine für seine Zeit ungewöhnliche Art: greifen Schauspiel, Tanz, Musik und Bildende Kunst kommentierend ineinander. Durch die Radikalität, mit der Langhoff die Gestalt jeder Inszenierung aus einer genau gedachten Durchmessung des Materials stets ableitete, steht seine Theaterarbeit singulär in der damaligen Zeit. Der hochverdichtende, abstrakte Realismus, den Langhoff, Kilger und Kipphardt in den 1950er Jahren am Deutschen Theater entwickelten – »die Vereinigung

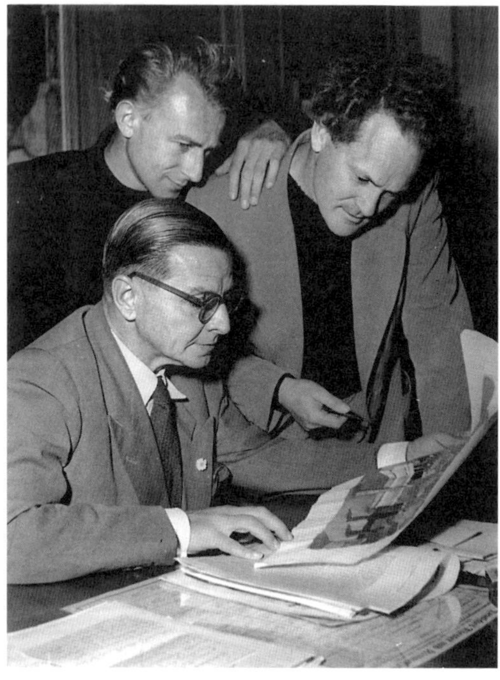

Wolfgang Langhoff, Heinar Kipphardt und Heinrich Kilger (v. l.) sichten Bühnenbildentwürfe, um 1954

höchster Stilisierung und höchster Realität« (wie Langhoff selbst es einmal formulierte) –, sprengte alle Koordinaten des damals in der DDR politisch obligatorischen »sozialistischen Realismus«. Auch fügte sich Langhoffs Theaterarbeit nicht in den vom Brecht-Theater geprägten orthodoxen Avantgardebegriff, der in Ost und West damals als *state of the art* galt und das Material stets der eigenen Ästhetik unterordnete, eine Theatermethode außerdem, die die DDR-Kulturpolitik spätestens seit 1957 als kompatibel mit den Prämissen des sozialistischen Realismus sah. So hatte Kulturminister Alexander Abusch in seinem Schlusswort zur Kulturkonferenz[7] im Oktober 1957 erklärt, Brechts Methode sei innerhalb des sozialistischen Realismus als gleichberechtigt anzuerkennen.[8]

»Jeder Klassiker ist für uns heute eine Uraufführung. Jeden Klassiker müssen wir behandeln, als würden wir einen Stücktext, den wir noch nie gelesen und gekannt haben, zum ersten Mal auf unseren Schreibtisch bekommen«, brachte Langhoff 1960 auf einer Kulturkonferenz[9] sein Credo als Regisseur und Intendant auf den Punkt. Sein Theaterbegriff war entscheidend auch von seiner politischen Vision, seinem Auftrag als Intendant der ersten Bühne des Arbeiter- und Bauernstaates illuminiert. »Wir müssen fragen: ›Was denkt meine Arbeiterklasse, was denkt unser werktätiges Volk über jeden einzelnen Satz?‹ Es sind diese Menschen, die nun die Höhen der Kultur erstürmen, die nun Besitz ergreifen von unserem klassischen Gut. Aber das klassische Gut darf ihnen nicht museal erscheinen. [...] Früher war der schöne große Garten unserer Nationalkultur eingezäunt, an seinem Tor stand ein Schild, auf dem Schild stand: ›Arbeiter und Hunde sind an der Leine zu führen!‹ Und jetzt mit einem Male treten die Millionen-Massen der Werktätigen und Bauern in diesen großen, schönen Garten unserer Kultur ein.«

Im Zuge der Neuvermessung des literarischen Kanons wurde am Deutschen Theater der vom französischen König Ludwig XIV. protegierte Molière als Citoyen, Shakespeare als Dramatiker des Übergangs zum Frühkapitalismus neu entdeckt, an Gotthold Ephraim Lessing insbesondere dessen Herkunft aus der Bergarbeiterregion Niederlausitz hervorgehoben. Denn das war ein besonderes Pfund der DDR: dass sie sich auf Kernland der deutschen Klassik befand. Mochte Adenauers Bundesrepublik 1955 mit der Hallstein-Doktrin[10] auch den Alleinvertretungsanspruch für alle Deutschen angemeldet haben und die diplomatische Anerkennung der DDR durch andere Staaten als feindlichen Akt betrachten: Solange Jena und Weimar auf DDR-Gebiet lagen, Klassiker wie Lessing auf DDR-Territorium das Licht der Welt erblickt hatten, sprach schon die schiere Geografie eine andere Sprache und verlagerte die Bonner Republik an die Peripherie deutscher Literatur- und Geistesgeschichte.

Für das Programmheft von Wolfgang Heinz' Inszenierung der Shakespeare-Komödie »Was ihr wollt« (Spielzeit 1951/52) schilderte Heinar Kipphardt dem Publikum knapp und griffig den ökonomischen Übergang von der feudalistischen Landwirtschaft zu frühbürgerlich-kapitalistischen Produktionsweisen in der Entstehungszeit des Stücks. Diese Übergangszeit war aus der Sicht der Inszenierung auch Hintergrund der unübersichtlichen Liebesbeziehungen und -händel, aus denen Shakespeare sein komödiantisches Kapital schlägt und bei dem die Vertreter des Feudalismus am Ende naturgemäß unterliegen: weil der geschichtliche Fortschritt über sie hinweggeschritten ist. »Der geistige und sittliche Verfall dieser Klasse, die von der geschichtlichen Entwicklung auf den Müllhaufen geworfen wurde, ist von Shakespeare in den Gestalten des Tobias von Rülp und Christoph von Bleichenwang lebensvoll und hinreißend komisch gezeichnet«, konkretisiert Kipphardt den materialistischen Ansatz der Inszenierung an zwei Figuren: »traurige Parasiten einer erledigten Zeit, die letzte Seite eines düsteren Kapitels der Menschheitsgeschichte, das Shakespeare den Zeitgenossen mit Gelächter zu verabschieden empfiehlt.«

Der Schauspieler, der in dieser bis in die kleinste Rolle mit Spitzenkräften des Ensembles besetzen Inszenierung den Junker Tobias von Rülp spielte, schillerndster Vertreter des überkommenen Feudalismus, war mit Willy A. Kleinau einer der größten Stars des Theaters jener Jahre: ein schwerer Held, der im Laufe seiner Zeit am DT große Rollen wie Faust, Othello oder König Lear spielte. Denn die Gestaltung des Klassenstandpunktes konnte natürlich auch schauspielerisch nicht Kräften aus der zweiten Reihe überlassen werden.

Im hinteren Teil des Programmhefts ist unter einer Zeichnung der ikonografischen Friedenstaube des Künstlers und französischen KP-Mitglieds Pablo Picasso ein Gedicht Heinar Kipphardts abgedruckt, das im Stil Shakespearscher Sonette verfasst und »Bruder von drüben, genug jetzt« überschrieben ist: »Bruder genug der zerrissenen Stirnen / Die Netzhaut der Welt ist von Kriegen zerfetzt«, wurden darin explizit die Westzuschauer angesprochen und mit Blick auf den Koreakrieg aufgefordert, nicht nur stumme Konsumenten und willige Unterstützer der ausbeuterischen Pläne ihrer Herren zu sein.

In Korea war 1950 der erste bewaffnete Konflikt zwischen den einstigen Alliierten des Zweiten Weltkriegs ausgebrochen – eine neue Eskalationsstufe im Kalten Krieg, die damals in Ost und West große Ängste vor einem neuen Krieg auch in Europa schürte. »Bruder von drüben, genug jetzt / sprich aus was du darüber denkst / Sorge daß Du gefragt wirst / Eh man dich ungefragt henkt«, dichtete nun also Heinar Kipphardt. Denn ihr Pendant fand die überkommene Klasse des Tobias von Rülp natürlich im überkommenden System des Westens, dessen Vertreterinnen und Vertretern im Zuschauerraum hier jedoch nun die Hand gereicht wurde, um sie herüber auf die Seite des historischen Fortschritts zu ziehen.

Explizit wurde der Koreakrieg im Stück des französischen Schriftstellers Roger Vailland »Colonel Foster ist schuldig« verhandelt, das im Frühjahr 1953 in der Schumannstraße Premiere hatte und amerikanische Kriegsverbrechen in Korea zur Sprache brachte. Das von John Heartfield gestaltete Programmheft nahm sich mit seinen Texten, Hintergrundinformationen und Schwarz-Weiß-Fotos wie ein Nachrichtenmagazin zum Thema aus. So war es unter anderem mit Fotos amerikanischer Kriegsreportagen ausgestattet, die der berühmten amerikanischen Zeitschrift *Life* entnommen waren, für die damals so bedeutende Fotografen wie der gebürtige Ungar Robert Capa arbeiteten, der 1954 als amerikanischer Kriegsreporter in Vietnam ums Leben kam.

Die Uraufführung von Vaillands Stück war seiner kritischen Haltung der US-Politik wegen in Paris 1952 von Störern unterbrochen, weitere Aufführungen danach polizeilich verboten worden. Im Deutschen Theater hatte nun der Schauspieler Herwarth Grosse die deutschsprachige Erstaufführung inszeniert und Wolfgang Langhoff die Inszenierung des brisanten Stoffs kurz vor der Premiere zu Ende geführt, zu der aus Paris auch Roger Vailland anreiste. Das Stück handelt von einem Oberst der US-Army, der in den Krieg nach Korea geschickt wird, wo er völkerrechtswidrig einen Kriegsgefangenen erschießt und eine Stadt anzünden lässt. Im Verlauf der Kämpfe wird dieser Colonel Foster von Partisanen gefangen genommen und gibt sich als gemeiner Gefreiter aus, bis er als Kriegsverbrecher identifiziert und mit seinen Taten konfrontiert wird. Am Ende bekennt er sich schuldig.

Intendant Langhoff lasse nichts unversucht, »um das verpflichtende Erbe einer Stätte, an der einst Max Reinhardt gewirkt hatte, restlos zu verspielen«, war nach der Premiere in der Hamburger Wochenzeitung *Die Zeit* zu lesen, die das Stück als »politisches Hetzstück« bezeichnete und den regieführenden Intendanten ebenso wie den Dramatiker Roger

Vailland als talent- und charakterlose Opportunisten diffamierte: »Ohne Zweifel hätte das Stück nie das Rampenlicht erblickt, wenn es nicht gerade der Moskauer Propaganda so gelegen gekommen wäre.«[11] Dass Kriegsverbrechen wie die im Stück geschilderten auch auf amerikanischer Seite möglich waren, diese Einsicht setzte sich im Westen erst ein gutes Jahrzehnt später mit den Protesten gegen den Vietnamkrieg durch. Der von der *Zeit* als talentlos geschmähte Vailland erhielt wenige Jahre später mit dem Prix Goncourt den bedeutendsten französischen Literaturpreis.

Doch legten Inszenierungen des Deutschen Theaters die Finger nicht allein in die Wunden des Klassenfeindes. In der Spielzeit 1957/58 inszenierte Emil Stöhr Erich Maria Remarques einziges Theaterstück »Die letzte Station«: eine dramatische Momentaufnahme der unmittelbaren Nachkriegswochen in Berlin in all ihrer Widersprüchlichkeit zwischen alten und neuen Tätern und Opfern, die auch die Doppelrolle der Roten Armee als Befreier von der Nazi-Herrschaft und Verantwortliche für Gräueltaten an der Zivilbevölkerung im Frühjahr 1945 zur Sprache brachte. Anschließend warf die DDR-Kulturpolitik dem Deutschen Theater »antisowjetische Entgleisungen« vor. Denn die ruhmreiche Sowjetunion zu kritisieren, galt in der DDR grundsätzlich als sakrosankt. Trotzdem erlebte Emil Stöhrs Inszenierung des 1956 im West-Berliner Renaissance Theater von Paul Verhoeven uraufgeführten Stücks in der Schumannstraße zwischen 1958 und 1959 vierunddreißig Vorstellungen.

Als Wolfgang Langhoff 1956 vor dem Hintergrund der Wiederbewaffnung und dem Beitritt der Bundesrepublik zur NATO[12] Peter Hacks' listige pazifistische Komödie »Die Schlacht bei Lobositz« uraufführte, die 1954 noch in München entstanden war, stichelte das Deutsche Theater damit zwangsläufig auch in Richtung SED-Obrigkeit. Denn 1956 war auch das Jahr, in dem die Nationale Volksarmee der DDR gegründet wurde. Im Jahr zuvor war die DDR unter den Unterzeichnern des als Gegenstück zur NATO gegründeten östlichen Militärbündnisses, des Warschauer Pakts gewesen. »Die Schlacht bei Lobositz« verhandelte im Mantel eines historischen Stoffes aus dem Jahr 1756 den Krieg als eine »Verschwörung der Offiziere gegen die Menschen«. Die mit Songs und

Musik (Rolf Kuhl) durchsetzte Geschichte handelt vom kleinen Soldaten Ulrich Braeker, der im Siebenjährigen Krieg zwischen Österreich und Preußen lernt, dass Soldat-Sein eine wenig lohnende Angelegenheit ist, da sie meist das Leben oder zumindest kostbare Gliedmaßen kostet, während die Großen in der Regel ungeschoren davonkommen. Gut zehn Jahre nach Kriegsende gehörten amputierte, gelähmte oder sehgeschädigte Kriegsversehrte überall noch zum festen Bestandteil des Straßenbildes. Aus dieser Einsicht zog der kleine Soldat am Ende für sich die Konsequenzen und rief in der Schumannstraße auf offener Bühne zur Desertion auf: »Ich häng mein Flint / An den Weidenbaum in hellen Wind. / Häng, Bruder, deine auch dazu. / Dann hab'n wir alle Ruh.« Die westdeutsche Erstaufführung des Stücks hat zwölf Jahre später in Heidelberg der junge Claus Peymann inszeniert.

So fallen im Spielplan des Deutschen Theaters in den Jahren nach 1953 immer wieder Stücke auf, die sich mit den einfachen Wahrheiten jener Jahre in Ost und West nicht zufriedengeben und sich an komplexeren Sichtweisen versuchen. Dazu gehört auch das Stück »Die Dorfstraße« von Alfred Matusche. Matusche, 1909 in Leipzig geboren, gehörte einer Künstlergeneration an, deren Karriere 1933 von der Machtergreifung der Nationalsozialisten abgebrochen wurde, bevor sie richtig beginnen konnte. So war Matusche schon über vierzig, als er 1953 einen ersten Entwurf seines Stücks ans Deutsche Theater schickte, den Heinar Kipphardt aber noch für unspielbar hielt. Das mit seiner dramaturgischen Unterstützung schließlich zur Aufführungsreife entwickelte[13] und 1955 von Hannes Fischer in den Kammerspielen uraufgeführte Stück spielt in den Monaten des Kriegsendes. Schauplatz ist Schlesien, das nun jenseits der neuen deutsch-polnischen Oder-Neiße-Grenze lag, die durch die Westverschiebung Polens im Zuge des Potsdamer Abkommens entstanden war.

Es beginnt im Winter 1944, als ein deutscher Offizier und Gutsherr in den Karpaten auf Zureden eines Partisanenführers einen Zug mit Deportierten öffnet und die Menschen damit vor dem sicheren Tod bewahrt. Dann kehrt er auf sein Gut nahe eines Dorfs an der Neiße zurück, das er bald darauf durch die neue Grenzziehung verliert. Die deutschen

Bewohner Schlesiens werden vertrieben, und die Polen aus den an die Sowjetunion gefallenen Teilen Ostpolens nun dorthin umgesiedelt. So ist das Drama über deutsche Schuld und deutsche Vertreibung bevölkert von den Entwurzelten aller Seiten, spielt zwischen polnischen Opfern und Überlebenden, Umgesiedelten, Kriegsheimkehrern, alten und neuen Tätern und deutschen Flüchtlingen, die nicht nur physisch vertrieben wurden, sondern ihre Heimat durch die Verbrechen der Deutschen während des Krieges in einem viel umfassenderen Sinn verloren hatten. In der neuen Zeit können sich alle schwer orientieren. Das Echo von Matusches Drama »Die Dorfstraße« klingt noch in Heiner Müllers Stück »Die Umsiedlerin oder Das Leben auf dem Lande« nach, dessen erste Skizzen etwa in die Zeit der Matusche-Uraufführung fallen.

Unterwegs zu einer sozialistischen Klassik oder: die Gewässer des Kalten Krieges werden reissender

Auch auf den damals sechsundzwanzigjährigen Müller war Heinar Kipphardt im Zuge seiner Entwicklungsbemühungen einer sozialistischen Gegenwartsdramatik gestoßen. Wie Kipphardt war auch Müller der Sohn eines verfolgten Sozialdemokraten, der für seine Überzeugungen im KZ gesessen hatte. Das gemeinsam mit Inge Müller verfasste Stück »Der Lohndrücker« lehnte Kipphardt ab, doch erwirkte er für Müller beim Kulturministerium ein Stipendium, mit dessen Hilfe das Stück »Die Umsiedlerin« entstand: Anhand einer mecklenburgischen Dorfgemeinschaft – und vier nur lose miteinander verbundenen Geschichten unterschiedlicher Bewohner – verhandelt das Stück den sozialistischen Umbau der Gesellschaft auf dem Land. Ein Stück, in dem es Sätze wie diese gibt: »Kann sein, der Rasen zwischen uns wird Staatsgrenze plötzlich, / man hat schon Pferde kalben sehn aus Politik, / du stehst in Russland und ohne einen Schritt, / ich in Amerika, und Kindermachen auf dem Grenzstrich / ist Export und verboten«, die der notorische Fondrak zu seiner Geliebten, der Umsiedlerin Niet spricht, die von ihm schwanger ist.

Aber noch war die Grenze offen. Noch konnte sich niemand vorstellen, dass beide Stadthälften in wenigen Jahren von einer unüberwindbaren Mauer, einer tödlichen Grenze geteilt sein würden. Noch navigierte das Deutsche Theater selbstbewusst durch die immer reißender werdenden Gewässer des Kalten Krieges: zwischen der feindseligen antikommunistischen Skylla der Westkritik, Angriffen und Boykotthaltung der West-Berliner Politik und der Charybdis des Dogmatismus der SED-Funktionäre, die dem führenden Theater der Republik und seiner offenen Spielplanpolitik mit wachsendem Argwohn begegneten. Diesen Argwohn ließen sie in den eigenen Organen in wachsendem Maße auch durch linientreue Großkritiker zum Ausdruck bringen. Doch vorerst spottete man am Deutschen Theater noch darüber: »Jede Zeit hat die Dummköpfe, die sie braucht«, schrieb Kipphardt im November 1957 an seine Eltern nach Krefeld über Walther Pollatschek und Fritz Erpenbeck, zwei führende DDR-Kritiker, die Generalangriffe auf das Theater veröffentlicht hatten, »sie erledigen sich in der Regel durch Lächerlichkeit«.[14] Noch also blieb man optimistisch in der Schumannstraße und wehrte sich wirksam gegen alle Angriffe aus den eigenen sozialistischen Reihen: in dem Glauben, die DDR und den Sozialismus aus der Position grundsätzlicher Solidarität von innen heraus verändern und gestalten zu können.

Mit Peter Hacks hatte das Deutsche Theater 1956 endlich den dringend gesuchten und an Klassikern wie Goethe und Shakespeare geschulten Dramatiker gefunden, auf den sich in Sachen sozialistische Klassik bauen ließ: Sätze von ähnlich gläserner Schönheit und gedanklicher Präzision hatte lange kein deutscher Dichter mehr geschrieben. Seit Beginn der Spielzeit 1956/57 war Hacks Dramaturg und Hausautor in der Schumannstraße. Mit Langhoff und Kipphardt teilte er die Haltung, die Werke der deutschen Klassik müssten von den Spuren ihres Missbrauchs durch die Nazis gereinigt, ihnen der Muff ausgetrieben werden, der diese Werke durch Verharmlosung und Vereinnahmung durch das deutsche Bildungsbürgertum schon so lange umgab. Formen und Haltungen der Klassik hingegen sollten anhand neuer Stoffe und Stücke aus dem Alltag der neuen Gesellschaft vergegenwärtigt und vergesellschaftet werden.

So sortierten die Gewalten des Kalten Krieges Phänomene und Akteure unerbittlich weiter in das Ost-West-System ein, auch wenn manche Folge dieser Entwicklung zunächst noch auf der Habenseite des Deutschen Theaters verbucht werden konnte. Als nach dem Abschluss des österreichischen Staatsvertrags im Jahr 1955 und dem anschließenden Abzug der sowjetischen Besatzer aus Österreich das mit dem Kommunismus sympathisierende Neue Theater in der Scala in Wien 1956 geschlossen wurde, kamen viele seiner Spieler ans Deutsche Theater. Einige von ihnen hatten mit Wolfgang Langhoff in den Jahren von 1933 bis 1945 zum berühmten Emigrantenensemble des Zürcher Schauspielhauses gehört. Wolfgang Heinz oder Rudolf Wessely arbeiteten bereits lange vor 1956 regelmäßig am Deutschen Theater.

Nun zogen sie alle aus Wien ganz an die Bühnen in der Ost-Berliner Schumannstraße: die Brüder Karl Paryla und Emil Stöhr mit ihren Ehefrauen Hortense Raky und Selly Paryla, die bald zu Wolfgang Langhoffs engstem Mitarbeiterkreis gehörte, das Schauspielerpaar Wolfgang Heinz und Erika Pelikowsky, Friedrich Lobe, Lilly Schmuck, Otto Tausig, Trude Bechmann und Friedrich Hofbauer, Fritz Links, Peter Sturm oder Georg Lhotzky. Karl Paryla wurde, wie auch Wolfgang Heinz und Emil Stöhr, nicht nur als Schauspieler, sondern auch als Regisseur ein Schwergewicht am Deutschen Theater, wo Heinz mit Beginn der Spielzeit 1956/57 auch Oberspielleiter geworden war. Karl Paryla arbeitete als Schauspieler und Regisseur parallel auch an den Münchner Kammerspielen und blieb so ein Pendler zwischen Ost und West mit Hauptwohnsitz in Berlin-Niederschönhausen, wie dieser Austausch auch darüber hinaus osmotische Wirkungen zwischen diesen Ausnahmetheatern der beiden finsteren deutschen Nachkriegsrepubliken zur Folge hatte.

Chruschtschows »geheime« Rede 1956 oder: Das Mass der Glaubwürdigkeit

Am 25. Februar 1956 hielt Nikita Chruschtschow auf dem XX. Parteitag der KPdSU seine sogenannte Geheimrede.[15] Chruschtschow, seit Stalins Tod im Frühjahr 1953 dessen Nachfolger an der sowjetischen Staats- und Parteispitze, thematisierte darin zum ersten Mal den stalinistischen Terror und die Schauprozesse der 1930er Jahre. Einzelheiten dieser Rede waren bald in die Weltpresse und damit auch in die DDR gelangt. Der bis dahin überlebensgroße Josef Stalin und Held von Millionen Menschen östlich der Elbe war fast über Nacht entzaubert und schier unfassbarer Verbrechen bezichtigt worden.

Schon kurz nach Bekanntwerden der Rede wurde im Deutschen Theater eine Vollversammlung einberufen, die den Moskauer Parteitag und seine schockierenden Enthüllungen zum Gegenstand hatte und in deren Verlauf Intendant Wolfgang Langhoff von der SED schonungslose Aufklärung und vor allem eine interne Fehlerdiskussion forderte.[16] Auch persönlich stürzten Langhoff die bekanntgewordenen Details über den stalinistischen Terror in eine tiefe Krise, war er doch wenige Jahre zuvor selbst nur knapp einem Schauprozess entronnen und nach den zutiefst ehrrührigen Anschuldigungen niemals öffentlich rehabilitiert worden. Stets hatte er geglaubt, aus Unwissenheit und mangelndem Kontakt zur Partei in der Emigration gewissermaßen unschuldig schuldig geworden zu sein. Denn die Partei konnte doch nicht irren. Sollten die im Spätsommer 1950 ihn und seine damals verhafteten Freunde und Emigrationsgefährten, die nun nach jahrelanger Haft als gebrochene oder schwer gezeichnete Menschen freigekommen waren, betreffenden Vorwürfe am Ende zu Unrecht erhoben worden sein?

Obwohl die Moskauer Enthüllungen nicht nur Langhoff, sondern auch viele Künstler und Intellektuelle in der DDR als Kommunisten in eine Identitätskrise stürzten, bedeuteten sie für viele Menschen paradoxerweise trotzdem eine Erleichterung. Denn vieles hatte man längst geahnt, was nun Gewissheit wurde. War jetzt also endlich die Zeit für eine Demokratisierung von Staats- und Parteistrukturen gekommen? »Die Welt hat sich in Bewegung gesetzt, es gibt Gründe zu großen Hoffnungen«, schrieb Heinar Kipphardt im April 1956 an seine Eltern.[17] Für große Teile des mit seinem kommunistischen Intendanten und dessen exemplarischer antifaschistischer Biografie hochidentifizierten Ensembles wurde der Umgang der Partei mit Wolfgang Langhoff nun zum Maß für die grundsätzliche Glaubwürdigkeit der SED.

Bereits im Frühjahr 1956, also bald nach Bekanntwerden von Chruschtschows Rede, forderte die SED-Grundorganisation des Theaters in einem Schreiben an das Zentralkomitee Langhoffs öffentliche Rehabilitierung. »Wir sind der Meinung, dass dies dem Geist des XX. Parteitages entspräche und dass die Partei das Vertrauen ihrer Mitglieder mit jeder offenen Erklärung weiter stärken wird.«[18] »Ich will Antworten auf die Fragen, die mir nicht gelöst scheinen!«, rief nach den Sommerferien gleich auf der ersten Parteiversammlung der Spielzeit 1956/57[19] die Schauspielerin Mathilde Danegger,[20] deren Vater schon bei Max Reinhardt Schauspieler gewesen war und die selbst eine Schweizer Emigrationsgefährtin Langhoffs am Zürcher Schauspielhaus war. Denn auf das Schreiben der SED-Grundorganisation hatte das ZK nicht reagiert. Dafür nahm seit Beginn der Spielzeit 1956/57 Hilderose Boock, Theaterreferentin der Kulturabteilung beim ZK der SED, regelmäßig an den Versammlungen der Parteiorganisation des Deutschen Theaters teil und übermittelte dem ZK umfängliche Berichte – auch über Privatgespräche, die sie am Rande dieser Versammlungen führte.

Die Parteispitze schwieg dabei beharrlich zu den Einlassungen der Parteiorganisation des DT, die weiterhin mit Nachdruck von ihrer Führung Gerechtigkeit und eine interne Fehlerdiskussion forderte. Walter Ulbricht aber hatte die Devise »Keine Fehlerdiskussion!« ausgegeben. Denn eine Fehlerdiskussion konnte sich die SED nicht leisten, da sie als Folge einer solchen Diskussion die Destabilisierung des ganzen Systems befürchtete. Es herrschte Krieg, auch wenn dieser Krieg vorerst ein Kalter war. Doch angesichts der enormen Vernichtungsenergie, mit der der Kapitalismus dem Sozialismus gegenüberstand, wollte man sich mit einer Fehlerdiskussion keine Blöße geben.

Dass die Furcht begründet war, eine Aufarbeitung der stalinistischen Verbrechen könnte nicht mehr kontrollierbare Größenordnungen annehmen, zeigte sich bereits im Herbst 1956 in Ungarn. Die 1949 im Zuge der »Field-Affäre« hingerichteten Opfer der Schauprozesse um den Westemigranten und ersten Außenminister der jungen Volksrepublik László Rajk waren bald nach dem XX. Parteitag rehabilitiert worden. Ihre Leichname, die in einem Wald bei Budapest nur anonym verscharrt

42 ~~27~~

42 ~~19~~

DEUTSCHES THEATER UND KAMMERSPIELE

STAATSTHEATER

INTENDANT WOLFGANG LANGHOFF

SED - Betriebsparteiorganisation

BERLIN NW7, den 6.11.1956
Schumannstraße 13a
Fernruf 425506

An das
Zentralkomitee der Sozialistischen
Einheitspartei Deutschlands

B e r l i n - N 4
Wilhelm Pieck-Str. 1

Werte Genossen!

Die Betriebsparteiorganisation des Deutschen Theaters wandte sich am 23.5.1956 mit beiliegendem Schreiben an die ZPKK. Eine Antwort haben wir nicht erhalten. Hingegen wurde unser Parteisekretär, die Genossin Ursula Reinhold, zur ZPKK bestellt. Die Genossin Seffke teilte ihr im Auftrag der ZPKK mit, daß unser Ersuchen um öffentliche Rehabilitierung des Genossen L a n g h o f f nicht berücksichtigt würde. Als Begründung führte die Genossin an: " Was wollt Ihr eigentlich, der Genosse Langhoff ist doch rehabilitiert!" Darauf sagte unser Parteisekretär, daß wir eine öffentliche Rehabilitierung verlangen, worauf die Antwort kam: " Das ist doch eine partei-interne Angelegenheit." Als Genossin Reinhold erwiderte, daß man ja den Genossen Langhoff seinerzeit auch öffentlich gerügt hätte, bekam sie die Antwort: " Ja, da kann ich Dir auch weiter nichts sagen, ich habe lediglich den Auftrag, Dir von dem Beschluss der ZPKK Mitteilung zu machen."

Natürlich können wir uns mit dieser Art die Dinge erledigen zu wollen, nicht einverstanden erklären. Wir betonen noch einmal, daß wir es für nötig halten, die Genossen, die auf Grund heute als falsch erkannter Maßstäbe öffentlich an ihrer Ehre gekränkt wurden, öffentlich rein zu waschen; nicht nur, weil uns das als eine unabdingbare menschliche Pflicht erscheint, sondern auch, weil wir die feste Überzeugung haben, daß das Ansehen unserer Partei durch einen solchen Schritt nur gestärkt werden kann.

Wir bitten das Zentralkomitee uns in unserem Anliegen bei der ZPKK zu unterstützen.

Mit sozialistischem Gruss!

Betriebsparteiorganisation
Deutsches Theater

i. A.
Heinowinkler
Stellvertr. Sekretär

VEB Offizin Haag-Drugulin in Leipzig III/18/38 - R 4512 - 952 - 5000

Schreiben der SED-Grundorganisation des Deutschen Theaters an das ZK der SED worden waren, sollten im Herbst 1956 nun exhumiert und würdig begraben werden. Bereits während der Begräbnisfeierlichkeiten auf dem Budapester Zentralfriedhof war es in der ersten Oktoberwoche des Jahres 1956 zu Unmutsäußerungen gegen die Regierung gekommen. Kurz darauf ging das öffentliche Murren in Demonstrationen über und schlug schließlich in einen Aufstand um, der nach wenigen Tagen von sowjetischen Panzern blutig niedergeschlagen wurde.

Von der gewaltvollen Beendigung des Ungarnaufstandes ließ sich die SED-Grundorganisation des Deutschen Theaters jedoch ebenso wenig von ihren Forderungen abbringen, wie von den anschließenden Disziplinierungsmaßnahmen gegen Intellektuelle in der DDR – der Verhaftung und Verurteilung des Leiters des Aufbau Verlages Walter Janka und seines Cheflektors Wolfgang Harich zu mehrjährigen Zuchthausstrafen etwa. Der liberale Kulturminister Johannes R. Becher war faktisch entmachtet. Denn er hatte hinter dem Plan gestanden, für den Walter Janka ins Gefängnis gegangen war: seinen in Budapest verhafteten Freund Georg Lukács zu retten, der Minister der Regierung des widerständigen Imre Nagy gewesen war und dessen Werk im Aufbau Verlag erschien. Doch hatte Becher in letzter Minute ängstlich Parteichef Walter Ulbricht über den Plan informiert, Verlagschef Walter Janka nach Budapest zu schicken. Die Aktion fiel aus, Janka wurde verhaftet und verurteilt. Wichtige Künstler und Intellektuelle des Landes waren gezwungen worden, im Dezember 1956 am Prozess gegen den verdienten Antifaschisten und Spanienkämpfer teilzunehmen, also zu beobachten, wie nun an Walter Janka ein Exempel statuiert wurde.

Sieg oder Untergang

Doch noch immer ließen sich am Deutschen Theater weder das Ensemble noch die Parteigruppe einschüchtern. Mathilde Danegger schrieb erneut einen Brief. Diesmal war er an Paul Wandel, den Sekretär für Kultur beim ZK der SED gerichtet. In ihrem freundschaftlich verfassten Schreiben[21] mahnte die Schauspielerin eine Demokratisierung des Parteilebens an, übte Kritik an den neuerlichen Verhaftungen, Fehlentwicklungen und Maßregelungen von Parteikritikern und forderte noch einmal Gerechtigkeit für die, denen wie Wolfgang Langhoff im Zuge der »Field-Affäre« Unrecht geschehen war. Doch statt zu antworten, leitete Wandel den Brief an Walter Ulbricht weiter und auch an Hermann Matern, den Leiter der Zentralen Parteikontrollkommission, jenem, dem ZK zugeordneten Organ, das über »Einheit und Reinheit« der Parteilinie zu wachen hatte, und dies mit inquisitorischer Härte auch tat.

Und nun wurden Maßnahmen gegen das so selbstbewusst agierende Theater beschlossen,[22] dessen Kurs zwischen Staatstreue und gutdosierten, aber wirksamen Überlegenheitsgesten diesem Staat und der ihn tragenden Partei gegenüber das Haus bisher mit einer Aura der Unantastbarkeit versehen hatte, die es selbst im schwierigen Jahr 1956 schützen konnte. Doch aus der Sicht der SED trug das Deutsche Theater den Kopf zu hoch. Genug, dass die Dramaturgie in der Schumannstraße, insbesondere der »Genosse Dr. Kipphardt«, faktisch darüber entschied, was in Berlin als sozialistische Dramatik das Bühnenlicht erblicken konnte, obwohl die führende Rolle in allen Fragen allein der SED zukam – ein Sachverhalt, den alle gesellschaftlichen Kräfte und Instanzen anzuerkennen hatten. Dass aber das führende Theater der Republik der Partei nun auch noch eine Fehlerdiskussion aufzwingen wollte, konnte nicht hingenommen werden.

Die Abteilung Kultur der SED-Bezirksleitung Berlin wurde beauftragt, mit ausgesuchten Arbeitern und Parteifunktionären Besuche von Aufführungen und besonders der anschließenden Publikumsgespräche im Deutschen Theater zu organisieren und dort für entsprechenden Druck von unten zu sorgen. Darüber hinaus wurden negative Berichte im *Neuen Deutschland*, der Zeitschrift *Theater der Zeit* sowie dem Wochenblatt des Kulturbundes *Sonntag* angeregt, die bald auch erschienen und scharf gegen einzelne Produktionen des Hauses schossen. So wurde Langhoffs Inszenierung von Shakespeares »König Lear« von Fritz Erpenbeck ihrer zurückgenommenen Sachlichkeit wegen im *Neues Deutschland* als »blutarm« und von »halbrichtigen Kunsteinflüssen irritiert« angegriffen.[23] Kipphardts Retourkutsche ließ allerdings nicht lange auf sich warten: Im Namen des Ensembles kanzelte er Erpenbecks Kritik kurz vor Ende der Spielzeit 1956/57 als rückständig und in überkommenen bürgerlichen Theaterauffassungen stecken geblieben ab, und zwar ebenfalls prominent im Zentralorgan der SED.[24]

Doch da war bei der ZK-Referentin Hilderose Boock eine grundsätzliche Spielplaneinschätzung des Deutschen Theaters und der Kammerspiele längst in Auftrag gegeben, die sie zu Beginn der Spielzeit 1957/58 dann auch vorlegte. In ihrem Bericht »Einige Erscheinungen bürgerlicher Auffassungen in der Parteiorganisation des Deutschen Theaters«[25] stellte sie besonders den mächtigen wie streitbaren Chefdramaturgen Heinar Kipphardt als Verantwortlichen für »inhaltliche und ideologische Fehlentwicklungen« des Theaters dar. Das Kräftemessen zwischen dem Deutschen Theater und der SED um Deutungshoheiten und (kultur-) politische Richtungsfragen war damit in die nächste Runde gegangen, das im Frühjahr 1959 erst Heinar Kipphardt und zwei Jahre später schließlich auch Wolfgang Langhoff endgültig verlor.

Doch zunächst lenkte Wolfgang Langhoff im Rahmen einer Kulturkonferenz im Oktober 1957 öffentlich ein. Dabei räumte er Fehler bei seiner Leitung ebenso ein wie er sich grundsätzlich hinter die von der SED-Führung eingeleiteten Maßnahmen zur Beendigung der Debatten nach dem XX. Parteitag stellte.[26] Denn es war Kalter Krieg, der ein Krieg der Systeme war – und für den Sozialismus ging es um Sieg oder Untergang. Daher mussten die Reihen geschlossen bleiben.

In der Bundesrepublik war im August 1956 nach langem juristischen Tauziehen die Kommunistische Partei endgültig verboten worden. Damit waren die Kommunisten im Westen wieder in die Illegalität getrieben worden. Demokratisch gewählte Abgeordnete verloren ihre Mandate, Parteibüros wurden geschlossen, Immobilien samt Parteiakten und -vermögen beschlagnahmt. Ein Düsseldorfer Freund und Genosse Langhoffs, der als Folge von Folter und Misshandlung in der Nazi-Haft fast erblindete und schwerbeschädigte Verleger Hans Fladung, wurde ins Untergrund-ZK der westdeutschen KPD gewählt. Langhoffs alter Genosse Karl Schabrod,[27] den er in seinem KZ-Buch »Die Moorsoldaten« als »Kurt« verewigt hatte, wurde wegen Hochverrats angeklagt (und später zu einer Haftstrafe verurteilt), weil er sich nach dem Verlust seines Mandats als KPD-Abgeordneter im nordrhein-westfälischen Landtag als unabhängiger Kandidat zur Wahl stellen wollte. Nach 1945 hatte Schabrod wesentlich an der Verfassung des frisch gegründeten Bundeslandes NRW mitgewirkt, das ihn nun aus dem demokratischen System ausspie und zum Paria machte. Diese Entwicklungen in der Bundesrepublik hatten für kritische Kommunisten in der DDR wie Wolfgang Langhoff fast zwangsläufig wieder einmal die Konsequenz, ihre Kritik an Staat und Partei zurückzustellen. Denn auf dem Spiel stand, wofür sie ein Leben lang gekämpft hatten und in KZs und Zuchthäusern der Nazis gequält und misshandelt worden waren.

Aus der Traumfabrik des Agitprop: das Revolutionsdrama »Sturm«

Zum 40. Jahrestag der Russischen Revolution kam im Dezember 1957 im Deutschen Theater ein sowjetisches Stück heraus, das zu einem der größten Erfolge dieser Jahre wurde: Wolfgang Langhoff hatte das Revolutionsdrama »Sturm« von Wladimir Naumowitsch Bill-Bjelozerkowski wieder ausgegraben, das 1924 (dem Jahr von Lenins Tod) in Moskau uraufgeführt worden war. Der 1885 in Russland geborene Bill-Bjelozerkowski war Heizer und Matrose gewesen und so auf einem englischen Dampfer nach Amerika gelangt, wo er sich als Fensterputzer in New York, als Land- und Fabrikarbeiter durchschlug, bis ihn die Nachricht vom Ausbruch der russischen Revolution erreichte. Er kehrte nach Russland zurück, um dort für die Revolution zu kämpfen. Im Bürgerkriegsjahr 1919 kam Bill-Bjelozerkowski schließlich in der Frontstadt Ssimbirsk an, wurde dort Vorsitzender der Militärkommission und bald darauf Parteisekretär. Die damals gemachten Erfahrungen waren auch der Stoff, aus dem er sein Drama entwickelte. So zumindest erzählt es der Klappentext der Buchausgabe.[28] Doch ist diese Biografie so stilisiert, dass es gute Gründe gibt, ihre Authentizität zu bezweifeln. In der Stadt Ssimbirsk zum Beispiel, in der Bill-Bjelozerkowski ausgerechnet seine programmatischen Revolutionserfahrungen gemacht haben wollte, wurde 1870 Lenin als Wladimir Iljitsch Uljanow geboren. Nach seinem Tod 1924 wurde Ssimbirsk in Uljanowsk umbenannt.

Kurt Seeger, der inzwischen sein 20. Dienstjubiläum als DT-Dramaturg ansteuerte, hatte Bill-Bjelozerkowskis Stück ins Deutsche übersetzt, der junge Hausautor des Theaters Peter Hacks das Werk literarisch auf Hochglanz gebracht.[29] In das Stück hatten Seeger und Hacks unter anderem auch Sätze aus einer Rede von Anatoli Lunatscharski[30] eingearbeitet, auf Anregung Ernst Buschs, der die markigen Sentenzen dann selbstredend auch auf der Bühne zu sagen hatte: »Der Weg der Revolution führt durch Dornen und Stacheln! Bis an die Knie in Dreck watend – und wenn es sein muss, auf dem Bauch kriechend zum Kommunismus – aber kämpfen müssen wir und siegen!«[31] Für Ernst Busch hatte Peter Hacks außerdem drei Gedichte Wladimir Majakowskis ins Deutsche gebracht, die Hanns Eisler für seine musikalische Rahmung der Inszenierung vertonte.

Ernst Busch spielte in »Sturm« Bill-Bjelozerkowskis Alter Ego, einen kleinen Parteisekretär in einer fiktiven Stadt irgendwo am Rand der bürgerkriegsgeschüttelten Sowjetunion in den Monaten nach der Oktoberrevolution. Dort kämpft er mit Hunger und allgegenwärtigem Mangel, den Angriffen konterrevolutionärer Weißgardisten und einer Typhusepidemie: ein harter Hund, der am Ende für die Revolution sein Leben gibt. Wolfgang Langhoffs Inszenierung, die am 4. Dezember 1957 Premiere hatte, begann mit dem von Ernst Busch emphatisch gebrüllten »Linken Marsch«, einem der von Hacks übersetzten und Eisler vertonten Majakowski-Gedichte, das für den Kampf um den Sieg des Kommunismus zunächst zur Einheit der Partei um jeden Preis aufrief:

Entrollt euren Marsch, Burschen von Bord!
Schluss mit dem Zank und Gezauder.
Still da, ihr Redner!
Du hast das Wort,
rede, Genosse Mauser!

Brecht das Gesetz aus Adams Zeiten.
Gaul Geschichte, du hinkst ...
Woll'n den Schinder zu Schanden reiten.
Links!
Links!
Links!

Das Bühnenbild hatte Heinrich Kilger gestaltet: im Schwarz-Weiß von Zeitungen, alter John-Heartfield-Collagen aus der Weimarer Republik und Fotografien. Einzige Farbe war das Signalrot kommunistischer Fahnen und Symbole. Die Drehbühne trieb auch die Erzählung des Dramas unaufhaltsam voran. Immer wieder überhöht und emotional befeuert von den acht unterschiedlich temperierten Sätzen der mitreißenden, von Eisler eigens für die Inszenierung komponierten »Sturm-Suite« und dem trockenen Pathos von Ernst Buschs Gesang. Schon im ersten Akt wurde im Rundhorizont eine gewaltige rote Fahne gehisst, die sich am Ende des Abends schließlich wie eine Naturgewalt über der Bühne herabsenkte. Darauf wurde Lenins überlebensgroßer Schatten projiziert, Zitat einer John-Heartfield-Collage aus dem Jahr 1932. »Er rührte an den Schlaf der Welt!«, sang Ernst Busch das damals in der DDR populäre Lenin-Lied von Johannes R. Becher und Hanns Eisler – Busch, der zwar als Parteisekretär kurz zuvor im Gewehrfeuer der Weißgardisten tot zusammengebrochen jedoch als Sänger der Revolution nun auf die Bühne zurückgekehrt war.

Langhoffs Inszenierung erzählte nicht allein eine exemplarische wie überhöhte Revolutionsgeschichte, sondern parallel dazu auch die Geschichte der Ästhetik des politischen Kampfes: setzte also auch die Propagandamedien noch einmal in Szene, mit denen die kommunistische Idee einmal so erfolgreich die Massen mobilisiert hatte. »Heute, nach vierzig Jahren, da wir schon im Zeitalter der Sputniks stehen, die die Sowjetunion als neue Sterne in den Himmel gesandt hat, wollten wir uns einmal klarmachen, wovon unsere Freunde eigentlich ausgegangen sind«, erläuterte Langhoff in einer Radiosendung Anfang des Jahres 1958 sein Konzept.[32] In einer Zeit, die unter dem nachhaltigen

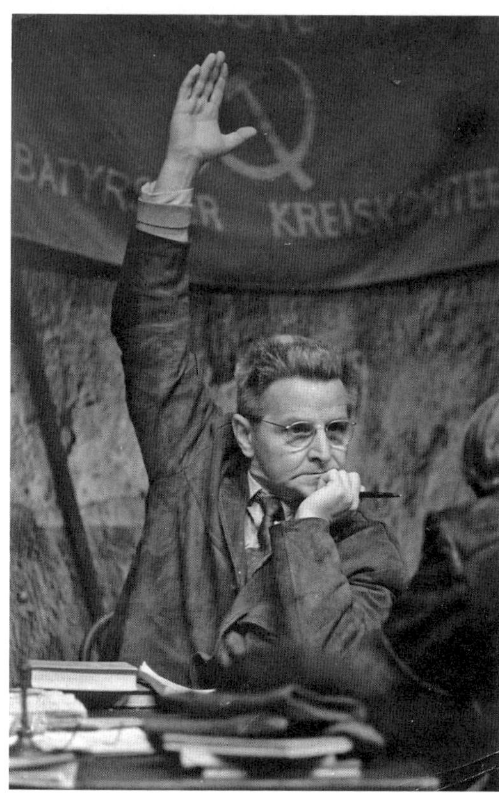

Wolfgang Langhoff inszeniert »Sturm«, im Hintergrund: Bühnenbilddetail, 1957

Schock der Enthüllungen des XX. Parteitages der KPdSU stand, drehte Langhoffs Inszenierung die Uhr noch einmal zurück in die Zeit, als der Kommunismus seine Unschuld noch nicht verloren hatte. Denn dessen Versprechen galt es aus seiner Sicht noch immer einzulösen. Vielleicht jetzt sogar dringlicher denn je.

Das Publikum war elektrisiert, und zwar Zuschauer aus Ost- und West-Berlin gleichermaßen, unter ihnen auch amerikanische Besatzungssoldaten, die in ihren Uniformen am Ende begeistert mit den Füssen trampelten und schließlich von ihren Sitzen sprangen. So hat es in seinen Erinnerungen der Schauspieler Otto Mellies überliefert,[33] der 1956 ans Deutsche Theater kam. Mit seiner Inszenierung, die wie so viele Arbeiten dieses Regisseurs durch eine meisterhafte und mit dramaturgischer Präzision durchdachte Beherrschung des Theaterapparats bestach, nahm Langhoff bereits die popkulturelle Vereinnahmung der multimedialen kommunistischen Agitationsrhetorik durch den Westen in den sechziger Jahren vorweg. Gleichzeitig thematisierte sein Meisterwerk aus der Traumfabrik des Agitprop unterschwellig das Illusionäre aller politischen Kunst, deren *radical chic* im Deutschen Theater nun vor allem als Theaterrausch seine Wirkung entfaltete.

Mit der »Sturm«-Premiere war im Winter 1957 insbesondere der »Linke Marsch« unverzichtbarer Teil des Repertoires deutscher Revolutionsgesänge mit Ewigkeitswert geworden. Um das Signaljahr 1968 herum wurde das Lied mit seiner unverblümten Genickschussromantik auch im Westen eine der populärsten Hymnen der Studentenrevolte: bei den Schlachten mit der Polizei bei Großdemonstrationen am West-Berliner Kurfürstendamm oder dem Tegeler Weg. Dass der »Linke Marsch« jedoch gar kein authentisches Revolutionslied war, sondern für eine Theaterinszenierung geschrieben wurde, hat damals wahrscheinlich schon keiner mehr gewusst.

Die Abteilung Bühnenmusik des Deutschen Theaters wurde seit 1952 von dem jungen Eisler-Schüler Peter Fischer geleitet. Auch im »Sturm« hatte Fischer jetzt die musikalische Leitung. Doch Fischer komponierte auch eigene Bühnenmusiken, etwa für Langhoffs »Faust«-Inszenierung des Jahres 1954 oder für Karl Parylas monumentale Inszenierung von Schillers »Wallenstein«-Trilogie mit Wolfgang Heinz in der Titelrolle und Wolfgang Langhoff als Piccolomini, die im März des Schillerjahrs 1959 herauskam und einen DDR-Nationalpreis erhielt. Nach dem Mauerbau im August 1961 verließ Fischer die DDR und ging an die Münchner Kammerspiele. Dort begegnete er dem jungen Regieassistenten Fritz Kortners, Peter Stein, mit dem ihn dann eine fast dreißigjährige Zusammenarbeit verband. 1970 holte Stein Fischer an die neugegründete West-Berliner Schaubühne, wo er bis in die 1980er Jahre gearbeitet und an so berühmten Inszenierungen wie »Die Mutter« mit Therese Giehse (1970), »Peer Gynt« (1971), den Antikenprojekten der siebziger Jahre und 1984 noch an Peter Steins Tschechow-Inszenierung »Drei Schwestern« mitgewirkt hat.

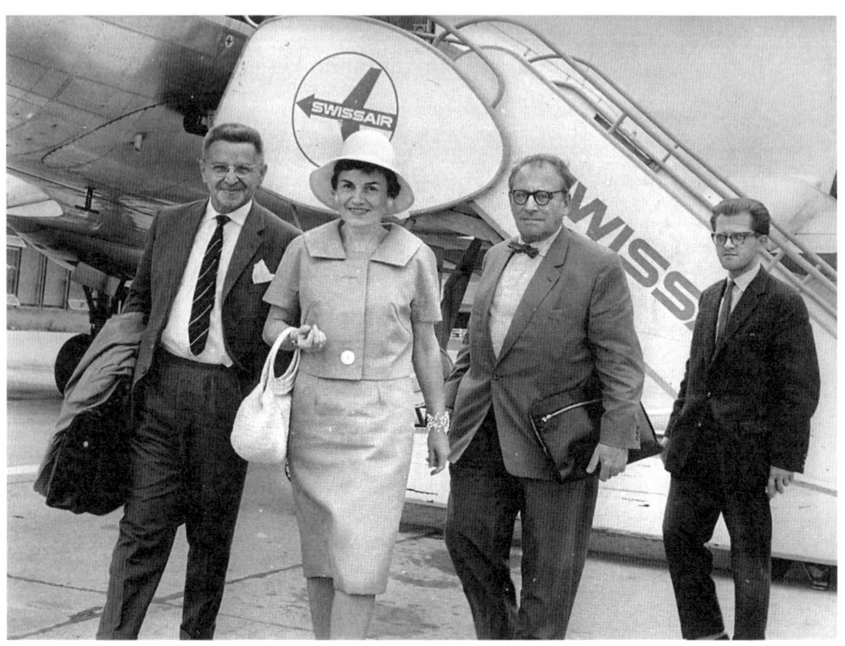

Flughafen Genf: Wolfgang Langhoff, Gisela May, Wolfgang Heinz und Peter Fischer (v.l.) on Tour mit dem Brecht-Programm, 17. Juli 1959

Noch während seiner Zeit am Deutschen Theater war Fischer als Pianist und musikalischer Leiter an einer Brecht-Matinee beteiligt, die Wolfgang Langhoff und Hanns Eisler parallel zur »Sturm«-Inszenierung zusammengestellt hatten. Anlass war der erste Todestag Brechts im August 1957, den das Deutsche Theater als erste künstlerische Heimat Brechts nach dem Krieg in Deutschland nicht einfach so vergehen lassen wollte. Der von Ernst Busch, Wolfgang Heinz und Gisela May bestrittene Mix aus Lesung, Liedern und Rezitation (mit dem Gisela May, die im »Sturm« eine kleine Rolle gespielt und ein Duett mit Busch zu singen hatte, als Brecht-Interpretin entdeckt wurde) war die Mutter aller Brecht-Programme der nächsten dreißig Jahre, und zwar nicht nur am Deutschen Theater, sondern auch am Berliner Ensemble.

Das Brecht-Programm tourte in den Jahren vor dem Mauerbau – stets von Peter Fischer am Klavier begleitet – erfolgreich durch Westdeutschland, gastierte aber unter anderem auch in Paris, Mailand, Athen und Rom, mehrte also in Westeuropa den Ruf der jungen DDR und ihres ersten Staatstheaters. In den Jahren, in denen die Bundesrepublik jegliche internationale Anerkennung der DDR zu einem feindlichen Akt erklärt hatte, war dies kein geringer Beitrag im Ringen um internationale Anerkennung.

Nur bei einem Gastspiel des Programms im Wiener Konzerthaus im Dezember 1958 verschwieg fast die gesamte Wiener Presse das Ereignis: Initiiert vom Burgtheater sowie den Publizisten Hans Weigel und Friedrich Torberg war 1953 über Bertolt Brecht, seiner Unterstützung der DDR nach dem 17. Juni wegen, ein Boykott verhängt worden. An diesen Boykott, der publizistisch in Westdeutschland wesentlich von der von Melvin Lasky herausgegebenen und vom CIA mitfinanzierten Zeitschrift *Der Monat* flankiert wurde, hielten sich bis 1963 auch die meisten Bühnen in der Bundesrepublik Deutschland.

Ost-west-getauschte-Kultur

In der DDR hatte der große Erfolg der »Sturm«-Inszenierung und des Brecht-Programms dem Deutschen Theater jedoch nur einige Monate Atempause vom Dauerfeuer der Parteikritik verschafft. Zwar hatte Wolfgang Langhoff bei einer Kulturkonferenz wenige Wochen vor der Premiere mit großer Geste seine Rückkehr in den Schoß der Partei nach einer langen Zeit des Zweifels zelebriert, und in dieser Zeit des Haderns mit der stalinistischen Sowjetunion ja nun ausgerechnet mit einem sowjetischen Revolutionsstück dem Deutschen Theater zu einem der größten Triumphe jener Jahre verholfen. Seinen schärfsten Kritikern war damit erst einmal der Wind aus den Segeln genommen, Parteichef Walter Ulbricht eingeschlossen.[34] Irritierend aber blieb für die Funktionäre in der Kulturpolitik, dass das Programm der DDR-Theater besser beim bürgerlichen Westpublikum als beim eigenen Staatsvolk anzukommen schien, welches sich seinerseits eher an den Produkten des Westens und seiner kommerziellen Massenkultur orientierte. Selbst die West-Berliner Arbeiter fühlten sich vom Theaterangebot der Hauptstadt der DDR augenscheinlich wenig angesprochen, stellte Hans Rodenberg,[35] Intendant des Berliner Theaters der Freundschaft, ZK-Mitglied und wichtiger kulturpolitischer Berater Walter Ulbrichts, im Februar 1959 im Rahmen einer Beratung der Kulturkommission fest.[36]

Diese Beratung unterzog die Prämissen der Spielplanpolitik aller Berliner Theater einer kritischen Revision. Insbesondere das Deutsche Theater wurde zum wiederholten Mal scharf für seinen ausgleichenden Kurs zwischen den Systemen angegriffen. Praktizierte ideologische Koexistenz – wie das im Politjargon jener Jahre hieß – durfte es aber nicht geben. Denn dieser Krieg der Systeme konnte auch an der Kulturfront nur gewonnen werden, wenn die Reihen geschlossen blieben. Das zumindest war die Position der Politik. Speziell das Deutsche Theater jedoch trug aus Sicht der Genossinnen und Genossen wesentlich dazu bei, dass es diese geschlossenen Reihen in Berlin nicht gab. So aber konnte dieses für die Republik so wichtige Theater kein Vorbild sein. »Hier gibt es einen stark ausgeprägten Subjektivismus«, rief Siegfried Wagner, Leiter der Abteilung Kultur des ZK der SED bei der Aussprache der Kulturkommission im Februar 1959. »Ohne den Mann dadurch berühmter zu machen, als er schon ist, wird in Berlin sehr stark entschieden nach dem, was der Genosse Kipphardt für richtig hält«, schoss er gegen den bei der Beratung selbst nicht anwesenden Chefdramaturgen des Deutschen Theaters.

Etwas schien kulturpolitisch jedoch auch grundsätzlich schief zu laufen, wenn die Massen mit den Hervorbringungen der Hochkultur nicht erreicht werden konnten, deren Höhen zu erklimmen sie auch im zehnten Lebensjahr der Deutschen Demokratischen Republik aus Sicht der SED noch immer wenig Anstalten machten. Der Sozialismus aber war kein Elitenprojekt für Künstler und Intellektuelle. Im Arbeiter- und Bauernstaat DDR hatte sich auch die Kunst an den Bedürfnissen der Arbeiterklasse zu orientieren – beziehungsweise was die SED dafür hielt. Diese Orientierung forderten die Kulturfunktionäre der SED auf der Februarsitzung nun dezidiert ein: »Ich meine also, dass das neue Weltniveau von unserer gesellschaftlichen Aufgabe HIER bestimmt wird, und nicht dadurch, dass man irgendwo und irgendwie auf die Ansichten von westdeutschen oder Westberliner Snobisten und Anhängern seiner dekadenten Theaterkultur usw. hinblinzelt«, formulierte es Alexander Abusch, seit Dezember 1958 Johannes R. Bechers Nachfolger als DDR-Kulturminister.

Auch den mächtigen Kommissionsvorsitzenden Alfred Kurella irritierte die »ostwestgetauschte Kultur«[37] nachhaltig, die aus seiner Sicht in Berlin die Schaffung klarer Fronten und Haltungen immer unmöglicher machte: »Das ist ein sehr schwieriges Problem, an das wir bisher noch gar nicht herangekommen sind. Kulturell haben wir in viel höherem Maß eine Stadt, wo es allerdings durcheinander geht. Dieses Durcheinander wird unsere Praxis durcheinanderbringen, wenn wir nicht verstehen, in welcher Linie wir nicht nur organisatorisch vorgehen müssen, sondern auch mit welcher ideologischen Bestimmung.«[38]

Als Kern der Misere machte die Kulturkommission die noch immer nicht überwundene »Entfremdung zwischen Künstler und Volk« aus. Das war in den kulturpolitischen Debatten dieser Zeit eine zentrale ideologische Formel. Dahinter stand die Vorstellung, dass gewisse Haltungen und Formen der Kunst sich an der Schaffung von Entfremdungszusammenhängen beteiligten. Der Sozialismus jedoch arbeitete den marxistischen Glaubenssätzen zufolge an der Aufhebung der Entfremdung, die für ihn ein Wesensmerkmal des Kapitalismus war. Insbesondere Alfred Kurella, ein ebenso verdienter wie gebildeter Parteiintellektueller, der Lenin noch persönlich kennengelernt hatte, beschäftigte das Konfliktverhältnis von Kunst und Entfremdung. Im Kontext dieser Überlegungen hatte er bereits 1937 in einem berühmt-berüchtigten Aufsatz in der Moskauer Exilzeitschrift *Das Wort* den Expressionismus, dem er als junger Schriftsteller selbst zuzurechnen gewesen war, mitverantwortlich für den Faschismus gemacht.

Kurella, 1895 in Breslau geboren, lebte von 1934 bis 1954 in der Sowjetunion, wo er zunächst der Sekretär von Kominternchef Georgi Dimitroff war. Auf eine Idee Kurellas ging ursprünglich auch Gustav von Wangenheims Dimitroff-Film »Kämpfer« zurück. Kurellas jüngerer Bruder Heinrich war 1937 während des Terrors in Moskau erschossen worden. Als ehemaliger Komintern- und Geheimdienstkader konnte Kurella erst 1954 nach Deutschland zurückkehren. 1955 war er der Gründungsdirektor des Leipziger Literaturinstituts. 1957 berief ihn Walter Ulbricht zum Leiter der neu gegründeten »Kommission für Fragen der Kultur«.[39] Zeitgleich rückte Kurella als Kandidat des Politbüros der SED zum einflussreichsten Kulturpolitiker des Landes auf. Das autonome, keiner (Abbildungs-) Hierarchie mehr verpflichtete Kunstwerk blieb in seinem Kunstverständnis ein wesentliches Grundübel, das der vom Sozialismus angestrebten Aufhebung der Entfremdung diametral entgegenstand. Entfremdete Kunst hatte demgemäß im Sozialismus keinen Platz. Deshalb musste die Kunst reglementiert, die Künstler vom hohen Ross ihrer individuellen Kunstbegriffe auf den Boden der neuen sozialistischen Tatsachen geholt werden, wo Alfred Kurella lange ihr Zuchtmeister blieb.

Auf dem Bitterfelder Weg: Heinar Kipphardt fällt

Um die konstatierte »Entfremdung zwischen Künstlern und Volk« zu überwinden, nahm die SED einen radikalen Kurswechsel in der Kulturpolitik vor: Unter der Überschrift »Kumpel, greif zur Feder! Die sozialistische Nationalkultur braucht dich!« wurden im April 1959 im Kulturpalast des Elektrochemischen Kombinats Bitterfeld während der »1. Bitterfelder Konferenz« die Künstler aufgefordert, in die Betriebe zu gehen, um sich mit den Werktätigen zu verbinden. Wenn die Massen die Höhen der Kultur nicht erklimmen wollten, musste die Kultur also zu ihnen hinabsteigen. Parallel dazu wurden in Betrieben Zirkel schreibender Arbeiterinnen und Arbeiter gebildet. Walter Ulbricht hatte im Vorfeld der Konferenz erklärt, die Laienkunst solle sich der Berufskunst annähern.[40] Der »Bitterfelder Weg« sollte eine neue Zeitrechnung in der sozialistischen Kulturpolitik einläuten. Das Ziel: die gebildete Nation, in der kultureller Überbau und ökonomische Basis zur gegenseitigen Befruchtung auf ganz neuartige Weise ineinander verzahnt sind.

Wie aber sah es im Deutschen Theater aus? Hier galten noch immer die aus Sicht der SED vollkommen unrealistischen, ja dogmatischen Ansprüche, die insbesondere Heinar Kipphardt an die Qualität sozialistischer Gegenwartsdramatik stellte. Damit aber hatte er die Zugangsschwellen zur Hochkultur aus Parteisicht in unerreichbare Höhen verlegt. Seine Qualitätsmaßstäbe seien Privatmaßstäbe warf Siegfried Wagner Kipphardt im März 1959 im Rahmen einer weiteren Sitzung der Kulturkommission vor, zu der diesmal auch Heinar Kipphardt eingeladen war. Doch man könne das Dogma der Qualität nicht so auffassen, »dass die Stücke ins Theater fallen, wie die gebratenen Tauben im Schlaraffenland in den Mund«.[41] Hier war gesellschaftliche Vorarbeit nötig! In den von Verunsicherung geprägten kulturpolitischen Debatten der Jahre vor dem Mauerbau war der ebenso selbstbewusste wie einflussreiche Chefdramaturg des Deutschen Theaters für die Kulturfunktionäre zur Symbolfigur der von ihnen diagnostizierten Entfremdung zwischen Künstlern und Volk geworden. Neue kulturelle Partizipationsangebote wie der »Bitterfelder Weg« sollten die DDR attraktiver für das eigene Staatsvolk machen, das in immer größeren Scharen das Land verlies, weil es auf die Zukunft nicht mehr warten wollte, als deren Labor sich das Deutsche Theater noch immer begriff.

Intendant und Kommissionsmitglied Wolfgang Langhoff gab die Kritik der Partei zu denken und er zeigte sich selbstkritisch. Hatte er nicht selbst die Forderung der Partei unterstützt, die Arbeiterklasse müsse die Gipfel der Kultur erstürmen? Aber was, wenn sein Theater die Hürden dafür zu hoch legte? Hatten Kipphardt und er sich am Ende mit ihren Ansprüchen an künstlerische Qualität von der Arbeiterklasse entfernt, deren Teilhabe sie doch erreichen wollten? Hatte die Partei also Recht, wenn sie nun so scharfe Kritik am Kurs des Deutschen Theaters übte? Von der Kritik nachhaltig verunsichert, hatte Langhoff seit dem Herbst 1958 wiederholt seine Demission als Intendant angeboten, die Partei dies aber stets zurückgewiesen. Im Gegensatz zu Langhoff jedoch war Heinar Kipphardt im März 1959 vor Kurellas Kulturkommission zu keinem Kompromiss bereit.

Zwar räumte auch Kipphardt anfangs Versäumnisse ein: Möglicherweise hätte das Deutsche Theater tatsächlich zu wenige Stücke gespielt, die direkt in die Verhältnisse eingriffen. Von seinen Qualitätsmaßstäben an sozialistische Gegenwartsdramatik aber rückte Kipphardt nicht ab. Ein Fehler sei lediglich gewesen, Heiner Müllers Stück »Der Lohndrücker« nicht aufzuführen. Das durch ein Stipendium des Kulturministeriums ermöglichte und für das Deutsche Theater zur Uraufführung vorgesehene Stück »Die Umsiedlerin« liefere Müller nun aber leider nicht. Auch Peter Hacks arbeite an einem neuen Stück aus der Produktion, das sich mit Fragen sozialistischer Arbeitsmoral auseinandersetze. Unter dem Titel »Die Sorgen und die Macht«, der auf einem Zitat von Walter Ulbricht beruhte,[42] würde es in die Theatergeschichte der DDR eingehen.

Hans Grümmer, der theaterverantwortliche Funktionär der Kulturabteilung beim ZK schoss scharfe Geschütze gegen Kipphardt ab, den er in geistigen Bezug zu »Abweichlern« und »Verrätern« wie Georg Lukács und Ernst Bloch setzte. Das mächtige Politbüromitglied Anton Ackermann, bei der Staatlichen Planungskommission für die Verteilung der Gelder im »immateriellen Bereich«, also auch der Kultur verantwortlich, bezichtigte Kipphardt sogar konterrevolutionärer Haltungen. Schließlich habe er behauptet, es gäbe keinen sozialistischen Realismus, mit dem man etwas anfangen könne. Der streitbare Kipphardt jedoch ließ sich auch von Ackermanns gefährlichem Vorwurf nicht einschüchtern. Am sozialistischen Realismus zweifele er nicht, konterte er, doch sei die marxistische Ästhetik in der DDR noch nicht entwickelt.

Eine solche Ästhetik zu entwickeln, das war ja gerade das Projekt, das Kipphardt und Langhoff seit 1950 verfolgten, deren gemeinsamer Weg an diesem Montag, dem 16. März 1959 im Thälmann-Saal des Karl-Liebknecht-Hauses am Rosa-Luxemburg-Platz, wo die Kulturkommission tagte, zu Ende ging. Denn so wenig Kipphardt sich auf Kompromisse einlassen, so wenig die Partei diesen widerständigen Intellektuellen noch einmal davonkommen lassen wollte, so wenig konnte wiederum Wolfgang Langhoff Kipphardts Kompromisslosigkeit akzeptieren. Veränderungen waren für den Kommunisten Langhoff nur mit der SED und nicht gegen sie durchsetzbar. »L. ist nun mal ein alt gewordener Musterschüler«, schrieb Kipphardt über den einstigen väterlichen Freund und langjährigen künstlerischen Weggefährten in einem Brief an seinen Vater nach Krefeld.[43] »Es ist jämmerlich anzusehen, wie er seine Betragenszensur gegen Quartalsende aufzubessern sucht.« Am Ende der zehnstündigen Sitzung, es ging bereits auf Mitternacht zu, distanzierte sich Langhoff von seinem Chefdramaturgen, dessen unverrückbare Haltung er am Ende auch als Verrat an der gemeinsamen Arbeit an einer neuen Ästhetik, einem sozialistischen Theater der Zukunft empfand.

Noch einmal hatte Langhoff im Verlauf der Kommissionssitzung seinen Rücktritt angeboten. Wieder hatte die Partei dieses Angebot zurückgewiesen. Kipphardt dagegen wurde unmissverständlich mitgeteilt, dass er als Theaterfunktionär nicht weiter tragbar sei. Allerdings bot Kurella ihm einen anderen respektablen Posten an: die Leitung des Dresdener Hygienemuseums. Doch Kipphardt wollte schreiben und kein Museum leiten. Seinen Vertrag hatte er ohnehin längst zum Ende der Spielzeit gekündigt. Nun verließ er noch vor Ablauf dieser Frist im April 1959 das Deutsche Theater und kurz darauf auch die DDR.

Kurz vor Spielzeitende konfrontierte Langhoff die Kulturabteilung des ZK der SED mit einem erneuten Rücktrittsgesuch. Diesmal war es kein Angebot mehr, sondern eine Drohung. Neben den Vorgängen um Heinar Kipphardt und der dauerhaften Bevormundung durch »mittlere Kulturfunktionäre mit mittleren Kenntnissen« führte Langhoff als Grund auch die bösartige Kritik der SED an seinen letzten Theaterarbeiten an, darunter die Inszenierung »Woyzeck/Astutuli«, die er persönlich zu einer der besten seines bisherigen Regielebens zählte. Eine interne Aktennotiz hielt in den letzten Tagen der Spielzeit 1958/59 fest, der Intendant des Deutschen Theaters hege »tiefes Misstrauen gegenüber der Kulturabteilung«.[44]

Mit seiner, von der SED unter anderem wegen »falscher Darstellung der Volksmassen« und Anpassung an die »westliche, bürgerliche, dekadente Kultur«[45] kritisierten Arbeit hatte Langhoff im November 1958 ein zweites Mal Büchners Stück aus dem frühproletarischen Milieu inszeniert. Diesmal hatte er es mit Carl Orffs »bairischer Komödie« mit Musik »Astutuli«[46] zu einem Doppelabend über das Elend des ausge-

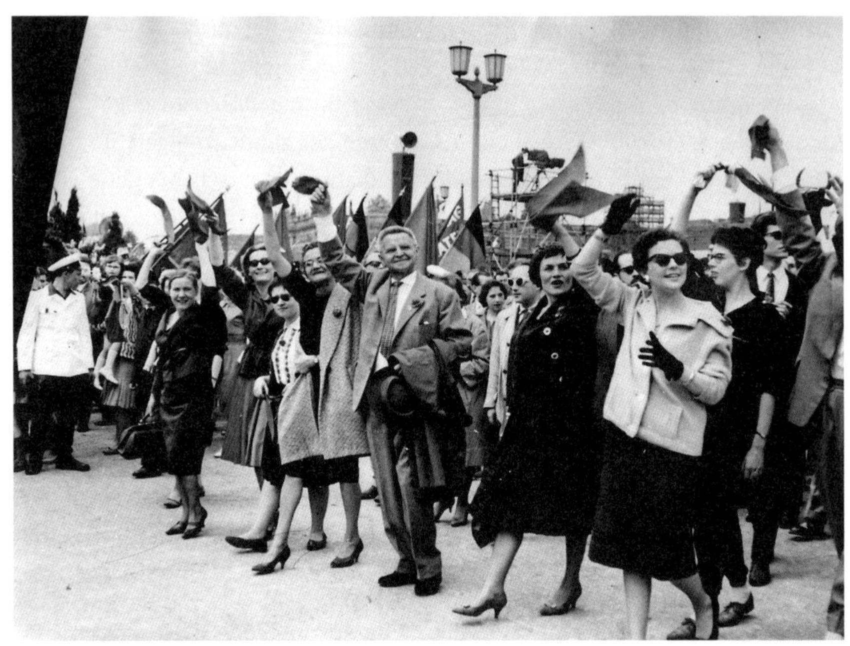

Der DT-Block bei der Demonstration am 1. Mai 1959, vermutlich auf der Frankfurter Allee: u. a. Käthe Reichel (ganz links), Inge Keller (rechts neben Reichel), Wolfgang Langhoff (Mitte), Gisela May (rechts neben ihm), Gertraut Last (links neben Langhoff).

beuteten Menschen und seine unheilbare Unreife zusammengebunden. Als Woyzeck gab – an der Seite von Gisela May in der Rolle der Marie – der Schauspieler Fred Düren sein Debüt am Deutschen Theater, damals gerade dreißig Jahre alt: ein schmaler Schlacks von federnder Körperlichkeit, dessen hochartikulierende Sprache oft wie im Traum gesprochen schien. Nach Kriegsende war der 1928 in Leverkusen geborene Düren Kleindarsteller am Deutschen Theater gewesen, dann in die Provinz gegangen und 1954 an Brechts Berliner Ensemble gekommen. Nun war er als Woyzeck in die Schumannstraße zurückgekehrt.

Hier konnte man ihm jetzt nach der Pause (und dem Ende von Woyzeck) als geheimnisvollem »Gagler« in Carl Orffs »Astutuli« wiederbegegnen: eine mephistophelische Figur, die in eine Stadt kommt und deren Bewohnern in einem eigentümlichen Wandertheater Wunder vorführt, die sich in voller Schönheit angeblich nur den Klugen erschließen. Wunder, die nichts anderes als ein großer Betrug sind. Doch geben die Leute bald vor, die blühenden Landschaften des »kokanischen Reiches« wirklich zu sehen, die der Gagler ihnen scheinbar vor Augen führt. Als sie, wie es der Gagler von ihnen fordert, schließlich die eigenen Kleider ablegen, um das unsichtbare kokanische Gewand anzulegen, welches ihnen das Betreten des kokanischen Reiches ermöglichen soll, nimmt die stumme Gefährtin des Gaglers »die Fahrende« den Leuten ihre abgelegten Kleider samt ihres übrigen Besitzes weg. Als den Hereingelegten am Ende aufgeht, dass sie betrogen wurden, beginnen sie eine wüste Beschimpfung des realen Publikums im Zuschauerraum: Denn durch sein Gelächter hatte dieses Publikum sich zum Komplizen des Gaglers und seiner Helferin gemacht. Die Astutuli, was auf Mittellatein etwa »die Oberschlauen« heißt, das waren bei Wolfgang Langhoff im Deutschen Theater die Unbelehrbaren und Unmündigen, jene Woyzecks aller Zeiten und Deutschländer, die seit Büchner auf politische Heils- oder Wohlstandsversprechen hereingefallen und dann betrogen worden waren.

Gespielt und getanzt hatte die sonderbare stumme Gefährtin des Gaglers die Tänzerin und Choreografin Marianne Vogelsang, die auch die Volksszenen samt der merkwürdigen Auftritte des Gaglers choreografiert hatte. Vogelsang, eine der vergessenen Protagonistinnen des modernen Tanzes in Deutschland, kam aus der frühen Palucca-Schule des Vorkriegs-Dresden. Noch 1942, dem Jahr als die Widerstandsorganisation »Rote Kapelle« aufflog, hatte die damals Dreißigjährige es gewagt, an der Volksbühne eine Choreografie mit der Überschrift »Wiegenlied für einen Gehenkten« aufzuführen. In den ersten Nachkriegsjahren leitete sie die Tanzsparte der Rostocker Hochschule für Musik und Theater, bevor sie 1950 ihre eigene Schule in Weißensee eröffnete, die im Jahr darauf mit der Staatlichen Fachschule für künstlerischen Tanz zusammengeschlossen wurde. Bis 1958 leitete Vogelsang dort die Abteilung für Modernen Tanz. Als Langhoff sie für »Woyzeck/Astutuli« engagierte, war Marianne Vogelsang politisch bereits in Ungnade gefallen und hatte ihre Lehrtätigkeit aufgeben müssen.[47]

»Die Aufführung wurde eine künstlerische Sensation der Berliner Festtage«, schrieb in der in Hamburg erscheinenden *Neuen Zeitung* Herbert Ihering über »Woyzeck/Astutuli«, der inzwischen dem Deutschen Theater nicht mehr angehörte und in den Kritikerberuf zurückgekehrt war.«[48] Die 1957 gegründeten Berliner Festtage waren die jährliche Leistungsschau der Theater und Orchester in der DDR. »Wer bei Wolfgang Langhoffs schlechthin einzigartiger Inszenierung [...] noch ungerührt und ernst bleibt, dem ist auch vom besten Nervenarzt nicht mehr zu helfen«, befand Christoph Funke in der Ost-Berliner Zeitung *Der Morgen*.[49] »Das Deutsche Theater [...] versumpft nicht im Doktrinären, es findet sich nicht ab mit der linientreuen Mittelmäßigkeit«, schrieb die westdeutsche *Frankfurter Rundschau*. Nur in der *Berliner Zeitung*, dem Organ der Berliner SED-Bezirksleitung, giftete der Kritiker Walther Pollatschek wieder gegen Langhoff und das Deutsche Theater: »Man muß zum Woyzeck eine geringe Beziehung haben, um Büchners Tragödie der Ausgebeuteten und Entwürdigten mit einem derben Bauernschwank koppeln zu können.«[50]

Denn obwohl der Abend auf den ersten Blick heiter, musikalisch und voll abgründiger Komik daherkam, war Pollatschek nicht entgangen, dass Langhoffs »Woyzeck« von tiefem Pessimismus durchzogen war. 1947 hatte die Tragödie des Woyzeck in Langhoffs Inszenierung exemplarisch noch für ein proletarisches Schicksal in der ungerechten Klassengesellschaft gestanden. Woyzeck war darin zwar zugrunde gegangen, doch sein Untergang nicht umsonst gewesen. Denn nun war mit dem Aufbau einer besseren und gerechteren Welt begonnen worden, in der es Schicksale wie das des Woyzeck nicht mehr geben würde. In der Inszenierung von 1958 war von diesem Optimismus nichts geblieben. An seine Stelle waren tiefe Zweifel an der grundsätzlichen Aufklärbarkeit der Menschen und der Verbesserbarkeit der Welt getreten. Der betrogene Woyzeck war in der Figur des Gagler selbst zum Betrüger geworden.

Auch die Genossen in der Kulturkommission hatten Langhoff für diese Inszenierung zur Rechenschaft gezogen. So hatte ihm die SED-Funktionärin Inge Lange vorgehalten: »Ich halte es für ein großes Verdienst, Büchner zu spielen, also den Woyzeck. Aber was ihr daraus gemacht habt, ist nicht mehr Büchner und ist nicht mehr das, wozu wir unser Theater brauchen.«[51] Wenn schon Büchner, warum hätte er denn nicht statt des »niederdrückenden Woyzeck« mit »Dantons Tod« nach »Sturm« ein weiteres Revolutionsdrama inszeniert, wollte Alfred Kurella von Wolfgang Langhoff wissen. Aber das gehe doch nicht, entgegnete Langhoff ihm darauf. In der vorliegenden Version übe Büchners Drama eine konterrevolutionäre Wirkung aus: weil am Ende die »Blutsäufer« triumphieren, während der freiheitlich gesinnte Danton auf dem Schafott endet. »Deswegen wird das Stück bei uns ja auch nicht gespielt!«, beendete Kulturminister Abusch die Diskussion.[52] Büchners revolutionskritisches Stück »Dantons Tod« wurde in der DDR zuerst 1962 am Rostocker Volkstheater inszeniert. Allerdings legte der damalige Intendant Hanns Anselm Perten – von 1970 bis 1972 Intendant des Deutschen Theaters – seiner Inszenierung eine Bearbeitung des Parteidichters und damaligen Rostocker Chefdramaturgen Kuba (Kurt Barthel) zugrunde, der das Stück zuvor auf Linie brachte und Danton zum »Renegaten«, also zum Abtrünnigen, von den Werten der Revolution Abgefallenen machte.

Zum Ende der Spielzeit 1958/59 wurde das Deutsche Theater wegen lang geplanter umfassender Sanierungs- und Umbaumaßnahmen geschlossen. Aus den ursprünglich veranschlagten zwölf Monaten sollten fast drei Jahre werden, in denen als Spielstätte nur die Kammerspiele zur Verfügung standen. Einige wenige Produktionen für die große Bühne kamen zwischen September 1959 und März 1962 um die Ecke im Berliner Ensemble heraus. Gastspiele von Produktionen des Deutschen Theaters für die große Bühne waren in der Zeit der Schließung auch in der Volksbühne zu sehen. Es waren Jahre, in denen das Deutsche Theater der Aufmerksamkeit der SED spürbar entglitt.

Denn die Partei hatte andere Sorgen: Dem Staat liefen weiterhin in Massen die Bürger davon. Zwischen 1959 und 1960 stiegen die Flüchtlingszahlen von 143 000 auf 199 000 dramatisch an. »Alles, was wir tun, ist Stückwerk«, zitiert der Schriftsteller Stefan Heym in seinen Erinnerungen den befreundeten Chef der Ost-Berliner Zollinspektion Anton Ruh, den Heym in jener Zeit gelegentlich auf seinen Kontrollgängen durch das Berliner U- und S-Bahn-Netz begleiten durfte. »Die drüben ersticken uns, mit ihrer Währung, ihren Waren, ihren Farben, ihren Rhythmen, ihrer Welt. Sie laugen uns aus. Sie saugen unsre Güter ab, das bisschen, was wir produzieren, und schlimmer noch, unsre Menschen.«[53]

VII Theater in der geschlossenen Gesellschaft

Am 23. Februar 1961 zog ein neuer Kulturminister ins Schwerinsche Palais am Molkenmarkt ein. Der barocke Bau beherbergte seit 1953 das Kulturministerium der DDR, dem nun also Hans Bentzien vorstehen sollte, damals vierunddreißig Jahre alt und zuvor Sekretär für Kultur und Bildung der SED-Bezirksleitung in Halle. Zu den Einweisungsritualen gehörte für den neuen Minister an diesem ersten Tag im Amt auch ein Termin bei Parteichef Walter Ulbricht. Doch statt des erwarteten Gesprächs über die Parteirichtlinien für sein Amt fand Bentzien bei Ulbricht zu seiner Überraschung die Tagung einer hochkarätig besetzten Kommission vor, die offensichtlich in ihren Beratungen schon weit fortgeschritten war. Zunächst konnte der Amtsneuling der Unterredung nicht ganz folgen. So sprach der Chef der Staatlichen Planungskommission Bruno Leuschner[1] über die Schwierigkeiten, auf dem internationalen Markt größere Mengen an Stacheldraht aufzutreiben. Die Staatliche Planungskommission war das zentrale Organ zur Steuerung der Volkswirtschaft in der DDR. Lediglich aus Rumänien wäre das Material aktuell im benötigten Umfang zu beziehen, allerdings nur gegen US-Dollar, wie Bruno Leuschner das Gremium weiter unterrichtete.

Als Nächster berichtete Verkehrsminister Erwin Kramer[2] über den Stand seiner Vorbereitungen, legte genaue Fahrpläne und insbesondere die genaue Uhrzeit für die Abriegelung der Westsektoren von der Hauptstadt der DDR vor. Dann war Bauminister Ernst Scholz[3] an der Reihe, der über Fragen von Beschaffung und Transport von Baumaterial referierte. Am Ende der Sitzung schließlich gab Ulbricht dem jungen Kulturminister kulturpolitische Direktive für den Tag X, jenem bisher noch nicht im Kalender fixierten Tag, an dem West-Berlin von der Hauptstadt der DDR abgetrennt werden würde: Unter allen Umständen hätten trotzdem in sämtlichen Theatern und Konzerthäusern der Hauptstadt der DDR die Vorhänge aufzugehen. Da nicht abzusehen sei, wie der Westen reagieren würde und ob die etwa sechshundert im Westen lebenden und im Osten arbeitenden Künstlerinnen und Künstler dann überhaupt noch zur Arbeit kommen könnten, müssten entsprechende Vorkehrungen getroffen werden.

Und so verbrachte Kulturminister Bentzien die ersten Monate seiner Amtszeit unter höchster Geheimhaltung mit der kulturpolitischen Vorbereitung des Mauerbaus.[4] Der Beginn der Spielzeit 1961/62 wurde in den Herbst hinausgeschoben, die Spielpläne des ersten Vierteljahres der Spielzeit insbesondere der beiden Opernhäuser modifiziert. An der Staatsoper und der Komischen Oper gab es nicht allein in Chören und Orchestern, sondern auch an den Dirigentenpulten die meisten im Westen lebenden Künstler. So wurden nun also statt großer Choropern kleine Spielopern angesetzt und stabile Zweitbesetzungen für die erwartbaren Ausfälle organisiert.

Die Mauer wird gebaut

Der Tag X fiel dann auf ein Wochenende in den Theaterferien. In der Nacht vom 12. auf den 13. August 1961 Punkt null Uhr begannen Grenztruppen, Volkspolizei und Betriebskampfgruppen der DDR, die beiden Stadthälften Berlins mit Stacheldraht oder eilig hochgezogenen Mauern aus Stahlbeton hermetisch voneinander abzuriegeln. Gleise und Straßen wurden zerschnitten. Es kam zu dramatischen Szenen, als Menschen im letzten Moment die Grenze zu überwinden versuchten. Für den innerstädtischen Grenzverkehr stand ab sofort nur noch der Übergang Invalidenstraße zur Verfügung, ein paar hundert Meter Luftlinie vom Deutschen Theater entfernt. Diesen Übergang jedoch konnte nur passieren, wer eine Sondergenehmigung der DDR-Regierung besaß. Und in der Regel auch nur von West nach Ost. Bald trennte Ost- und Westsektoren Berlins ein unüberwindbarer Mauerstreifen. Immer wieder rollten in den nächsten Jahren Spähpanzer Richtung Grenze durch die Schumannstraße, war im Theater das Geheul der Sirenen von Krankenwagen zu hören, die Richtung Charité fuhren – mit bei Fluchtversuchen Angeschossenen, Verletzten oder Sterbenden.

Die Nervosität in den Wochen nach dem Mauerbau war groß. Das Deutsche Theater wurde angegriffen, weil es die Spielzeit in den Kammerspielen am 16. Oktober 1961 mit einer Komödie des jungen Johann Wolfgang von Goethe eröffnet hatte. Bereits der Titel des Stücks aus dem Jahr 1769 »Die Mitschuldigen« wurde als provozierende Anspielung empfunden, auch wenn weder der alte Text noch Wolfgang Langhoffs Inszenierung auch nur den geringsten Berührungspunkt mit den aktuellen Ereignissen aufwiesen. Langhoff ließ daraufhin schroff erklären, an Goethes Lustspiel habe man im Deutschen Theater bereits seit Mai des Jahres gearbeitet. »Abgesehen davon haben wir seit dem 13. August alle unsere Kräfte zusammengenommen, um in 88 zusätzlichen Proben 21 Rollen umzubesetzen, um einen reibungslosen Ablauf aller unserer Vorstellungen zu ermöglichen.«[5]

Unter den Schauspielern, die nicht mehr ans Deutsche Theater zurückkehrten, waren Ursula Burg, Margret Homeyer, Karola Ebeling und Aribert Grimmer. Auch die meisten »Scala«-Leute gingen in den Wochen nach dem Bau der Mauer wieder fort: Otto Tausig, Karl Paryla, seine Frau Hortense Raky und sein Bruder Emil Stöhr verließen Ost-Berlin. Nur Stöhrs, 1942 noch in der Zürcher Emigration geborene Tochter Katja Paryla blieb, da sie gerade an der Staatlichen Schauspielschule angenommen worden war. Auch Wolfgang Heinz und seine Frau Erika Pelikowsky blieben am Deutschen Theater. Ebenso der Schauspieler Gerhard Bienert, der im Bezirk Zehlendorf wohnte und von dort auch nach dem Bau der Mauer weiterhin zur Arbeit ans Deutsche Theater kam. Bienert war noch an Max Reinhardts Schauspielschule ausgebildet worden und hatte 1922 in Reinhardts »Räuber«-Inszenierung debütiert. Ab 1977 war Bienert ein Nationalpreisträger der DDR mit Wohnsitz in West-Berlin.

Für die meisten Berliner jedoch bedeutete der 13. August 1961 jahrzehntelange Trennung von Angehörigen und Freunden. Bis zum 9. November 1989 verloren mindestens einhundertvierzig Menschen[6] auf beiden Seiten der innerstädtischen Grenze ihr Leben: die meisten bei dem Versuch, diese Grenze von Ost nach West zu überwinden. Regulär verlassen konnte die DDR erst, wer das fünfundsechzigste Lebensjahr erreicht hatte und für die Volkswirtschaft nicht mehr von Bedeutung war. Und doch war der Bau der Mauer in der DDR auch an Hoffnungen geknüpft. Endlich konnte, vom »antifaschistischen Schutzwall« gegen westliche Störmanöver abgeschirmt, eine sozialistische Gesellschaft aufgebaut werden. Endlich konnte die DDR die Erfüllung ihrer historischen Mission als Erbin und Höhepunkt aller guten Traditionen der deutschen Geschichte und Kultur vollenden. So zumindest stellte es sich für die Staats- und Parteiführung dar.

Staats- und Parteichef Walter Ulbricht berief wenige Monate nach dem Mauerbau keinen Geringeren als Goethes Faust selbst zum Kronzeugen für das Erreichte: »Ein Sumpf zieht am Gebirge hin, / verpestet alles schon Errungene; / Den faulen Pfuhl auch abzuziehen, / Das letzte wär das Höchsterrungene,« zitierte er aus Fausts Sterbemonolog am Ende des zweiten Teils der Tragödie und beschloss so am 23. März 1962 eine Rede, mit der er ein deutschlandpolitisches Manifest vorstellte.[7] Die DDR wird darin als der einzig historisch legitimierte deutsche Staat dargestellt. Der Sumpf, der das Errungene bislang verpestet hatte, das war aus Ulbrichts Sicht die kapitalistische und postnationalsozialistische Bundesrepublik sowie ihr Ableger inmitten des Staatsgebiets der DDR. Mit der Abriegelung West-Berlins aber war nun vollbracht, was Goethe den sterbenden Faust visionär nur hatte ahnen lassen: Denn jetzt war Walter Ulbrichts Vorstellung zufolge in der DDR eingetreten, was Faust bereits sterbend vorausgesehen hatte, dass »auf freiem Grund mit freiem Volke« eine ideale Zukunft angebrochen war.

Goethe selbst hatte aus Ulbrichts Sicht einen dritten Teil seines Dramas nicht mehr schreiben können, da seine Zeit noch nicht reif dafür war. Erst jetzt, mit diesem Jahr 1961, hätten alle Werktätigen der DDR damit begonnen, »diesen dritten Teil des ›Faust‹ mit ihrer Arbeit, mit ihrem Kampf für Frieden und Sozialismus zu schreiben.«[8]

»Frieden« im Kalten Krieg – Benno Besson inszeniert Peter Hacks

Die Eruptionen der Jahre um den Mauerbau hatten eine Verjüngung des Ensembles mit sich gebracht. Unter den Neuzugängen, die zwischen 1959 und 1961 ans Deutsche Theater kamen, waren später so untrennbar mit der Geschichte des Hauses verbundene Namen wie Eberhard Esche, Horst Hiemer, Klaus Piontek, Peter Dommisch, Friedo Solter, Reimar Johannes Baur und Dietrich Körner. Es war die erwachsen gewordene Generation der Kriegskinder, die nun für eine Veränderung von Ton und Ästhetik in der Schumannstraße sorgte und sich von Themen und Diskursen der Emigrantengeneration abzusetzen begann. Gleichwohl blieb das Ensemble ebenso wie die SED-Grundorganisation des Theaters hochidentifiziert mit Intendant Wolfgang Langhoff und seiner exemplarischen antifaschistischen Biografie. Diese Biografie beglaubigte auch für die nachgewachsene Generation noch immer die DDR und ihre Ideale – selbst wenn die Kluft zwischen diesen Idealen und dem, was später in einer seltsam resignativen Formulierung »real existierender Sozialismus« genannt wurde, zunehmend unüberbrückbar wurde.

Gleich zu Beginn der Spielzeit 1962/63 holte in der Schumannstraße eine Inszenierung den Begriff »Frieden« auf ebenso poetische wie rabiate Weise auf den Boden der neuen Realitäten, der seit dem Bau der Mauer als tönerne Phrase auch den offiziellen Parteijargon durchzog. Das Schlüsselwort trug die antike Komödie »Frieden« von Aristophanes gleich im Titel, die Peter Hacks neu gefasst und der Regisseur Benno Besson[9] inszeniert hatte. »Frieden« erzählte auf drastische wie den Verhältnissen entrückte Weise, welches Übermaß an List die kleinen Leute gelegentlich aufbringen müssen, um dem Zorn der Götter (und derer, die sich dafür halten) zu entkommen und das Recht auf ein eigenes Leben zu behaupten.

Der zweiunddreißigjährige Fred Düren spielte einen alten, wenig fleißigen und allen leiblichen Genüssen ausgesprochen zugewandten attischen Weinbauern mit Namen Trygaios, der auf einem grunzenden und furzenden Mistkäfer zum Olymp fliegt, um sich bei den Göttern über irdische Wirrnisse wie Misswirtschaft, Armut und vor allem den andauernden Krieg zu beklagen. Doch findet er den Olymp so gut wie verlassen vor. Nur Hermes und der Kriegsgott sind noch da. Der Kriegsgott allerdings ist gerade damit beschäftigt, der armen Welt da unten den Rest zu geben. Die Göttin des Friedens hat er vorsorglich in einen Brunnen gestürzt. Trygaios aber kann sie befreien und auch sonst Schlimmes verhindern. In Begleitung der Friedensgöttin, ihrer Gefährtinnen Lenzwonne und Herbstfleiß kehrt er schließlich auf die Erde zurück.

Musikalisch untermalt war der Abend von Kompositionen und Liedern André Asriels,[10] die von der ersten Dixieland-Band der DDR gespielt wurden. Um jeglichem Verdacht von Nihilismus und Dekadenz entgegenzuwirken, die westlich verortbare Kulturindustrie-Erzeugnisse wie Jazz oder Dixieland schnell ins Visier der Parteiideologen (und damit auf ihre Verbotslisten) geraten ließ, hatte sich die Band vorsorglich »Die Jazz-Optimisten« genannt und damit speziell den Altstalinisten unter den Kulturpolitikern ihre friedlichen Absichten signalisiert. Heinrich Kilgers Bühne zitierte das antike Dionysos-Theater, Einzelteile wie Säulen, Häuser oder Pappwolken waren aber nur ironische Zitate. Der von Reimar Johannes Baur angeführte und von der aus Köln stammenden und in Paris ausgebildeten Pantomimin Brigitte Soubeyran choreografierte Chor sorgte für überbordende Massenszenen.

Wie Fred Dürens Trygaios am Ende des Abends mit einem kleinen Lied eher zirpend als singend davon kündete, dass nun wirklich Frieden war, wie also Benno Besson und Peter Hacks diesen listigen und lüsternen wie beharrlichen Helden des Abends am Ende singen ließen »Wir würzen den Wein / Mit Zimt und Salbei / Die Oliven gedeihn, / Der Krieg ist vorbei« – das gehört zu den zu Theatergeschichte geronnenen Legenden aus der Schumannstraße: Gut eine dreiviertel Stunde lang hat das Publikum den Berichten der Zeitgenossen[11] zufolge stehend applaudiert, fünfzehn Mal ging der eiserne Vorhang herunter und wieder herauf. Und obwohl die großen Zeitungen in Berlin den Abend lange vollkommen

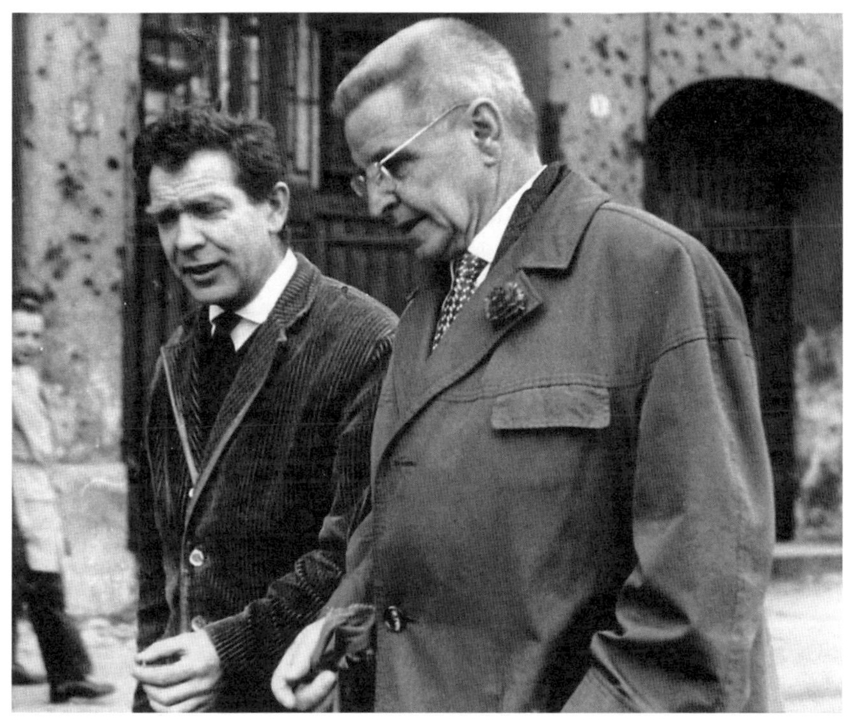

Benno Besson (links) und Wolfgang Langhoff um 1962, Ost-Berlin

totschwiegen, also weder im SED-Zentralorgan *Neues Deutschland* oder in der *Berliner Zeitung*, dem Organ der Berliner Bezirksleitung der Partei, noch irgendwo sonst Kritiken erschienen waren, strömten die Menschen in Massen ins Deutsche Theater, um dieses Stück zu sehen. Erst nachdem sogar die Londoner *Times* über die Inszenierung geschrieben hatte, veröffentlichten auch Berliner Organe Kritiken – durch irritierte Nachfragen begeisterter Zuschauerinnen und Zuschauer zusätzlich in Verlegenheit gebracht.

Bis Anfang der 1970er Jahre stand die Inszenierung auf dem Spielplan, die die Sehnsucht der Menschen jener Jahre so unmittelbar auf den Punkt gebracht hatte, nicht länger Spielball von Ideologen, Parteikadern und Kalten Kriegern in Ost und West zu sein oder von hehren wie unerreichbaren Idealen geknechtet zu werden. Menschen, die keine Lust mehr auf Krieg hatten, sondern die einfach nur in Ruhe leben, lieben und feiern wollten. Der Krieg war ja auch nach 1945 immer weitergegangen. Just in diesen Oktobertagen des Jahres 1962 drohte er wieder einmal in offene Kampfhandlungen umzuschlagen: vor Kuba, wo die von John F. Kennedy und Nikita Chruschtschow angeführten Großmächte USA und UdSSR ihre Kräfte maßen und die Welt kurzeitig an den Rand eines Atomkriegs geraten war.

Die Sorgen und die Macht: der Sturz Wolfgang Langhoffs

Der Grund, dass sich die Berliner Zeitungen so viele Wochen lang in Schweigen über diese so erfolgreiche Inszenierung hüllten, war, dass der SED der sagenhafte Erfolg der Inszenierung beim Publikum mehr als ungelegen kam. Denn in der Kulturabteilung beim ZK der SED war man eigentlich zu der Überzeugung gelangt, dass das Deutsche Theater künstlerisch den Anschluss verloren hatte und auch kulturpolitisch nicht mehr auf der Höhe der Zeit operierte.[12] In diesen ersten Oktoberwochen des Jahres 1962 nämlich hatte die Partei der Intendanz Langhoff endgültig den Krieg erklärt.

Stein des Anstoßes war ein weiteres Stück von Peter Hacks, das knapp zwei Wochen zuvor Premiere im Deutschen Theater hatte. Unmittelbar danach hatte die DDR-Nachrichtenagentur ADN dazu noch eine staatstragende Mitteilung veröffentlicht: »Zu einer eindrucksvollen und anregenden Darbietung der Berliner Festtage wurde die Premiere von ›Die Sorgen und die Macht‹ gestern im Deutschen Theater. Der Autor Peter Hacks greift mit dieser neuen Fassung seines viel diskutierten Stücks mitten in die menschlichen, ökonomischen und politischen Probleme eines sozialistischen Industriebetriebs. Wolfgang Langhoffs Inszenierung setzte die Akzente parteilich und künstlerisch vollendet. Die Besucher, unter ihnen der Kandidat des Politbüros Prof. Alfred Kurella, das Mitglied des ZK Prof. Hans Rodenberg und der Außenminister Dr. Lothar Bolz, spendeten herzlich Beifall.«[13]

Kurz darauf hatte sich der Wind gedreht. In der *Berliner Zeitung* erschien wieder einmal eine bösartige Kritik von Walter Pollatschek, die in der Beschuldigung gipfelte, Stück und Inszenierung verzerrten die sozialistische Wirklichkeit. Gewohnt selbstbewusst versuchten sich die Mitarbeiter des Theaters mit einem scharf argumentierenden Schreiben an die Verlagsleitung zur Wehr zu setzen. Auch viele Mitarbeiter der Volksbühne hatten den Brief unterschrieben, deren Intendant mit Spielzeitbeginn Wolfgang Heinz geworden war. Insgesamt über sechzig Unterschriften waren zusammengekommen. Doch beflügelte der Brief, der selbstredend nicht abgedruckt wurde, sondern stattdessen den Weg zu Walter Ulbricht fand, die SED nun erst recht, gegen den Intendanten und seine Hausmacht vorzugehen, von der man seit 1956 bereits genug Post bekommen hatte. Bestellte Störer begannen, die stets ausverkauften Vorstellungen sowie anschließende Publikumsgespräche zu torpedieren, Mitarbeiter der Kulturabteilung des ZK, Ensemble und Parteiorganisation des Theaters mit dem Ziel unter Druck zu setzen, die solidarische Front zu brechen, in der das Ensemble noch immer hinter seinem Intendanten stand.

Peter Hacks' Stück »Die Sorgen und die Macht« stammte noch aus der Ära Kipphardt. Es war eine unmittelbare Reaktion auf die Kritik am elitären Kurs des Deutschen Theaters im Kontext des Bitterfelder Weges gewesen. Zu seinem Grundkonflikt hatte Hacks ein Leserbrief in der Zeitung *Neues Deutschland* inspiriert, den Arbeiter eines Stahlwerks 1958 an den Minister für Kohle und Energie geschrieben hatten. Darin hatten die Arbeiter geklagt, ihr Plansoll nicht erfüllen zu können, da sie zur Beheizung der Hochöfen nur minderwertige Briketts geliefert bekämen, dass also die Brikettfabrik das eigene Plansoll auf Kosten des Stahlwerks erfüllen würde. Aus diesem Konflikt hatte Hacks die Handlung für sein Stück entwickelt, in dessen Zentrum zwei Brigaden von im Produktionsprozess aufeinander angewiesenen Fabriken standen: eine Glasfabrik und eine Brikettfabrik. Ein Arbeiter der Brikettfabrik, Max Fidorra, verliebt sich in eine Arbeiterin der Glasfabrik, Hede Stoll, und gibt vor ihr damit an, viel Geld mit der hohen, die Qualitätsnormen jedoch missachtenden Brikettproduktion seiner Brigade zu verdienen.

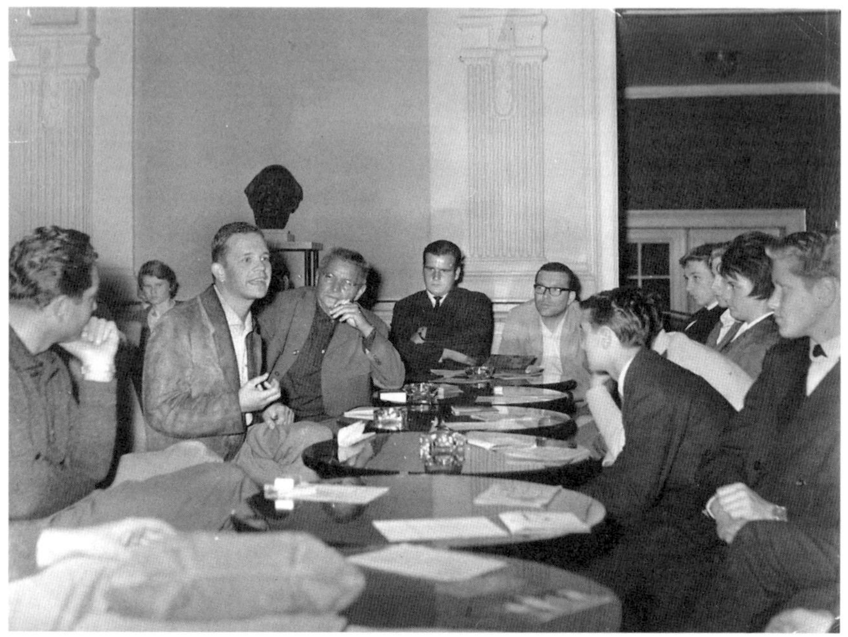

Peter Hacks bei einer Dramaturgiebesprechung, vermutlich im Herbst 1962, rechts neben ihm Wolfgang Langhoff

Auf diesem Weg erfahren jetzt also die Arbeiter der Glasfabrik, dass schlechte Briketts daran schuld sind, dass ihre Maschinen dauernd verstopft sind, weshalb sie ihr Plansoll nicht erfüllen können und daher nur den Grundlohn erhalten: dass also auch in der sozialistischen Planwirtschaft Betrug und Vorteilsnahme möglich sind. Aus Liebe zu Hede setzt Max sich für eine Veränderung dieses Missstands ein. Und so kommt es, dass liebende Vernunft den Anstoß zur Bekehrung des Max Fidorra und seiner Genossen zu den Werten des wahren Sozialismus gibt und damit erst die Güte der Briketts verbessert und anschließend auch die Verbesserung der Güte der Parteiarbeit in Angriff genommen werden konnte, die bisher den Weg zum Sozialismus verstopfte.

Als zeitgeschichtliches Hintergrundrauschen hatte Hacks seinem Stück die Ereignisse um den Ungarnaufstand des Jahres 1956 unterlegt.

Damit wurde die von ihm geschilderte konfliktreiche Herausbildung neuer sozialistischer Werte in der Gesellschaft der DDR in den historischen Kampf der Systeme eingebettet, bei dem man damals noch selbstverständlich davon ausging, dass der Sozialismus daraus als Sieger hervorgehen würde. Hacks hatte in der Bitterfelder Brikettfabrik »Hermann Fahlke« recherchiert und bereits für das Exposé des Stücks 1959, dem Jahr der ersten Bitterfelder Konferenz, einen Preis für Gegenwartsdramatik gewonnen.

Das Stück sollte im Oktober 1959 zum 10. Jahrestag der DDR im Deutschen Theater uraufgeführt werden. Doch kam es lediglich zu einer Probeaufführung »vor geladenem Publikum« auf der Probebühne in der Reinhardtstraße. Das Deutsche Theater selbst war wegen Sanierung ja bereits seit Ende der Spielzeit 1958/59 geschlossen. Dieses Publikum, darunter angeblich auch Brigaden aus dem Bitterfelder Betrieb, in dem Hacks recherchiert hatte, sollte darüber befinden, ob das Stück tatsächlich zur Uraufführung gelangen könnte. Wahrscheinlich ist auch damals Wolfgang Langhoff schon der Regisseur gewesen, da er am DT alle Stücke von Peter Hacks uraufführte.[14]

»Das angebliche Arbeiterpublikum, das das Stück durchfallen lassen sollte, bestand hauptsächlich aus Parteifunktionären«, schrieb der Kritiker André Müller viele Jahre später.[15] Und ein Parteifunktionär, nämlich der Parteisekretär der Brikettfabrik, war von Hacks derart unvorteilhaft dargestellt worden, dass »man sich unwillkürlich fragt, wie ein solcher Mensch eine solche Funktion ausüben kann«, hielt Erhard Scherner, der Sekretär von Alfred Kurella, damals in einer Aktennotiz fest.[16] So kam das Stück nicht zur Uraufführung. Stattdessen wurden von Hacks Umarbeitungen gefordert. Langhoff hatte in den endlosen parteiinternen Debatten des Jahres 1959 um die Trennung von Heinar Kipphardt seinen Verbleib im Intendantenamt auch vom weiteren Schicksal dieses Dramas abhängig gemacht.

Bei der DEFA, die das Deutsche Theater um ein Textbuch bat, stieß der Stoff ebenfalls auf Interesse.[17] Im Mai 1960 wurde eine von Hacks überarbeitete Fassung im Partnertheater des DT in der Bergarbeiterstadt Senftenberg uraufgeführt. Diese Inszenierung, die Klaus Gendries, ein ehemaliger Assistent Langhoffs verantwortete, wurde von Langhoff wegen Parteikritik nach nur wenigen Aufführungen zurückgezogen.[18] Hacks bearbeitete das Stück dann noch einmal. In dieser letzten Bearbeitung erfuhr »Die Sorgen und die Macht« seine entscheidendsten Änderungen und kam damit dem Ideal dessen, was das Deutsche Theater sich unter »sozialistischer Klassik« und der Vergesellschaftung ihrer Haltungen im Anschluss an Shakespeare, Goethe oder Lessing vorgestellt haben mag, so nah, wie wohl kaum ein Stück der gesamten literarischen Produktion der DDR für das Theater.[19]

Zu der zentralen Konfliktlage seines Paars Max Fidorra und Hede Stoll hatte Hacks sich sichtlich von Lessings widersprüchlichem Liebespaar Major von Tellheim und Minna von Barnhelm inspirieren lassen – und von Wolfgang Langhoff, der das Stück 1960 mit dem Schauspieler und mächtigen DDR-Theaterfunktionär Hans-Peter Minetti[20] sowie Käthe Reichel in einer damals hochberühmten Inszenierung in den Kammerspielen herausgebracht hatte. »Langhoff erklärt dem ZK-Mitglied Minetti den Tellheim als einen, der sich hundertprozentig nach dem preußischen Ehrbegriff zu richten versucht und dabei ist, sein Leben und das anderer zu zerstören«, beschrieb der Dramaturg Alexander Weigel die Haltung der Inszenierung.[21] Über Tellheims soldatisches wie lebensfeindliches Preußentum hatten Lessing und Langhoff die Liebe als verlässlicheren Kompass für Vernunft und Moral gestellt.

Peter Hacks hatte die Prämissen dieses Konflikts auf ein proletarisches Paar übertragen und damit jetzt Max Fidorra als einen erklärt, der von der Liebe auf den Tugendpfad des Sozialismus geführt wird, statt weiter mit seinem Egoismus und betrügerischem Gewinnstreben die Entwicklung des Sozialismus zu behindern. An sechs zentralen Stellen wechselte der realistische Prosaton seines Brigadestücks in einen die Handlung kommentierend überhöhenden, klassischen Blankvers. An anderer Stelle findet sich eine fast messianische Schilderung des kommenden Sozialismus: »In meinem leeren Beutel / Trag ich die Fülle der Welt, den Kommunismus, / In den wir einziehn werden und in einem / Nicht fernen Jahr. Es gibt Beschlüsse darüber«, ließ Peter Hacks Emma Holdefleiß als neue Parteisekretärin der Brikettfabrik die Gegenwart nun in den Schatten einer nahen Zukunft stellen. »Kollegen, Kommunismus, wenn ihr euch / Den vorstelln wollt, dann richtet eure Augen / Auf das, was jetzt ist und nehmt das Gegenteil; / […] Und malt euch also mit den grauen Tinten / Der Gegenwart der Zukunft buntes Bild.«[22]

Die Weichen in diese Zukunft aber, und darin bestand die, von den beiden absolut DDR-loyalen Künstlern Hacks und Langhoff überhaupt nicht intendierte Provokation, wurden im Stück nicht von der Partei gestellt, deren Vertreter Hacks tendenziell als unfähig zur Bewältigung dieser großen Aufgabe dargestellt hatte. Damit aber hatte Hacks und mit seiner Inszenierung mehr noch Wolfgang Langhoff die von der SED reklamierte »führende Rolle« der allmächtigen und allwissenden Partei im historischen Fortschrittsprozess infrage gestellt. Darüber hinaus hatten sie das Glück im Sozialismus in eine ferne Zukunft verlegt. »Glück besteht doch aber für uns heute in der Existenz des ersten Staates der Arbeiter und Bauern in Deutschland und in der Existenz der Sozialistischen Einheitspartei Deutschlands, die den Kampf um den Sozialismus siegreich führt«, stellten die beiden Mitarbeiter der Kulturabteilung beim ZK der SED Siegfried Wagner und Kurt Bork Mitte Dezember 1962 in der Zeitung *Neues Deutschland* fest.[23] So wurden die öffentlichen Angriffe auf Hacks und Langhoff immer schärfer. Unter dem Druck, den bei Versammlungen der Parteiorganisation nun stets anwesende Kulturfunktionäre auf das Ensemble ausübten, begann die solidarische Front mit dem Intendanten zu bröckeln.

Da die negative Darstellung der Parteiarbeit stets ein Hauptpunkt der Kritik am Stück gewesen war, hatte Langhoff sich von der Parteigruppe seines Theaters zur Absicherung vor Probenbeginn mit einem Inszenierungsauftrag versehen lassen. Auch die Kulturabteilung beim ZK der SED hatte der Inszenierung zugestimmt. »Diese Premiere ist ein wichtiges Ereignis in unserem Theaterleben, weil in dem Stück von Peter Hacks die große komplizierte Veränderung unserer Menschen vor dem Hintergrund von Grundproblemen unserer Wirtschaftspolitik in künstlerisch wirksamer Weise gestaltet wird«, schrieb der theaterverantwortliche Funktionär Hans Grümmer in einer Information für das ZK noch im September 1962. Einige Funktionäre hätten das Stück wiederholt kritisiert, so Grümmer weiter, »weil es angeblich die Rolle der Arbeiterklasse und der Partei falsch darstelle.« Solche Funktionäre glaubten offenbar, dass die realistische Darstellung von Widersprüchen schade. Er, Grümmer, halte diese Auffassung für kulturpolitisch schädlich.

Vier Monate später setzte derselbe Grümmer in endlosen Debatten die dreiunddreißigköpfige Parteigruppe des Deutschen Theaters unter Druck, für eine Absetzung des Stücks zu stimmen. Zwei Wochen lang zog sich Anfang Januar 1963 eine Serie von Versammlungen hin, an denen neben Grümmer mit Siegfried Wagner noch ein weiterer Funktionär aus der Kulturabteilung beim ZK sowie zwei Abgesandte des Kulturministeriums teilnahmen. Anfangs stimmte die Hälfte der Gruppe noch dagegen. Bei der nächsten Sitzung waren bereits zwei Drittel der Mitglieder eingeknickt. Wolfgang Langhoff konnte aus gesundheitlichen Gründen schon nicht mehr an allen Versammlungen teilnehmen. Er war an Krebs erkrankt.

Nach seiner Rückkehr aus der Klinik beschwor auch er die letzten Widerständler in der Parteigruppe, für die Absetzung zu stimmen, um weiteren Schaden vom Theater abzuwenden. Inzwischen drohte die Auflösung der widerständigen Parteigruppe und damit der Verlust der Unabhängigkeit des Theaters. So machte Langhoff dem Ensemble den Verrat an ihm leicht. Schließlich stimmte die Mehrheit der Parteigruppe der Absetzung des Stückes zu. Kaum eine Handvoll Leute aber hatte sich mit ihrer Nein-Stimme bis zuletzt gegen die Absetzung gestemmt: der Bühnenbildner Heinrich Kilger, die Dramaturgin Lily Leder sowie die jungen Schauspieler Horst Hiemer, Eberhard Esche und Siegfried Höchst. Der Stimme enthielten sich die Dramaturgen Armin Stolper und Peter Kupke, der Schauspieler Rudolf Christoph und die Schauspielerin Henny Müller. So zumindest halten es die überlieferten Akten fest. Die letzte Vorstellung von »Die Sorgen und die Macht« fand am 9. Januar 1963 statt.

Aber noch war die SED nicht zufrieden. »Selbstkritik« hieß das politische Ritual, das sich in den späten 1920er Jahren mit der Stalinisierung der Kommunistischen Partei etabliert hatte, aus der 1946 die SED hervorgegangen war. Personen, die von der Parteilinie abweichende Positionen vertreten oder gegen die Parteilinie verstoßen hatten, mussten ein öffentliches Schuldbekenntnis ablegen, damit die »Einheit und Geschlossenheit der Partei« gewahrt blieb. Denn nur so konnte sie dem leninistischen Verständnis zufolge als geschichtsbildende Kraft überhaupt wirksam werden. Wolfgang Langhoff aber hatte die führende Rolle der Partei nicht allein mit seiner Hacks-Inszenierung in Frage gestellt. Er hatte das Deutsche Theater, das er bis zuletzt als Zukunftslabor für ein besseres Deutschland begriff, in den Jahren seiner Intendanz der Partei grundsätzlich als geschichtsbildende Kraft gegenüberstellen wollen: als Mittler zwischen politischer Theorie und gesellschaftlicher Praxis. Dies aber wollte die Parteiführung nicht weiter dulden.

Und so jagte sie den verdienten Kommunisten und loyalen Theatermann Wolfgang Langhoff in den ersten Monaten der Jahres 1963 durch ein erniedrigendes Purgatorium öffentlicher Selbstkritik. An zwei Märztagen drangsalierten ihn die Parteioberen Walter Ulbricht und der frisch ins Amt gelangte Leiter der ideologischen Kommission der SED Kurt Hager im Rahmen einer »Aussprache mit Künstlern« mit abfälligen und respektlosen Bemerkungen. Wie schon in den Jahren zuvor vollbrachte Wolfgang Langhoff bei der öffentlichen Veranstaltung im Kongressaal des ZK-Gebäudes am Werderschen Markt am 25. und 26. März 1963 zunächst noch das rhetorische wie dialektische Kunststück, hier zwar das politische Ritual zu bedienen, in der Substanz jedoch nicht zu kapitulieren. Daraufhin jedoch hatte die SED den Druck auf Langhoff mit dem Ziel erhöht, von ihm einen öffentlichen Kniefall zu erzwingen. Dabei hatte das Politbüro hinter verschlossenen Türen seine Absetzung bereits beschlossen. Und so beugte sich Langhoff (der von seiner beschlossenen Absetzung zu diesem Zeitpunkt noch nichts wusste) am zweiten Tag dieser »Aussprache« schließlich dem Druck der Partei – nicht jedoch, ohne sich in einer persönlichen Erklärung noch einmal ausdrücklich zur Unauflösbarkeit des Widerspruchs seiner künstlerischen Auffassungen mit den Auffassungen der Partei zu bekennen. »Ich brauche euch nicht zu schildern, wie sehr ich unter diesem Zustand leide. Denn mein ganzes Sinnen und Trachten, seit ich ein bewusstes Leben lebe, war meiner Partei, ihrer Einheit und Geschlossenheit, der Stärkung ihrer Kampfkraft gewidmet. Was nützt aber ein solches Sinnen und Trachten, wenn es nicht auf dem Boden ideologischer Klarheit wirksam wird?«[24] »Es war ziemlich peinlich«, schrieb die junge Schriftstellerin Brigitte Reimann über Langhoffs öffentliches Bekenntnis in ihr Tagebuch.[25] Die nachgewachsene Generation konnte mit Parteikämpfen und -ritualen wie diesem nichts mehr anfangen.

»Seht mich an, Genossen / Mit euren müden Augen / mit euren verhärteten Augen / […] Seht mich unzufrieden mit der Zeit / Die ihr mir übergebt«, hatte im Dezember 1962 bei einem Lyrikabend in der Akademie der Künste ein junger Philosophiestudent mit Gitarrenbegleitung die Haltung seiner Generation den alten Parteirecken gegenüber auf den Punkt gebracht.[26] »Ihr sprecht mit alten Worten / Von den blutigen Siegen unserer Klasse / Ihr zeigt mit alten Händen auf das Arsenal / Der blutigen Schlachten. Voll Eifersucht / Hör ich Berichte eurer Leiden / Vom Glück des Kampfes hinter Stacheldraht / Und bin doch selbst nicht glücklich: / Bin unzufrieden mit der neuen Ordnung.«

Wolf Biermann, so der Name des jungen Dichters und Sängers,[27] war in jener Zeit abends oft in der Kantine des Deutschen Theaters anzutreffen. Der damals Sechsundzwanzigjährige war der Lebensgefährte der Choreografin, Mitarbeiterin Benno Bessons und »Lenzwolke« in »Der Frieden« Brigitte Soubeyran. Wie sie war auch Biermann aus dem Westen in die DDR gekommen. Meist stieß Biermann nach der Vorstellung noch zu den im DT-Keller versammelten Theaterleuten, bis ihn jemand fragte: »Wolf, du hast nicht zufällig deine Gitarre mit?« Dann, so zumindest hat es der Schauspieler Eberhard Esche überliefert,[28] sprang der Angesprochene auf, um die Gitarre zu holen, die Esche zufolge immer griffbereit in seinem vor dem Theater geparkten VW-Käfer lag. Und der alte Kellner Herr Pflaum, der hier schon zu Max Reinhardts Zeiten seine Dienste tat, fragte stets: »Ein kleines Bier wie immer, Herr Biermann?« »Ein kleines Bier wie immer, Herr Pflaum«, habe Biermann immer geantwortet und zu singen begonnen.

Der Vortrag seines Liedes »An die alten Genossen« beim Lyrikabend in der Akademie der Künste, den der damalige Sekretär der

Sektion Dichtkunst, der Schriftsteller Stephan Hermlin verantwortete, und bei dem neben Biermann später so berühmte Schriftstellerinnen und Schriftsteller wie Sarah Kirsch, Volker Braun und Karl Mickel auftraten, führte zu einem Skandal, in dessen Folge Hermlin seinen Posten verlor. Denn Biermann hatte die alten Genossen nicht nur despektierlich besungen, sondern schließlich gefordert, dass sie abtreten sollten.

Unter den Künstlern und Intellektuellen, die am 25. und 26. März 1963 im Rahmen der »Aussprache mit Künstlern« beim ZK der SED, die in Wahrheit ein Tribunal gegen »Abweichler« war, öffentlich gerügt wurden, war auch der für Biermanns Auftritt verantwortliche Hermlin gewesen. Doch während Hermlin seine Selbstkritik mit Todesverachtung und ohne jeglichen Gesichtsverlust absolvierte, sah Wolfgang Langhoff am Ende keinen anderen Weg für sich, als sich dem Willen der Partei zu beugen.[29] Wenige Tage später wurde er zum Rücktritt von der Intendanz des Deutschen Theaters gedrängt.

Im DT-Keller saßen am Abend seiner Absetzung, die offiziell als Rücktritt aus gesundheitlichen Gründen deklariert worden war, viele Theaterleute wieder einmal um Wolf Biermann und seine Gitarre versammelt, der nun ein böses Spottlied sang: »Wolf Langhoff musste gehen / er wollte es machen recht / der Wahrheit und der Lüge. / Er machte beides schlecht.« Niemand bemerkte zunächst, dass auch Langhoff selbst auf einmal hinzugetreten war und das Spottlied mit anhörte. »Die Situation war brutal«, schreibt Biermann in seinen Erinnerungen. »Seine Schauspieler, einer nach dem anderen, drehten sich zu Langhoff um. Alle starrten ihn betreten an. Er aber erlöste die Kollegen souverän. Er lächelte traurig und schnarrte: ›Recht hat er!‹ Und weg war er.«[30]

Der Umgang der SED mit Wolfgang Langhoff und die Infamie seiner öffentlichen Demontage, aber auch die eigene unrühmliche Rolle im Kontext dieser Vorgänge hinterließen tiefe Spuren im Ensemble. Noch 1978 ist in einer Einschätzung der Bezirksleitung der SED zur Situation des Deutschen Theaters zu lesen: »Seit dem Ausscheiden von Wolfgang Langhoff konnte keine innere Stabilität im Künstlerensemble wie im Gesamtbetrieb mehr hergestellt werden. Der enorme Aufschwung der Arbeit in den sechziger Jahren, der durch die Wirksamkeit der Regisseure Heinz, Besson und Solter […] gekennzeichnet ist, kann die innere Zerrissenheit, ja, Spaltung des Ensembles nicht überdecken.«[31]

Der Sturz Langhoffs im Frühjahr 1963 markierte auch das Ende aller Hoffnungen, in der DDR könne nach dem Mauerbau endlich offen geredet und gestritten werden, auch über die Fehler der Partei. Vielmehr wurde deutlich, dass der Glaube eine Illusion gewesen war, die Einsicht der Künstler und Intellektuellen in die Notwendigkeit des Mauerbaus zur Existenzsicherung der DDR und ihrer antikapitalistischen Gesellschafts- und Wirtschaftsordnung würde mit mehr Demokratie und Meinungsfreiheit belohnt. Letztlich war mit Langhoff aber auch ein Intendant zu Fall gebracht worden, der in den stetig sich verengenden Gestaltungsspielräumen des Kalten Krieges bei hundertprozentiger DDR-Loyalität den Spielplan des Deutschen Theaters immer auch in gesamtdeutschen Dimensionen zu denken und zu gestalten versuchte. Damit blieb er nicht nur politisch unverstanden, sondern in der Konsequenz bis heute auch als Künstler verkannt.

»Sie haben das entscheidende revolutionär-marxistische Organisationsprinzip ›Der Erzieher muss erzogen werden‹ (Marx-Feuerbach-These) verraten«, gab fünf Jahre nach Langhoffs Absetzung ein junger Marxist und Student der Soziologie in einem Interview zu Protokoll, in dem er über das Versagen der kommunistischen Parteien des sozialistischen Lagers sprach.[32] Rudi Dutschke, so sein Name, war aus der DDR nach West-Berlin gekommen, weil er in der DDR nicht studieren durfte. Da sein DDR-Abitur als »rotes Abitur« in West-Berlin nicht anerkannt wurde, musste er es erst noch ein zweites Mal ablegen, bevor er an der Freien Universität das Studium aufnehmen konnte. Seit 1960 war Dutschke ein Pendler zwischen West-Berlin und dem heimatlichen Luckenwalde in Brandenburg gewesen, bis ihn der Bau der Mauer im August 1961 ganz zum West-Berliner machte.

Noch einmal ein Emigrant: Wolfgang Heinz wird Intendant

Um Stabilität und Kontinuität im Deutschen Theater zu garantieren, hatte das Politbüro der SED Wolfgang Heinz zum Nachfolger Langhoffs bestimmt. Heinz, im Jahr 1900 geboren und damit ein Jahr älter als Langhoff, war als Oberspielleiter von 1958 bis 1962 bereits Mitglied der Theaterleitung gewesen. 1963 war er in die SED eingetreten, um Intendant in der Schumannstraße werden zu können. Mit Heinz war noch einmal ein Künstler aus der Generation der Emigranten und Verfolgten des NS-Regimes an die Spitze des Deutschen Theaters gelangt, die ein wesentlicher Glaubwürdigkeitsfaktor für die junge DDR gewesen war. Die Wirkmacht dieser Generation sollte sich in der Spielzeit 1966/67 auch in der Inszenierung von Lessings Traum vom Sieg der Vernunft und Toleranz über den Hass, »Nathan der Weise«, noch einmal manifestieren. Friedo Solter, der junge Regisseur des Abends, hatte sie ganz auf Biografie und Persönlichkeit des Schauspieler-Intendanten in der Titelrolle zugeschnitten, aus dessen exemplarischer Wucht diese später auch vom DDR-Fernsehen aufgezeichnete Arbeit ihre Kraft bezog.

Als Intendant zeigte sich der alte Kommunist Heinz jedoch schon bald deutlich weniger bereit, die Linie der SED im Theater durchzusetzen, als es die Partei von ihm erwartete. Stattdessen knüpfte er an die unangepasste Linie seines Vorgängers an, von dessen Schicksal sich der streitbare Theaterprinzipal alter Schule keineswegs einschüchtern ließ. So holte er nach dem berüchtigten 11. Plenum des ZK der SED den aus dem Amt gejagten Chefdramaturgen der DEFA Klaus Wischnewski in gleicher Position an die Bühnen der Schumannstraße.

Denn die Maßregelung von Kunst und Künstlern durch die SED hatte sich in den Jahren nach Langhoffs Sturz stetig verschärft. Auf dem als »Kahlschlagplenum« in die Geschichte eingegangenen 11. Plenum des ZK der SED im Dezember 1965 holte die Partei schließlich zum Generalschlag gegen die gesamte Kunst im eigenen Land aus. Eine ganze Jahresproduktion der DEFA, Bücher und Theaterstücke wurden verboten, darunter Heiner Müllers Stück »Der Bau«, die Bearbeitung des Romanstoffs »Spur der Steine« von Erik Neutsch, die im Deutschen Theater herauskommen sollte. Aufführungen der bereits angelaufenen und sehr erfolgreichen Verfilmung von »Spur der Steine« durch Frank Beyer mit Manfred Krug, Eberhard Esche und Hans-Peter Minetti wurde ebenfalls untersagt.

Es hagelte Publikationsverbote und Parteirügen gegen Schriftsteller, Künstler und Intellektuelle. Durch Kulturinstitutionen und Universitäten rollte eine Säuberungswelle. Wolf Biermann erhielt uneingeschränktes Auftritts- und Publikationsverbot. Unter dem Vorwand, die Rolle der Kunst im Sozialismus mit dieser Debatte neu zu definieren wurde genau diese Debatte endgültig erstickt. Mit ähnlich selbstzerstörerischer Energie, wie sie die bürgerlichen Helden in Dramen wie »Emilia Galotti« entfalten, die ihre Wut nicht gegen Ursachen oder gar Verursacher ihrer Nöte richten, also gegen Willkür und Machtmissbrauch des Adels, sondern lieber die eigene Tochter untergehen lassen, bekämpfte und drangsalierte die Staatsmacht der DDR nun die eigene Intelligenz. Wie im Bürgerlichen Trauerspiel richtete die Aggression der Staatsmacht sich nicht gegen den Feind und politischen Gegner (auf der anderen Seite der Mauer etwa), sondern gegen Repräsentanten der eigenen Ordnung.

Längst war die Überwachung von Kunst- und Kulturschaffenden nicht mehr allein Angelegenheit offizieller staatlicher Organe, sondern auch verdeckt geführter Ermittlungen durch heimlich angeworbene, sogenannte Inoffizielle Mitarbeiter (IM) des Ministeriums für Staatssicherheit. Hier war das Theater als Kulturtechnik besonders verdächtig. Eine Kontaktperson habe erfahren, dass Besson bei den Proben die Schauspieler dazu anhalte, etwa wenn sie Kaffee trinken an Tee zu denken, also der Fabel etwas »zu unterschieben«, was sie nicht beinhalte, ist beispielsweise in einem Bericht über die Proben zu Bessons Shakespeare-Inszenierung »Zwei Herren aus Verona« zu lesen, die 1963 Premiere hatte. Die Kontaktperson nehme an, so der Bericht weiter, dass »der Besson« beabsichtige, der Komödie »Figuren aus unserem gesellschaftlichen Leben zu unterlegen«, und so eine versteckte Kritik »an unserem Staat« zu üben, die wahrscheinlich nicht positiv ausfallen werde. Denn wie bereits der Titel des Stückes aussage, wird messerscharf geschlussfolgert, gehe es in der Fabel des Stückes um die führenden Männer von Verona. Nach Meinung »des Unterzeichnenden« geben diese »Fakten« zur Überprüfung Anlass, insbesondere wenn man bedenke, dass Besson der Regisseur »vom ›Frieden‹« in der Bearbeitung von Hacks sei.[33]

Inoffizielle Mitarbeiter

Seit 1956 war die Überwachung des Deutschen Theaters durch Inoffizielle Mitarbeiter des Ministeriums für Staatssicherheit stetig intensiviert worden. In Erfahrung gebracht werden sollten sowohl politische als auch sexuelle Orientierungen einzelner Künstler. Affären und Seitensprünge wurden ebenso brühwarm übermittelt, wie Kantinentratsch oder Sottisen über einzelne Politiker umgehend via IM-Berichte auf den Schreibtischen der jeweils verspotteten Politiker landeten und für entsprechende Kränkungen sorgten. Einerseits ging es der Staatssicherheit darum, ein systemisches Bild von den Meinungs- und Machtverhältnissen am Theater zu erhalten. Gleichzeitig war sie an der Sammlung von Material gegen Einzelne interessiert, um diese unter Druck setzen zu können. In besonders perfiden Fällen verfolgten Maßnahmen der Staatssicherheit auch das Ziel, das private Umfeld von »Zielpersonen« zu manipulieren. In der ersten Hälfte der 1960er Jahre wurden besonders Benno Besson, Peter Hacks und Heiner Müller intensiv überwacht, ihre Wohnungen abgehört, Brief- und Telefonverkehr kontrolliert. Dabei konnten die hauptamtlichen Stasi-Mitarbeiter, die die jeweiligen Abhörprotokolle verfassten, oft weder die Namen der Stücke noch die der Künstlerinnen und Künstler richtig schreiben, was die Debatten des Bitterfelder Weges über die Entfremdung von Künstlern und Volk auch als massives Bildungsproblem seitens der Staatsmacht und derer identifizierbar machte, die sie vertraten.

Da ist von »Ötebus« die Rede, wenn es um den antiken Ödipus geht. Mit »Ödipus, Tyrann« in einer Bearbeitung von Heiner Müller nach Sophokles und Hölderlin brachte Benno Besson in der Spielzeit 1966/67 im Deutschen Theater zum wiederholten Mal eine spektakulär erfolgreiche Inszenierung heraus. Im Zentrum stand ein Tyrann, der die eigene Blindheit zur Philosophie erhoben hatte. Hinter dem vom Gewährsmann der Staatssicherheit protokollierten Titel »Filoptät« verbirgt sich Heiner Müllers Anfang der 1960er Jahre entstandenes Drama »Philoktet«, das auf einem antiken Stoff beruht. Nachdem sie die bittere Erfahrung gemacht hatten, dass die Probleme der Gegenwart nicht anhand von Stoffen aus der Gegenwart verhandelt werden konnten, wichen Autoren wie Hacks und Müller auf überzeitliche und mythische Stoffe aus. Trotzdem konnte die DDR-Erstaufführung von »Philoktet« erst im Dezember 1977 im Deutschen Theater stattfinden.[34] B.K. Tragelehn taucht in den Berichten als Klaus Krakelehn auf. Tragelehn, das war der Regisseur, der 1961 Heiner Müllers ursprünglich für das Deutsche Theater geschriebene Stück »Die Umsiedlerin« uraufführte, das nach der Premiere sofort verboten wurde und zu Müllers Ausschluss aus dem Schriftstellerverband der DDR geführt hatte.

Nachdem sich die SED-Grundorganisation des Theaters lange als wenig steuerbar erwiesen, ja in vielen Punkten der Parteilinie entgegengesetzte Standpunkte vertreten hatte, wurden jetzt andere Wege gesucht, die Durchsetzung der Parteilinie zu gewährleisten. In den Jahren bis 1989 reichte das Spektrum der angeworbenen IM im Deutschen Theater von Schauspielern über Bühnenarbeiter, Mitarbeitern in den Abteilungen Kostüm und Maske bis hin zu einer Mitarbeiterin des Archivs und einem technischen Direktor. Unter Decknamen wie »Hotel«, »Gustav-Adolf«, »Maxim«, Tatjana«, »Ekhof«, »Dorfrichter«, »Hölderlin«, »Verlag« oder schlicht »Zersetzer« erstatteten sie Bericht über Personen und Vorgänge im Deutschen Theater.

Erstarrung und Revolte: die 1960er Jahre

Während das politische System der DDR weiter erstarrte, begann die westdeutsche Gesellschaft sich unter dem Druck einer neuen Generation zu öffnen und zu verändern. Sie klagte in der Bundesrepublik die bisher ausgebliebene Auseinandersetzung mit den Verbrechen des Nationalsozialismus ebenso ein, wie sie begann, sich mit den antikolonialistischen Befreiungsbewegungen in Afrika und Asien zu solidarisieren. Sie unterstützte den Kampf der Schwarzen Bürgerrechtsbewegung in den USA für eine gerechtere Gesellschaft und demonstrierte gegen die Kriegsverbrechen der US-Armee in Vietnam. Damit besetzte die Studentenbewegung im Westen Themen, die bisher allein die Seite östlich des Eisernen Vorhangs vertreten hatte.

Kommunistische Führer wie Fidel Castro, Ho Tschi Minh, Che Guevara oder Mao wurden zu Leitfiguren, ja Popstars einer rebellierenden Jugend im Westen, die in der DDR vom Institut für Marxismus und Leninismus beim ZK der SED publizierten, blauen Bände der Marx-Engels-Werkausgabe dort fester Bestandteil studentischer Bibliotheken. Im Zuge der wachsenden Popularität marxistischer Theorie im Westen erfuhren auch im Stalinismus mit Bannfluch versehene Theoretiker und Theoretikerinnen wie Rosa Luxemburg eine Wiederentdeckung. Es war kein Zufall, dass ausgerechnet West-Berlin zum Zentrum der Revolte wurde: Viele Protagonisten der Studentenbewegung waren in der DDR aufgewachsen, darunter nicht nur Rudi Dutschke oder Bernd Rabehl, sondern auch Rainer Langhans, der mit seinen Eltern aus Jena in den Westen gekommen war. Hier nun, auf dieser stacheldrahtumzäunten Insel zwischen den feindlichen Blöcken, mischten die Kinder der Systeme aus West und Ost die Diskurse neu.

Auch im Deutschen Theater sorgten die Demonstrationen im Westteil der Stadt für Euphorie und Solidarität. So organisierte die Schauspielerin Inge Keller im Frühjahr 1968 eine Sammelaktion für demonstrierende West-Berliner Studenten. Von dem Geld sollten Regenmäntel und Schutzhelme gekauft werden, um sie vor den Schlagstöcken und Wasserwerfern der Polizei zu schützen. Der Aktion schlossen sich im Ensemble Horst Drinda, Rolf Ludwig, Eberhard Esche und Ernst Kahler an. Binnen kurzer Zeit kamen knapp dreitausend Mark zusammen, wie einem Stasi-Bericht zu entnehmen ist.[35] Die Mäntel und Helme wurden als »Solidaritätsgeschenk zum 1. Mai« über die innerstädtische Grenze geschmuggelt.

Im Westen lebte die Studentenbewegung vor, dass alte Autoritäten und tradierte Hierarchien ebenso wenig in Stein gemeißelt waren wie die bisher gültigen Frontstellungen im Kalten Krieg. Unter dem Einfluss der Popmusik, die diese Epoche mit ihrem hedonistischen wie völkerverbindenden Soundtrack unterlegte, wurden neue, antiautoritäre und offene Formen des Zusammenlebens den als repressiv empfundenen alten gesellschaftlichen Normen entgegengesetzt. Im Westen Deutschlands wurde das Private für politisch und damit die Lebensweise jedes Einzelnen zum veränderbaren Kern herrschender Machtverhältnisse erklärt. Im Osten Deutschlands dagegen wurde das Politische ins Private abgedrängt, freies öffentliches Sprechen im autoritär strukturierten System mit seinen gelenkten Medien und einer immer dichtmaschigeren Überwachung des Staatsvolks praktisch unmöglich gemacht.

Im Deutschen Theater spiegelte sich diese Entwicklung in einer zunehmenden Aufspaltung des Ensembles in künstlerische Teams, die einander aus ihren Kokons heraus mit wachsender Animosität gegenüberstanden. Eine Weile gelang es Intendant Wolfgang Heinz noch, Kraft der Autorität seiner charismatischen Persönlichkeit und eines transparenten Leitungsstils, die immer offener zutage tretenden Differenzen auszugleichen, die nicht allein von unterschiedlichen künstlerischen Auffassungen, sondern auch von unterschiedlichsten Haltungen den Realitäten der DDR gegenüber geprägt waren. Damit gewann Heinz auch Sympathie und Respekt jener jüngeren Künstlerinnen und Künstler, die seine an Stanislawskis psychologischem Realismus orientierten schwerblütigen Inszenierungen mit ihren gelegentlich etwas aufgesetzt wirkenden politischen Botschaften nicht mehr ganz zeitgemäß fanden.

Mit der ihm eigenen Großzügigkeit und Auseinandersetzungsbereitschaft nahm Wolfgang Heinz auch hin, dass der damals vierunddreißigjährige Dramatiker Heiner Müller ihm, dem fünfundsechzigjährigen Intendanten, Regisseur und Großschauspieler im Namen des Ensembles die Qualifikation absprach, sein Stück »Der Bau« uraufzuführen. Dabei hatte Heinz beim Politbüro das Einverständnis zur Uraufführung überhaupt erst durchgesetzt: Mit seinem mächtigen Schauspielerorgan las er den Funktionären Müllers poetisch überhöhte, parabelhafte Schilderungen der Vorgänge auf einer Baustelle immer wieder vor und setzte

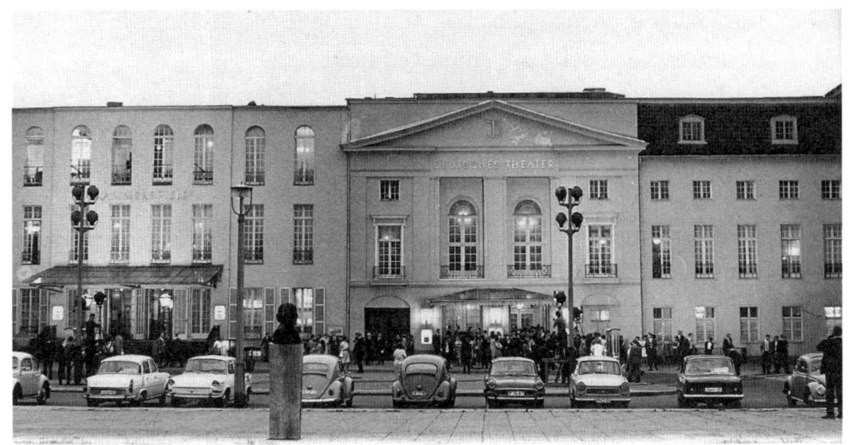

Das Deutsche Theater in den 1960er Jahren

dabei erfolgreich auf seine einschüchternde schauspielerische Wucht ebenso, wie auf die geballte Symbolkraft seiner antifaschistischen Biografie. Nun stand Müller im Intendantenbüro über den Kammerspielen und sagte ihm ins Gesicht, er sei nicht der Richtige, dieses Stück auch zu inszenieren. Stattdessen forderte er Heinz auf, die Regie an Benno Besson abzugeben.

Besson, der damals der erfolgreichsten Theaterfamilie innerhalb des DT-Ensembles vorstand, hatte mit seiner Inszenierung »Der Drache« dem Haus gerade wieder einen Riesenerfolg beschert.[36] Das Stück des sowjetischen Dramatikers Jewgenij Schwarz aus dem Jahr 1943 handelte von der unheimlichen Symbiose zwischen Tyrannei und Untertanengeist. Die Ausstattung, deren märchenhaft-schwelgerischer, in die Bildende Kunst ausschweifender Surrealismus den damals einunddreißigjährigen Horst Sagert[37] auf Anhieb zu einem der bedeutendsten Bühnenbildner der DDR mit internationalem Ruf machte, hatte wesentlich zum Ruhm der Inszenierung beigetragen.[38] Jetzt, am Anfang des Winters 1965, sollte Besson noch einmal ein Drama inszenieren, das sich mit dem Übergang in die sozialistische Gesellschaft auseinandersetzte, sein Material also aus DDR-Realitäten der Gegenwart bezog.

Kurz nach Probenbeginn aber wurde »Der Bau« im Rahmen der Säuberungen nach dem 11. Plenum verboten.

Doch war das Votum des Dramatikers Müller gegen den Regisseur Heinz nicht ohne Folgen geblieben. Wolfgang Heinz zeigte sich zunehmend persönlich getroffen vom Ausschließlichkeitsanspruch, mit dem Benno Besson einzelne Schauspieler an sich zu binden versuchte. Der auch international immer erfolgreichere Besson wiederum fühlte sich von Heinz in seiner Entwicklung behindert und als Chefregisseur nicht angemessen in Leitungsentscheidungen einbezogen. Eifersüchtig sah Besson den Intendanten außerdem die jungen Regisseure Friedo Solter und Adolf Dresen fördern, während er ihm selbst Steine in den Weg zu legen schien und internationale Gastspiele seiner Inszenierungen behinderte.

Heinz wiederum fürchtete um den ohnehin fragil gewordenen Zusammenhalt des Ensembles, wenn stets nur eine bestimmte Gruppe von Künstlerinnen und Künstlern seines Theaters das eingemauerte Land für Gastspiele verlassen durfte. Deshalb hatte er Auslandsgastspiele von Besson-Inszenierungen an die Bedingung geknüpft, dass auch andere Produktionen des Hauses daran teilnehmen konnten, darunter auch Heinz' eigene Inszenierungen. Nach einem intern hart erstrittenen und von der Schweizer Presse und dem Zürcher Publikum schließlich gefeierten dreitägigen Gastspiel von »Ödipus, Tyrann« 1968 bei den Zürcher Juni-Festspielen kam es endgültig zum Bruch.

Das Zürcher Gastspiel des Deutschen Theaters war von mehrtägigen Unruhen begleitet, die als »Globus-Krawalle« in die Schweizer Geschichte eingegangen sind. Auslöser war eine Demonstration von etwa zweitausend Jugendlichen und Studenten, die ein leer stehendes Gebäude besetzen wollten, das zuvor vom Warenhaus »Globus« genutzt worden war. Hier wollten sie ein autonomes Jugendzentrum einrichten. Von der Polizei wurden die Demonstrierenden brutal niedergeknüppelt, während das Zürcher Bürgertum den *radical chic* des Ödipus-Gastspiels aus der sozialistischen DDR genoss.

Freies Volk auf freiem Grund: »Faust« 1968

Im Signaljahr 1968 kulminierte der Veränderungsdruck, unter den die Welt zwei Jahrzehnte nach Kriegsende geraten war. Nicht allein in vielen Städten Westeuropas und den USA, auch in polnischen Städten demonstrierten Schüler und Studierende für eine Liberalisierung von System und Gesellschaft. In Prag hatte im Januar 1968 der Reformkommunist Alexander Dubček die Führung der tschechoslowakischen KP übernommen. Bereits im Frühling desselben Jahres stellte Dubček ein Programm vor, dessen wesentliche Punkte auf mehr Meinungs- und Informationsfreiheit, Wirtschaftsreformen und die Aufarbeitung der stalinistischen Schauprozesse Anfang der 1950er Jahre in der Tschechoslowakei zielten.

In der DDR blieb die Reformlust der Staats- und Parteiführung gedämpft. Versuche von Walter Ulbricht, mit dem sogenannten »Neuen Ökonomischen System der Planung und Leitung« (NÖSdPL) in den ersten Jahren nach dem Mauerbau einen Weg zwischen Marktwirtschaft und Planwirtschaft einzuschlagen, waren am Widerstand der Sowjetunion gescheitert. Hier war 1964 Leonid Breschnew Generalsekretär der KPdSU und damit Staatschef geworden. Der für die Umsetzung der Wirtschaftsreform in der DDR 1963 zum Vorsitzenden der Staatlichen Planungskommission berufene Wirtschaftspolitiker Erich Appel hatte sich im Dezember 1965 in seinem Büro erschossen. Trotzdem hatten Kursänderungen in der Wirtschaftspolitik der Bevölkerung einen bisher nicht gekannten Wohlstand gebracht, den höchsten im gesamten Ostblock. Damit war auch eine Erwartung aufgegangen, die an den Bau der Mauer geknüpft war. Also hatte die SED auf ihrem VII. Parteitag im April 1967 die »Periode der Vollendung des Sozialismus« für angebrochen erklärt.

Die ersten Repräsentationsbauten im Zuge der Umgestaltung des Berliner Stadtzentrums zur Hauptstadt der DDR am Rande der enormen Brache, auf der einmal das Stadtschloss stand, waren fertiggestellt und bekräftigten diesen Anspruch. Der Neubau des Ministeriums für

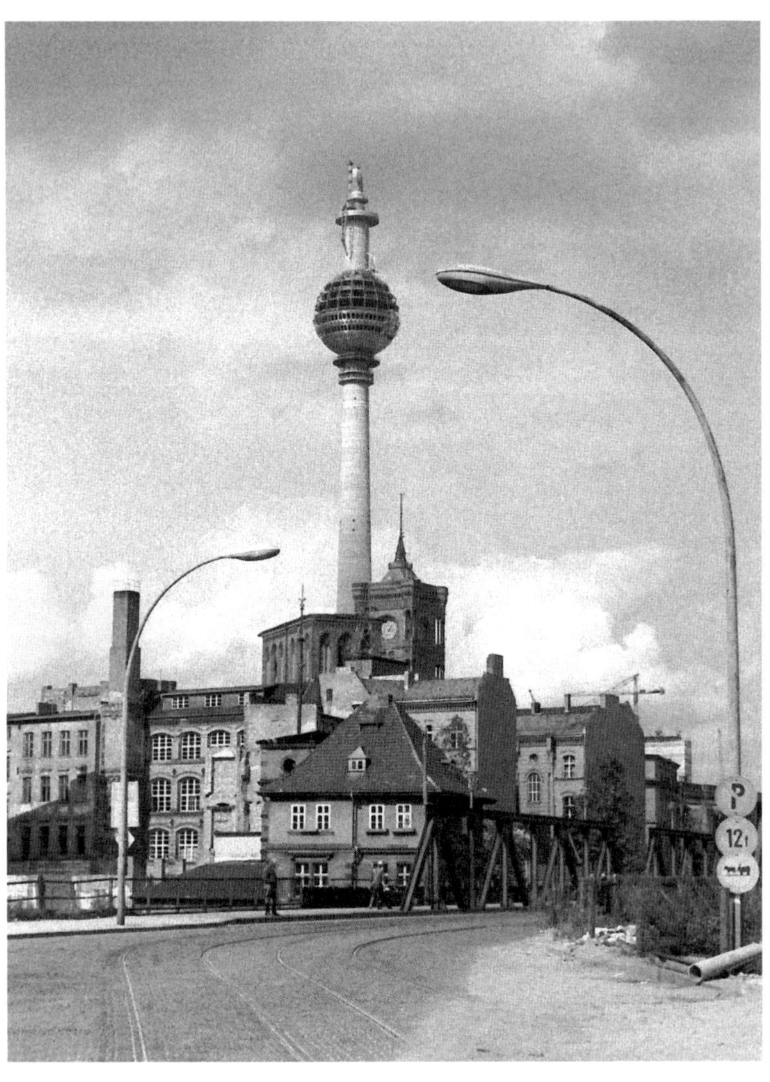

Der Bau des Berliner Fernsehturms am Alexanderplatz, 1968

Auswärtige Angelegenheiten war 1967 eingeweiht worden. Am Alexanderplatz wuchs zu diesem Zeitpunkt bereits der Fernsehturm in den Berliner Himmel. 1967 wurde in zweihundert Metern Höhe mit der

Montage der futuristischen Kuppelkonstruktion begonnen, zu der das Architektenteam um Hermann Henselmann von der sowjetischen Raumkapsel »Sputnik« inspiriert worden war. Die Sowjetunion lag im Wettlauf um die Eroberung des Weltraums in jenen Jahren weit vor den USA und hatte bereits 1961 mit Juri Gagarin erfolgreich den ersten Menschen ins All geschickt. Bei seiner Eröffnung im Oktober 1969 war der Ost-Berliner Fernsehturm der dritthöchste Bau der Welt, überragt nur noch vom Moskauer Fernsehturm und dem Empire State Building in New York. Um eine Freifläche für das himmelstürmende Bauwerk am Alexanderplatz zu schaffen, waren zwei der ältesten Viertel Berlins abgerissen worden, beziehungsweise was die Bomben des Zweiten Weltkriegs von ihnen übrig gelassen hatten.

Schon 1965 war an der Südseite der Schlossbrache das Staatsratsgebäude der DDR eröffnet worden. In seine Fassade war zentral die Replik eines Portals des abgerissenen Stadtschlosses integriert worden. Vom Balkon seines Originals rief am 9. November 1918 der Legende nach Karl Liebknecht die Sozialistische Republik aus. Damals war ihm der Sozialdemokrat Philipp Scheidemann von einem Balkon des Reichstags mit der Ausrufung der Republik um zwei Stunden zuvorgekommen, Liebknecht wenige Wochen später zusammen mit Rosa Luxemburg im Zuge der Niederschlagung der Novemberrevolution ermordet worden. Erst 1949 hatte sich mit der Gründung der DDR der Traum einer sozialistischen Republik für die deutschen Kommunisten erfüllt.

Jetzt, 1968, war der 20. Jahrestag der Staatsgründung nicht mehr fern, die 1949 ins Goethe-Jahr gefallen war. Am Deutschen Theater war damals Wolfgang Langhoffs puristische, fast düstere Inszenierung von Goethes »Faust« herausgekommen, »als Zeugenaussage im Prozess, den wir gegen die Vergangenheit führten«, wie Wolfgang Langhoff die schmucklose Genauigkeit seiner Regie damals begründete.[39] Paul Dessaus avantgardistische, von Oskar Sala auf einem Trautonium umgesetzte Bühnenmusik hatte künstlerisch bereits die Zukunft vermessen. Nun, wo es Zeit war, Bilanz zu ziehen, empfand die Staats- und Parteiführung es als Mangel, dass an ihrem ersten Staatstheater keine repräsentative »Faust«-Inszenierung auf dem Spielplan stand. Faust, das war schließlich »die große, geistige Figur des einstigen bürgerlichen revolutionären Strebens zur Erkenntnis und Veränderung der Welt«,[40] in deren Tradition sich die DDR sah, und wo sich, Walter Ulbrichts berüchtigtem Diktum zufolge, nun nichts weniger als der dritte Teil des »Faust« realisierte.

So wurde im Vorfeld des 20. Jahrestages der DDR-Gründung beim Deutschen Theater eine neue »Faust«-Inszenierung bestellt. Intendant Wolfgang Heinz sagte zu, beide Teile der Tragödie zu inszenieren: als »Zeitstück«, in dem der »ungeheure Spannungsbogen« vom Aufbruch Fausts »in der Studierstube bis zur Ankunft in der utopischen Vision«[41] vom freien Volk auf freiem Grund »so weit wie irgend möglich« gefasst werden sollte. Allerdings bot Heinz dem Regisseur Adolf Dresen die Ko-Regie an, der der SED wenige Jahre zuvor mit einer nicht ideologiekonformen Klassikerinszenierung aufgefallenen war. In Greifswald hatte Dresen 1964 Shakespeares »Hamlet« inszeniert, mit Jürgen Holtz[42] in der Titelrolle. Kurz nach der Premiere war die Inszenierung verboten worden. Den damals dreißigjährigen Dresen hatte der Greifswalder »Hamlet« nicht nur in den Aufmerksamkeitsfokus der SED gerückt, sondern schlagartig zur Regiehoffnung des Landes gemacht. Heinz engagierte ihn ans Deutsche Theater, obwohl die SED ein Berlin-Verbot über Dresen verhängt hatte. Schließlich aber gestattete die SED dem zäh darum streitenden Wolfgang Heinz, ihn mit Beginn der Spielzeit 1964/65 als Regieassistenten zu verpflichten.

In dieser Funktion begleitete Dresen noch Wolfgang Langhoffs letzte Regiearbeit, Shakespeares »Heinrich IV.« in einer Fassung von Peter Hacks. Doch Langhoff war bereits sehr krank und die Arbeit musste Anfang des Jahres 1965 abgebrochen werden. Sein Regiedebüt gab Dresen in der Schumannstraße im Oktober 1965 mit drei Einaktern des irischen Dramatikers Sean O'Casey. Übersetzt hatte sie Michael Hamburger, ein Freund und Weggefährte Dresens aus seiner Zeit als Leiter des Leipziger Studententheaters, der mit ihm ans Deutsche Theater gekommen war. Jetzt sollte Dresen den staatstragenden Auftrag erfüllen, zum 20. Jahrestag der DDR Goethes »Faust« zu inszenieren. Heinz zog sich schon bald von dem Proben zurück und ließ Dresen und sein

Team allein arbeiten,[43] zu dem auch der Dramaturg Alexander Weigel zählte, ebenfalls ein Freund und Mitstreiter aus Zeiten der Studentenbühne in Leipzig, wo Weigel Geschichte studiert hatte.

Die Premiere am 30. September war ein Großereignis, das in Anwesenheit von Partei- und Staatsführung die Berliner Festtage des Jahres 1968 eröffnete. Statt der erwarteten Feier des Erreichten jedoch konfrontierte die Inszenierung ihr Publikum mit einem von Zweifeln gequälten Intellektuellen und einem diffusen Gesellschaftsbild, das dem von der Staatsführung propagierten Ideal keinesfalls entsprach, die hier auf Goethes Schultern eigentlich in den Olymp der deutschen Klassik aufsteigen wollte. Die Verhältnisse des Dramas, in dem Goethe den Wissenschaftler und Renaissancemenschen Faust auf dem vorrevolutionären Sprung in die aufgeklärte Moderne den Einflüsterungen der Gegenaufklärung in Person des Teufels erliegen lässt, wurden umgekehrt. Hier war nicht Mephisto die dämonische verführerische Kraft, der in Gestalt des Schauspielers Dieter Franke[44] eher als behäbiger Funktionär daherkam. Die eigentliche dämonische Macht ging von Faust selber aus, den der Schauspieler Fred Düren als nervösen, ja verstörten Intellektuellen am Rande der Verwahrlosung darstellte, der mit seinen ketzerischen Zweifeln und einer grundsätzlichen Unzähmbarkeit die behauptete (und von Mephisto verteidigte) neue Ordnung dauernd bedrohte.

Die Figuren des Dramas waren normale Leute, DDR-Bürger fast, die sich für den Osterspaziergang in Schale werfen und vor Fausts wilder Erscheinung erschrecken. Von der Kraft revolutionären Strebens war in diesem Schauspiel mit seinen eingestreuten bissig-humoristischen Gegenwartsbezügen wenig zu spüren. Und erst recht nicht bei seinem Protagonisten, der Goethes selbstmörderischem Fatalisten Werther deutlich näher stand, als den Vorstellungen eines nach geschichtlichem Fortschritt strebenden Vorkämpfers für einen kommenden Sozialismus. Die Politprominenz nutzte daher einen Unfall auf der Bühne kurz vor dem Ende der Premiere zur vorzeitigen und geschlossenen Flucht aus dem Theater.

Identität und Opposition im Schatten des Prager Frühlings

Bereits am nächsten Morgen erschienen zwei Mitarbeiter des Ministeriums für Kultur im Theater und überbrachten den dringenden Rat des Ministers Klaus Gysi, etwa sechzig Änderungen an der Inszenierung vorzunehmen. Die Walpurgisnacht, die mit witzigen Versen und satirischen Couplets die Kulturpolitik direkt angriff, musste sofort und komplett gestrichen werden.

In den Wochen nach der Premiere wurde die Inszenierung öffentlich diskutiert, »als sei ein nationales Unglück geschehen«, wie sich der Literaturwissenschaftler Werner Mittenzwei erinnert.[45] Der Regie warf man Verrat am humanistischen Menschenbild vor: die Reduzierung von Goethes »Menschheitsgedicht« auf die »Lebensproblematik kleinbürgerlicher Intellektueller«. Es fanden Versammlungen und hochkarätig besetzte Symposien statt. Beim Plenum des ZK der SED war die Inszenierung ebenso Gegenstand einer erregten Debatte wie bei einer Sitzung des Staatsrats im Oktober. Nach der fünften Aufführung wurde die Inszenierung ausgesetzt und vier Wochen später eine von Heinz und Dresen überarbeitete Version herausgebracht. Auch diese Fassung blieb umstritten, da sie nicht die gewünschte Perspektive lieferte. »Wir vermieden das Verbot – aus einem Grund, den viele heute vielleicht nicht mehr verstehen«, begründete Dresen 1999 sein Einlenken den Änderungsforderungen des Staats gegenüber.[46] »Wir wollten nicht die internationale Blamage der DDR. Soweit waren wir doch DDR-Bürger. Unsere Opposition enthielt immer ein Stück Identität.«

Wolfgang Heinz und Adolf Dresen kamen den Forderungen der Politik auch angesichts einer (welt-) politischen Krise nach. Fünf Wochen vor der »Faust«-Premiere waren Truppen des Warschauer Pakts in Prag einmarschiert und hatten mit Waffengewalt den kommunistischen Reformversuchen des Prager Frühlings und damit auch der Illusion vom freien Bürger auf freiem Grund ein blutiges Ende bereitet. Auch in Ost-Berlin gab es daraufhin Proteste. Der Schauspieler Ezard Haußmann legte einen Kranz vor der tschechoslowakischen Botschaft nieder,

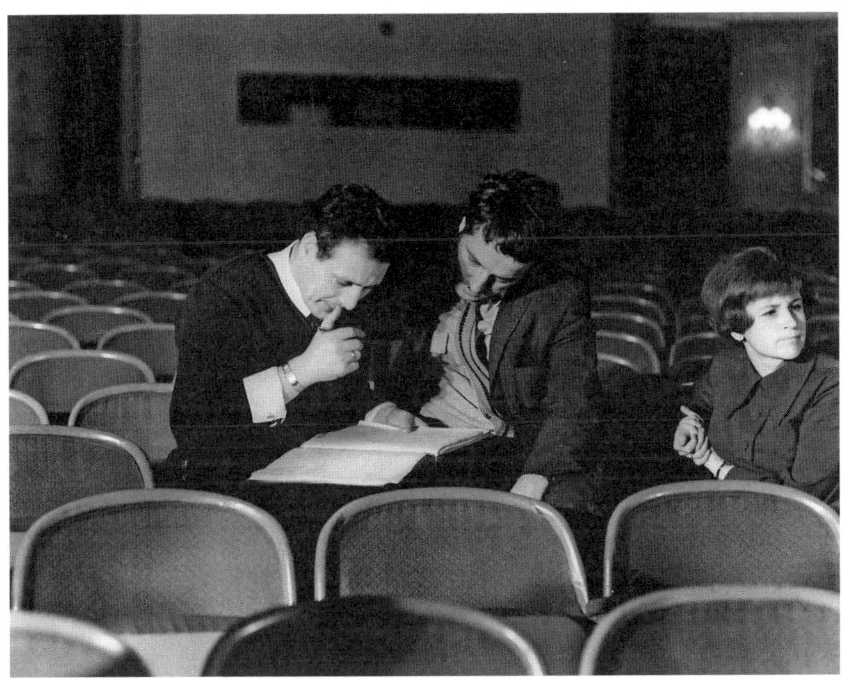

Adolf Dresen (links) und Alexander Weigel, 1968 bei den »Faust«-Proben

was ihm Verhaftung und zehn Jahre Berufsverbot einbrachte. Besonders eine junge Generation stand gegen die Härte auf, mit der der Prager Frühling militärisch niedergeschlagen worden war, darunter viele Kinder hoher Staats- und Parteifunktionäre wie der Schriftsteller Thomas Brasch. Mit Freunden hatte der dreiundzwanzigjährige Sohn des stellvertretenden Ministers für Kultur Horst Brasch Flugblätter verteilt und war verhaftet worden: zwei von fast fünfhundert Festnahmen der letzten Augusttage des Jahres 1968 in Ost-Berlin. Unter der Überschrift »Aktion Genesung« hatten Staatssicherheit und Volkspolizei einige Energie investiert, die Kontrolle über die Situation nicht zu verlieren.

Adolf Dresen und sein Dramaturg Alexander Weigel hatten Ulbrichts Sicht auf das Drama und die daraus abgeleiteten Prämissen im Grunde sehr ernst genommen und Faust aus der vorrevolutionären Zeit (aus deren Perspektive Goethe das Drama geschrieben hatte) in eine postrevolutionäre DDR versetzt. Dort allerdings war das erhoffte Ideal nicht auffindbar gewesen. Vielleicht lag in diesem desillusionierenden Befund eine der Hauptursachen, weswegen dieser »Faust« nach der Premiere wie eine »nationale Katastrophe« diskutiert worden war. Denn von der Inszenierung wurde ja nichts weniger als der Totalverlust der Utopie festgestellt, der die DDR-Oberen auf freiem Grund mit freiem Volk noch immer entgegenzugehen meinten. Und doch glimmte aus der Verzweiflung, mit der Fred Dürens Faust an diesem Befund litt, noch immer ein Stück Restutopie. »Wir wollten, ohne uns jemals klar zu werden, eine ideale DDR gegen diese konkrete, einen echten Sozialismus gegen diesen real existierenden«, so Adolf Dresen Jahrzehnte später. »Das war die Hoffnung, die vielen Künstlern auch nach 1989 ihren Mut gab, und das ist die Enttäuschung, die sie der so bekämpften DDR nun nachtrauern läßt.«[47]

Denn noch galt der Pakt, den viele Künstler und Intellektuelle mit der DDR geschlossen hatten, die in ihrem Gründungsanspruch auch ein Staat war, in dem die Künstler und Intellektuellen mitregieren sollten. Ein Staat außerdem, der einmal das bessere Deutschland werden wollte, auch wenn die ideologischen Behauptungen seiner Eliten in immer stärkerem Widerspruch zu den gesellschaftlichen Realitäten standen. »Noch schien die Utopie nicht ausgereizt, schien Hoffnung möglich«, schrieb im Jahr nach der Wiedervereinigung der Chefdramaturg des Jahres 1968 Klaus Wischnewski. »Eine Alternative gab es auch deshalb nicht, weil die damalige Bundesrepublik für uns – und damals noch für viele – keine Alternative war.«[48] Trotzdem markieren die Erschütterungen, zu denen die »Faust«-Inszenierung am Deutschen Theater vor dem zeitgeschichtlichen Hintergrund des Jahres 1968 führte, einen Wendepunkt und so etwas wie die desillusionierte Betonierung des real existierenden Sozialismus als dessen fortan einzig gültige Form.

Intendant Wolfgang Heinz verteidigte die »Faust«-Inszenierung[49] immer wieder energisch, die auch nach ihrer Überarbeitung weiter angegriffen wurde. Um die Inszenierung vor dem Verbot zu bewahren, hatte Heinz vor dem Staatsrat erklärt, im zweiten Teil Faust als den gewünschten »Tatmenschen« zu zeigen. Die Vorbereitungen für die Inszenierung aber gerieten ins Stocken, kaum dass sie begonnen hatten. Angesichts des politischen Drucks, der nun auf der Arbeit lastete, war für Dresen eine Weiterarbeit nicht mehr möglich.[50] Wolfgang Heinz, durch sein Versprechen an die Partei gebunden, setzte sie allein fort, zunehmend jedoch auf verlorenem Posten. Im Herbst 1969 wurde die Arbeit abgebrochen. Klaus Wischniewski hatte in einem Brief Zweifel an Heinz' Entscheidung formuliert, das Projekt allein zu Ende zu führen. Heinz, der dies als Misstrauensvotum des Ensembles wertete und sich weiterhin der Partei gegenüber im Wort stehen sah, trat daraufhin von der Intendanz des Deutschen Theaters zurück.

Solange es Staatstheater der DDR war, hat es im Deutsche Theater keinen »Faust II« mehr geben. Bereits in den 1950er Jahren hatte Wolfgang Langhoff immer wieder an Konzepten für eine Inszenierung des zweiten Teils der Tragödie[51] gearbeitet, die stets ins Räderwerk der Zeitverläufe und ihrer wechselnden ideologischen Prämissen gerieten – zuletzt mit Peter Hacks, dessen Überlegungen noch Adolf Dresens Dramaturgen Alexander Weigel bei der Konzeption des »Faust« von 1968 inspirierten.[52] Für ihre Inszenierung von»Faust II« wollten Heinz und Dresen wieder Heinrich Kilger verpflichten, der schon die Bühnen für Wolfgang Langhoffs »Faust«-Inszenierungen (1949 und 1954) entworfen hatte.[53] Wieder sollte – wie schon 1949 – Paul Dessau die Bühnenmusik schreiben.

1983 scheiterte ein weiterer Versuch, der Tragödie zweiten Teil zu inszenieren. Diesmal hieß der Regisseur Friedo Solter, der mit einem monumentalen »Faust II«-Projekt das Deutsche Theater wiedereröffnen wollte. Mit Alexander Lang als Faust und Dieter Mann als Mephisto. Aus Anlass des bevorstehenden 100. Jubiläums der Gründung durch die Schauspielersozietät im Jahr 1883 waren beide Bühnen in der Schumannstraße aufwändig rekonstruiert worden. Doch die Inszenierung versank im Chaos interner Konflikte und planerischer Inkompetenz: Die Premiere wurde abgesagt. Wieder musste ein Intendant gehen. Diesmal hieß er Rolf Rohmer, zu diesem Zeitpunkt gerade einmal zwei Jahre im Amt.

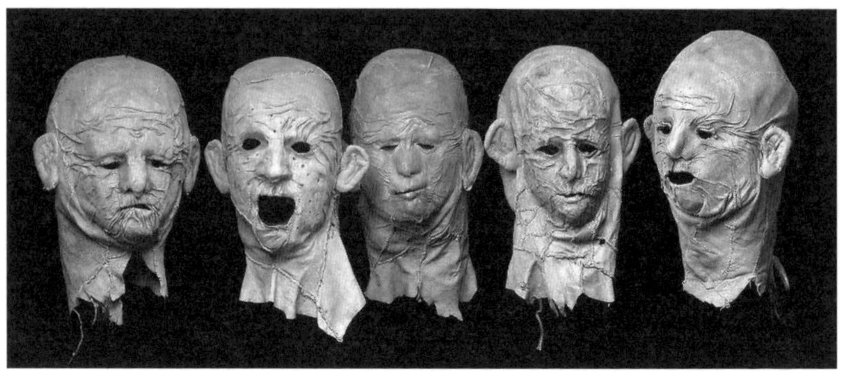

Lemuren-Masken von Wolfgang Utzt für die gescheiterte Faust-II-Inszenierung von 1983

So konnte Walter Ulbrichts Interpretation, dass Faust am Ende seines Lebens bereits in eine utopische Zukunft blickt, in der Werktätige als freies Volk auf freiem Grund eine neue Welt erbauen, nur von der Geschichte selbst widerlegt werden. »Wie das Geklirr der Spaten mich ergetzt! / Es ist die Menge die mir frönet«, lässt Goethe Faust am Ende des zweiten Teils in grotesker Selbsttäuschung sterbend fantasieren. Denn das Geklirr der Spaten stammt in Wahrheit von den Lemuren, wie nach der römischen Mythologie die Totengeister heißen, die auf Mephistos Geheiß hier bereits Fausts Grab schaufeln. »Es ist schwer, die bittere Ironie zu verdrängen, wenn man die sinnlose und auch ruchlose These von Faust III als einer real existierenden DDR mit der Geschichte und dem Untergang dieses Gemeinwesens konfrontiert«, schrieb der bedeutende Germanist Hans Mayer nach 1991. In seinen Vorlesungen an der Universität Leipzig, wo er bis zu seiner Ausreise 1963 in die Bundesrepublik lehrte, hatten als Studenten auch Adolf Dresen, Michael Hamburger und Alexander Weigel gesessen. »Lemuren, die ein Grab schaufeln. Turmbauer von Babel, die wissen, daß das Gebäude nicht halten wird.«[54]

VIII »Die DDR ist das langweiligste Land der Welt!«

Im Herbst 1969, als die Arbeit am »Faust« endgültig abgebrochen wurde, war in der Bundesrepublik mit dem Sozialdemokraten Willy Brandt zum ersten Mal ein Emigrant aus dem antifaschistischen Widerstand Bundeskanzler geworden. Unmittelbar nach Regierungsbildung begann Brandt die westdeutsche Politik der Abstoßung und Ausgrenzung der DDR gegenüber zugunsten einer neuen Politik des Dialogs zu verändern. Die Grenze zwischen den beiden deutschen Staaten wurde von Bonn ebenso wie die DDR-Grenze zu Polen völkerrechtlich anerkannt, mit Polen und der Sowjetunion entsprechende Verträge geschlossen. »Wandel durch Annäherung« überschrieb Egon Bahr, engster Berater Brandts und Architekt dieser Politik, den neuen Kurs der Bundesregierung. »Wandel durch Annäherung ist Aggression auf Filzlatschen« etikettierte Otto Winzer die grundsätzliche Neuorientierung der westdeutschen Politik, inzwischen Außenminister der DDR.

Denn mit ihrer Liberalisierung verlor die Bundesrepublik zunehmend die stabilisierende Funktion, die sie bisher für das Selbstverständnis der DDR als politische und geschichtliche Alternative erfüllte. Hatten sich Kritiker in den eigenen Reihen wie Wolfgang Langhoff bis dahin von den bestehenden Nazi-Kontinuitäten im Westen stets zur Hintanstellung ihrer Kritik an der DDR und ihrer Unterordnung unter die herrschende Parteilinie der SED gezwungen gesehen, verlor dieses (Selbst-) Disziplinierungsinstrument zunehmend an Wirkmacht.

Brandt gab auch den Alleinvertretungsanspruch der Bundesrepublik für alle Deutschen auf, im Zuge dessen die Eigenstaatlichkeit der DDR bisher ignoriert wurde. Jetzt war in Bonn von zwei deutschen Staaten einer Nation die Rede, die friedlich koexistierten. Der Begriff der Nation sollte aus Sicht der neuen westdeutschen Politik fortan das Band sein, das die beiden deutschen Nachkriegsrepubliken – nicht zuletzt auf der Basis ihrer gemeinsamen Kultur und Geschichte – aneinanderband.

Doch die DDR wollte nicht an die BRD gebunden sein, und beharrte auf einer eigenen Identität. Seit ihrer Gründung waren der Wille und das Bewusstsein, auf den Trümmern der fatalen deutschen Geschichte ein besseres Deutschland aufzubauen und damit irgendwann auch auf die BRD einwirken zu können, identitätsstiftend gewesen. Noch 1968 war in der Präambel ihrer Verfassung verankert worden, der ganzen Nation, also auch der BRD den Weg zu weisen.

Kurz vor seinem Sturz im Frühjahr 1971 aber erklärte Walter Ulbricht das Land in einer Ansprache vor Schriftstellern und Künstlern nun zum »sozialistischen deutschen Nationalstaat« und eine Gruppe um den SED-Chefideologen Kurt Hager erarbeitete in diesem Kontext ein Papier zur »nationalen Frage«. Darin wurde die Auffassung formuliert, in der DDR nehme nunmehr die sozialistische Nation Gestalt an.[1] Diese Sicht ersetzte das Primat des Deutschen durch das Primat des Sozialistischen, womit die DDR sich »als selbständiger, souveräner Staat vom NATO-Staat der Bundesrepublik«[2] (wie es Walter Ulbricht im Frühjahr 1971 formulierte) bewusst auch kulturell abgrenzte. Die DDR sollte nach dem Willen ihrer Staats- und Parteiführung kein Deutschland mehr, sondern das »Sozialistische Vaterland DDR« sein.

An dieser Sicht hielt auch Ulbrichts Nachfolger Erich Honecker fest. Zum 25. Jahrestag der Staatsgründung wurde im Oktober 1974 in der Verfassung der DDR schließlich jeder nationale Bezug getilgt und mit Blick auf die gemeinsamen sozialistischen Werte dafür die »unverbrüchliche Freundschaft mit der Sowjetunion« festgeschrieben.[3] Im Zuge dieser Entwicklung, die weg von Vorstellungen einer deutschen Nation hin zu einem »sozialistischen Vaterland DDR« führte und in dieser Verfassungsänderung gipfelte, verschwand das Wort »deutsch« aus den Bezeichnungen fast aller öffentlichen Institutionen. Der »Deutschlandsender« wurde zur »Stimme der DDR«, der »Deutsche Fernsehfunk« zum »Fernsehen der DDR«, die »Deutsche Akademie der Wissenschaften« zur »Akademie der Wissenschaften der DDR« und der

»Deutsche Schriftstellerverband« der »Schriftstellerverband der DDR«. Johannes R. Bechers Text der Nationalhymne durfte nicht mehr gesungen werden, in dem sehr oft von »Deutschland«, ja, von »Deutschland heilig Vaterland« die Rede war. Die von Hanns Eisler komponierte Hymne wurde nun nur noch wortlos intoniert. Den Namen »deutsch« führten 1974 nur noch das Neue Deutschland, die Deutsche Post und die Deutsche Reichsbahn im Namen. Und das Deutsche Theater.

Abkehr von der Kulturnation

Hier eröffnete nun – parallel zum Inkrafttreten der Verfassungsänderung – die Spielzeit 1974/75 »Deutschland, ein Wintermärchen«, Heinrich Heines bissiger Beschreibung der deutschen Misere in den Jahren zwischen den Befreiungskriegen und der 1848er Revolution. In satirischen Versen schildert Heine darin, wie er aus seinem Exilland Frankreich zu Besuch nach Deutschland kommt – ein von Zensur, Kleingeist, Obrigkeitsgläubigkeit und Unterdrückung geprägtes, in lauter Kleinstaaten zerrissenes Land. Adolf Dresen arbeitete bei seiner szenischen Einrichtung des Textes auf der großen Bühne mit dem Pathos der Reduktion: nur ein Tisch und ein Sessel, und mit Eberhard Esche auch nur ein einziger Schauspieler. Im Hintergrund erhob sich in seiner ganzen einschüchternden Nacktheit der gewaltige Rundhorizont.

Auch Wolf Biermann hatte zuvor schon eine Version von »Deutschland, ein Wintermärchen« vorgelegt, in dem er sich das Deutschland der Jahre um 1970 vornahm. Für Biermann war es in Ost und West vom gleichen Kleingeist und Duckmäusertum geprägt, die schon Heines Deutschland prägten. Biermanns Text gehörte ebenfalls zum Resonanzraum dieser Inszenierung. Mit der Aufführung von Heines Original zielte Dresen im Verbund mit Esche und den Dramaturgen Alexander Weigel, Michael Hamburger und Klaus Wischniewski nun selbst auf die Gegenwart und machten den berühmten Text auch zum Statement zur Lage der zerrissenen Nation.

Wie auf Bestellung (und als sei er dem toxischen Personal von Heines oder Biermanns satirischen Texten entsprungen) schwärzte gleich nach der Premiere ein Mitarbeiter der Abteilung Kultur der Berliner SED-Bezirksleitung den Abend als »politisch schädliche künstlerische Erwiderung von der nun gültigen These von den zwei deutschen Nationen« an.[4] Beigegeben war der Meldung ein sechsseitiges Protokoll, das Stellen aus Heines Text zitierte, an denen es während der Vorstellung zu Szenenapplaus oder gar Gelächter gekommen war. Denn das Theater in der Schumannstraße sollte zum sozialistischen Nationaltheater werden. Das war der kulturpolitische Auftrag, der auf dem VIII. Parteitag der SED unmittelbar nach Walter Ulbrichts Sturz formuliert worden war.

Für Adolf Dresen jedoch gab die DDR mit ihrer Abkehr von der deutschen »Kulturnation« und dem damit verbundenen Verzicht auf eine Wiedervereinigung zu sozialistischen Bedingungen ihr revolutionäres Potenzial und vor allem ihr moralisches Kapital preis. »Ernstmachen muss man mit dem ›Deutschen Theater‹, das heißt mit dem nationalen Anspruch, dem Anspruch, deutsches Nationaltheater zu sein«, schrieb Dresen in einem Konzeptionspapier gegen die Pläne an,[5] aus dem Deutschen Theater ein sozialistisches Nationaltheater zu machen. War dies nicht der Teil Deutschlands, in das die Emigranten zurückgekehrt waren, um an die 1933 gewaltsam abgerissenen Traditionen anzuknüpfen? Wollte die DDR nicht einmal das bessere Deutschland sein? »Die Gegner des Nationalsozialismus, die aus Emigration oder KZ in die DDR zurückkehrten, verwarfen den Begriff Nation nicht, im Gegenteil: sie hatten den Nationalismus nie als Äußerung sondern als Schändung der Nation empfunden«, schrieb Dresen im Oktober 1974, diesmal an die SED-Bezirksleitung.[6]

Inzwischen produzierte der Westen Bilder, die nicht mehr in das Bild des wohlstandslackierten Nachfolgers von Nazi-Deutschland passten: Bundeskanzler Willy Brandt kniete in Warschau vor dem Ehrenmal für die von den Deutschen Ermordeten des Warschauer Ghettos, Brandt erkannte die Nachkriegsrealitäten an, schloss Verträge mit Polen und der Sowjetunion. Wonach aber strebte nun die DDR? Nach bescheidenem Wohlstand für ihre Bürger[7] statt nach dem Sieg über die Geschichte? Denn dies hatte sich die neue Honecker-Regierung auf die

Fahnen geschrieben: die Zufriedenheit der Bevölkerung in der DDR durch besseren Zugang zu Konsumgütern zu erhöhen. Was aber konnte die DDR auf dem Konsumsektor überhaupt gewinnen? Würde sie hier nicht immer nur das schlechtere Deutschland sein?

Die DDR auf den Brettern der Welt

Paradoxerweise aber entstand jetzt, in diesen 1970er Jahren, tatsächlich eine DDR-Identität, die nicht mehr nur aus der Geschichte kam, sondern aus dem Alltag im Arbeiter- und Bauernstaat. Die Filme und die nicht von Kommerzinteressen getriebene Popmusik dieser Zeit haben bis heute eine große Identifikationskraft. In jenen Jahren verschränkten sich Hoch- und Subkultur in sehr eigener Weise und eine Kultur entstand, die in vielem einlöste, was die Kulturpolitik der 1950er Jahre gefordert hatte. Die DDR als Staat, in dem auch die Heizer (Wolfgang Hilbig) und Baggerfahrer (Gerhard Gundermann) dichten und singen, eine Literatur, die mit Vertretern wie Heiner Müller, Christa Wolf, Günter Kunert, Sarah Kirsch, Volker Braun und Wolf Biermann Schriftsteller von gesamtdeutscher Relevanz hervorbrachte. Biermann, dessen Lied »Ich möchte am liebsten weg sein, und bleibe am liebsten hier«, das Lebensgefühl einer ganzen Generation auf den Punkt brachte.

Denn die Politik erkannte das Kapital nicht, dass ihr hier so üppig zuwuchs, und beharrte auf ihrem Anspruch, Kunst und Kultur zu reglementieren. In seinen Liedern und Kommentaren, mit denen er oft frei extemporierend im Sprechgesang die einzelnen Lieder verband, jonglierte Wolf Biermann mit politischen Propaganda-Floskeln beider deutscher Staaten und konstruierte ideologische Kippbilder aus ihnen. Darin flackerte immer wieder die Heillosigkeit auf, die beide Staaten so untrennbar miteinander verband, die deutsche Geschichte und die kommunistische Utopie, die schon lange vor 1945 die deutsche Gesellschaft zu spalten begonnen hatte – und dann durch Stalin so schwer beschädigt worden war.

»Die DDR ist das langweiligste Land der Welt«, sagte auf der Bühne des Deutschen Theaters Paul Bauch – die Hauptfigur in Volker Brauns

Stück »Die Kipper«.[8] Kipper, das sind Braunkohlearbeiter, die auf den ankommenden Kohlewaggons den Hebel betätigen, der sie kippen und ihre Fracht entleeren lässt. Brauns Stück beschwor noch einmal den heroischen Aufbaugeist der jungen DDR und ihre Helden der Arbeit: Paul Bauch will der für ihn existenziell gewordenen Langeweile im Staate DDR und ihrem stickigen Konsumkommunismus entkommen, indem er seine Brigade zu Höchstleistungen anzustacheln versucht. Doch er scheitert. Bestarbeiter wie er sind nicht mehr gewollt. Lieber ziehen sich die Leute in ihre privaten Winkel zurück, statt sich mit entfremdeter Arbeit für einen Staat aufzureiben, der sie bevormundet und ihre Freiheit beschneidet.

Kurz darauf zitierte Erich Honecker den Satz von der DDR als dem langweiligsten Land der Welt als Beispiel für die Zumutungen, die die Kunst für die Bürger aus seiner Sicht sooft bedeute und sprach von »Selbstverleugnung«. Denn dieser Satz stand konträr zur Selbstwahrnehmung der Staats- und Parteiführung jener Jahre und wurde daher von Honecker auf einer Tagung des ZK empört aufgegriffen. Die Premiere von »Die Kipper« fand in den Wochen vor Inkrafttreten des Grundlagenvertrags statt, mit dem Bonn die DDR völkerrechtlich anerkannte. Im Zuge dieser Entwicklung wurden in den Hauptstädten beider deutscher Staaten »Ständige Vertretungen« eröffnet, erkannten so gut wie alle Staaten der Welt die DDR diplomatisch an.

Noch 1967, als der Neubau des DDR-Außenministeriums eröffnet wurde, waren es nur ein gutes Dutzend Staaten gewesen – in der Regel Mitglieder des Warschauer Pakts oder afrikanische Länder, die sich nach ihrer Entlassung aus der Kolonialherrschaft in die Unabhängigkeit der sozialistischen Staatengemeinschaft angeschlossen hatten. Nur wenige Wochen nach der Premiere von »Die Kipper« fand im Juli 1973 die erste Konferenz für Sicherheit und Zusammenarbeit (KSZE) zwischen NATO- und Warschauer-Pakt-Staaten in Helsinki statt, an der die DDR und die Bundesrepublik Deutschland als gleichberechtigte Partner teilnahmen. Im selben Jahr wurden beide deutsche Staaten in die UNO aufgenommen. Lauter Triumphe für Erich Honecker und seinen Außenminister Otto Winzer. Doch das erste

Theater des Landes bildete dem Verständnis der Politik zufolge dieses neue Selbstbewusstsein nicht in ausreichendem Maße ab. Es spiegelte vielmehr die innere Erosion und den Zweifel. Der Satz vom »langweiligsten Land der Welt« musste schließlich gestrichen werden.

Das zähe Nachleben Preussens

In diesen Jahren zwischen internationaler Anerkennung und Identitätssuche, Abschottung und Dogmatismus sind die Künstlerinnen und Künstler in der DDR einem ständigen Wechselbad ausgesetzt: Liberalisierung versus Repression, Nationalpreis versus Veröffentlichungs- bzw. Auftrittsverbot, Hoffnung versus Resignation. Viele Autoren und Theatermacher identifizierten sich mit Schriftstellern und Schriftstellerinnen von Frühromantik und Vormärz, die an den deutschen Verhältnissen litten – von Heinrich von Kleist und Karoline von Günderode über Hölderlin bis Heinrich Heine: als Deutschland in lauter Kleinstaaten zersplittert war, die politisch rückständig und ohnmächtig in der Mitte des europäischen Kontinents lagen. Damals, als sich übergreifend im virtuellen Raum jene bürgerliche Kultur herauszubilden begann, die im Lauf des 19. Jahrhunderts zum zentralen Element deutscher kultureller Identität wurde, und auch jetzt noch als das Verbindende des zerrissenen Landes galt.

Am Deutschen Theater wurde in jenen Jahren besonders Heinrich von Kleist zur Identifikationsfigur. »Mit Kleists Hilfe erkannten wir das zähe Nachleben Preußens« besonders auf dem Boden der DDR, schildert Alexander Weigel den Weg der Gruppe um Adolf Dresen in die Resignation: »Der an seinem Vaterland leidende ›arme Kauz aus Brandenburg‹, genauer aus Frankfurt a. O., stand uns in einer Zeit zerrinnender Illusionen sehr viel näher als das glückliche Genie aus Frankfurt a. M., das uns 1968 noch zu einem rebellischen (und relegierten) Sturm-und-Drang-Faust inspiriert hatte.«[9] Nicht nur in Kleist selbst, auch in den Figuren seiner Stücke erkannten sich Dresen, Weigel und ihre Schauspielerinnen und Schauspieler in den 1970er Jahren. Und zwar darin, einerseits sich eng mit der DDR verbunden zu fühlen, ungewollt aber immer wieder in

Konflikte mit diesem Staat zu geraten. Auch Michael Kohlhaas, Dorfrichter Adam oder Homburg sehen sie dieses Schicksal erleiden. All diese Kleist-Figuren sind eng an ihre jeweilige staatliche Ordnung gebunden, kämpfen für sie oder besorgen anderweitig ihre Geschäfte: als Richter, Militärs oder einfache Bürger. Trotzdem geraten sie ungewollt mit dieser Ordnung in Konflikte.[10]

Auch historisch gab es Parallelen zwischen der Situation der Jahre nach 1806 in Kleists Preußen und der DDR. Hier wie da waren Befreiung und Aufbruch in eine neue Gesellschaftsordnung mit der Erfahrung von Besatzung und Unterdrückung verbunden: in Kleists finsterem Preußen durch Napoleons Armeen, in der DDR durch die Rote Armee Stalins und seiner Nachfolger an der Spitze von Staat und Partei in der Sowjetunion. Schon zu Kleists Zeiten waren die Errungenschaften der Revolution zu den Deutschen in Form von nationaler Unterdrückung gekommen. Und während die Regierung Hardenberg bei Kleist stets ängstlich nach Paris blickte, war der Blick der DDR-Regierung Honeckers auf Moskau fixiert. Gemeinsam waren dem Dichter in Preußen Heinrich von Kleist und den Theaterleuten um Adolf Dresen am Deutschen Theater auch Erfahrungen von Zensur, Überwachung und Repression.

Ein Kleist-Projekt entstand, in dem Dresen und Weigel gemeinsam mit den Schauspielerinnen und Schauspielern Alexander Lang, Bärbel Bolle, Dieter Franke, Klaus Piontek, Margit Bendokat, Dietrich Körner und Elsa Grube-Deister diese Erfahrungen in mehreren Inszenierungen und Rahmenveranstaltungen durchdeklinierten.[11] Gleichzeitig warf die Beschäftigung mit Kleist auch ein Schlaglicht auf »den unerträglichen Widerspruch zwischen Poesie, Sehnsucht, Spontaneität und einer starren, sturen, beschränkenden Gesellschaft«.[12] So hat es die Schriftstellerin Barbara Honigmann beschrieben, die damals als Dramaturgieassistentin an dem Kleist-Projekt mitgearbeitet hat. Es begann mit dem Doppelabend »Prinz Friedrich von Homburg« und »Der zerbrochne Krug«, der durch Parallelbesetzungen beide Stücke aneinander spiegelte. Der Prinz von Homburg, der in »ehrenwertester Absicht gegen Ordnung und Recht«[13] seines Staats verstößt, bringt diesen Staat gerade durch den Übereifer, mit dem er sich seiner Raison verschreibt, in Gefahr.

Im »zerbrochnen Krug« dagegen entpuppt sich ausgerechnet der laxe Vertreter dieser Staatsraison, nämlich der Richter, als der gesuchte Übeltäter, während alle Angeklagten und Verdächtigten unschuldig sind.

Im Spiegelfoyer des Deutschen Theaters gab es als Präludium zur Inszenierung unter der Überschrift »Dichter in Preußen« eine Textmontage aus Schriften und Briefen Kleists und seiner Zeitgenossen, mit denen die Künstler ein Bild von Kleist und seiner Zeit präsentieren wollten, in dem auch die Gegenwart wiedererkannt werden sollte. Teil des Projekts war außerdem ein Kleist-Stück für Kinder, das Barbara Honigmann mit Kindern entwickelt hatte, die sie tagsüber auf den Straßen rund um das Theater aufgelesen hatte. Nun ließ die damals Sechsundzwanzigjährige diese Kinder eigene Verloren- und Verlassenheitserfahrungen im von Arbeit beherrschten Alltag ihrer Eltern einbringen und verband sie mit Verlorenheitsgeschichten aus dem Leben Kleists. Das Stück wurde nur einmal gespielt und dann ebenso verboten wie die Textkollage »Dichter in Preußen«. Denn alle Offenheit endete für die Staats- und Parteiführung stets da, wo Kritik an den Verhältnissen zu deutlich ausformuliert wurde.

Aber auch die DDR hatte sich auf Heinrich von Kleist zubewegt. In ihren Anfangsjahren hatte Kleist nicht zu dem Teil des kulturellen Erbes gezählt, auf das sich die DDR beziehen wollte. Zu stark war das Kleist-Bild von der Bemächtigung dieses Dichters durch die Nationalsozialisten geprägt. Die letzten Kleist-Inszenierungen am Deutschen Theater hatte es in den Jahren 1942/43 gegeben – zu gut ließ sich die Unbedingtheit, mit der Kleists Figuren stets agieren, in die Durchhalteparolen des »totalen Krieges« fügen. In den stalinistischen Kunstdebatten um 1950 hatte der damals einflussreiche marxistische Philosoph und Literaturwissenschaftler Georg Lukács Kleists Stücke dann als »irrationalistischen Nebenweg des Dramas«,[14] bezeichnet und ihnen das diskreditierende Etikett »dekadent« angeheftet. Auch das Preußentum und seine kriegerischen Auswüchse, die immer wieder Gegenstand des Schriftstellers und Dramatikers Kleist waren, galten als überwunden.

Doch hatte sich das Kleist-Bild seit den 1960er Jahren differenziert. 1977 stand nun der 200. Geburtstag des Dichters an. Die Politik hatte sich entschlossen, Kleist in das »humanistische Erbe« einzugliedern und 1977 zum Kleist-Jahr erklärt. So fand die Auseinandersetzung mit Kleist am Deutschen Theater in einem fast kleistschen Konfliktfeld statt: hier der Staat, der sich eines Dichters bemächtigen wollte, da die Künstler am ersten Theater dieses Staats, die ihn vor diesem Zugriff bewahren wollen und ihre eigene Lesart behaupten.

Staatsbürgerschaft DDR, Nationalität deutsch

Im Kontext der Beschäftigung mit Kleist und dem Preußen seiner Zeit entstand 1975 auch »Astel-Paul und die anderen«, ein Abend aus fast vierzig deutschen Volksliedern, den Adolf Dresen gemeinsam mit der Dramaturgin Ilse Galfert und dem Musiker Uwe Hilprecht entwickelte. Neben seinen Schauspielerinnen und Schauspielern wirkte mit Akkordeon und markantem Organ auch Dresen selber mit und behauptete mit diesen witzig vorgetragenen Liedern aus knapp fünfhundert Jahren einen gesamtdeutschen Kulturraum: vom Volkslied aus Thüringen bis zum Bauernlied aus Schlesien oder »Germaniens Klagelied« aus dem Dreißigjährigen Krieg. »Als wir jüngst in Regensburg waren« zirpte mit ihrer unverwechselbaren Jungmädchenstimme Margit Bendokat im Wechsel mit einem schmetternden Ensemble, wo DDR-Bürger ja nicht hinkonnten, weil Regensburg auf der anderen Seite der Grenze in Bayern lag. Alexander Lang, der der Prinz von Homburg gewesen war, mischte in eine Auswahl von Sprichworten aus seiner thüringischen Heimat Werbesprüche aus dem Westfernsehen.

Eigentlich war der Liederabend für die kleine, 1978 abgerissene Nebenspielstätte »Kleine Komödie« auf dem Hof hinter dem Theater konzipiert. Wegen des großen Erfolgs wurde »Astel-Paul und die andern« dann lange auf der großen Bühne gespielt. Denn mit diesem Liederabend hatte das Theater einen Nerv getroffen. Auch viele Menschen konnten dem seltsamen DDR-Nationalismus ihrer Regierung und der Vorstellung nicht folgen, dass sie keine Deutschen mehr, sondern nur noch DDR-Bürger sein sollten. Schließlich lenkte die Regierung ein und stellte klar: »Die

Antwort auf diesbezügliche Fragen lautet schlicht und klar und ohne Zweideutigkeit: Staatsbürgerschaft – DDR, Nationalität – deutsch.«[15]

Tatsächlich aber hatten die Abgrenzungsbewegungen der DDR vom Konzept der Kulturnation, gegen die Adolf Dresen am Deutschen Theater Heinrich Heine, Kleist und seine Abende mit deutschen Volksliedern in Stellung brachte, einen emanzipatorischen Kern: wenn das Konzept, Staatsbürgerschaft nicht mehr an die Zugehörigkeit zu einer Nation und ihrer Leitkultur zu knüpfen, sondern an die Zugehörigkeit zum Staat zu binden, mehr gewesen wäre als eine Trotzreaktion auf die Liberalisierung der westdeutschen Bundesrepublik. Denn eine solche Staatsbürgerschaft hätte auch all jene miteinschließen können, die neu dazugekommen waren: vietnamesische oder afrikanische Vertragsarbeiterinnen und -arbeiter etwa. Oder in der DDR gegründete Familien von Studenten, die aus afrikanischen Staaten in die DDR gekommen waren, die zur sozialistischen Staatengemeinschaft gehörten. Deren diplomatische Anerkennung der DDR hatte erheblich zum Ansehen dieses Staats auf internationalem Parkett beigetragen. Doch blieben die Neu-Dazugekommenen Ausgeschlossene, denen die Aufnahme in die Gesellschaft in der Regel versagt wurde. Und auch im Deutschen Theater hat damals niemand über eine Revision des Begriffes »deutsch« nachgedacht. Stattdessen zog man sich melancholisch auf ein letztlich rückwärtsgewandtes Verständnis dieses Begriffs zurück. Dabei hatte die Hoffnung auf die Erweiterung dessen, was unter »deutsch« verstanden werden konnte, einst zum Fundament gehört, auf dem dieses Theater 1883 errichtet worden war.

Vom Tauwetter ins DT geweht: Gerhard Wolfram wird Intendant

Seit 1972 war Gerhard Wolfram Intendant in der Schumannstraße, zuvor Intendant in Halle. Dort hatte er gemeinsam mit dem Regisseur Horst Schönemann und dem Dramaturgen Armin Stolper – die dann mit ihm nach Berlin gewechselt waren – ein Theater entwickelt, das sich konsequent dem Publikum der Industrieregion mit ihren

Zehntausenden von Arbeitern, die etwa in den Chemiewerken Buna und Leuna arbeiteten, aber auch Ingenieuren und Wissenschaftlern öffnete. Es gab öffentliche Proben mit anschließenden Diskussionen. Hier wurden Arbeiterinnen und Arbeiter, Journalisten, Lehrende und Studierende der Universität oder örtliche Parteifunktionäre einbezogen.

Ein wichtiger Erfolg in Halle war die Durchsetzung von Horst Schönemanns Uraufführung des Stücks »Die neuen Leiden des jungen W.« von Ulrich Plenzdorf. Darin war aus Goethes rebellischem Werther, der selbstzerstörerisch an den Fesseln der Konventionen zerrt, ein siebzehnjähriger Aussteiger aus dem DDR-System geworden – und eine Symbolfigur für eine neue Generation, die sich nach mehr Freiräumen in der durchreglementierten Gesellschaft sehnte. Gleich in der ersten Spielzeit der Intendanz Wolfram am Deutschen Theater inszenierte Schönemann in den Kammerspielen eine Neuauflage von Plenzdorfs Werther-Variation. Diesmal mit Jutta Wachowiak als Charlie und Dieter Mann in der Titelrolle, damals schon Anfang dreißig, also schon fast doppelt so alt wie die Figur war, die er nun spielte. Aber die Sehnsucht, für die das Stück stand, war generationsübergreifend und Mann ein Schauspieler, der Junge und Alte, Mächtige und Ohnmächtige gleichermaßen mit der Klarheit und Überzeugungskraft seiner Persönlichkeit auszustatten verstand.

Die Hoffnung auf mehr Freiräume war ursprünglich auch an den Wechsel von Walter Ulbricht zu Erich Honecker geknüpft, der 1971 unmittelbar nach Übernahme des SED-Vorsitzes erklärt hatte, auf dem Gebiet von Kunst und Literatur dürfe es keine Tabus geben. Im Zuge dieser Tauwetterstimmung nach dem Machtwechsel in der DDR war mit Gerhard Wolfram ein Mann Intendant geworden, der diese Liberalisierungshoffnungen verkörperte. Zeitgleich mit seiner Ernennung zum Intendanten des Deutschen Theaters wurde Wolfram Kandidat des ZK der SED und stieg damit in den inneren Kreis der Staatsmacht auf.

Aber das Eis in der DDR war brüchig geblieben. Zwar hatte sich der Griff der Zensur gelockert, speziell um die Pop- und Jugendkultur, die wegen ihrer Nähe zu westlich-dekadentem »Gammler- und Rowdytum« unter besonderer Beobachtung stand. Schriftsteller wie Ulrich Plenzdorf schrieben auch Songtexte. »Wenn ein Mensch lebt« zum Beispiel,

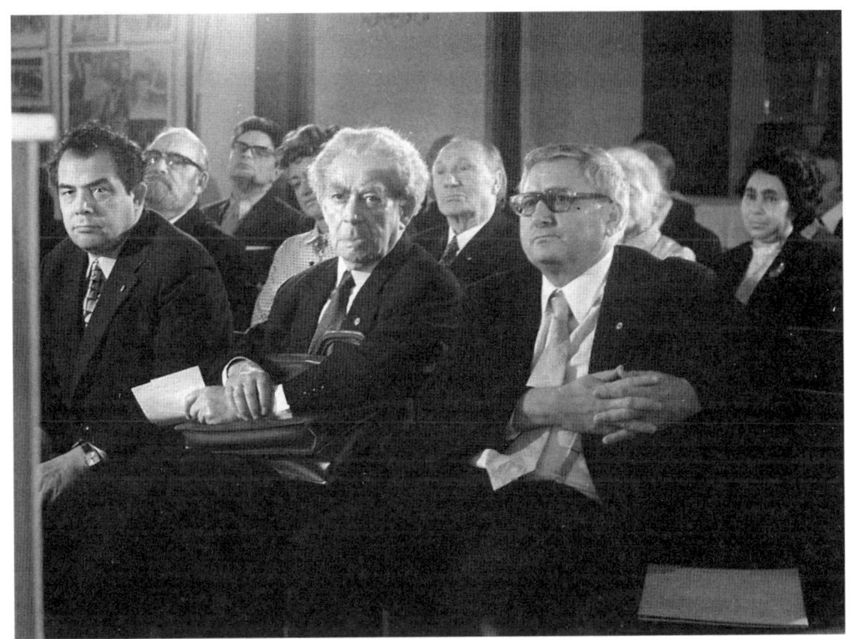

Feier zum 100. Geburtstag von Max Reinhardt im Oktober 1973 (erste Reihe): DT-Intendant Gerhard Wolfram (rechts), Hans Rodenberg (der die Festrede hielt, Mitte), links der Schriftsteller Peter Edel, (zweite Reihe): Wolfgang Heinz (ganz links) und Ernst Busch (Mitte)

das Titellied von Heiner Carows Film »Die Legende von Paul und Paula«, dessen Drehbuch ebenfalls von Plenzdorf stammte. Zum Film, der das Recht des Einzelnen auf Glück in der Gesellschaft vermaß und dessen Erscheinen in den Kinos Erich Honecker 1973 persönlich gegen den Widerstand des ZK durchsetzte, hatte die Band Die Puhdys eine berühmte Filmmusik beigesteuert.

Doch kaum durften Gruppen wie Renft um die Musiker Klaus Renft[16] und Peter »Cäsar« Gläser wieder auftreten, die Texte von Kurt Demmler[17] und Gerulf Pannach[18] wieder gesungen werden, wurden sie schon wieder verboten. Zu groß war die Furcht vor der Sprengkraft dieser Musik und ihrer Mischung aus Wut und Resignation: wie der berühmte

Titel »Als ich wie ein Vogel war« etwa, das von Gerulf Pannach getextete Titellied des Films »Für die Liebe noch zu mager?«. Die Hauptrolle in dieser schwermütigen Coming-of-Age-Geschichte um eine junge Fabrikarbeiterin aus dem Jahr 1973 spielte die damals zweiundzwanzigjährige Leipziger Schauspielschülerin Simone von Zglinicki. Wenig später wurde sie ans Deutsche Theater engagiert, um die tragische Heldin »Tinka« in Volker Brauns proletarischem Trauerspiel zu spielen, das Friedo Solter uraufführen wollte. Doch kurz vor der Premiere im Januar 1975 wurde das Stück verboten.

Persönlich fuhr der Vorsitzende des Ministerrats Horst Sindermann auf dem Vorplatz des Deutschen Theaters vor, um Wolfram die Entscheidung zu überbringen. Als SED-Bezirkssekretär in Halle hatte Sindermann Wolfram und Schönemann, die nach dem berüchtigten 11. Plenum 1965 in Berlin in Schwierigkeiten gekommen waren, ans dortige Theater geholt. Mit Honecker war Sindermann 1971 in die obersten Ränge der Staatsmacht aufgestiegen und seinem politischen Schützling Gerhard Wolfram weiter paternalistisch verbunden geblieben. »Das sind intellektuelle Schwarzsehereien, die von Widersprüchen im Leben nichts verstehen und als ihren Widerspruch immer nur das Loch in den Socken ihrer Mitmenschen finden«, legte Sindermann Gerhard Wolfram nach dem »Tinka«-Verbot in einem privaten Brief noch einmal seine Sicht auf das Drama dar.[19]

Im Stück reichen die ökonomischen Widersprüche und politischen Verstrickungen bei der Führung eines Betriebs bis tief ins Private der Menschen und führen dazu, dass ein junger Betriebsleiter seine einstige Geliebte erschlägt. »Das ist Volker Braun«, schrieb Sindermann nun an Gerhard Wolfram. »Solche Leute haben den Rüssel am Boden, aber nicht die Nase im Wind.«[20] Dabei war es umgekehrt. Die Politik hatte den Rüssel am Boden, witterte überall Feinde und abtrünniges, unformatiertes Denken, reglementierte, überwachte, strafte und produzierte damit einen fundamentalen Widerspruch zur Modernität und Internationalität, die sie nach außen immer wieder behauptete.

Das Jahr 1976: Palast und Ballast der Republik

Im April 1976 wurde auf dem Grundstück des gesprengten Berliner Stadtschlosses nach nur zweiunddreißig Monaten Bauzeit mit dem Palast der Republik ein in achttausend Quadratmeter Bronzeglas gehülltes DDR-Manifest der Öffentlichkeit übergeben: Mit seiner, für ein öffentliches Gebäude singulären Mischung aus staatlicher Selbstdarstellung und Volksvergnügen ohne Konsumzwang, Politik, Hochkultur und Massenunterhaltung. Gleichzeitig hatte die Staatsmacht mit ihrem Misstrauen und einer immer zwanghafter betriebenen Kontrolle ihrer Bürgerinnen und Bürger die Fundamente dieses Staats bereits massiv ausgehöhlt, dessen Emblem nun stolz an der Westfassade des Palastes prangte und die Straße Unter den Linden hinauf westwärts Richtung Brandenburger Tor blickte.

Nur ein halbes Jahr später wurde im November 1976 der Dichter und Liedermacher Wolf Biermann ausgebürgert, »wegen grober Verletzung der staatsbürgerschaftlichen Verpflichtungen«,[21] wie es in einer offiziellen Mitteilung hieß. Damit war für viele eine rote Linie überschritten. Dass die DDR, an deren Aufbau nach 1945 von den Nazis ausgebürgerte und ins Exil getriebene Künstler wie Bertolt Brecht, Anna Seghers, Wolfgang Langhoff, Helene Weigel oder Wolfgang Heinz mitgewirkt hatten, nun selbst einen Künstler ausbürgerte, erschien vielen unerträglich. Auch im Deutschen Theater, wo am Abend von Biermanns Kölner Konzert Adolf Dresens Inszenierung »Deutschland, ein Wintermärchen« auf dem Spielplan stand, fanden in den Tagen nach Bekanntwerden des Ausbürgerungsbeschlusses erregte Debatten statt.

Zwölf Mitglieder des Theaters – unter ihnen Adolf Dresen, Eberhard Esche, Cox Habbema, Horst Sagert, Margit Bendokat, Horst Hiemer, Käthe Reichel, Rolf Ludwig und Jutta Wachowiak – schlossen sich der von Stefan Hermlin und Christa Wolf initiierten Protesterklärung gegen Biermanns Ausbürgerung an.[22] Bei einer Versammlung der Parteigruppe des Theaters gaben Klaus Wischniewski, Adolf Dresen, Dieter

Mann und viele andere in emotionalen Stellungnahmen zu Protokoll, jedes Vertrauen in die Partei verloren zu haben. Nicht einmal die Parteileitung des Theaters wollte sich auf die Seite der Ausbürgerungsentscheidung stellen. Nur der alte Kommunist Wolfgang Heinz regte eine »positive Stellungnahme« zu den »Maßnahmen der Regierung« an. Allerdings erfolglos, wie eine Inoffizielle Mitarbeiterin an die Stasi übermittelte, in deren Auftrag sie die Versammlung der SED-Parteigruppe des Theaters protokollierte.[23] Ganz dem Zeitgeist folgend nannte sie sich »IM Hölderlin«.

Biermann habe sich »mit seinem feindseligen Auftreten gegenüber der DDR den Boden für die weitere Gewährung der Staatsbürgerschaft entzogen«, begründeten damals Staats- und Parteiführung seine Ausbürgerung. Dabei war Biermanns Kölner Konzert ein fast vierstündiges Bekenntnis zur DDR, zu einem reformierten Sozialismus und einer sozialistischen Bundesrepublik gewesen. Mit den Liedzeilen »So oder so, die Erde wird rot« hatte Biermann das Konzert eröffnet, in dessen Verlauf er seine Finger in die Wunden ost- und westdeutscher Defizite legte, die DDR und selbst Erich Honecker gegen Angriffe aus dem Publikum verteidigte – und ein Deutschland beschwor, das es so niemals geben würde.

Um den Grad der Unverschämtheit Biermanns zu ermessen, müsse »man sich vergegenwärtigen, auf welcher Bühne sich das alles abgespielt hat, nämlich in einem kapitalistischen Land, in der BRD«, schrieb das *Neue Deutschland* am Tag nach der Ausbürgerung.[24] »Schon jahrelang hat er unter dem Beifall unserer Feinde sein Gift gegen die DDR verspritzt.« Denn Biermann hatte die Algorithmen des Kalten Krieges unterschätzt, durch die der Ort, von dem aus gesprochen wurde, auch dem Inhalt aller Worte seine Bedeutung aufzwang. Wie für den Westen von der DDR stets nur sichtbar wurde, was sich über Kritik von innen an ihr zu erkennen gab, nahm die DDR auch sich selbst immer nur im Spiegel des westlichen Blickes wahr.

Nach der Biermann-Ausbürgerung: Paradies der Autos, Kühltruhen und Farbfernseher

In der bleiernen Zeit nach der Biermann-Ausbürgerung und dem Künstlerexodus, der ihr folgte, herrschten Resignation und Zweifel in der Schumannstraße. Im Sommer 1977 hatte auch Adolf Dresen die DDR verlassen. Nach den langen gemeinsamen politischen Kämpfen brachte allerdings kaum jemand im Ensemble Verständnis für diese Entscheidung auf. Dresen selbst hat später oft betont, die DDR nicht wegen der Verschärfung des Klimas nach der Biermanns Ausbürgerung verlassen zu haben, sondern dass der tatsächliche Grund die Aufweichung des politischen Kurses durch den Übergang zum Konsumkommunismus gewesen sei.

Hierfür stand Erich Honecker, der statt auf den Kuchen der Utopie auf das Brot des real existierenden Sozialismus setzte. Doch damit hatte sich die DDR aus Adolf Dresens Sicht nun auch vom Sozialismus verabschiedet. Statt die Arbeiter zu befreien, wurden sie aus seiner Sicht weiter ausgebeutet und zur Kompensation mit einem verbesserten Konsumangebot ruhiggestellt. »Sie versuchen die Mäuler mit Fressen zu stopfen und machen Kommunismus zu Konsumismus, Frieden zu Friedhof«, formulierte er es 1976 in einem Text, der erst 2012 veröffentlicht wurde.[25]

»Saturierung tritt an die Stelle von Emanzipation, Reichtum an die Stelle des von Marx gewollten Reichs der Freiheit, Fettleber anstelle wahrer Lebendigkeit«, hatte Dresen schon im Mai 1975 in einem Brief an die Parteiorganisation des Deutschen Theaters geschrieben und dies als Grund angeführt, nun um seine Entlassung aus der SED zu bitten. 1974 hatte er zum ersten Mal in der BRD inszeniert, »Die Wupper« von Else Lasker-Schüler an den Münchner Kammerspielen. Auch das war eine Folge des Grundlagenvertrags zwischen der BRD und der DDR: dass DDR-Regisseure in der Bundesrepublik inszenieren durften. So inszenierte Friedo Solter auch am Theater der Bundeshauptstadt Bonn. Normale DDR-Bürger konnten das Land erst nach Erreichen des Rentenalters verlassen.

In München hatte Dresen 1974 zum ersten Mal den real existierenden Kapitalismus erlebt. »Leider erinnert bereits vieles in der DDR an das, was ich in München sah – nur ist es etwas mickriger. Sicher, wenn wir den Westen einholen wollen, werden wir ihm immer hinterherhinken. Ich persönlich bedanke mich für das Paradies der Autos, Kühltruhen und Farbfernseher, ich wäre stolz auf eine Armut, die sich mit menschlicher Würde deckt«, schrieb Dresen dann nach seiner Rückkehr an die Parteiorganisation des Deutschen Theaters.[26] Damals wollte sie ihn jedoch nicht gehen lassen. Erst als er die DDR verlassen hatte, schloss die Partei ihn aus. Vermutlich hat Adolf Dresen sich als privilegierter Künstler in der DDR auch niemals Sorgen um eine Kühltruhe, einen Fernseher oder ein Auto gemacht.

Sozialistisches Nationaltheater DT

In der Politik reiften Ende der 1970er Jahre, allen Zerrüttungen im Land zum Trotz, ehrgeizige kulturpolitische Pläne. Bis 1983 sollte die Entwicklung des Deutschen Theaters zum sozialistischen Nationaltheater der DDR abgeschlossen sein. Denn dann stand das 100. Jubiläum der Gründung des Theaters durch die Schauspielersozietät um Siegwart Friedmann, Friedrich Haase, Ludwig Barnay und August Förster im Jahr 1883 an – eine gute Gelegenheit für die Politik, die große Geschichte des Hauses auf ihre Vollendung in der DDR zuzuspitzen. Baulich allerdings waren die beiden Bühnen in sehr schlechtem Zustand. Die Theatertechnik war veraltet, Nebengebäude verfielen. Die Kammerspiele, in den späten 1940er Jahren mit den mageren Mitteln der unmittelbaren Nachkriegsjahre wiederhergerichtet und bei der Sanierung von 1959 bis 1962 nicht berücksichtigt, waren kaum noch bespielbar. 1979 mussten sie wegen Baufälligkeit geschlossen werden. So waren die Pläne entstanden, zur Feier des Gründungsjubiläums das Theater wieder in seinen glanzvollen Originalzustand zu versetzen.

In diese Zeit fallen einige symbolträchtige Rekonstruktions- und Wiederaufbaupläne für repräsentative Kulturbauten in der DDR. In Dresden wurde die kriegszerstörte Semperoper wiederhergerichtet, in

Berlin das Schauspielhaus am Gendarmenmarkt. Das Leipziger Gewandhausorchester, dessen Konzerthaus im Krieg zerstört worden war, erhielt einen Neubau. Schließlich wurden dem Intendanten Gerhard Wolfram neben der umfassenden denkmalgerechten Rekonstruktion beider Bühnen auch eine Grunderneuerung sämtlicher Nutzanlagen angekündigt. Ein neuer Sanitärtrakt sollte entstehen, die alte Dampfheizung auf Fernwärme umgestellt und ein Lüftungssystem eingebaut werden. Im Deutschen Theater hatte es bisher lediglich eine Pausenlüftung über den in der Saaldecke eingebauten Rauchabzug gegeben. In den Kammerspielen gab es überhaupt keine Lüftung.

Projektiert war auch ein neuer Bühnenturm für beide Bühnen sowie ein Funktionsneubau auf der Rückseite der Kammerspiele, in dessen Keller unter anderem eine moderne Küchenanlage für das Casino im Kellergewölbe entstehen sollte. Neue Treppenhäuser zwischen den beiden Bühnenhäusern waren ebenso geplant wie die Restaurierung der von Heinrich Kilger für Wolfgang Langhoff entworfenen Einrichtung des Intendanzbüros. Für die umfassende Rekonstruktion der beiden über einhundertzwanzig Jahre alten Bauten wurden Bauarbeiter, Spezialisten und Betriebe aus der ganzen Republik zusammengezogen. Selbst die Nationale Volksarmee unterstütze das enorme Projekt, für das im Januar 1980 fünfzig Millionen DDR-Mark zur Verfügung gestellt wurden.

Dass der Intendant bei der Wiedereröffnung 1983 noch Gerhard Wolfram heißen würde, wurde von der Politik allerdings ausgeschlossen. Denn in dem Bild, das dieses Haus der Staatsmacht konstant zurückwarf, erkannte sie sich nicht. Wolframs Auffassung vom Theater als »Stätte gesellschaftlicher Selbstverständigung« sei einseitig, die am DT herrschende Auffassung zur Funktion sozialistischer Kunst »fehlerhaft«,[27] heißt es schon 1978 in einem Bericht der Berliner SED-Bezirksleitung. Auch »die sozialistische Entwicklung der DDR« werde nicht richtig dargestellt.

Im Jahr nach der Biermann-Ausbürgerung hatte Friedo Solter Wladimir Majakowskis Groteske von 1929 »Das Schwitzbad« inszeniert. In seinem »Drama in 6 Akten mit Zirkus und Feuerwerk« behandelt Majakowski in schriller Manier, wie der utopische Kern der sozialistischen Idee in Parteidogmatismus und Bürokratie erstickt. Solters ebenso komische wie respektlose Inszenierung (unter anderem mit Alexander Lang, Katja Paryla und Christian Grashof) provozierte die SED-Bezirksleitung, die sich persönlich angegriffen fühlte und als Schuldigen für diese »Entgleisung« wieder einmal Intendant Gerhard Wolfram ausmachte. Außerdem vermisste sie »seit Jahren« viele Stücke des »klassischen Erbes« auf dem Spielplan.

Selbst der, der diese Inszenierungen bisher verlässlich lieferte, Friedo Solter nämlich, hatte aus Parteisicht unter der fehlenden ideologischen Führung von Parteigruppe und Intendanz die Richtung gewechselt. Adolf Dresens gesamtdeutsch gedachte Arbeiten, die auch nach seinem Weggang auf dem Spielplan blieben, waren ebenfalls ein Ärgernis. Wolframs ausgleichender Leitungsstil nach innen und sein zurückhaltendes Taktieren nach außen, mit der er die Arbeit im Theater absicherte, wurden ihm als Schwäche ausgelegt. Als Mann der Reformer ins Amt gelangt, hatte Wolfram von Tag eins seiner Intendanz an unter der Beobachtung der Berliner SED-Bezirksleitung gestanden, wo die Hardliner saßen. Insbesondere an Bezirkssekretär Konrad Naumann nagte die Kränkung, bei Wolframs Ernennung 1972 übergangen worden zu sein, als sein eigener Kandidat Hanns Anselm Perten nach weniger als einer Spielzeit am Widerstand des Ensembles gescheitert war.

Das Ensemble und die Macht

Denn das Ensemble des Deutschen Theaters war eine Macht und empfand sich auf Augenhöhe mit den Mächtigen in Staat und Partei – ein Ensemble dazu, das im vollen Bewusstsein der großen Tradition dieses Hauses lebte und arbeitete. Noch immer gehörte ihm Gerhard Bienert an, der schon bei Max Reinhardt gespielt hatte und 1977 seinen letzten Nationalpreis erhielt – noch immer in West-Berlin wohnend. Auch Friedrich Richter, der nach dem Krieg aus der britischen Emigration ans DT kam, war noch da. Wolfgang Heinz spielte und inszenierte weiterhin, der Christian Grashof und Jutta Wachowiak als junge Schauspieler entdeckte und ans DT holte. Neben Heinz gehörte auch seine

Frau Erika Pelikowsky dem Ensemble noch immer an, ebenso wie die gemeinsame Tochter Gabriele Heinz oder Katja Paryla, in der Zürcher Emigration ihrer Eltern Emil Stöhr und Selly Paryla geboren.

Da waren die Spielerinnen und Spieler, die noch Wolfgang Langhoff engagiert hatte: Inge Keller, Eberhard Esche, Herwarth Grosse, Horst Hiemer, Klaus Piontek, Elsa Grube-Deister, Otto Mellies, Käthe Reichel, Ernst Kahler, Gudrun Ritter, Lissy Tempelhof, Dietrich Körner oder Fred Düren. Auch Inge Kellers Tochter Barbara Schnitzler gehörte inzwischen dem Ensemble an. Da waren mit Bärbel Bolle, Alexander Lang, Dieter Franke, Kurt Böwe und Margit Bendokat der Kern der Schauspielerinnen und Schauspieler um Adolf Dresen. Oder die Spieler der mittleren Generation, die der große Talentfinder Friedo Solter geholt hatte: Dieter Mann, Christine Schorn, Roman Kaminski und Simone von Zglinicki. In den späten 1970er Jahren kamen Katrin Klein und Johanna Schall hinzu, die Tochter des großen Brecht-Schauspielers und -Schwiegersohns Ekkehard Schall und seiner Frau Barbara Brecht-Schall. Bis in die 1980er Jahre würde das Ensemble auf etwa achtzig Mitglieder anwachsen, kamen Spieler wie Ulrich Mühe, Dagmar Manzel, Michael Gwisdek und Ulrike Krumbiegel dazu. »Dieses Ensemble ist wie eine Fettschicht um das Theater herum gewachsen und verschaffte ihm Resilienz«, sagt heute eine einstige Dramaturgin des Theaters.

Die Erfahrung, mit Stücken, Worten und Haltungen auf der Bühne die Staatsmacht immer wieder herausfordern zu können, hatte im Ensemble das Bewusstsein der eigenen Bedeutung stets gestärkt – auch wenn diese Erfahrung die unterschiedlichsten Haltungen hervorbrachte. Waren die einen aus den zahlreichen Kämpfen trotz aller Niederlagen mit der Gewissheit hervorgegangen, dass ihre Kunst eine Staatsangelegenheit war, betrachteten andere sich als glamouröse und zu Recht privilegierte Repräsentanten des Staats, auch wenn sie auf dessen politische Vertreter ihres fehlenden Schliffs nicht nur auf dem kulturellen Parkett wegen gelegentlich herabsahen. Schon in den 1960er Jahren hatte einer der prominentesten Schauspieler des Ensembles offen eine Affäre mit Margot Honecker, bis das Politbüro auf Einhaltung der Parteidisziplin und -moral bestand und auf ein Ende der Beziehung drang[28] – wohl auch, um Honeckers Position als Kronprinz nicht zu gefährden, wenn seine Frau ihm öffentlich untreu war.

Dann gab es im Ensemble die, die sich zwar als Staatskünstler fühlten, die Politik jedoch immer wieder kritisierten, von ihrer Prominenz ebenso wie von ihrer Stellung im Ensemble geschützt. So protestierte Inge Keller, Schauspielerin und Nationalpreisträgerin, einmal gegen einen diffamierenden Artikel über Wolf Biermann im *Neuen Deutschland* aus der Feder des mächtigen Funktionärs und Kulturjournalisten Klaus Höpcke. »In Sorge bin ich über die unqualifizierte, grobschlächterische, denunziantenhafte Form des Artikels«, hatte sie an das Zentralorgan der SED geschrieben, ohne dass dem irgendwelche Konsequenzen folgten. »Ich bin zutiefst davon überzeugt, dass unserer Gesellschaftsordnung eine andere Sprache als die von Klaus Höpcke würdig ist.«[29] Wiederum andere schöpften aus den Widersprüchen, die der Staat zuverlässig produzierte, das künstlerische Material für ihre Arbeit, die für sie ein Leben tief in der Literatur und in der Geschichte ermöglichte, ein Arbeiten nicht nur auf Augenhöhe mit Staat und Partei, sondern auch mit der Literatur- und Geistesgeschichte.

Doch es gab auch diejenigen, die sich nicht in Widersprüchen einrichten wollten, weil dieser Staat ihnen noch immer als das bessere Deutschland schien. Die Mängel der Gegenwart waren aus ihrer Sicht Kinderkrankheiten einer Zukunft, die noch immer möglich war. So, wie es nach der Französischen Revolution zunächst Chaos und Terror gegeben hatte, Krieg und Besatzung. In Deutschland hatte es immerhin fast ein Jahrhundert gedauert, bis die Ziele der Französischen Revolution begonnen hatten, die Gesellschaft zu erreichen. Und doch war sie in Vielem nur ein Versprechen geblieben, das vielleicht erst mit dem Sozialismus eingelöst würde. »Ich weiß nicht, ob ich im Westen so möglich gewesen wäre, wie ich im Osten wirklich werden durfte«, hat der Schauspieler Dieter Mann nach der Wende seinem Biografen Hans-Dieter Schütt erklärt.[30] Mann, der 1984 Intendant des Deutschen Theaters wurde und das Haus durch die Wende führte, war Arbeiterkind und hatte sein Berufsleben als Schlosser in einer Fabrik begonnen. Er sei vor allem in der DDR geblieben, »weil mich der Gedanke überzeugte, im

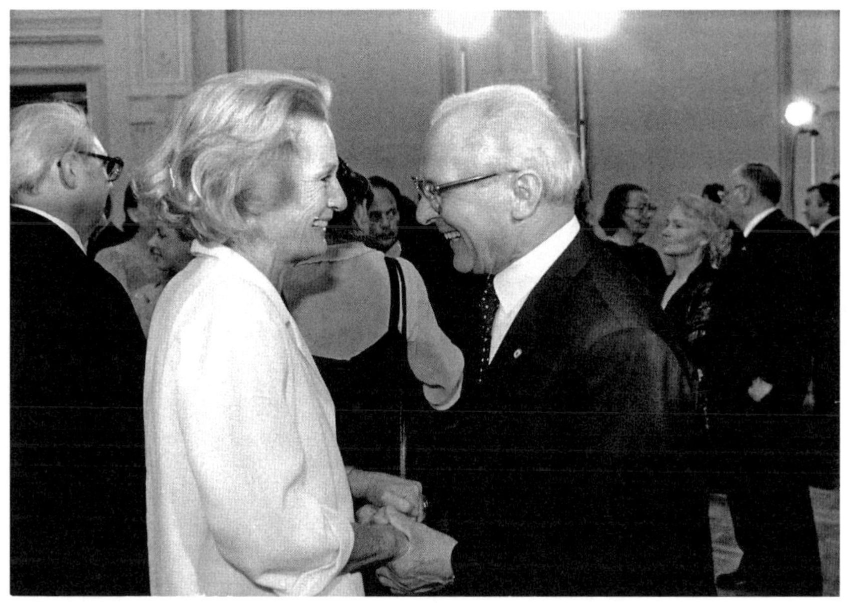

Die Schauspielerin Inge Keller mit Erich Honecker bei der Wiedereröffnung des Deutschen Theaters am 29. September 1983

Sozialismus würde die Chancenlosigkeit für viele abgeschafft, vor allem für die Arbeiter. In diesem Punkt durfte ich durchaus von mir selbst reden«.[31]

Gemeinsam war allen: Wer in der Schumannstraße nicht den hohen Ansprüchen entsprach, bekam keinen Fuß auf die Erde. Wer hier anfing, musste sich behaupten. Immer wieder haben später berühmt gewordene Neumitglieder des Ensembles davon berichtet, wie sie in ihren Anfängerjahren von den Großen des Hauses nicht einmal gegrüßt wurden. »Boxen oder untergehen«, hatte einst der wuchtige Kurt Böwe den zarten jungen Schauspieler Christian Grashof wissen lassen,[32] der 1970 vom Theater Karl-Marx-Stadt ans Deutsche Theater kam, wo er bald zerbrechliche wie zähe Künstlerfiguren spielte.

Die Macht dieses Ensembles hatte auch Hanns Anselm Perten[33] zu spüren bekommen, der vom Berliner SED-Bezirkschef Konrad Naumann

1970 zum Nachfolger von Wolfgang Heinz bestimmt worden war – mit dem Auftrag, endlich für eine stärkere Durchsetzung der Parteilinie zu sorgen. Gleich zu Beginn bestellte Perten in alphabetischer Reihenfolge alle Künstler zum Einzelgespräch. Doch ein Mitglied des Deutschen Theaters ließ sich nicht einbestellen. Granden wie Fred Düren erschienen gar nicht erst, was für entsprechenden Hohn im Haus sorgte. Als Perten bei S angekommen war und den Bühnenbildner Horst Sagert vorlud, versuchte er es mit Einschüchterung: »Ja, Herr Sagert, dann wird wohl das Deutsche Theater in Zukunft auf ihre geschätzte Mitarbeit verzichten müssen.«[34] Sagert aber, Ausstatter so berühmter Besson-Inszenierungen wie »Der Drache« oder »Ödipus, Tyrann«, entgegnete nur kühl: »Das glaube ich nicht, Herr Perten, eher wird es ohne Sie auskommen müssen und können.« Und so war es dann auch. Über den Kopf der SED-Bezirksleitung hinweg erreichte das Ensemble direkt beim Kulturminister Pertens Absetzung. Und Perten, der vom Staat bestellte Leiter dieses Hauses, der in seiner Verzweiflung zuletzt mithilfe der Stasi versuchte sich durchzusetzen, musste feststellen, dass es im Ensemble Leute gab, die zur Staats- und Parteiführung deutlich bessere Beziehungen unterhielten als er selbst.

Deformationsapparat Geschichte: der Regisseur Alexander Lang

So war Gerhard Wolfram Intendant geworden und hatte das Theater durch die immer schwieriger werdenden politischen Gezeiten gelotst. Mit Alexander Lang förderte er die Entwicklung eines zentralen Schauspielers des Ensembles zu einem Regisseur, der in kürzester Zeit die Lücke schließen konnte, die Adolf Dresens Gang in den Westen hinterlassen hatte. Lang, 1941 in Erfurt geboren, war Ferdinand in »Kabale und Liebe«, Caliban in Shakespeares »Sturm« und Edgar in »König Lear«, aber auch Paul Bauch in Volker Brauns »Kipper« gewesen. Er hatte zum Kern der Schauspieler um Adolf Dresen gehört und auf dem Höhepunkt ihrer Zusammenarbeit 1975 den Prinzen von Homburg gespielt. Mit der von ihm wiederentdeckten Berliner Sozialkomödie »Pau-

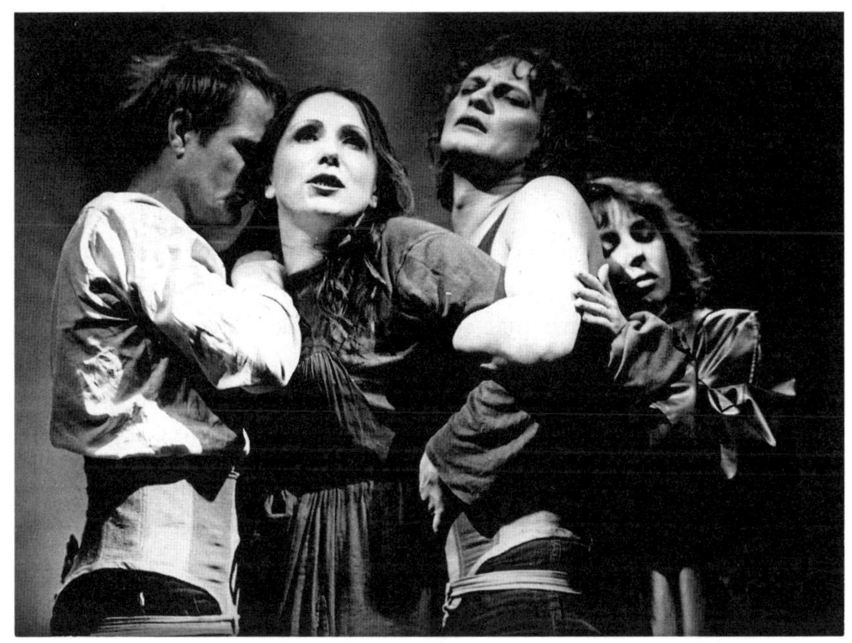

Dieter Mann, Margit Bendokat, Roman Kaminski und Simone von Zglinicki (v. l.) 1980 in Alexander Langs Inszenierung »Ein Sommernachtstraum«

line«, die 1899 im Deutschen Theater unter anderem mit Max Reinhardt, Else Lehmann und Eduard von Winterstein uraufgeführt worden war, gab Lang im Juli 1976 sein Regiedebüt.[35]

Seine Inszenierungen ließen den autoritären Charakter der von Dresen in immer dunkleren Farben gezeichneten preußischen Zwangswelt den Spielerinnen und Spielern jetzt buchstäblich in die Glieder fahren. Lang trieb ihnen jede psychologische Einfühlung aus. Gemeinsam mit dem Bühnenbildner Volker Pfüller, der Dramaturgin Ilse Galfert und einem Ensemble, zu dessen Kern Christian Grashof, Michael Gwisdek, Katja Paryla, Dieter Montag, Roman Kaminski, Gudrun Ritter, Johanna Schall, Simone von Zglinicki, Katrin Klein, Frank Lienert und Margit Bendokat gehörten, entwickelte Lang ein hochartifizielles, fast neoexpressionistisch übersteigertes Theater-Spiel. Von Inszenierung zu Inszenierung wurden seine Arbeiten immer grellere und pessimistischere Geschichtsséancen – Symphonien des Grauens, die vom ewig strauchelnden Bürger nach 1789 handelten, der die Geschichte nicht zum Glück zu wenden vermag.

Langs erster großer Wurf war 1978 Lessings »Miss Sara Sampson«. Die Inszenierung mit Fred Düren, Gudrun Ritter, Katja Paryla, Christian Grashof und Johanna Schall richtete den Blick auf eine erstarrende Gesellschaft und ihre Normen, die jeden Versuch individueller Entfaltung erstickten. Mit Ernst Tollers 1923 entstandener Farce »Der entfesselte Wotan« wurde die Zwangswelt 1979 weiter in die Groteske getrieben, insbesondere durch die von Christian Grashof gespielte Figur des verklemmten wie rasenden Friseurs mit Hitlerbärtchen Wilhelm Dietrich Wotan. Shakespeares »Ein Sommernachtstraum« erzählten Lang und sein Ensemble 1980 als brutales Traumspiel in einer von Machtmissbrauch, Manipulation und Zurichtung geprägten Welt. Den Verzauberten allerdings schienen die Fesseln dieses Banns durchaus Genuss zu bereiten: der von Katja Paryla gespielten Titania etwa, die am Ende entsetzt vor der Wirklichkeit steht, in die sie aus Oberons Verzauberung zurückkehren muss, der sie darin einen Esel lieben ließ, so, wie die Künstler in der DDR das utopische Trugbild des Kommunismus vielleicht. Und so klammert sich Titania am Eselskopf fest.

In »Dantons Tod« schließlich rückten im Jahr darauf auf einer rot ausgeschlagenen Jahrmarktsbühne die Zurichter und Manipulierer selbst in den Blick: die Revolutionäre Danton und Robespierre mit ihrem jeweiligen Gefolge. Gegen die gängige Lesart zeigte Lang sie als zwei Seiten derselben Medaille: als Führer einer Revolution, die lediglich Selbstzweck ihrer Macher ist, die sich in ideologischen Grabenkämpfen zerfleischen und gegenseitig aufs Schafott bringen. »Sie haben kein Blut in den Adern, als was sie uns ausgesaugt haben«, sagt derweil das Volk über diese Funktionäre, die es deshalb einfach nur totschlagen oder anderweitig loswerden will.[36] Denn während die Revolutionäre gut von der Revolution leben und ihre Dynamik für den eigenen Machterhalt nutzen, hat dieses Volk noch immer nichts, muss seine Arbeitskraft verkaufen, betteln oder huren gehen.

Unterlegt war Langs Inszenierung, die man auch als Moritat auf die Intellektuellen- und Politikerkaste der DDR lesen konnte, die sich immer selbstbezogener ineinander verbiss, und ein Volk, das einfach nicht mündig werden wollte, mit dem süffigen Vergeblichkeitssound von Keith Jarrett. Der amerikanische Jazzpianist war im Januar 1975 Protagonist eines anderen Kölner Konzerts gewesen, das ihn und seine Musik in Deutschland bekannt gemacht hatte. Jetzt improvisierte der Schauspieler Roman Kaminski live am Klavier Jarretts Themen – Kaminski, der gleichzeitig in einer Doppelbesetzung den Deputierten und Danton-Gefährten Camille Desmoulins und den Danton-Ankläger im Wohlfahrtsausschuss St. Just spielte.

Auch Danton und Robespierre wurden von einem einzigen Schauspieler gespielt, von Christian Grashof, der das zentrale Streitgespräch zwischen Danton und Robespierre in ein gespensterhaftes Selbstgespräch verwandelte – auch über die Ideale der Revolution, die sich das verelendete Volk allerdings nicht leisten kann: »Unser Leben ist der Mord durch Arbeit, wir hängen sechzig Jahre am Strick, aber wir werden uns losschneiden. An die Laterne!«[37] »Alexander Lang macht reinen Tisch mit den Interpretationen von rechts und von links, sie, die Büchner allemal Gewalt antun«, schrieb damals der französische Kritiker Jacques Poulet.[38] »Der Gleiche tötet den Gleichen. [...] Gibt es noch größere Sackgassen der Dialektik, uns bezeichnenderweise offenbart von Freunden aus der Deutschen Demokratischen Republik?« »Dantons Tod« war die letzte Premiere vor der sanierungsbedingten Schließung des Theaters.

Einhundert Jahre Deutsches Theater oder: Intendant Gerhard Wolfram muss gehen

Mitten in der Rekonstruktionsphase wurde Gerhard Wolfram als Intendant überraschend abberufen. Selbst der liberale Kulturminister Hans-Joachim Hoffmann konnte seinen Freund Wolfram nicht halten. Um den Schaden zu begrenzen, teilte er in einer Vollversammlung am 12. Mai 1982 dem Ensemble die Entscheidung persönlich mit. »Ich möchte sagen, dass ich mich mit der Arbeit des Intendanten Gerhard Wolfram identifiziere und – ich bedaure! – mich mit dem Beschluss des Ministeriums, den Intendanten von der Leitung des Theaters abzuberufen, nicht identifizieren kann«, gab mit scharfer Stimme die Schauspielerin Inge Keller zu Protokoll.[39] Auch ein Großteil des Ensembles brachte für die Ablösung Wolframs kein Verständnis auf.

Seit 1945 hatten die Intendanten des Deutschen Theaters in exemplarischer Weise Aspekte der DDR verkörpert. Gustav von Wangenheim stand für die fatale Mesalliance der deutschen Kommunisten mit dem Stalinismus, ihren Verrat an den eigenen Genossen im Moskauer Exil. Und für das Schweigegebot, das eine Auseinandersetzung mit diesen Verbrechen bis zuletzt verhinderte. Am Schicksal Wolfgang Langhoffs wurde deutlich, dass gegen das Gift des Stalinismus nicht anzukommen war, der als Geburtsfehler dieses Staates alle Hoffnungen und Ideale, die mit ihm verbunden waren, immer wieder zuverlässig abtötete. Auch stand Langhoff, der im KZ gewesen und von SA und SS fast zu Tode geprügelt worden war, für die vom Nationalsozialismus traumatisierte DDR-Gründergeneration, die die fehlbare, repressive DDR stets einer Bundesrepublik Deutschland vorzog, in der schon bald nach ihrer Gründung wieder die alte Nazi-Elite an Schaltstellen der Macht gelangt war, deren Antikommunismus sich gut in Strategien des Kalten Krieges integrieren ließ, während Kommunisten im Westen erneut verfolgt und aus dem politisches System ausgeschlossen wurden.

Mit der Berufung von Wolfgang Heinz schließlich sollte der Glaube an eine gute DDR als Staat der Antifaschisten und zurückgekehrten Emigranten zu einem Zeitpunkt noch einmal wiederbelebt werden, als längst eine neue Generation mit neuen Perspektiven in den Startlöchern stand.

Ihr sitzt auf euren Stühlen und wacht
In der harten Disziplin der Klassenschlachten
habt ihr auf euch selbst verzichtet.
So sitzt ihr nicht auf den Stühlen, sondern
ehernen Tafeln.

In den KZs und Zuchthäusern, die eure Wohnungen waren,
haben sie euch verwüstet und zu Krüppeln geschlagen.
So sitzt nicht ihr auf euren Stühlen, sondern
eure Nummer

hatte Adolf Dresen 1965 geschrieben.[40] Die Krise, die seine »Faust«-Inszenierung auslöste und ihr Nachbeben stehen auch für das Scheitern seiner Generation an den vom Stalinismus betonierten Verhältnissen.

Mit Gerhard Wolfram war dann ein Mann an die Spitze des Deutsches Theaters gelangt, der weder Emigrant noch Opfer des Faschismus war. Wolfram hatte sich nicht für die DDR entschieden – anders als Wangenheim, Langhoff und Heinz. Auch Hanns Anselm Perten war nach Kriegsende aus Hamburg in die DDR gekommen. Der 1922 geborene Wolfram hingegen hatte einfach in dem Teil Deutschlands gelebt, aus dem 1949 die DDR geworden war. Während des Krieges war er als Wehrmachtsangehöriger über die Soldatenbühne Köthen zum Theater gekommen. Wolfram, der als Achtzehnjähriger in die NSDAP eingetreten war, gehörte zu einer Generation, die nach 1945 mit einem Gefühl für ihre Mitschuld an den nationalsozialistischen Verbrechen und der Hoffnung in die Nachkriegszeit aufgebrochen war, diese Schuld durch Identifikation mit dem neuen Deutschland abtragen zu können, das die DDR zu werden versprach.

Zuerst fiel Wolfram um 1950 als junger Leiter der Abteilung »Theater und Film« beim Berliner Rundfunk auf. Dort war im März 1951 ein Mitschnitt der Uraufführung »Das Verhör des Lukullus« von Paul Dessau nach einem Libretto von Bertolt Brecht entstanden, die in dieser Zeit unter dem Dach des Deutschen Theaters arbeiteten. Kurz darauf geriet die Oper ins Fegefeuer der Kulturdebatten jener Jahre, wurde verboten und Dessau und Brecht zu Umarbeitungen aufgefordert. Als die Kunstinquisitoren beim Rundfunk die Herausgabe des Bandes mit der Originalversion verlangten, weigerte sich Wolfram. So blieb das Band erhalten. Wolfram aber verlor seinen Posten beim Rundfunk und ging zum Theater.

1953, im Jahr des 17. Juni, war Wolfram in die SED eingetreten. Kurzzeitig verpflichtete er sich in den Jahren um den Mauerbau, als der Kalte Krieg klare Positionierungen im Kampf der Systeme einforderte, bei der Staatssicherheit. Doch schon 1965, nach dem 11. Plenum, war diese Zusammenarbeit wieder beendet. Als Intendant des Deutschen Theaters verbat er sich wenige Jahre später bereits offen die Einflussnahme der Staatssicherheit im Haus,[41] mit der er als Intendant und staatlich bestellter Leiter eigentlich zur Zusammenarbeit verpflichtet war.

Mit seinem Ruf ans Deutsche Theater war Wolfram 1972 Kandidat des ZK der SED geworden und damit in den inneren Kreis der Staatsmacht aufgerückt, als in der DDR kurzzeitig die Hoffnung auf Liberalisierung und Demokratisierung bestand. Vier Jahre später, während des IX. Parteitags, verzichtete Wolfram im Mai 1976 auf seine ZK-Kandidatur.[42] Sein Verhältnis zur Staatsmacht war merklich abgekühlt. Zunehmend versuchte er, das Theater dem staatlichen Einfluss zu entziehen. Schon 1977 stellte ein Bericht der Staatssicherheit fest, die Gemeinsamkeit der meisten Inszenierungen der Intendanz Wolfram bestehe in indirekten Angriffen auf die politische Macht.

Als das 100. Gründungsjubiläum näher rückte und das Theater aus der rekonstruktionsbedingten Interimsphase als erstes Staatstheater der DDR und sozialistisches Nationaltheater mit einem großen Staatsakt ins öffentliche Bewusstsein zurückkehren sollte, war Wolfram nicht mehr tragbar. Dabei stand das Theater als das überragende Haus in der Ost-Berliner Theaterlandschaft. Im Gegensatz zu allen anderen Theatern hatte es – außer Adolf Dresen und dem Schauspieler Hilmar Thate – keine Spitzenkräfte an den Westen verloren. »In den letzten Jahren, als nach der Abwanderung vieler Regisseure die Ost-Berliner Theaterszene langsam ins Grau absank, hat das Deutsche Theater einiges von seinem Glanz behalten«, stellte sogar *Der Spiegel* fest.[43] Trotzdem wurde Wolfram abgesetzt, ein Jahr bevor das Deutsche Theater wiedereröffnet und der Theaterwissenschaftler Rolf Rohmer sein Nachfolger wurde.

»Ich fühlte mich in diesem Land sicher, in diesem Theater sicher, solange Du mein Intendant warst. Dann nicht mehr«, sagte neun Jahre später der Schauspieler Christian Grashof bei der Trauerfeier für Gerhard Wolfram im Deutschen Theater. Das Ende der DDR hatte Wolfram nur um wenige Wochen überlebt, für deren ganz konkrete Wirklichkeit er wie kein anderer Intendant in der Schumannstraße vor ihm stand. In diesem Land hatte er gelebt, es gestalten wollen und Verantwortung übernommen. An und mit der DDR hatte er sich entwickelt, in sie gesetzte Hoffnungen ebenso wie Irrtümer geteilt.

»Ich denke, dass die politische Alternative, die mit der DDR in Deutschland versucht wurde, nicht zuletzt an den Deutschen und ihrer Art der Auffassung von einem solchen Versuch gescheitert ist«, blickte Wolfram wenige Monate vor seinem Tod im Januar 1991 in einem Interview zurück, das im Oktober 1990, dem Monat des Beitritts der Deutschen Demokratischen Republik zur Bundesrepublik Deutschland erschien.[44] »Wir sind ja doch das Preußische gewiss am wenigsten losgeworden.« Mit seiner Biografie verkörperte Gerhard Wolfram die realen Verhältnisse in der DDR in viel stärkerem Maße als die antifaschistischen Monumente, die vor ihm dieses Theater geleitet hatten. Waren Wolfgang Langhoff und Wolfgang Heinz Verkörperungen des Anspruchs der DDR gewesen, an dem sie schon bald gescheitert war, stand Wolfram für die gesellschaftliche Wirklichkeit und die Mehrheit der Menschen, die in diesem Staat lebten.

IX Das Ende der Geschichte

Der letzte DDR-Intendant des Deutschen Theaters war Dieter Mann. Er war im Frühjahr 1984 an die Spitze des Theaters gelangt, nachdem die Intendanz von Gerhard Wolframs Nachfolger Rolf Rohmer nach weniger als zwei Spielzeiten im Chaos versunken war.[1] Dann endlich war die Politik zu der Einsicht gelangt, dass dieses schwierige Haus nur aus seinem Innern heraus überhaupt noch zu leiten war und hatte fast über Nacht Dieter Mann die Intendanz angetragen. Dieter Mann gehörte dem Ensemble seit 1964 an. Noch vor seinem vierzigsten Lebensjahr hatte er durch seine Theater-, Film- und Fernsehrollen den Status eines Volksschauspielers erlangt. Jetzt war er dreiundvierzig Jahre alt und ein sozialistischer Intendant mit exemplarischer Biografie, die noch einmal für das Versprechen einer gerechteren Gesellschaft stand, mit dem die DDR einmal aufgebrochen war.

Dass dieser Staat bereits im Sterben lag, konnte in diesem Frühjahr des Jahres 1984 niemand ahnen. Die Nachkriegsordnung schien betoniert, die Verhältnisse besiegelt. Als in Moskau 1986 Michail Gorbatschow Generalsekretär der KPdSU wurde, erwachte noch einmal die Hoffnung auf eine Reformierbarkeit des Systems. Wenige Jahre später war auch die Sowjetunion untergegangen. So oft hatte es diese fragilen Tauwetterperioden gegeben. Immer war dann alles wieder zugefroren. Dass nun aber die von Gorbatschow eingeforderten Reformen alles wegreißen würden, lag jenseits von allem, das damals vorstellbar schien.

Wie man einem toten Hasen die Bilder erklärt: das Jahr 1988

In seinen letzten Jahren als Staatstheater der DDR strömten die Zeitverläufe mit ihren sich überstürzenden Ereignissen beinahe in Echtzeit durch das Deutsche Theater, das zu einem zentralen Beschleuniger der Prozesse wurde, die am 9. November 1989 zum Fall der Mauer führten. Allein das Jahr 1988 lässt sich an vier Inszenierungen erzählen. In den Kammerspielen hatte am 30. Januar Volker Brauns Stück »Transit« Premiere. Auf der Basis von Anna Seghers Exilroman thematisierte es den immer reißenderen Sog der Fluchtbewegung aus der DDR, den die Blockade der SED des von Gorbatschow angestoßenen Reformprozesses ausgelöst hatte. Während die Regierungen in Polen oder Ungarn spürbar auf Regimekritiker und Oppositionsbewegungen zugingen, bekämpfte die DDR ihre Kritikerinnen und Kritiker im Land weiterhin rigoros. Frustriert verließen immer mehr Menschen das Land. Etwa 110 000 Menschen würden allein bis Ende 1988 einen offiziellen Ausreiseantrag stellen.[2] Doch noch wagte der Regisseur Friedo Solter nicht, die Dinge offen anzusprechen, sondern näherte sich in seiner Inszenierung poetisch assoziativ auf Umwegen dem Thema Ausreise und Flucht. Auch Zeitungen und Fernsehen der DDR verschwiegen bisher den wachsenden Flüchtlingsstrom, über den sich die Gesellschaft nur im tabuisierten Westfernsehen informieren konnte.

Am Ende des Jahres kam der Regisseur Frank Castorf in seinem Regiedebüt in der Schumannstrasse schon deutlich direkter zur Sache. Dieter Mann hatte den siebenunddreißigjährigen widerständigen Regisseur, der die SED immer wieder provozierte, aus Karl-Marx-Stadt ans Deutsche Theater geholt, obwohl die Partei Castorf mit einem Berlin-Verbot belegt hatte. Hier inszenierte Castorf im Dezember 1988 »Paris, Paris«. Eigentlich hieß das Stück von Michail Bulgakow, das in den Jahren nach der Russischen Revolution spielt, »Sojas Wohnung«. Doch jetzt, im Jahr 1988 traf »Paris, Paris« die Sache besser – wo sich alle Sehnsucht Richtung Westen wandte. Auf der Rückwand der Bühne war in kyrillischer Schrift der berühmte Satz von Joseph Beuys zu lesen:

»Wie man dem toten Hasen die Bilder erklärt.« Wer wollte, konnte das auf die Erstarrung der SED den Zeitverläufen gegenüber beziehen, die sie kaum ein Jahr später unter sich begraben würden.

Noch aber war die Partei gefürchtet. Als Friedo Solter im Sommer 1988 Michail Schatrows Stück »Diktatur des Gewissens« inszenierte, drängte die Berliner Bezirksleitung wieder einmal auf Verbot. Ihr stand inzwischen Günter Schabowski vor, der gleichzeitig Mitglied des Politbüros war. Der 1932 in Moskau geborene Dramatiker Michail Schatrow war Sohn eines Ingenieurs, der während des Terrors in den 1930er Jahre in Moskau erschossen worden war. Jetzt hatte er ein Stück der Stunde geschrieben, das an zentrale Tabus rührte: Junge Journalisten, die in der Redaktion eines Parteiblatts um mehr Gedankenfreiheit streiten, beginnen ein symbolisches »Gericht über Lenin« abzuhalten, in dessen Verlauf sechzig Jahre sowjetische Geschichte einer politisch-moralischen Revision unterzogen werden.

Über allem schwebte der blutige Schatten Stalins. Noch immer tabuisierte Verbrechen, die mit seinem Namen verbunden sind, wurden im Stück nun angesprochen. Selbst die Revolutionsikone Wladimir Iljitsch Lenin streifte jetzt der Hauch des Zweifels. Wieder begann das übliche Spiel: die SED will verbieten, das Theater lotet seine eng bemessenen Handlungsspielräume der Staatsmacht gegenüber aus. Schließlich übernahm Dieter Mann selbst eine Rolle in der Inszenierung, um die Premiere durchzusetzen. Denn damit hätte ein Verbot einen Angriff der Partei auf den von ihr bestellten staatlichen Leiter bedeutet und ihm, Mann, Argumente für einen Rücktritt geliefert. Das aber wollte die politische Führung an diesem exponierten Haus nach den vergangenen Chaosjahren auf keinen Fall riskieren. Dieter Mann hat dieses Druckmittel gelegentlich eingesetzt, um die Arbeit des Theaters abzusichern.

Die Fassung des Deutschen Theaters von »Diktatur des Gewissens« zitierte im Sommer 1988 auch einen Satz von Rosa Luxemburg: »Freiheit ist immer die Freiheit der Andersdenkenden«. Wenige Monate zuvor hatte dieser Satz bei den offiziellen Demonstrationen zum 69. Jahrestag der Ermordung von Rosa Luxemburg und Karl Liebknecht am 15. Januar 1919 die Verhaftung von Künstlern und Bürgerrechtlern zur Folge gehabt, die ihn auf Transparenten mit sich führten. Damit hatten sie den Abgrund markiert, der sich zwischen Anspruch und Wirklichkeit der DDR auftat. Während sich die politische Führung der DDR auf dieser Demonstration jährlich als legitime Erbin der beiden »Märtyrer« der Bewegung in Szene setzte, waren Luxemburgs Forderungen, die sie 1918 in ihrer Schrift »Zur Russische Revolution« schon als Kritik an den Bolschewiki formuliert hatte, nach wie vor unerfüllt.

So legte dieser ritualisierte staatliche Demonstrationszug, der traditionsgemäß auf dem Sozialistenfriedhof in Friedrichsfelde endete, auch die Verblendung der Staats- und Parteiführung offen. In der kreisförmig angelegten Anlage, in deren Innern sich die Gräber von Rosa Luxemburg und Karl Liebknecht befinden, waren inzwischen auch viele hochrangige SED-Funktionäre zur letzten Ruhe gebettet worden.

Unter den Verhafteten des Januars 1988 befanden sich der Liedermacher Stephan Krawczyk, die Regisseurin Freya Klier, die Malerin Bärbel Bohley, die Bürgerrechtler Vera Wollenberger, Werner Fischer und Wolfgang Templin. Die Empörung über ihre Verhaftung war groß. Auch im Deutschen Theater fand eine Protestversammlung statt, einberufen von den Gewerkschaftsvertretern des Ensembles. Es wurde eine Resolution verfasst, die die Verhaftungen der Künstlerinnen und Künstler als Verletzung der künstlerischen Freiheit kritisierte.

Epitaph für einen Staat: »Der Lohndrücker« von Heiner Müller

Während der Debatten um die Verhaftungen bei der Luxemburg-Liebknecht-Demonstration stand eine Inszenierung kurz vor der Premiere, in der es genau um das Missverhältnis zwischen den geschichtsklitternden Lügen der toxischen SED-Nomenklatur und dem ursprünglichen Anspruch der DDR ging: »Der Lohndrücker« von Heiner Müller. Viele derer, die jetzt gegen die Verhaftungen protestierten und die Resolution des Theaters unterstützten, spielten hier mit: Johanna Schall, Margit Bendokat, Thomas Neumann, Hermann Beyer, Jan Josef Liefers, Horst Hiemer, Jörg-Michael Körbl, Michael Gwisdek, Roman

Kaminski und Ulrich Mühe. Die Handlung des Stücks ist in der Zeit der DDR-Gründung angesiedelt. Es gehört zu den Produktionsstücken, die in den 1950er Jahren die neue gesellschaftliche Wirklichkeit im Arbeiter- und Bauernstaat abbilden sollten. Dreißig Jahre zuvor war es von Heinar Kipphardt für die Uraufführung am Deutschen Theater abgelehnt worden. Nun wurde »Der Lohndrücker« zum bildmächtigen Abgesang auf die DDR, der den Beginn dieses Staates von seinem Ende her noch einmal aufrollte.

Dies fand seine Entsprechung in der Tatsache, dass Müller sein Stück nun selbst inszenierte, er dem Dramatiker, der er damals war, nun aus der Gegenwart als Regisseur entgegenkam. Die Widersprüche, an denen die DDR in jenem Jahr 1988 endgültig zu zerbrechen begann, hatte der Dramatiker Heiner Müller als bereits in ihre Gründung eingeschrieben geschildert. Da ist ein Held der Arbeit, der wenige Jahre zuvor noch ein Denunziant der Nazis war. Nun steht er seinem einstigen Opfer gegenüber: einem Kommunisten, der das KZ überlebte, in das dieser Verrat ihn brachte, und der ihn nun als Parteisekretär des Betriebs zu einer neuen Denunziation auffordert – diesmal, um die Politik der SED zu stützen. So ist die Lüge gesät und setzt sich fort.

Aus Proletariern waren Betriebsdirektoren mit Schlips und Kragen geworden, der gefeierte Held der Arbeit war eigentlich ein »Lohndrücker«, also verlängerter Arm der alten Ausbeutung, die auch im neuen Staat weiterhin fortbestand. Diese Gemengelage war bereits 1953 ein Auslöser der Unruhen des 17. Juni gewesen. Alte Nazis mimten im neuen Staat neue Menschen, einstige Kommunisten hatten die Ideale längst verraten, für die sie im KZ gesessen hatten. Dazwischen versuchten die normalen Leute, ihr Leben zu leben: Arbeiter oder eine HO-Verkäuferin etwa, die Margit Bendokat nun ironisch als grelle Ikone des Mangels zeichnete. Ganz hinten prangte ein Stalin-Porträt und stand für die noch viel größere Lüge, einen noch viel unerträglicheren Widerspruch: dass nämlich der Befreier vom Nationalsozialismus gleichzeitig der Unterdrücker, ja, Mörder seiner eigenen Genossen war. Als Wachsfigur schaute Stalin halbverdeckt auch aus einer Loge dem Geschehen auf der Bühne zu. In ihrem Zentrum glühte wie ein mythisches Höllenfeuer aus dem Untergrund der Ringofen, dessen halsbrecherische Reparatur bei laufendem Betrieb den Kern der Geschichte bildet.

Müller hatte sein Produktionsstück als Regisseur ins Überzeitliche der Tragödie gehoben, der österreichische Bühnenbildner Erich Wonder schroffe, düstere Bilder geschaffen, die Kostümbildnerin Christine Stromberg die Figuren des Dramas dafür im Konkreten verortet. Filmprojektionen zeigten kämpfende Männer im Meer, einen Vulkanausbruch oder Goyas berühmtes Bild »Kampf mit Knüppeln auf den Tod«. Diesem tödlichen Kampf lag alles zugrunde. Johanna Schall und Ulrich Mühe zeigten als vorzeitliches Clowns- und Mordspiel statuarisch Heiner Müllers »Der Horatier«.

Dort wurde ein weiteres Mal die Frage unter das Brennglas großer Schauspielkunst gelegt, ob jemand gleichzeitig siegreicher Staatsheld und skrupelloser Mörder und Verbrecher sein kann. So, wie es eben Stalin gewesen war, über dessen Taten viele Kommunisten geschwiegen hatten. Und von denen mancher nun längst auf dem Friedrichsfelder Sozialistenfriedhof lag – Walter Ulbricht etwa, der in dieser sozialistischen Republik der Toten in unmittelbarer Nähe von Rosa Luxemburg und Karl Liebknecht begraben war. Im Laufe der Jahrzehnte, die seit der Gründung der DDR vergangen waren, hatten sich die übrig gebliebenen und nachgeborenen Parteifunktionäre zu jenen »Kentauren« entwickelt, wie Müller sie in einem sarkastischen, von Michael Gwisdek gesprochenen Zwischenspiel als Erfüllungsgehilfen der Parteibürokratie beschrieb, die, halb Mensch, halb Möbel, mit ihrer Funktion verwachsen waren.

»Der Lohndrücker« wurde eine berühmte, bis zur Wende meist ausverkaufte Inszenierung. Ihren Ruhm verdankte sie nicht nur der Tatsache, dass die Zeitereignisse, die bereits in die Proben eingeflossen waren, ihre Spieler zusätzlich illuminierten und die Inszenierung mit historischer Hitze und Dringlichkeit unterfütterten. Ihre Kraft verdankte sie vor allem der Macht, mit der sie in diesem Übersetzungsprozess von Politik und Geschichte in Kunst die Autonomie der Kunst behauptete: »Nämlich die Worte müssen rein bleiben. Denn / Ein Schwert kann zerbrochen werden und ein Mann / Kann auch zerbrochen werden, aber

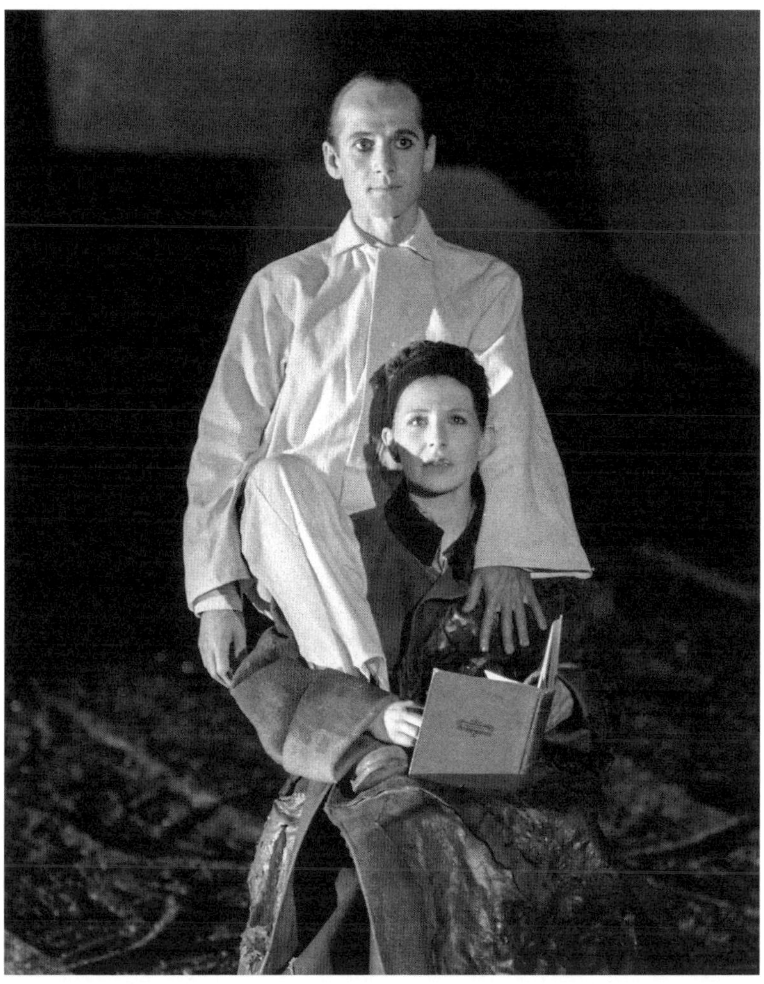

Ulrich Mühe und Johanna Schall spielen »Der Horatier« in Heiner Müllers Inszenierung »Der Lohndrücker«, 1988

die Worte / Fallen ins Getriebe der Welt uneinholbar / Kenntlich machen die Dinge oder unkenntlich«,[3] wie es in »Der Horatier« heißt. Auch wusste diese Inszenierung bereits, was die Welt draußen so noch nicht sah: dass die DDR ihrem Untergang entgegenging.

Im Jahr darauf wollte Heiner Müller seine Auseinandersetzung mit der DDR zwischen Anspruch und Wirklichkeit fortsetzen. Im Oktober 1989 stand der 40. Jahrestag der Staatsgründung bevor. Wieder sollte ein eigener Text im Zentrum stehen: das 1977 entstandene und in der DDR lange verbotene Stück »Hamletmaschine«. Es spielt vor dem Hintergrund des Ungarnaufstands des Jahres 1956 und sollte die Matrix für eine Hamlet-Relektüre sein. Müller wollte den Stoff als Drama eines Staats inszenieren, der von den nicht aufgearbeiteten Verbrechen seiner Herrschenden langsam ausgehöhlt und in die Krise gestürzt wird. Die Titelfigur stellte Müller sich als Sohn eines jener kommunistischen Parteifunktionäre vor, die – wie László Rajk 1949 in Budapest – bei stalinistischen Schauprozessen zum Tode verurteilt worden waren.[4] Ein Intellektueller, der mit dem sich rasend vollziehenden Sinnverlust in einer Epoche des Umbruchs kämpft.

»Warum lügen Sie?«

Als die Proben am 1. September 1989 begannen, hatte sich die Krise der DDR weiter zugespitzt. Im Mai 1989 hatten unabhängige Beobachter der Regierung bei den Kommunalwahlen massive Manipulation der Wahlergebnisse nachweisen können. Ungarn hatte im selben Monat den Grenzzaun zu Österreich entfernt und damit ein Loch in den Eisernen Vorhang gerissen. In der Folge flohen mehrere Tausend DDR-Bürgerinnen und -Bürger via Ungarn in den Westen. Von den Reformen Gorbatschows in der Sowjetunion angestoßen, hatte sich auch in der kommunistischen Volksrepublik China eine Protestbewegung gebildet, die mehr Freiheit und Demokratie einforderte. Vom 3. auf den 4. Juni wurde der friedliche Protest auf dem Platz des Himmlischen Friedens durch das chinesische Militär blutig beendet. Volkskammer und SED begrüßten das Vorgehen und solidarisierten sich mit der chinesischen Führung. Immer weiter stieg die Zahl aus der DDR Flüchtender, die in Ungarn und der Tschechoslowakei in Massen die Botschaften der Bundesrepublik belagerten und auf Ausreise hofften, die ihnen schließlich von der DDR-Führung gestattet wurde. »Wir bleiben hier!« riefen dagegen Demonstranten bei den wöchentlichen Montagsdemonstrationen in Leipzig, deren erste am 4. September 1989, drei Tage nach Beginn der Berliner »Hamlet«-Proben stattgefunden hatte.

Immer mehr Menschen schlossen sich in Bürgerrechtsgruppen zusammen. Im Haus von Katja Havemann, Witwe des Regimekritikers und Wolf-Biermann-Freundes Robert Havemann, gründete sich am 9. September die Bürgerrechtsbewegung »Neues Forum«, die am Tag darauf mit einer Erklärung an die Öffentlichkeit trat: »In unserem Land ist die Kommunikation zwischen Staat und Gesellschaft offensichtlich gestört.« Fluchtbewegungen dieses Ausmaßes würden anderswo durch Not, Hunger und Gewalt verursacht.[5] Wenige Tage später folgte eine Erklärung des Schriftstellerverbandes, die maßgeblich von der Schriftstellerin Christa Wolf initiiert worden war. Gefordert wurde der sofortige Beginn eines demokratischen Dialogs auf allen Ebenen. Das Ensemble des Deutschen Theaters schrieb einen offenen Brief an Willi Stoph, den Vorsitzenden des Ministerrats der DDR, das höchste Exekutivorgan im Staat. Darin wurde auch eine Öffnung der Medien gefordert, die noch immer über den Massenexodus schwiegen.

Bei einer Ensembleversammlung im Foyer der Kammerspiele bekannten sich am 18. September 1989 viele Schauspielerinnen und Schauspieler öffentlich zu den Resolutionen von Neuem Forum und Schriftstellerverband, darunter Ulrich Mühe, der aus den Proben von Heiner Müllers »Hamlet« kam, wo er den unglücklichen Prinzen und Sohn eines ermordeten Vaters spielte, dessen Zeit aus den Fugen geraten war. Erschienen war auch der Erste Sekretär der SED-Bezirksleitung von Ost-Berlin Günter Schabowski, dem auf der Versammlung der geballte Unmut des Ensembles entgegenschlug. Es wurde gepfiffen und gebuht, sobald Schabowski Luft holte, um einen Satz zu sagen, wie Dieter Mann später berichtet hat.[6] »Warum lügen Sie?« sprach Inge Keller Schabowski direkt auf die falsche Berichterstattung der Medien an. Als am nächsten Tag Intendant Dieter Mann wegen der Unverschämtheiten des Ensembles von der SED-Bezirksleitung einbestellt wurde, ließ er Schabowski wissen, die Staats- und Parteiführung habe sich diese Reaktionen selbst zuzuschreiben.[7]

Noch immer wusste niemand, welchen Lauf die Dinge nehmen würden. Noch immer konnte alles blutig enden – wie wenige Wochen zuvor in Peking, wie 1968 in Prag oder 1956 in Ungarn. Noch immer konnten Panzer alle Forderungen nach Meinungsfreiheit, freien Medien und mehr Demokratie niederwalzen, die »Rädelsführer« ihren Mut mit mehrjährigen Zuchthausstrafen bezahlen. »Wer eine Zusammenrottung organisiert oder anführt (Rädelsführer), wird mit Freiheitsstrafe von einem bis acht Jahren bestraft«, hieß es in Paragraf 217 Abs. 2 des Strafgesetzbuchs,[8] das bereits jeden Versuch der Organisation einer »Zusammenrottung« zur Straftat erklärte.

Als am 7. Oktober 1989 die DDR den 40. Jahrestag ihrer Gründung beging, schien die Ordnung noch festgefügt. Auf der Ehrentribüne an der Karl-Marx-Allee stand am Vormittag die Staats- und Parteiführung und nahm die traditionelle Militärparade ab, die in diesem Jubiläumsjahr deutlich pompöser ausfiel. Viele hochrangige Politiker aus den »sozialistischen Bruderstaaten« waren gekommen. Direkt neben Erich Honecker stand Michail Gorbatschow, während Panzer und Raketen, Formationen der DDR-Streitkräfte, Musikcorps und fahnentragende Brigaden aus Betrieben und Massenorganisationen vorbeizogen. Hinter der Ehrentribüne erhob sich ein gigantisches Transparent mit dem Staatswappen und der Aufschrift »40 Jahre DDR«.

Rund um den nahen Rosa-Luxemburg-Platz warteten an diesem Vormittag schwere Panzer auf ihren Auftritt bei der Militärparade, während in der am Nordrand des Platzes gelegenen Volksbühne eine Versammlung stattfand. Offiziell war diese Versammlung als »Feier zum Tag der Republik« deklariert, tatsächlich aber eine Aussprache zur zugespitzten Lage im Land. Vertreterinnen und Vertreter aller Berliner Theater waren eingeladen, vom Deutschen Theater nahmen Intendant Dieter Mann und die beiden Gewerkschaftsvertrauensleute des Ensembles, Johanna Schall und Thomas Neumann teil. Auch aus anderen Städten der Republik waren Theaterleute gekommen.

Es wurde diskutiert, eine Erklärung vom Ensemble des Dresdener Staatsschauspiels verlesen, wo nach seinem erzwungenen Abgang vom DT Gerhard Wolfram Intendant geworden war: »Wir treten aus unseren

Rollen heraus. Die Situation in unserem Land zwingt uns dazu«, hieß es in der Erklärung unter anderem. »Eine Parteiführung, die ihre Prinzipien nicht mehr auf Brauchbarkeit untersucht, ist zum Untergang verurteilt. Ein Volk, das zur Sprachlosigkeit gezwungen wurde, fängt an, gewalttätig zu werden. Die Wahrheit muss an den Tag. Unsere Arbeit steckt in dem Land. Wir lassen uns das Land nicht kaputtmachen.«[9] Denn dazu waren die Theaterleute fest entschlossen: das Land gegen seine destruktive Regierung zu verteidigen und einen Anspruch auf Mitsprache anzumelden. Am Ende der Versammlung wurden wöchentliche Treffen verabredet, um das weitere Vorgehen regelmäßig abzustimmen. Die nächste Versammlung sollte in der Woche darauf am 15. Oktober im Deutschen Theater stattfinden. Mit der Vorbereitung wurde die Schauspielerin Johanna Schall beauftragt.

Antrag auf eine Demonstration oder: wie ein Staat verschwindet

Als das Treffen stattfand, war die Lage weiter eskaliert. Noch am Abend des 7. Oktober war es zu schweren Übergriffen von Polizei und Staatssicherheit gegen friedliche Demonstranten gekommen, nachdem alle Staatsgäste wieder abgereist waren, vor allem Michail Gorbatschow. Jetzt, am 15. Oktober, berichteten im überfüllten Zuschauerraum des Deutschen Theaters viele Theaterleute aufgebracht davon, was sie gesehen hatten, oder was ihnen selbst widerfahren war: wie Polizei wahllos auf Demonstrierende einschlug, willkürlich Menschen in Polizeitransporter zerrte und in Haftanstalten fuhr, wo sie in überfüllte Massenzellen gepfercht oder nachts stundenlang bewegungslos in der Kälte auf dem Hof stehen, sich nackt ausziehen mussten, geschlagen und gedemütigt wurden.

Im Publikum saß auch Jutta Wachowiak, eine der bekanntesten Schauspielerinnen des Ensembles, dem sie – von Wolfgang Heinz entdeckt und engagiert – seit 1970 angehörte. In der Tasche hatte sie ein Papier, das ihr eine befreundete Nachbarin mitgegeben hatte. Diese Nachbarin war Jutta Speidel, eine Mitgründerin der Bürgerrechtsbewegung Neues Forum. Dort war der Plan entstanden, in Berlin eine große Demonstration zu organisieren. Dabei war man auf einen Paragrafen im gerade erst im Juli geänderten Versammlungsrecht gestoßen, der besagte, dass es in der DDR möglich war, Demonstrationen offiziell anzumelden. War dies eine Möglichkeit, den Straftatbestand der Organisation einer »Zusammenrottung« zu umgehen? Ein entsprechender Antrag auf Anmeldung einer Demonstration war vom Neuen Forum vorformuliert und Jutta Wachowiak mitgegeben worden. Das Neue Forum selbst konnte den Antrag nicht stellen, da es als staatsfeindliche Organisation verboten war. Deshalb sollten nun die Berliner Theaterschaffenden diese Anmeldung auf den Weg bringen.

Johanna Schall hatte als Organisatorin der Versammlung auch den jungen Rechtsanwalt Gregor Gysi als Berater ins Deutsche Theater eingeladen, der den Versammelten jetzt die Rechtslage erläuterte und schließlich empfahl, tatsächlich einmal zu versuchen, offiziell eine Demonstration anzumelden, also den Rechtsweg einzuschlagen. Und so bildete sich aus den Mitgliedern der Gewerkschaftsvertretungen der Theater die »Initiativgruppe 4. 11.« und meldete für diesen Tag auf dem Alexanderplatz eine Demonstration an.

Während die Mitglieder der Initiativgruppe – Johanna Schall und Thomas Neumann vom Deutschen Theater, der Bühnenbildner Henning Schaller vom Maxim-Gorki-Theater und der BE-Schauspieler Wolfgang Holz – die Demonstration vorbereiteten, setzte sich der Autoritätsverfall der Staatsmacht in rasender Geschwindigkeit fort. Drei Tage nach der Versammlung im DT, wo die Demonstration für den 4. November 1989 beschlossen worden war und nicht einmal zwei Wochen nach dem 40. Jubiläum der Staatsgründung musste Staats- und Parteichef Erich Honecker zurücktreten.

In diesem schwindelerregenden Erosionsprozess, der noch immer voller Gefahren und ungewissen Ausgangs war, setzte das Deutsche Theater am 28. Oktober 1989 spontan eine Veranstaltung auf den Spielplan, die nirgends angekündigt wurde, die Nachricht von ihrem Stattfinden sich aber wie ein Lauffeuer verbreitete. Walter Janka, der einstige Leiter des Aufbau Verlags, der 1956 in einem Schauprozess wegen

»konterrevolutionärer Verschwörung« zu einer mehrjährigen Zuchthausstrafe verurteilt worden war, hatte im westdeutschen Rowohlt Verlag gerade sein Erinnerungsbuch über die Umstände des Prozesses und seiner Haftzeit »Schwierigkeiten mit der Wahrheit« veröffentlicht. Ulrich Mühe war auf das Buch im Zuge der Proben zu Heiner Müllers »Hamlet«-Inszenierung aufmerksam geworden, deren zentrales Thema der nie aufgearbeitete Stalinismus war. Jetzt sollte Mühe im Rahmen einer Matinee aus Jankas Erinnerungen lesen.

Eine schier unübersehbare Menge von Menschen war gekommen. Alle Foyers wurden geöffnet, sogar auf Treppen und Fluren saßen Leute. Bald mussten die Türen verriegelt werden, um zu verhindern, dass die Feuerwehr das Haus aus Sicherheitsgründen räumen lassen würde. In größter Sorge um das erst wenige Jahre zuvor aufwändig restaurierte Haus erschien Intendant Dieter Mann mit einem Megaphon auf dem Balkon im ersten Stock: »Wir stellen Lautsprecher raus, sie können die Lesung hören, das garantiere ich ihnen«, rief er der wartenden Menge auf dem Vorplatz zu. »Aber bitte beschädigen sie nicht das Theater. Drücken sie bitte nicht die Türen ein! Wir werden diese Lesung wiederholen.«[10] Auch bat er die Menge eindringlich darum, der Volkspolizei keinen Anlass zu bieten, die Veranstaltung abzubrechen.

Im Theater war es vollkommen still, als der Schauspieler Michael Gwisdek auf der Bühne zunächst eine Erklärung von Christa Wolf verlas, in der von einer bedeutenden Premiere die Rede war. »Zum ersten Mal wird öffentlich und so radikal wie möglich jenes Grundübel zur Sprache kommen, aus dem über die Jahrzehnte hin fast alle anderen Übel des Staates DDR hervorgegangen sind: Der Stalinismus«, hieß es darin unter anderem. Vor mehr als dreißig Jahren sei an Walter Janka ein Exempel statuiert worden. »Daß er bis heute nicht in aller Form öffentlich rehabilitiert wurde – er und die anderen Opfer der Schauprozesse der fünfziger Jahre«, so Christa Wolfs Erklärung weiter, sei ein Zeichen des schleichenden Stalinismus, der »zu Zeiten schärfer, zu Zeiten milder, den manifesten Stalinismus ablöst, aber seine Grundposition nicht aufgegeben hat, die da heißt: der Zweck heiligt die Mittel. Nun haben die unsittlichen Mittel den Zweck zersetzt. Nicht nur die Institutionen sind ausgehöhlt. Auch die Werte, die sie verkörpern sollten, zerfielen in der langen Erosionsperiode, die hinter uns liegt.«[11]

Dann las Ulrich Mühe zwei Stunden lang aus Jankas Buch, das Christa Wolfs Befunde ebenso drastisch wie exemplarisch belegte: mit Schilderungen etwa, wie die Schriftstellerin Anna Seghers und Kulturminister Johannes R. Becher 1956 nach den Enthüllungen der Verbrechen Stalins Walter Janka und andere erst ermutigt hatten, für mehr Demokratie einzutreten und offener zu reden. Als dies jedoch denen, die darauf eingegangen waren, bald darauf zum Verhängnis zu werden drohte, hätten Seghers und Becher geschwiegen. Ebenso, wie sie schwiegen, als der von beiden angeregte Versuch, den gemeinsamen Freund Georg Lukács 1956 aus Budapest zu retten, Janka ins Zuchthaus brachte. So wie Becher schon in den 1930er Jahren in Moskau geschwiegen hatte, als Bekannte und Genossen ins Räderwerk des Terrors gerieten.

Es ist die totale Demontage von antifaschistischen Identifikationsfiguren und Ikonen der DDR, die diese Lesung vor einem gebannt folgenden Publikum vollzieht. Statt hehre Ideale wurden staatliche Willkür und die Charakterschwäche ihrer Helden und der politischen Führung ausgestellt. Am Ende stand neben Ulrich Mühe bewegt auch Walter Janka auf der Bühne, der selbst Jahrzehnte lang über sein Schicksal geschwiegen hatte und wandte sich ans Publikum: »Ich verneige mich in tiefem Respekt vor ihnen allen. Ich bin sehr glücklich, diesen Tag erlebt zu haben, nach allem, was hier in Kurzform vorgetragen wurde. Und jetzt bitte ich Sie ganz aufrichtig, nach Hause zu gehen, friedlich nach Hause zu gehen, und sich durch niemanden provozieren zu lassen: Wir werden siegen!«[12]

Sechs Tage später, am 4. November 1989, stand Ulrich Mühe gemeinsam mit Johanna Schall auf der Rednertribüne auf dem Alexanderplatz, wo sie zu den ersten Sprechern der ersten offiziell genehmigten, nichtstaatlichen Demonstration in der Geschichte der DDR gehörten. Zunächst las Johanna Schall aus dem ›Vorschlag für eine Verfassung der französischen Republik‹ aus dem Jahr 1793: »Jede Verfassung muss den Schutz der öffentlichen und der individuellen Freiheit vor der Regierung selbst zum Ziel haben.« Dann verlas Ulrich Mühe mit leiser wie ein-

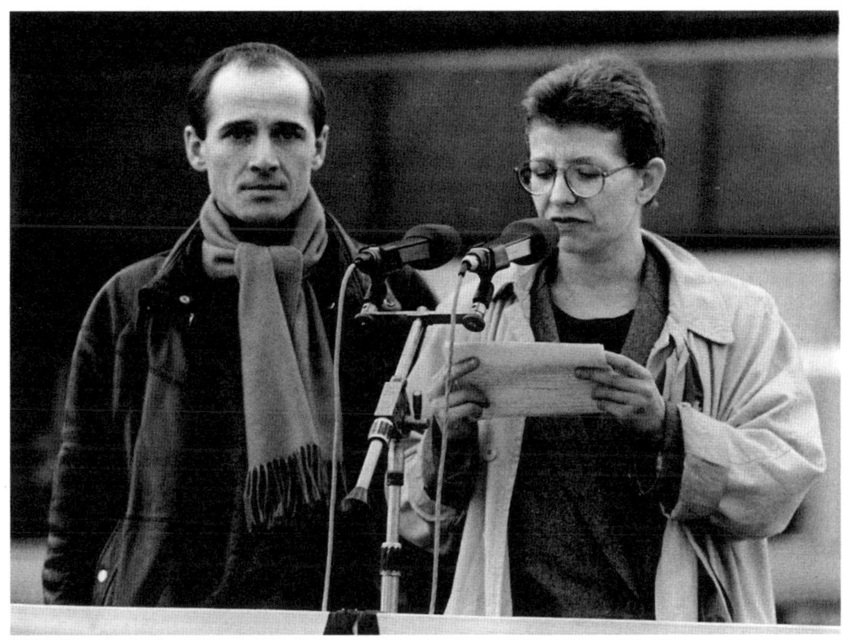

Ulrich Mühe und Johanna Schall am 4. November 1989 auf dem Berliner Alexanderplatz

dringlicher Stimme die Paragrafen 27 und 28 der DDR-Verfassung, die Meinungs- und Versammlungsfreiheit garantierten. Auf genau diese Paragrafen hatte sich der Antrag auf Genehmigung einer Demonstration bezogen. Anschließend trug Schall Paragrafen aus dem Strafgesetzbuch vor, die diese Freiheit einschränkten, eben jene, die sich auf die Bestrafung der »Rädelsführer« von »Zusammenrottungen« bezogen – Rädelsführerinnen, wie sie selbst nun eine war.

Zwei Schauspieler waren aus ihren Rollen heraus in die Gegenwart getreten. Gleichzeitig illuminierten die Rollen, die sie gespielt hatten, diesen Auftritt nun und luden ihn mit Symbolkraft auf. Johanna Schall, die 1980 als gerade Zweiundzwanzigjährige eine zerbrechliche Lucille Desmoulins in Alexander Langs Büchner-Inszenierung »Dantons Tod« gewesen war, die am Ende von den Schergen der Revolution in den Tod getanzt wird. Ulrich Mühe, der als Osvald Alving mit verkrüppelter Seele in Thomas Langhoffs Inszenierung von Henrik Ibsens »Gespenster«[13] auch Anklage gegen die Verkrüppelung der Seelen in der repressiven DDR führte. Die Inszenierung, die schon ein DDR-Endspiel war, hatte 1983 nach der Restaurierung symbolträchtig die Kammerspiele wiedereröffnet, die 1905 von Max Reinhardt mit diesem Stück bereits eröffnet worden waren.

Gemeinsam hatten Ulrich Mühe und Johanna Schall Heiner Müllers »Der Horatier« in »Der Lohndrücker« als vorzeitliches Mordspiel über die tödlichen Widersprüche der DDR aufgeführt. Vor diesem gemeinsamen Exerzitium waren Schall und Mühe in der DEFA-Verfilmung eines Stoffs von Stephan Hermlin das Liebespaar Lilo Herrmann und Rudolf Schwarze gewesen. Der Film beruhte auf dem Schicksal der kommunistischen Widerstandskämpferin Lilo Herrmann, die 1938 in Plötzensee mit neunundzwanzig Jahren hingerichtet worden war. Schwarze wurde bereits 1934 von der Gestapo ermordet.

In ihren Auftritt floss aber auch die biografische Symbolkraft dieser beiden Schauspieler ein: Johanna Schall, die als Enkelin von Bertolt Brecht und Helene Weigel auch als Erbin der DDR-Gründergeneration in Opposition zur Staatsführung gegangen war, und der Kürschnersohn Ulrich Mühe aus dem sächsischen Grimma, der in und von der Armee krank und dann Schauspieler geworden war. Hier stand er nun für jene, die die DDR erlitten hatten. Das Bild ihres Auftritts auf dem Alexanderplatz wurde zur Ikone dieser Demonstration, zu der sich Hunderttausende auf dem Alexanderplatz versammelten. Viele trugen Transparente, die demokratische Grundrechte und Meinungsfreiheit einforderten. »Rechtssicherheit statt Staatssicherheit« etwa oder »Staatssicherheit durch Öffentlichkeit«. Die Demonstration wurde ohne staatliche Genehmigung live im DDR-Fernsehen übertragen und ihre Botschaften so weit verbreitet. Johanna Schall war bereits am Abend zuvor im DDR-Fernsehen aufgetreten und der Moderator hatte mehrfach darauf hingewiesen, dass die Demonstration offiziell genehmigt worden war. Jetzt traten hier Künstler und Schriftsteller wie Christa Wolf und Heiner Müller, Bürgerrechtler wie Jens Reich und Marianne Birthler, aber auch

Vertreter von Staat und Partei auf, unter ihnen Günter Schabowski und Ex-Geheimdienstchef Markus Wolf. Und Gregor Gysi, der diese Demonstration als Rechtsberater mit auf den Weg gebracht hatte. Die Wiedervereinigung war nicht ihr Thema, sondern die Rettung des Staats und vieler einst an ihn geknüpften Hoffnungen vor seiner Führung. Drei Tage später trat die Regierung geschlossen zurück, am 8. November folgte das Politbüro diesem Beispiel. Am folgenden Tag fiel die Mauer.

An diesem 9. November 1989 stand im Deutschen Theater Friedo Solters Inszenierung von »Nathan der Weise« auf dem Spielplan, die 1987 zum 750. Stadtjubiläum Berlins entstanden war – und damit auch noch einmal der Nathan-Inszenierung ihre Reverenz erwies, mit der dieses Theater 1946 wiedereröffnet worden war. Damals hatte Intendant Gustav von Wangenheim dem jungen Markus Wolf, der wie er selbst in der Moskauer Emigration gewesen war, die Rolle des Tempelherrn angetragen.[14] Doch Wolf, Sohn des Dramatikers Friedrich Wolf, hatte sich gegen das Theater entschieden und war zum Geheimdienst gegangen. Jetzt, in der Inszenierung von 1987, spielte Tobias Langhoff den Tempelherren, Sohn von Thomas Langhoff, und Otto Mellies die Titelrolle. Als aasiger Patriarch von Jerusalem verkörperte Ulrich Mühe in dieser Inszenierung das Sinnbild einer Nomenklatur, die die Werte unterwanderte, für die Lessings Stück noch immer stand. An diesem 9. November nun verfolgte das Ensemble hinter der Bühne an einem mitgebrachten Transistorradio während der laufenden Vorstellung die Ereignisse. Sie spielten an diesem Abend fast fünfzehn Minuten schneller, um auf der Straße dabei sein zu können.

Rosemarie Schauer, die Referentin des Intendanten Dieter Mann, hielt sich an diesem Tag in Frankfurt am Main, also in Westdeutschland auf. Dort führte sie mit dem Frankfurter Schauspiel-Intendanten Günther Rühle Gespräche, weil der österreichische Bühnenbildner Erich Wonder für Heiner Müllers »Hamlet«-Inszenierung gigantische Prospekte entworfen hatte, die aus einem Material sein sollten, das in der DDR nicht zu beschaffen war. Die 70 000 D-Mark, die sie im Westen kosten würden, gab der Etat des Theaters nicht her. Heiner Müller, in jenen Jahren ein gesamtdeutscher Star, hatte eine Möglichkeit aufgetan, die Prospekte zu beschaffen. Rosemarie Schauer handelte nun die Begleichung der auf diesem Weg entstehenden Schulden durch Westgastspiele des Deutschen Theaters am Schauspiel Frankfurt aus. Als sie am 9. November nach Berlin zurückkehrte, gelang es ihr kaum, den Bahnhof Friedrichstraße zu verlassen. Menschenmassen drängten in die entgegengesetzte Richtung zu den Bahnsteigen. Jeder zweite machte sie darauf aufmerksam, dass sie in die falsche Richtung gehe. »Aber ich wollte ja nur nach Hause, was mir schließlich mit heruntergerissenem Mantel gelang«, hat sie in ihren Erinnerungen später berichtet.[15]

Die enormen Prospekte für Erich Wonders Bühnenbild von »Hamlet|Maschine«, die über den ganzen Rundhorizont verlaufen sollten, wären dann in den Wendewirren fast verloren gegangen. Längst war von den Wiener Werkstätten, wo sie bemalt worden waren, ihre Versendung in die Schumannstraße gemeldet worden. Dort aber kamen sie einfach nicht an. Schließlich schickte Rosemarie Schauer einen Mitarbeiter ins zentrale Auslieferungslager der Deutschen Reichsbahn am Ostbahnhof. Hier fand er nach langer Suche die wertvollen Prospekte auf freiem Gelände herumliegend und völlig mit Schlamm bedeckt. Weil sie gut verpackt waren, hatten sie jedoch keinen Schaden genommen.

Die Premiere, die ursprünglich im Dezember 1989 geplant war, wurde aufgrund der historischen Ereignisse und Eruptionen, deren Ursachen ja ihr zentrales Thema waren, immer wieder verschoben. Mit der Implosion des maroden Staats war der Inszenierung im November 1989 eigentlich ihr Thema abhandengekommen. Hatte zuvor das Theater Wirklichkeit modellhaft stets vorwegzunehmen versucht, hechelte es ihr nun atemlos hinterher. Immer weiter hatten Müller, sein Dramaturg Alexander Weigel, sein junger Mitarbeiter Hans-Werner Kroesinger, der jeden Morgen aus West-Berlin zu den Proben kam, und das Ensemble versucht, die Ereignisse aufzugreifen und Fragestellungen der Inszenierung an ihnen weiterzuentwickeln. Doch entlang welcher Koordinaten, jetzt, da alles sich im freien Fall befand?

Nach dem 9. November war kurz noch einmal die Hoffnung aufgeflammt, dass nun endlich eine »richtige DDR« möglich würde. Es war zur Gründung runder Tische gekommen und über die basisdemokratische Grunderneuerung des Staates gesprochen worden. Doch war der Sog der Ereignisse bald nicht mehr durch die Bürgerrechtsbewegungen steuerbar. Sie und auch die Künstlerinnen und Künstler waren immer noch zu nah an dem Staat, den seine Bürgerinnen und Bürger längst nicht mehr wollten. In Bonn hatte noch im November 1989 Bundeskanzler Helmut Kohl ein Zehn-Punkte-Programm zur Überwindung der deutschen Teilung veröffentlicht und die Wiedervereinigung zum Ziel der Bundesregierung erklärt.

Die Vertrauensleute des Ensembles hatten darauf mit einem Offenen Brief an Kohl reagiert: »Das Volk der DDR hat seine Reformen selbst erkämpft und wird das auch künftig tun«, hieß es darin. In seiner wenig glücklichen Geschichte habe das deutsche Volk politische Veränderungen hauptsächlich von oben oder von außen erfahren. »Dazu gehörte nach 1945 in der DDR der Sozialismus Stalinscher Prägung, hinter dem die sowjetischen Panzer standen, ebenso wie in der Bundesrepublik die parlamentarische Demokratie, die ihr mit dem silbernen Löffel des Marshallplans eingeholfen wurde. Über die wirtschaftliche Überlegenheit der Bundesrepublik heute besteht kein Zweifel, aber wir lehnen es ab, wenn sich der Bundeskanzler an die Spitze einer Bewegung stellt, die aus dem Mut und der politischen Reife des Volkes in unserem Land entstanden ist.«[16]

»Noch haben wir die Chance, in gleichberechtigter Nachbarschaft zu allen Staaten Europas eine sozialistische Alternative zur Bundesrepublik Deutschland zu entwickeln«, wandten sich am 28. November 1989 einunddreißig Künstler und Bürgerrechtler mit dem von Christa Wolf verfassten Aufruf »Für unser Land« an die Öffentlichkeit. »Noch können wir uns besinnen auf die antifaschistischen und humanistischen Ideale, von denen wir einst ausgegangen sind. Alle Bürgerinnen und Bürger, die unsere Hoffnungen und unsere Sorge teilen, rufen wir auf, sich diesem Appell durch ihre Unterschrift anzuschließen.«[17] Unter den Unterzeichnenden waren auch der Schriftsteller Stefan Heym und die Schauspielerin Jutta Wachowiak.

Doch es war bereits ein Kampf gegen Windmühlen. Als »Hamlet| Maschine« am 24. März 1990 endlich zur Premiere kam, war der Sieg der Politik Helmut Kohls schon greifbar. Kaum eine Woche zuvor war am 18. März die CDU durch das Wahlbündnis Allianz für Deutschland mit knapp einundvierzig Prozent als Siegerin aus den ersten freien Wahlen in der DDR hervorgegangen, »Bündnis 90«, zu dem sich im Februar 1990 verschiedenste Gruppen der Oppositionsbewegung der DDR zusammenschlossen, hatte noch nicht einmal drei Prozent der Stimmen erreicht.

Der neue Geist des Kapitalismus: das DT wird Staatstheater des Landes Berlin

In den ersten Wochen des Jahres 1990 waren die Zuschauerzahlen dramatisch eingebrochen. War es bisher stets schwer gewesen, für bestimmte Vorstellungen überhaupt Karten zu bekommen, blieben die Zuschauerräume jetzt leer. Das Publikum hatte den Weg aus dem Theater auf die Straße gefunden. Aber nun kehrte es von dort nicht wieder zurück. In der Spielzeit 1990/91 sank die Auslastung insgesamt auf dreiundfünfzig Prozent.[18] Heiner Müllers »Hamlet|Maschine« kam kaum noch auf dreißig Prozent.[19] »Skurrile Wahrheit: Unser leeres Haus als Zeichen einer Befreiung«, brachte es Dieter Mann auf den Punkt.[20] Dafür kam zaghaft anderes Publikum, und damit zog ein neues, fast entfremdetes Spielgefühl in die Schumannstraße ein.

Es fing mit dem fremden Geruch an, der nun aus dem Zuschauerraum auf die Bühne wehte: das Parfum der Westfrauen. Das neue Publikum saß auch anders: nicht mehr gespannt auf der vorderen Sesselkante, um keinen Zwischenton zu verpassen, sondern lässig zurückgelehnt. Auf einmal herrschte Schweigen, wo vorher zustimmend gelacht worden war. Oder es wurde gelacht, wo es zuvor nichts zu lachen gab. Oft musste schlicht gegen eine Atmosphäre zäher Ratlosigkeit angespielt werden. »Wenn ich jetzt auf unserer Bühne stehe, komme ich mir vor, als sei ich auf einem Gastspiel«, stellte Jutta Wachowiak ihr neues Spielgefühl Dieter Mann gegenüber dar. »Das ist fremdes Publikum, das nicht mehr mitatmet und unsere Tonfälle nicht mehr versteht.[21]

Erfolgsinszenierungen wie Frank Castorfs »Paris, Paris« funktionierten nicht mehr. »Bei Bulgakow wollen die Leute Moskau verlassen, ein existenzielles Problem für alle. Das hatte nach 1989 sein Sehnsuchtspotenzial, seine Provokationspotenz völlig verloren«, so Dieter Mann.[22] Auch anderen berühmten Inszenierungen war der Resonanzraum abhandengekommen. Iwan Turgenjews »Ein Monat auf dem Lande« von Thomas Langhoff inszeniert, oder Alexander Langs gespenstischer Ibsen-Abend »Totentanz«. Beide Inszenierungen konnte man als Abbilder erdrückender Innenwelten lesen, in die sich die Menschen vor dem kontroll- und überwachungswütigen Staatswesen zurückgezogen hatten. Worauf konnten sich diese Arbeiten nun noch beziehen, jetzt, wo alle Türen und Fenster weit aufgerissen worden waren?

So häuften sich im Reinhardtzimmer in der Intendanzetage über den Kammerspielen die Krisensitzungen. Wie sollte sich das Theater in diesen neuen Umständen platzieren? Der Staat, dessen erstes Theater es noch immer war, war zwar noch vorhanden. Aber sonst war nichts mehr wie vorher. Was sollte man spielen, und vor allem: für wen? Das angestammte Publikum war beinahe über Nacht verloren gegangen. Die fast überlebensgroßen Spielerinnen und Spieler des Hauses waren in den Westbezirken so gut wie unbekannt. »Wir standen gleichsam allein auf unserer Bühne und merkten: Freiheit ist Konkurrenz«, hat Dieter Mann sein Krisengefühl jener Zeit beschrieben. »Bei uns ging es jetzt ums nackte Überleben.«[23]

So saß an einem Tag im April 1990 der West-Berliner Klaus Siebenhaar im Intendantenzimmer. Siebenhaar, 1952 geboren, war in der West-Berliner Szene bestens vernetzt und vor allem seit 1988 Co-Direktor des Instituts für Kommunikationswissenschaft und angewandte Kulturwissenschaften der Freien Universität Berlin. Der Dramaturg und Dramatiker Armin Stolper, der einst mit Gerhard Wolfram aus Halle nach Berlin gekommen war, hatte Siebenhaar als Berater empfohlen. Man kannte sich aus dem Archiv der Akademie der Künste Berlin (West), das sein damaliger Leiter Walter Huder seit den 1970er Jahren zu einem Kommunikationspunkt für Ost- und Westtheaterleute gemacht hatte. Hier, in diesem Reich der großen Toten, war die Mauer durchlässig. Die Theaterleitung fasste Vertrauen zu diesem Westmann mit Ostempfehlung.

Und so lief, von allen kritisch beäugt, seit Spielzeitbeginn 1990/91 mit schulterlangem, wehendem Haar und fliegenden Sakkoschößen Klaus Siebenhaar durch die Flure in der Schumannstraße, Leiter der neu geschaffenen Abteilung Marketing und Öffentlichkeitsarbeit, und sorgte dafür, dass man hier bald genauer über sein Publikum Bescheid wusste, als in jedem anderen Theater im deutschsprachigen Raum. Für die einen war Siebenhaar die Inkarnation des neuen Geists des Kapitalismus, für die anderen der, von dem das Kunststück erwartet wurde, »dass alles sich ändert, damit alles so bleiben konnte, wie es war.«[24]

Zwei Tage vor Siebenhaars Amtsantritt am 1. September 1990 war zwischen der DDR und der BRD der Einigungsvertrag geschlossen worden. Bereits am symbolträchtigen 17. Juni des Jahres hatte die Volkskammer im Palast der Republik das Gesetz zur Privatisierung und Reorganisierung des volkseigenen Vermögens beschlossen und damit die Überführung der sozialistischen Planwirtschaft in die kapitalistische Marktwirtschaft vorbereitet. Das sogenannte Treuhandgesetz bereitete auch der Gründung der »Anstalt zur treuhänderischen Verwaltung des Volkseigentums« den Weg, die später unter dem Namen »Treuhandanstalt« berühmt und für viele auch berüchtigt wurde. Am 3. Oktober 1990 trat die DDR der Bundesrepublik bei. Ihr bisheriges Staatstheater in der Schumannstraße wurde mit diesem Akt ein Staatstheater des Landes Berlin. »Das Staatsschiff DDR ist gestrandet, aber das Narrenschiff des Theaters hat noch immer eine Handbreit Wasser unterm Kiel«, schrieb Dieter Mann für das Jahrbuch der Zeitschrift *Theater heute*.[25] »Wir arbeiten an der Bewahrung künstlerischer, sozialer und politischer Errungenschaften des von mir geleiteten Ensembles, in ersten Versuchen der Zusammenarbeit mit anderen Bühnen in Ost- und West-Berlin, kurz: an der Planung der 109. Spielzeit fürs Deutsche Theater. Es ist meine siebente und (auf meinen Wunsch) die letzte als Intendant.«[26]

Als Dieter Mann 1984 Intendant geworden war, hatte er sein Amt mit der Ankündigung begonnen, es nicht länger als fünf Jahre lang ausüben zu wollen. Er hatte sich als Übergangslösung und Krisenmanager empfunden, der nicht länger als nötig an der Spitze stehen wollte. Dann war der Umbruch 1989/90 gekommen und Mann hatte das Theater mit viel Mut und Umsicht durch den Gezeitenwechsel gesteuert und aus den geplanten fünf wurden schließlich fast acht Jahre. In seiner letzten Spielzeit, die gleichzeitig die erste Spielzeit des Deutschen Theaters im wieder einmal neuen Deutschland war, kürte die Zeitschrift *Theater heute* das Haus zum Theater des Jahres. Denn war auch das angestammte Publikum fortgeblieben, während ein neues erst zögerlich in die Schumannstraße fand, wurde hier noch immer Theater gemacht, das die historischen Ereignisse und daraus gewachsene Befindlichkeiten exemplarisch verhandelte.

Hier arbeiteten so gegensätzliche Regisseure wie Heiner Müller und Thomas Langhoff, begann das berühmte Ensemble, langsam auch nach Westen auszustrahlen. Hier entstanden Inszenierungen wie Frank Castorfs »John Gabriel Borkman«, der Henrik Ibsens Stück vom gefallenen Bankier und seiner von ihm geknechteten und von der Welt isolierten Familie als Drama eines bornierten Spießers inszenierte, der im sturen Festhalten an seinem Lebenstraum alles verkauft und verraten hatte, was ihm je wert und wichtig war. Derweil hatte seine unterdrückte Familie verlernt, was Freiheit ist. Ähnlichkeiten des von allen guten Geistern verlassenen Borkman mit Erich Honecker waren beabsichtigt, der bereits ein Gejagter war, als die Inszenierung mit Horst Lebinsky, Bärbel Bolle, Margit Bendokat, Michael Schweighöfer und Axel Wandtke im Januar 1991 in den Kammerspielen herauskam. Mit seiner Frau Margot lebte der 1990 wohnungslos gewordene und aufgrund einer schweren Krebserkrankung aus der Untersuchungshaft entlassene Honecker unter dem Schutz eines Pfarrers in den Hoffnungstaler Anstalten im brandenburgischen Lobetal. Zwei Monate nach der Borkman-Premiere floh er vor der deutschen Justiz nach Moskau, die ihn für die Mauertoten zur Verantwortung ziehen wollte.

West-östliche Theaterfamilie: die Intendanz Thomas Langhoff

Doch der Glanz, der nun noch einmal auf das Theater und seine von der Geschichte mitgeschriebenen Inszenierungen fiel, war von starken Fliehkräften begleitet. Zwar hatten sich am Ende der Intendanz Dieter Mann die Zuschauerzahlen etwas erholt. Wichtige Schauspieler aber hatten das Ensemble verlassen. Christian Grashof, Dieter Montag und Katja Paryla waren ans Charlottenburger Schillertheater gewechselt, wo der Regisseur Alexander Lang jetzt zum Leitungsteam gehörte. Michael Gwisdek ging. Und Ulrich Mühe, der an seinen Intendanten schrieb: »Lieber Dieter, wenn sich das Ganze bewegt, dann sollte es der Einzelne auch versuchen.«[27]

Ende November 1990 kam Thomas Langhoffs Inszenierung »Der zerbrochne Krug« heraus. Jörg Gudzuhn spielte den korrupten wie hinterwäldlerischen Dorfrichter Adam als dreisten Überlebenskünstler, dessen Nähe zum real existierenden Überlebenskünstlertum, mit dem sich viele durch die repressive DDR laviert hatten, natürlich Inszenierungsabsicht war. Käthe Reichel ging ihn als Frau Brigitte jetzt mit ähnlicher Wucht an wie im Oktober 1988 den SED-Bezirkssekretär Günter Schabowski, den sie während einer Ensembleversammlung auf einem Höhepunkt der Staatskrise mit einem Brecht-Gedicht aus der Fassung gebracht hatte.

Mit seiner Kleist-Inszenierung griff Thomas Langhoff den Ist-Zustand im Jahr eins nach dem Mauerfall auf: Die Westdeutschen kommen und schrecken die DDR-Menschen aus der Lethargie auf, mit der sie sich bisher in den Verhältnissen eingerichtet hatten. Den gestrengen Gerichtsrat Walter aus dem fernen Utrecht, der hier natürlich für alle Westler stand, die jetzt verschärft den neuen Bundesbürgern Marktwirtschaft, Effizienzdenken und Rechtsstaat predigten, spielte der abgründige Figurenfeinziselierer Klaus Piontek, der 1962 noch von Thomas Langhoffs Vater Wolfgang engagiert worden war. Von Klaus Piontek ist auch der Satz überliefert: »Ich bin nicht in der DDR geblieben, sondern am Deutschen Theater.« Dem Programmheft war als Faksimile das

Standardschreiben des Bonner Justizministeriums vom 25. September 1990 an alle Mitarbeiter des Justizministeriums der DDR beigelegt. »Mit dem Wirksamwerden des Beitritts der Deutschen Demokratischen Republik zur Bundesrepublik Deutschland am 3. Oktober 1990 geht die Verantwortung für die zentralen Staatsorgane und die dort Beschäftigten auf die Bundesregierung über« hieß es darin unter anderem. »Nach den Bestimmungen des Einigungsvertrages tritt daher mit Wirkung vom 3. Oktober 1990 das Ruhen ihres Arbeitsverhältnisses ein.«[28]

Thomas Langhoff war damals bereits Dieter Manns designierter Nachfolger als Intendant. 1938 in Zürich geboren, wohin sein Vater Wolfgang Langhoff nach der Freilassung aus dem KZ geflohen war, hatte er erst eine Karriere beim DDR-Fernsehen gemacht, bevor er zu einem der wichtigsten Theaterregisseure der DDR geworden war. Das Schicksal seines Vaters in der DDR hatte ihn geprägt und gegen ideologische Vereinnahmungen aller Art immunisiert. Gleichzeitig hatte er – ebenfalls orientiert am Schicksal seines von den Nazis verfolgten, gefolterten und ins Exil getriebenen Vaters – stets seinen Glauben an die Berechtigung des Versuchs bewahrt, mit der DDR auf den Trümmern der deutschen Geschichte ein besseres und gerechteres Deutschland aufzubauen. Er inszenierte als DDR-Bürger an den Münchner Kammerspielen und bei den Salzburger Festspielen. Seine Inszenierung von Volker Brauns Stück »Die Übergangsgesellschaft« am Maxim-Gorki-Theater in Ost-Berlin war 1988 ein Signaturstück der Wendezeit. So erschien Thomas Langhoff, der auch der Wunschkandidat des Ensembles war, nun als der richtige Mann, das Deutsche Theater in die neue Zeit zu führen und es gleichzeitig mit seiner Geschichte zu versöhnen. Denn das Schicksal von Langhoffs Vater in der DDR war eine Wunde, die am Theater nie verheilt war. Thomas Langhoff habe seine Intendanz »als aus dem Exil heimgekehrter, legitimer Erbe dieses Theaterkönigreichs« angetreten, um dort »mit Liebe zu regieren, wo sein Vater schon einmal Herrscher war«, schrieb *Die Zeit* später über die Jahre dieser Intendanz.[29]

Bereits bei seiner ersten Pressekonferenz als designierter Intendant hatte Thomas Langhoff sich als *primus inter pares* einer west-östlichen Theaterfamilie zwischen Aufbruch und Kontinuität präsentiert. Mit auf dem Podium saßen Schauspielerinnen und Schauspieler des Ensembles wie Jutta Wachowiak, Kurt Böwe, Käthe Reichel und Johanna Schall. Dieter Mann war dabei, der sich nun wieder ins Ensemble einreihte, und die Vizeintendantin Rosemarie Schauer, die dieses Amt auch weiterhin ausüben würde. Mit am Tisch saßen der Dramatiker und Regisseur Heiner Müller und der Dramaturg Alexander Weigel, aber auch die neuen Westmänner im Leitungsteam: der Marketingchef Klaus Siebenhaar und der neue Chefdramaturg Michael Eberth, der vom Wiener Burgtheater nach Berlin gewechselt war. Eberth, 1942 in Lindau am Bodensee geboren, war auch deshalb jetzt ans Deutsche Theater gekommen, weil er die Idee bestechend fand, hier, »an der Schnittlinie der deutschen Teilung«, das Gemeinsame »da wieder herzustellen, wo es zerrissen wurde«.[30]

Doch hatten die Jahrzehnte der Teilung nicht einfach ein Land geteilt. Und so warteten nun auch nicht einfach lose Enden zerschnittener Bänder darauf, wieder miteinander verknüpft zu werden. Die Teilung war das Ergebnis des von Nazi-Deutschland begonnenen Krieges und ungeheurer Verbrechen gewesen, die in deutschem Namen begangen wurden. Dann hatte die Grenze der in zwei miteinander konkurrierende Gesellschafts- und Wirtschaftssysteme geteilten Welt, der die Siegermächte jeweils angehörten, mitten durch Deutschland und Berlin geführt. So waren in beiden deutschen Staaten unterschiedliche ideologische Kräfte und historische Mächte gebannt und gebunden worden, hatten sich in den jeweiligen Gesellschaften und bei ihren Mitgliedern unterschiedliche Identitätsgeschichten und Mentalitäten herausgebildet, die nun im Theater konfliktträchtig aufeinandertrafen.

Waren Ensemble und Dramaturgie teilweise seit Jahrzehnten engagiert, brachten westdeutsche Regisseure nun, den Gepflogenheiten des westdeutschen Theatersystems entsprechend, eigene Teams und Gäste für die Hauptrollen mit, was insbesondere die Top-Spielerinnen und -Spieler in der Schumannstraße als Demütigung empfanden. Westdeutsche wiederum erlebten das Zusammenrücken des verunsicherten und seine Deklassierung befürchtenden Ensembles als Ausgrenzung und Bunkermentalität, witterten alte Seilschaften, wo erst einmal nur Solidarität gegen eine gefühlte äußere Bedrohung entstand. Hinzu kamen unterschiedliche Sichtweisen auf Stücke und Stoffe, die von der jeweiligen historischen Erfahrung geprägt waren. Und kaum kompatible Spielweisen in Ost und West, die Spaltung und Missverstehen nun ebenfalls beförderten. Wie sollte man sich da auf Stoffe, Interpretationen und Spielweisen einigen? Wessen Geschichte sollte überhaupt verhandelt werden und wie? Aus welcher, ja aus wessen Perspektive waren die Dinge überhaupt betrachtbar?

Eine besondere Schwierigkeit stellte die Differenz der inneren Immunsysteme dar, wie es damals der Dramaturg Michael Hamburger für sich auf den Punkt brachte: Wer in der DDR sozialisiert worden war, musste eine psychische Abwehr gegen die permanente Überwachung und die gewaltvolle wie unkontrollierbare Weise aufbauen, mit der der Staat sich in intimste persönliche Räume drängte. In der alten Bundesrepublik war es die soziale Unsicherheit, die Art, wie die nackte Existenz und alle sozialen Beziehungen den Gesetzen des Marktes unterworfen waren, gegen die sich dort Sozialisierte innerlich wappnen mussten – und wofür es in beiden Systemen jeweils kaum eine Sprache gab, dies aber die Beziehung aller zum Sagbaren, aber auch die Spielweisen jeweils stark prägte.[31] Doch ließen die immer weiter rasenden Zeitverläufe kaum Räume für Erfahrung, Bewältigung oder Erkundung dieser Differenzen.

Akteneinsicht

Seit dem 2. Januar 1992 konnte jeder Mensch einen Antrag stellen, Einsicht in die Akten der Staatssicherheit der DDR zu erhalten. Ein im Dezember 1990 erlassenes »Gesetz für die Nutzung personenbezogener Unterlagen des ehemaligen MfS/AfNS« hatte dabei wenig Sinn für Fragen des Persönlichkeits- oder Datenschutzes. Auch wurde nicht nach Qualifikationen gefragt, die heiklen Informationen überhaupt sachgerecht auswerten zu können. Der Wunsch nach Aufklärung und Öffentlichkeit für die verunsichernde Tätigkeit des so lange im Dunkeln operierenden Ministeriums überwog. Jetzt begann ein Ansturm auf die im einstigen Haus der Statistik der DDR am Alexanderplatz einsehbaren Akten, das nun die Behörde des Bundesbeauftragten für die Stasi-Unterlagen beherbergte. Ihr erster Leiter war der noch von der Volkskammer der DDR gewählte Rostocker Pfarrer und DDR-Bürgerrechtler Joachim Gauck.

Die Verunsicherung war groß. Niemand im Theater wusste, was ans Licht kommen würde: Welche von der Stasi abgelauschte Privatheit, welcher Fehltritt, welche Charakterschwäche, welcher Verrat oder welche Handlung, denen am Ende gänzlich andere, in diesen neuen Zeiten längst nicht mehr rekonstruierbare Umstände, Strukturen oder Prämissen zugrunde gelegen hatten? Besonders die ostdeutschen Mitarbeiterinnen und Mitarbeiter des Theaters gerieten unter Druck. Denn nur sie hatten zu befürchten, schuldhaft oder auch gänzlich schuldlos in den Strudel dieser Veröffentlichungen zu geraten. Hinzu kam, dass nun die Westdeutschen, denen die Demokratie nach 1945 von den Westalliierten unverdient geschenkt worden war, über die zu Gericht sitzen konnten, die sich Freiheit und Demokratie selbst erkämpft hatten. »Auf Sitzungen fangen abgebrühte Mitarbeiter zu stottern an oder das Blut schießt ihnen ins Gesicht«, erinnert sich Michael Eberth.[32] Jeder verdächtigte jeden. »Ein Schauspieler läuft mit der Bemerkung durch die Kantine, das Deutsche Theater sei nicht nur ein Hort, sondern eine *Ausbildungsstätte* der Stasi gewesen.«[33] In einem Café in der Nähe sei eine Liste mit Klarnamen der IMs des Hauses gefunden worden – lauter Gerüchte, die sich nicht bestätigen ließen.

Intendant Thomas Langhoff suchte nach Strategien für einen Umgang mit der Situation. Jeder im Haus sollte überprüft werden, aber Langhoff setzte auf interne Untersuchungen. Jeder, der für die Staatssicherheit gearbeitet hatte, konnte sich auch selbst bei Thomas Langhoff melden. Die Fälle wurden geprüft und, wenn sie gravierend waren, in aller Stille mit Betroffenen Aufhebungsverträge geschlossen. Brauchten die Ostdeutschen nicht Schutzräume für die Bewältigung dieses Traumas? Jetzt, wo sich bereits die Boulevardpresse gierig auf die ersten bekannt gewordenen Fälle stürzte, in denen Ehemänner ihre Ehefrauen, Dichter sagenumwobener Künstlerzirkel ihre Kollegen und Freunde bespitzelt und an die Stasi verraten hatten. Wo bekannt wurde, dass die Stasi Wohnungen verwanzt und Telefone großflächig abgehört hatte. »Die Stasi war mein Eckermann oder: mein Leben mit der Wanze«[34] überschrieb der Schriftsteller Erich Loest 1991 sarkastisch eine Dokumentation der lückenlosen Überwachung seines Lebens durch die Staatssicherheit, die jahrelang praktisch jedes Wort abgehört hatte, das in seiner Wohnung gesprochen worden war. Und auch in manch verschworener Theaterfamilie, wo man jahrelang vertraut miteinander gearbeitet hatte, wurden IMs enttarnt.

Unklar blieb lange, wer IM »Hölderlin« gewesen war, der seit Mitte der 1970er Jahre auf über 1700 Seiten beflissene Berichte aus dem Innern der Dramaturgie und des Theaters für die Stasi geschrieben hatte, von Sitzungen der Parteigruppe und Ensembleversammlungen über Proben bis zu Kantinengesprächen. Als Stasi-Mitarbeiter im Winter 1989/90 viele Unterlagen zu vernichten begonnen hatten, bis sie von Bürgerrechtlern daran gehindert wurden, waren auch alle Hinweise zur Identität von IM »Hölderlin« samt Verpflichtungserklärung verschwunden. So dauerte es bis in die zweite Hälfte der 1990er Jahre, bevor die Identität dieses IMs enttarnt werden konnte. Zwischenzeitlich waren andere Menschen in Verdacht geraten, so ein Dramaturg, der mit Heiner Müller zusammengearbeitet hatte, und den es zeitlebens schmerzte, dass Müller 1996 gestorben war, ehe geklärt werden konnte, dass IM »Hölderlin« eine Mitarbeiterin im Archiv des Theaters gewesen war. Müller, der wie auch Christa Wolf, binnen eines Jahres selbst in den Strudel der Stasi-Enthüllungen geriet.

»Sei nicht so neugierig, das ist nichts für Wessis«, sagte Thomas Langhoff in den ersten Wochen nach Öffnung der Stasi-Akten einmal flapsig zu seinem westdeutschen Chefdramaturgen,[35] als der von ihm wissen wollte, ob die von ihm eingeleiteten Maßnahmen im Theater wirklich ausreichen würden. Michael Eberth fühlte sich durch diese Worte an seine Kindheit in der Nachkriegszeit erinnert, wo er stets zu hören bekam »Das ist nichts für Kinder!«, wenn er nach den Nazis und ihren Verbrechen fragte. In einem späten Reflex auf diese Erfahrung unterstellte Eberth Langhoff damals, das Thema Stasi im Theater »auf die Ebene des menschlichen Makels« herunterziehen zu wollen, damit es »das heilige Projekt Sozialismus nicht befleckte«.[36]

Langhoff hingegen hatte nach dem Vorbild seines Vaters Wolfgang Langhoff zu handeln versucht, der 1945, aus dem Schweizer Exil zurückgekehrt, zunächst Intendant des Düsseldorfer Schauspielhauses geworden war. Dort hatte er in internen Untersuchungen die Intensität der Verstrickungen der einzelnen Theatermitarbeiter in das Nazi-System zu ermitteln versucht, lange bevor die offizielle Entnazifizierung begann.[37] Im Sinne eines gemeinsamen Neuanfangs wollte Wolfgang Langhoff damals, zu Beginn der Spielzeit 1945/46, Mitläufer von jenen abgrenzen, die während des Nationalsozialismus aktiv schuldig geworden waren.

Die Spuren verwehen schneller, als sie gelesen werden können

Längst hatte der Senat begonnen, die Berliner Theaterlandschaft neu zu ordnen. Viele Institutionen waren in doppelter Ausführung vorhanden, einmal in Ost und einmal in West. In beiden Stadthälften waren Theater, Opern und Orchester hochsubventionierte Prestigeobjekte des Kalten Krieges gewesen. »Angesichts des Wegfalls der bisherigen beiderseitigen ›Frontstadt‹-Perspektive und auch der knappen Kassen gilt es, die Bedeutung der Berliner Bühnen von sich aus zu begründen und eine finanzierbare Perspektive aufzuzeigen«,[38] erläuterte der damalige Kultursenator Ulrich Roloff-Momin die Notwendigkeit dieser Neuordnung. Sechs Wochen lang evaluierte dann von Ende Februar bis Anfang April 1991 eine Expertenkommission um den langjährigen Intendanten, Dramaturgen und Schriftsteller Ivan Nagel[39] die Bühnen beider Stadthälften in Roloff-Momins Auftrag und entwickelte einen Masterplan.

Obwohl der Kommission um Ivan Nagel drei Westdeutsche[40] und nur ein Ostdeutscher[41] angehörte, griff das Gutachten an die Substanz der Theater im ehemaligen West-Berlin, deren Bedeutung herabgestuft wurde und bald erste Schließungspläne für einzelne Häuser wie die Freie Volksbühne in Berlin-Wilmersdorf kursierten. Insbesondere die

Staatlichen Schauspielbühnen West-Berlins mit ihrem Flaggschiff Schillertheater wurden infrage gestellt[42] – nicht zuletzt der »schlagenden Hässlichkeit« des Theaterbaus wegen, dessen unattraktive Lage am verkehrsreichen Charlottenburger Ernst-Reuter-Platz ebenfalls als Makel angesehen wurde. Die kulturellen Leuchttürme wurden in der einstigen Hauptstadt der DDR lokalisiert, der neuen Berliner Mitte. Darunter das Deutsche Theater, das auch aufgrund der Schönheit der Immobilie, die es beherbergte, die Gutachter um Ivan Nagel entzückt hatte.

Trotzdem ging der Masterplan für die Neustrukturierung der Berliner Theaterlandschaft an die künstlerische Substanz dieses Theaters. Denn die hier arbeitenden Regisseure Heiner Müller und Frank Castorf sollten eigene Häuser übernehmen. Müller sollte als Teil eines Fünfer-Direktoriums an die Spitze des Berliner Ensembles wechseln, Frank Castorf in der Volksbühne am Rosa-Luxemburg-Platz ein junges Theater gründen und mit »ästhetischer Innovationslust und politischem Mut« einen neuen und verstörenden Blick auf die gegenwärtigen Verhältnisse werfen. Bis zum Beginn des dritten Jahres wären sie, wie das Gutachten weitsichtig formulierte, dann »entweder berühmt oder tot«.[43]

Aber noch arbeiteten Frank Castorf und Heiner Müller in der Schumannstraße. Im September 1991 eröffnete Heiner Müller die erste Spielzeit der Intendanz Thomas Langhoff mit der Inszenierung seines Stücks »Mauser«. Diese Premiere war ein internationales Kunstereignis. Der griechische Künstler Jannis Kounellis hatte wuchtige wie verrätselte Bilder für das 1970 entstandene Stück geschaffen, das wieder tief in die tödlichen Themen des 20. Jahrhunderts tauchte. Die Schauspielerin Dagmar Manzel sang noch einmal die von Peter Hacks übersetzte Genickschussballade »Linker Marsch« von Wladimir Majakowski und Hanns Eisler, die einst für Wolfgang Langhoffs Inszenierung »Sturm« und ihren Protagonisten Ernst Busch entstand – 1957, als es darum gegangen war, nach dem XX. Parteitag der KPdSU und seinen Enthüllungen der Verbrechen Stalins noch einmal die Gültigkeit der Ideale der Russischen Revolution zu behaupten. Doch wie Manzel diesen »Linken Marsch« nun sang, klang er wie ein deutsches Kunstlied, als hätte Franz Schubert und nicht Hanns Eisler ihn geschrieben: Nachhall des Echos einer untergegangenen totalitären Welt mit tiefbürgerlichen Wurzeln im 19. Jahrhundert. Auch die titelgebende Waffe vom Fabrikat »Mauser« kam in diesem Lied vor, die vor dem Ersten Weltkrieg für das kaiserliche Heer in Deutschland entwickelt worden war, in der Russischen Revolution dann aber zur Standardausrüstung der Bolschewiki gehörte.

Müllers Stück stellte die Frage nach der Notwendigkeit von Terror und Gewalt für die Veränderung der Welt. Vor dem Hintergrund des friedlichen Umbruchs der Jahre 1989/90 schien diese Frage allerdings kaum noch von Bedeutung. Die Welt war in einem Maße in Bewegung geraten, dass revolutionäre Unterstützung bei ihrer Veränderung überhaupt nicht nötig schien. Wohl aber schwelte die Gewalt noch, die doch immer dagewesen war,[44] und suchte nach neuen Zielen. Nur wenige Tage nach der »Mauser«-Premiere sollte sie sich in der sächsischen Industriestadt Hoyerswerda entladen, wo Dutzende von Neonazis die Bewohner eines Flüchtlingsheims angriffen – Auftakt einer Serie von rassistischen Pogromen, die von Neonazis und ihren Sympathisanten in Städten wie Rostock, Mölln oder Solingen verübt wurden. Müllers gewichtige Texte mit ihren blutigen, aus der Geschichte geborenen Bildern aber hatten im Klima des Gezeitenwechsels ihre Bezugspunkte verloren. Ein wenig nährte sich der Abend noch vom *radical chic* seines Themas, von seinen spektakulären, aber auch seltsam leeren Bildern, und von den Schauspielern Hermann Beyer, Jörg Gudzuhn, Bernd Stempel, Claudia Michelsen und Dagmar Manzel. Doch Stück und Inszenierung fanden den Weg in die Gegenwart nicht mehr.

Die davonrasende Gegenwart hatte bereits begonnen, viele Spuren der eben erst vergangenen Zeit des Umbruchs zu verwehen, gerade noch scharfe Konturen und Schattierungen zu verwischen und ins Unkenntliche zu rücken. Als Dieter Mann das Amt des Intendanten zum Sommer 1991 auf eigenen Wunsch aufgegeben hatte, um wieder ausschließlich Schauspieler zu sein, wurde er in manch West-Berliner Zeitung nur noch als ein Funktionär dargestellt, der dem SED-Hardliner Kurt Hager das Intendantenamt verdankte und nun vom Sturm der Zeit hinweggeweht worden war. Dabei war nichts weniger als das der Fall gewesen.

Thomas Langhoff selbst hatte sich als regieführender Intendant mit einer Inszenierung von Kleists »Käthchen von Heilbronn« vorgestellt.[45] Dieses Käthchen, deren wahre Identität sich erst im Laufe des Stücks enthüllt, wurde allein von der schlafwandlerischen Sicherheit eines unbeirrbaren Gefühls durch verwirrende wie widersprüchliche Zeiten und beängstigende Umstände navigiert, während andere Figuren wie der junge Graf Wetter vom Strahl ins Straucheln geraten. »Dieser Wetter vom Strahl steht da vor einer neuen Zeit. Seine alten Ritter bedeuten nichts mehr. Nur die Ideale hat er noch, und er merkt, er kommt in dieser Welt nicht mehr damit weiter, muss sich neu orientieren«,[46] hat damals Thomas Langhoff in einem Radiobeitrag seine Sicht auf das Stück erläutert. Seine Inszenierung kam im Dezember 1991 heraus, jenem Monat, in dem die so lange allmächtige und unbezwingbare Sowjetunion endgültig zerfiel.

Die Restitution

Für seinen Einstand hatte Thomas Langhoff bewusst ein Stück gewählt, mit dem 1905 bereits Max Reinhardt seine Intendanz in der Schumannstraße eröffnet hatte. Denn die große Tradition des Theaters in diesem Epochenwechsel identitätsstiftend einzubringen und fortzusetzen, abgerissene Traditionslinien wieder zu verknüpfen oder neu zu verbinden, das Deutsche Theater zum kulturellen Identifikationspunkt, ja Nationaltheater in einem vereinigten Deutschland zu machen, war das Ziel, mit dem Langhoff angetreten war. Auf dem Vorplatz des Theaters wurden während seiner Intendanz die Büsten der vier Theaterleiter aufgestellt, die diese Geschichte exemplarisch verkörpern konnten – Otto Brahm, Max Reinhardt, Heinz Hilpert und Wolfgang Langhoff – und vier Staatswesen, die dieses Haus inzwischen hinter sich gelassen hatte. Max Reinhardt allerdings war hier nicht nur ein bedeutender Künstler und Theaterleiter, sondern bis 1933 auch Eigentümer des Unternehmens Deutsches Theater samt der es beherbergenden Liegenschaften in der Schumannstraße 12–16 gewesen.

Schon im April 1991 hatte der Bundestag ein Gesetz zur Regelung offener Vermögensfragen verabschiedet. »Offene Vermögensfragen« bezog sich als juristische Umschreibung auf nach 1945 auf dem Gebiet der DDR enteigneten Besitz, dessen Rückübertragung das neue Gesetz nun regeln sollte. Dies betraf vor allem Grundbesitz, der nach 1945 im Zuge der Überführung von Privateigentum in Volkseigentum enteignet worden war, aber auch Grundbesitz, den aus der DDR geflüchtete Menschen hier zurückgelassen hatten. Da es in der DDR im Gegensatz zur Bundesrepublik Deutschland nie eine Regelung zur Entschädigung von Menschen gegeben hatte, die ihren Besitz bereits zwischen 1933 und 1945 im Zuge ihrer Verfolgung durch die Nationalsozialisten verloren hatten, schuf das neue Gesetz nun auch hierfür die Rechtsgrundlage.

Denn die DDR hatte sich ihrer antifaschistischen Legitimation zufolge als Erbin der kommunistischen Widerstandsbewegung betrachtet und sah sich daher nicht in der Verantwortung, was das Schicksal der europäischen Juden betraf. Von Nazi-Deutschland geschaffene Eigentumsverhältnisse wurden weder aufgearbeitet noch angetastet, sondern einstiges Eigentum verfolgter oder ermordeter Menschen, das ihnen in den Jahren 1933 bis 1945 auf verschiedenste Weise genommen worden war, höchstens als Volkseigentum in die neuen Verhältnisse nach 1945 überführt. So auch das Deutsche Theater und die Gebäude, die es beherbergten.

Jetzt riss das Gesetz zur Regelung offener Vermögensfragen mit Wucht längst verschlossen geglaubte Türen in die Geschichte auf. Auf viele Liegenschaften erhoben mitunter gleich mehrere Parteien aus verschieden Zeitepochen Anspruch. Da waren die Erben verfolgter und ermordeter Jüdinnen und Juden, die nun, fast ein halbes Jahrhundert nach Kriegsende, darauf hofften, endlich entschädigt zu werden. Manchmal waren die, die sich auf dem Territorium der späteren DDR in den Jahren 1933 bis 1945 unrechtmäßig in den Besitz ins Exil getriebener oder ermordeter Juden gebracht hatten, später selbst aus der DDR geflohen und wollten nun ihr auf unlauterem Weg erworbenes Eigentum zurück.

Ein Ansturm auf Archive und Grundbücher setzte ein, denn zähe Nachforschungen wurden nötig, um die jeweiligen Fälle zu rekonstruieren. Die Komplexität der juristischen Prozeduren, deren Dauer und Kosten damals kaum überschaubar waren, überforderte viele, die in den Ländern, in die sie einst in der Regel mittellos ihrer Verfolgung entkamen, inzwischen alt geworden waren. Hier nun schlug die Stunde findiger Immobilienentwickler und Inverstoren, die Kapital- und Personalressourcen und vor allem den längeren Atem hatten. In der Hoffnung auf spätere Gewinne kauften sie massenweise Restitutionsansprüche auf. Dabei zahlten sie vergleichsweise niedrige Summen an die, die jetzt Restitutionsansprüche stellten, denen jedoch etwas Entschädigung zu Lebzeiten lieber war als unsichere Aussichten für eine Zukunft, die sie nicht mehr erleben würden.

Mit verschiedenen Anträgen hatten auch die Erben von Max Reinhardt 1990 und 1991 ihre Ansprüche auf Restitution des Deutschen Theaters und des Grundstückes Am Zirkus 1 angemeldet, wo einmal das Große Schauspielhaus stand. Von Reinhardts direkten Erben lebte nur noch sein 1911 geborener Sohn Gottfried, inzwischen achtzig Jahre alt. Gottfrieds älterer Bruder Wolfgang, Jahrgang 1908, war bereits 1979, Max Reinhardts zweite Frau Helene Thimig im Jahr 1974 verstorben. Anders als die Nacherben[47] von Wolfgang Reinhardt und Helene Thimig hatte Gottfried Reinhardt, der Filmregisseur und -produzent geworden war, auch einen direkten biografischen Bezug zum Deutschen Theater. Hier hatte er in seiner Jugend viele der legendären Inszenierungen seines Vaters erlebt. Auch die meisten der berühmten Spielerinnen und Spieler des Ensembles hatte er gut gekannt. Bereits als Neunzehnjähriger hatte Gottfried Reinhardt im Deutschen Theater als Regisseur debütiert und zu Weihnachten 1930 die Uraufführung von Erich Kästners Theateradaption seines Romans »Pünktchen und Anton« inszeniert. Die Rolle der Luise Pogge, genannt »Pünktchen«, spielte die damals achtjährige Hanna Meierzak, die später als Hanna Maron eine der bedeutendsten Schauspielerinnen Israels wurde.

Schon 1932 war Gottfried Reinhardt nach Hollywood gegangen und Regieassistent von Ernst Lubitsch geworden. Hier hatte Gottfried, der schnell Erfolgreiche, schon wenig später viele große Schauspieler des Ensembles, die Deutschland verlassen mussten, dabei unterstützt, sich in der Emigration zurechtzufinden. Vor allem Ohnmacht und Verzweiflung seines einst weltberühmten Vaters im Exil waren ihm in bester Erinnerung, der hilflos hatte zusehen müssen, wie die Nationalsozialisten ihn erst entrechtet und sich dann seines Besitzes bemächtigt hatten.[48] »Zum Schluß haben ihm die Nazis die größte Ehre beziehungsweise Gemeinheit angetan, indem sie sein Theater, wenngleich nun judenrein, mittels seiner Schüler und Mitarbeiter weiterspielen ließen«, wie Gottfried Reinhardt 1987 seine Sicht in einem Grußwort zu einer Max-Reinhardt-Ausstellung in West-Berlin auf den Punkt gebracht hat.[49]

Zu den Alpträumen Gottfried Reinhardts hatte stets die Vorstellung gehört, wie es seinem Vater ergangen wäre, hätte er nach Kriegsende nach Deutschland oder Österreich zurückkehren können. Gottfried selbst hatte erlebt, mit welcher Scheinheiligkeit und Indolenz die »Daheimgebliebenen« damals den Rückkehrenden begegnet waren. Insbesondere die aus der Emigration zurückgekehrten Reinhardt-Schauspieler waren Gottfried Reinhardt stets wie wandelnde Mumien vorgekommen. Sein plötzlicher Tod im Jahr 1943 hatte den Vater wenigstens hiervor bewahrt.[50] »Denn er war weder jemand, der das Unrecht, das man ihm angetan hatte, zu irgendeiner Erpressung benützt hätte, noch vermochte er, einen Strich unter die Rechnung zu ziehen, die zu zahlen man ihm schuldete«, so Gottfried Reinhardt schon 1973 in einer Biografie seines Vaters, die zu dessen 100. Geburtstag erschien.[51] Bis zum Mauerfall lagen die Liegenschaften, die einmal das Zentrum von Max Reinhardts Berliner Besitz gewesen waren, jenseits des Eisernen Vorhangs: das Deutsche Theater und das Große Schauspielhaus, das Spielstätte des Friedrichstadt-Palasts in Ost-Berlin war, bevor es in den 1980er Jahren für baufällig erklärt und abgerissen wurde. Niemand hielt für möglich, dass die auf nationalsozialistischem Unrecht gründenden Eigentumsverhältnisse je noch einmal angetastet werden könnten. Nun war es anders gekommen.

Im Fall des Grundstücks Am Zirkus 1, direkt neben dem Berliner Ensemble, auf dem einmal das Große Schauspielhaus stand, konnten die Anwälte der Erben bald nachweisen, wie die Stadt nach 1945 mit unsauberen Winkelzügen und in vollem Bewusstsein der Unrechtmäßigkeit dessen, was sie da taten, Reinhardts Besitz an der sowjetischen Besatzungsmacht vorbei illegal und ohne Rechtsgrundlage in Volkseigentum überführten.[52] Die Beweise für die unrechtmäßige Übernahme der Deutsches National-Theater AG, die die Eigentümerin des Grundstücks war, durch eine von den Nationalsozialisten gesteuerte Bank, hatten die Nachkriegsbeamten im Berliner Magistrat auf diesem Weg gleich mitgeliefert. Um jedes Aufsehen zu vermeiden, war – wie die Anwälte anhand von Korrespondenzen und Aktennotizen jener späten 1940er Jahre nachweisen konnten – die Deutsches National-Theater AG nicht einmal aufgelöst worden, an der Max Reinhardt bis 1933 etwa achtzig Prozent der Aktien hielt. So hatten die Reinhardt-Anwälte diese AG, die noch immer im Handelsregister stand, 1991 reanimiert und sich kurzerhand selbst zu ihrem Notvorstand erklärt.

Trotzdem dauerte es über zwei Jahre, bis die Reinhardt-Erben Recht bekamen und das Grundstück Am Zirkus 1 zurückgegeben wurde. Am 16. Februar 1994 übergab Theodor Strauch, Staatssekretär der Berliner Senatsverwaltung für Finanzen, im Rahmen einer Feierstunde im Märkischen Museum die Restitutionsurkunde. Neben Gottfried Reinhardt waren auch die drei Söhne seines Bruders Wolfgang, Max Reinhardts Enkel Michael, Thomas und Christian gekommen. Unter den vielen Menschen, die sich an diesem Mittwochvormittag in den schmalen Räumen des Museums drängten, das in Deutschland über die größte Max-Reinhardt-Sammlung verfügt, war auch Thomas Langhoff, wie ein Zeitungsbericht über diese denkwürdige Veranstaltung vermerkt.[53] Die hier nun restituierte Deutsche National-Theater AG und Eigentümerin des Grundstücks Am Zirkus 1 war auch Eigentümerin des im September 1933 unrechtmäßig zwangsversteigerten Deutsches Theaters geworden. Der Kampf um diese Immobilie jedoch war noch lange nicht entschieden und bei der Restitutionsfeier hatte Gottfried Reinhardt nun die Ansprüche der Erben auch auf diesen Teil des Besitzes seines Vaters noch einmal bekräftigt.

Auch die Reinhardt-Erben hatten ihre Ansprüche an finanzstarke Investoren verkauft, die nun ihre Interessen medienwirksam vertraten, unter anderem indem sie den Architekten Peter Eisenman mit dem Entwurf eines futuristischen Max-Reinhardt-Hauses[54] auf dem Grundstück Am Zirkus 1 beauftragten, das über hundert Meter in den Berliner Himmel ragen sollte, aber niemals realisiert wurde. Noch bis in das Jahr 2000 hinein wurde in der Senatsverwaltung für Kultur befürchtet, die Schlüsselgewalt über das Theater zu verlieren. Erst Ende 2000 kam es schließlich zu einer Einigung. Im Tausch für das Deutsche Theater erhielten Max Reinhardts Erben ein Grundstück an der Friedrichstraße, direkt neben dem Tränenpalast. Da war die Intendanz von Thomas Langhoff schon fast wieder zu Ende. Der letzte Prozess um das Erbe Reinhardts wurde 2007 vor dem Berliner Landgericht geführt.

Begleitet waren die Auseinandersetzungen um die Restitution des einstigen Berliner Besitzes von Max Reinhardt all die Jahre von Zweifeln an der Rechtmäßigkeit dieser Ansprüche, in die sich immer wieder auch antisemitische Ressentiments mischten. Den Gipfel stellte eine »Recherche« des bekannten Journalisten Dieter E. Zimmer dar, die im Juli 1994, also fünf Monate nach der Restitution der Deutsches National-Theater AG, als »Dossier« in der Wochenzeitung *Die Zeit* erschien. »Weil das Theatergenie Max Reinhardt angeblich von den Nazis enteignet wurde, fordern die Erben zwei teure Berliner Immobilien zurück«, war dort unter anderem zu lesen. »Doch die Archive bergen eine profanere Wahrheit: Reinhardt verlor seinen Theaterkonzern durch Verschuldung. Ein profitabler Plan geht nicht auf.«[55] Aus den Archiven hatte Dieter E. Zimmer allerdings nur die halbe Wahrheit zutage befördert und ohne juristische oder betriebswirtschaftliche Kenntnisse zu einem Zerrbild zusammengefügt, das nicht den Tatsachen entsprach.

Denn wie juristisch zweifelsfrei nachgewiesen werden konnte, war der Zusammenbruch des Reinhardt-Konzerns unter einem Schuldenberg sehr wohl mit unrechtmäßigen Mitteln von den Nationalsozialisten herbeigeführt worden, und zwar mit dem Ziel, dem Diebstahl eine legale Fassade zu geben.[56] In seinem Bericht hatte Zimmer auch noch einmal Bezug auf Reinhardts verzweifelten Brief aus dem Jahr 1933 genommen, in dem er das Deutsche Theater symbolisch dem deutschen Staat übereignet hatte, als habe es sich hier um eine Schenkung im juristischen Sinn gehandelt. Mit seinem die Tatsachen verfälschenden Artikel prägt

Zimmer die Sicht auf diesen Fall bis heute. Als Gottfried Reinhardt am 18. Juli 1994, drei Tage nach Erscheinen des Artikels, in Los Angeles starb, meldete selbst die links-alternative *taz* Zweifel an der Rechtmäßigkeit der Restitutionsansprüche und der bereits erfolgten Rückgabe des Grundstücks Am Zirkus 1 an. Ein anderer Artikel kam gar zu dem Ergebnis, dass Max Reinhardt Deutschland 1933 ganz ohne Emigrationsabsicht verlassen habe. »Allerdings war ihm der Rückweg versperrt.«[57]

Schatten der Väter, Schatten der Geschichte

Wenige Wochen vor seinem Tod hatte Gottfried Reinhardt noch einmal auf der Bühne des Deutschen Theaters gestanden. Es war ein kalter Sonntagmorgen, als er hier am 10. April 1994 mit Thomas Langhoff im Rahmen einer Matinee ein Gespräch über die Geschichte führte, die ihn und seinen Vater mit diesem Haus verband. Die Gegenwart war von Krisenmeldungen geprägt. In Ruanda hatte kurz zuvor unter den Augen der Vereinten Nationen ein Völkermord begonnen. Am Abend dieses Aprilsonntags würde die NATO in den Krieg eingreifen, der nach dem Zerfall Jugoslawiens ausgebrochen war, und die serbisch besetzte muslimische Enklave Gorazde in Bosnien-Herzegowina bombardieren. Dreißigtausend Menschen demonstrierten an diesem Tag in Bonn gegen die serbische Besatzung. »In Bosnien-Herzegowina entscheidet sich, ob künftig in Europa wieder Grenzen mit Gewalt verschiebbar sind«, hatte Bundestagspräsidentin Rita Süssmuth als Rednerin den Demonstrierenden zugerufen.[58] Noch war Bonn die Hauptstadt der neuen, um die einstige DDR erweiterten Bundesrepublik. Erst 1999 wurde Berlin Regierungssitz.

Hier wartete jetzt am Schlossplatz der Palast der Republik auf seine Verhüllung mit zehntausend Quadratmetern Plane, auf die dann im Sommer die Fassade des 1950 gesprengten Schlosses gemalt sein würde. Noch die Volkskammer der DDR hatte im September 1990 die Schließung des Palastes der Republik wegen Asbestverseuchung beschlossen. Mit dem Tag des Beitritts der DDR zur Bundesrepublik Deutschland war der enorme Bau in den Besitz des Bundes übergegangen, das Staatsemblem der DDR auf der Westseite abmontiert worden. Ende März 1993 wurde die Asbestsanierung beschlossen, die schließlich nur noch das Skelett des Baus übrig ließ, mit dessen Abriss 2006 begonnen wurde.

Jetzt, an diesem kalten Sonntagvormittag des 10. April 1994 stand der stillgelegte Palast der Republik, bis auf das Geschirr in den Schränken seiner Restaurants und Bars noch vollkommen eingerichtet, wie eine versiegelte Zeitkapsel im Berliner Stadtzentrum, während ein paar hundert Meter Luftlinie entfernt auf zwei Louis-Seize-Sesseln Gottfried Reinhardt und Thomas Langhoff auf der Bühne des Deutschen Theaters Platz nahmen. Der Titel der Matinee ging auf ein Zitat aus Gottfried Reinhardts Buch über seinen Vater »Der Liebhaber« zurück: »Mein Vater war ein Theatermann«. Aber er traf natürlich auf beide Männer zu. Beide waren Söhne übergroßer Väter, die Deutschland aufgrund des Nationalsozialismus verlassen mussten. Und beide hatte das Schicksal ihrer Väter tief geprägt.

Die Verabredung zu diesem Gespräch war erst nach der Restitutionsfeier im Februar zustande gekommen: als wirklich sicher war, dass an der Rechtmäßigkeit der Ansprüche der Reinhardt-Erben nicht zu rütteln war. So saß nun mit Gottfried Reinhardt nicht nur der Sohn des Mannes hier, auf dessen Erbe sich dieses Deutsche Theater stets berief, sondern auch der Mann, der das Unrecht, das seinem Vater in und durch Deutschland widerfahren war, endlich ausgeglichen wissen wollte. Im Deutschen Theater hatte das Verunsicherung und starke Abwehr hervorgerufen. Eine Zeit lang kursierte im Theater sogar das Gerücht, die Reinhardt-Erben wollten die Immobilie in ein Wellness-Hotel umwandeln, ein Luxusressort an der Panke. Und hatte man das Thema »Eigentum« mit Gründung der DDR historisch nicht außerdem ad acta gelegt? Jetzt war also der Kapitalismus wieder da, mit dem viele auch die Ansprüche der Reinhardt-Erben nun verbanden. Dabei ging es um eine historische Schuld, an der die DDR bei ihrer Gründung achtlos vorbeigegangen war.

In den drei Jahren, die vergangen waren, seit die Reinhardt-Erben ihren Restitutionsanspruch angemeldet hatten, hatte Gottfried Reinhardt viel Ablehnung erlebt. So hatte zu seinen Plänen gehört, die sterblichen Überreste des Vaters aus Hastings-On-Hudson im Staat New York nach Berlin zurückzubringen und auf dem Jüdischen Friedhof Weißensee zu begraben. Dort lagen bereits Max Reinhardts Eltern Wilhelm und Rosa Goldmann, die Max nach der Übernahme der Direktion des Deutschen Theaters aus Wien nach Berlin geholt hatte. Gemeinsam mit seiner Familie hatten die Eltern dann ebenfalls im Haus am Kupfergraben gegenüber der Museumsinsel gelebt. Reinhardts Bruder Edmund hatte hier ebenso eine Wohnung wie seine Lieblingsschwester, die hier mit ihrem Mann und drei Kindern lebte. Später verschlang der Holocaust Jenny Rosenberg, geborene Reinhardt und ihren Mann. Nicht einmal ein Sterbedatum ist von ihr und Hermann Rosenberg bekannt.

Doch fand Gottfried Reinhardt damals in der Politik keine Ansprechpartner für das Vorhaben, den Vater nach Berlin zurückzubringen. Niemand verstand offenbar den Symbolcharakter seines Plans. Stattdessen wurde ihm nahegelegt, die Umbettung des Vaters doch bitte privat zu organisieren. Geld hätte er nach der Restitution schließlich genug.[59] Und so liegt Max Reinhardt bis heute auf dem Jüdischen Friedhof von Westchester Hills in Hastings-On-Hudson nördlich von New York. Als er 1943 starb sollte diese Grabstelle lediglich eine vorübergehende Lösung sein. »Zumindest wollten wir das Ende des Krieges und die Klärung der europäischen Situation abwarten, bevor wir uns entschieden, wo er endgültig beerdigt werden sollte«, so Gottfried Reinhardt Jahrzehnte später,[60] der selbst im Juli 1994 in Los Angeles begraben wurde.

Thomas Langhoffs Vater Wolfgang liegt auf dem Dorotheenstädtischen Friedhof in Berlin, dem Friedhof, auf dem so viele bedeutende Künstlerinnen und Künstler, Schriftsteller und Philosophen dieses Landes begraben sind. Er liegt dort neben seiner Frau Renate, und inzwischen ist hier auch der 2012 verstorbene Thomas Langhoff sowie dessen 2023 viel zu früh verstorbener Sohn Tobias beigesetzt. Neben dem Grab der Langhoffs befindet sich das Grab von Karl Ruppert, des langjährigen Technischen Direktors des Deutschen Theaters, wo er am Anfang des 20. Jahrhunderts als junger Bühnenarbeiter begonnen hatte, als der Direktor noch Max Reinhardt hieß. Als Ruppert 1963 starb, kümmerte sich

Wolfgang Langhoff als Intendant persönlich darum, dass dieser Mann der Bühnentechnik auf diesem Künstlerfriedhof begraben werden konnte – wohl wissend um diese symbolische Geste im Arbeiter- und Bauernstaat, für den er das Deutsche Theater zum Zukunftslabor hatte machen wollen und daran gescheitert war.

Jetzt saßen die Söhne ihrer großen Väter, Thomas Langhoff und Gottfried Reinhardt, vor einem gut gefüllten Zuschauerraum. Schon rein optisch lagen Welten zwischen ihnen: auf dem Sessel links der alerte, schnell sprechende Thomas Langhoff, damals sechsundfünfzig Jahre alt, rechts der einundachtzigjährige Gottfried Reinhardt. Er strahlte eine barocke Schwere aus, zu der eine alarmbereite Aufmerksamkeit einen fast verstörenden Kontrapunkt setzte. Er sprach langsam und wie einer, der erst in tieferen Gedächtnisschichten nach den deutschen Worten suchen musste, um dann jedes Wort erst zu prüfen, bevor er es vorsichtig aussprach. Sein um ein Viertel Jahrhundert jüngeres Gegenüber hingegen stieß seine Worte staccatohaft, aber auch wie unter Druck hervor. Langhoff befragte Reinhardt zum Vater, dem eigenen Leben und zu seiner Beziehung zu diesem Theater, auf dessen Bühne beide nun saßen. Und Reinhardt erzählte – etwa, wie er gleich 1990 zum ersten Mal nach dem Mauerfall ins Deutschen Theater fahren wollte und der Fahrer, zu dem er am Kurfürstendamm ins Taxi stieg, nicht wusste, wo dieses Theater überhaupt lag. Doch die Unterhaltung kommt nicht recht in Gang.

Bevor beide Männer auf der Bühne ihre Plätze eingenommen hatten, hatte es auf der leeren Bühne ein kleines Vorspiel gegeben. Zur Ouvertüre von Felix Mendelssohn-Bartholdys »Sommernachtstraum«, mit der Max Reinhardt über neunzig Jahre zuvor seine berühmte Inszenierung von Shakespeares »Sommernachtstraum« unterlegte, rotierten auf der Drehbühne rasend in wilden Lichtwechseln ein paar Requisiten, Bäume und ausgestopfte Wildtiere vor dem Rundhorizont, auf dem Wolkenprojektionen dahinjagten. Die Potsdamer Uraufführung von Mendelssohns Musik hatte im Rokoko-Theater des Neuen Palais dereinst in Begleitung seines Mentors Ludwig Tieck DT-Mitgründer Friedrich Haase miterlebt, der nun aus dem Stuckmedaillon von der Decke des Zuschauerraums auf das Geschehen

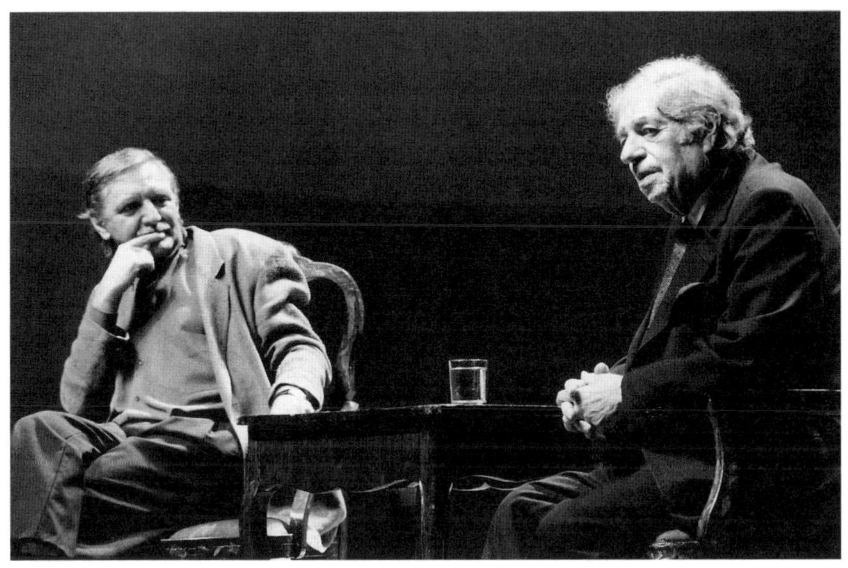

Thomas Langhoff (links) und Gottfried Reinhardt am 10. April 1994 im Deutschen Theater

blickte: mehr schnell zusammengestoppeltes Reinhardt-Klischee als Reinhardt-Hommage, besonders empfindliche Zeitgenossen hätten hier vielleicht sogar eine heimliche Reinhardt-Verhöhnung unterstellt.

Dann hatten Gottfried Reinhardt und Thomas Langhoff auf ihren Sesseln Platz genommen. Spannung und auch Ambivalenz, mit der sie sich begegneten, waren ebenso wenig zu übersehen, wie die Spannung, unter der die gesamte Veranstaltung angesichts der unentschiedenen Auseinandersetzung um das Deutsche Theater stand. Vor Thomas Langhoffs jovialen Fragen, seiner überhöflichen Ansprache, flüchtet Gottfried Reinhardt immer wieder ins Anekdotische. So richtig zündete diese historische Begegnung der beiden Emigranten- und Intendantensöhne nicht: Hier waren vielmehr die Erben zweier Geschichten aufeinandergetroffen, die kein Ganzes mehr ergaben. Das Thema, dass alle in dieser Zeit am meisten umtrieb, blieb an diesem Abend lange unangesprochen.

Erst ganz zum Schluss wagt Thomas Langhoff eine stockende Frage zum Restitutionsverfahren, der Gottfried Reinhardt ebenso unmissverständlich wie versöhnlich begegnet: Er und die anderen Erben stünden natürlich auf dem Standpunkt, »dass wir unsere Rechte wahrnehmen wollen und müssen«. Besonders er selbst jedoch maße sich nicht an, an den aktuellen Verhältnissen zu rütteln. Damit reagierte Gottfried Reinhardt auf die Situation, dass die Erben weder in der Lage gewesen wären, die beiden Theater wie einst Max Reinhardt wieder selbst zu betreiben, noch dieses überhaupt je in Erwägung gezogen hatten. Außerdem hatte Gottfried Reinhardt selbst von Anfang an die Ansicht vertreten, dass das Deutsche Theater als Institution nicht angetastet werden dürfe. Denn bei aller schmerzlichen Widersprüchlichkeit, die in diesem Sachverhalt lag, erhielt es das Erbe seines Vaters noch am ehesten in der Gegenwart. Er glaube auch, sagte Reinhardt schließlich salomonisch, »dass sich die Theaterverhältnisse – ob zu Recht oder zu Unrecht – so verändert haben, dass man heute wahrscheinlich auf der finanziellen Basis, die meinem Vater noch zur Verfügung stand, kein Theater mehr führen kann, dass also künstlerisch praktisch kein Konflikt besteht.«[61]

X In der Zeit stecken, ohne nach ihr zu riechen: ein Epilog

Die Begegnung von Gottfried Reinhardt und Thomas Langhoff ist ein Schlussbild. Denn sie steht exemplarisch für die losen Enden nach 1990 nicht mehr verknüpfbarer Geschichte(n). Und für viele offene Fragen, die sich bis heute daraus ergeben.

Die Geschichte des Deutschen Theaters ist natürlich weitergegangen. Doch der Wille, Nationaltheater des wiedervereinten Deutschlands zu sein und Abgerissenes zusammenzuführen, statt die Widersprüche des Vereinigungsprozesses offenzulegen, seine Ungerechtigkeiten und Asymmetrien, und dem Verdrängten einen Ort zu geben, haben dem Haus nicht gutgetan. In den 1990er Jahren zog Frank Castorfs Volksbühne genau mit diesem Programm am Deutschen Theater vorbei: mit seiner Konzentration auf das Inkommensurable und die ungebändigten Kräfte der Geschichte. Mehr als ein Jahrzehnt später machte dann das Maxim-Gorki-Theater der Intendanz Shermin Langhoff[1] unter dem Label »postmigrantisch« neue deutsche Realitäten und Perspektiven sichtbar. Die Frage, was das ist, »deutsches« Theater, und wer darüber mitzuentscheiden hat, war lange eine ziemlich in Vergessenheit geratene Gründungsfrage des DT.

Zu Beginn der Spielzeit 1996/97 übernahm ein junger Regisseur als künstlerischer Leiter einen Barackenbau in unmittelbarer Nachtbarschaft des Deutschen Theaters, der einst für die Bauarbeiter der Jahrhundertsanierung zwischen 1980 bis 1983 errichtet worden war: Thomas Ostermeier, im Signaljahr 1968 geboren. An der Hochschule für Schauspielkunst »Ernst Busch« hatte er Regie studiert und gehörte 1996 zu ihren frühen westdeutschen Absolventen. Als der berühmten einstigen Nachwuchsschmiede für das DDR-Theater 1993 der Verlust der Unabhängigkeit (und, wie viele damals fürchteten, die Abwicklung) drohte, war Ostermeier führend an den massiven wie schließlich erfolgreichen Protesten gegen diese Pläne beteiligt. Am Ende behielte die Schule ihre Autonomie.

Jetzt kam der Achtundzwanzigjährige also ans Deutsche Theater, um die bisher nur sporadisch bespielte »Baracke« als Spielstätte zu institutionalisieren. Mit Ostermeier kamen auch der Dramaturg Jens Hillje und der Bühnenbildner Jan Pappelbaum an das kleine Haus mit den neunundneunzig Plätzen. Neunundneunzig deshalb, weil erst ab einhundert Plätzen der Brandschutz die Anwesenheit eines Feuerwehrmannes vorschrieb.

Die Stücke, die hier gespielt wurden, brachten die neue Unbehaustheit nach dem Sieg des Kapitalismus auf die Bühne. Sie handelten von der Heillosigkeit, mit der sich die kalten Konsumwelten jetzt in die Seelen gruben. Die junge britische Dramatikerin Sarah Kane wurde hier für das deutschsprachige Theater entdeckt, Stücke von Richard Dresser, Enda Walsh, Nicky Silver und David Harrower gespielt, aber auch von Bertolt Brecht und Anton Tschechow. Zur Signatur der »Baracke« wurde 1998 Thomas Ostermeiers deutschsprachige Erstaufführung eines Stückes des damals einunddreißigjährigen britischen Dramatikers Marc Ravenhill. »Shoppen und Ficken« war sein kruder wie lapidarer Titel: ein Stück über das Kaufen und Gekauftwerden, Leben, Lieben und Sterben im Klima der totalen Marktwirtschaft. Und ein Triumph für Ostermeier und sein Team.

Im selben Jahr 1998 wurde die »Baracke« des Deutschen Theaters vom Magazin *Theater heute* zum Theater des Jahres gekürt – eine Eigentümlichkeit insofern, als es sich nur um die DT-Studiobühne und kein eigenes Theater handelte. Als sei die Entscheidung für ihre autonome Künstlerische Leitung nicht Teil größerer programmpolitischer Überlegungen gewesen. Doch hatten die Kritikerinnen und Kritiker, die nun die »Baracke« kürten, offenbar kein Problem, den Rest der Institution zu ignorieren, die damals schon etwas aus der Zeit gefallen in der Berliner Theaterlandschaft stand. »Eine verwundete Organisation«, sagt Klaus Siebenhaar, der damalige Leiter der Abteilung Kommunikation.[2]

Die Finanzlage war desolat, das Theater restlos überschuldet. 1998 war auch das Jahr, in dem der SPD-Politiker Gerhard Schröder Helmut Kohl ins Amt des Bundeskanzlers folgte. Ein Jahr später verhängte der Berliner Senat eine Haushaltsperre über das Deutsche Theater.

Im März 2001 stellte sich in einer Pressekonferenz Bernd Wilms als neuer Intendant in der Schumannstraße vor, eine denkwürdige und für manche auch schockhafte Erfahrung. Denn Wilms kündigte eine »verspätete Wende«, ja, einen völligen Neuanfang an. »Es wird eine späte Wende für das Deutsche Theater. Und ich spüre, dass alle sie wollen«, gab der 1940 in Solingen geborene Wilms auch in einem Zeitungsinterview zu Protokoll, das am Tag der Pressekonferenz erschien.[3] Als sei das Deutsche Theater nicht entscheidender Impulsgeber und wichtiger Schauplatz dieser Wende gewesen.

Die Intendanz Wilms brachte einen beispiellosen Einschnitt in Tradition und Geschichte des Hauses mit sich. Von den fünfzehn Regisseuren und Regisseurinnen, die die achtzehn Premieren der ersten Wilms-Spielzeit bestritten, hatte bisher noch niemand je am Deutschen Theater gearbeitet. Vom Ensemble, das während der Intendanz von Thomas Langhoff immer noch sechzig Mitglieder hatte, waren nur zwanzig übriggeblieben. Zwanzig neue kamen dafür dazu.

Doch gelang während dieser Intendanz endlich die Inszenierung beider Teile von Goethes »Faust« – fast ein Jahrhundert nach Max Reinhardt.[4] Und zwar durch eine Gruppe von Theaterleuten aus Ost um West um den aus Hessen stammenden Regisseur Michael Thalheimer. Ihre ersten Erfolge hatten sie Ende der 1990er am Schauspielhaus Chemnitz, wie das Städtische Theater Karl-Marx-Stadt nach 1989 wieder hieß. Unter ihnen war auch der gebürtige Karl-Marx-Städter Bühnenbildner Olaf Altmann, dessen zeichenhaft verdichtende Bühnen Thalheimers reduzierte wie bildmächtige Inszenierungsästhetik wesentlich mitprägten.

Radikal hatten Thalheimer und sein Team Goethes Drama auf seinen, sich jeder Weltdeutung verweigernden dunklen Kern reduziert. Eine leere Bühne mit acht Schauspielern, die 2004 »Faust I« als rasende Textfläche mit verteilten Rollen in gerade einmal zwei Stunden durchexerzierten. Im Zentrum die Schauspieler Ingo Hülsmann[5] und Sven Lehmann[6] als Faust und Mephisto. »Faust II« dauerte im Jahr darauf dann nicht einmal mehr zwei Stunden. Zunächst wurde vor einer Wand aus schwarzen Quadern gespielt, die nach dem dritten Akt auseinanderfiel. So wollte es der Plan des Bühnenbildners Olaf Altmann. Wieder einmal schaute man in das weite Nichts, das Max Reinhardts Rundhorizont auch nach hundert Jahren noch immer zuverlässig produzierte. Vorne an der Rampe erzählte die inzwischen zweiundachtzigjährige Inge Keller die Geschichte des mythischen Greisenpaares Philemon und Baucis, das Fausts Weltumbauplänen zum Opfer fällt. Selbst in seinen letzten, von Walter Ulbricht einst so grotesk missverstandenen Momenten, fantasiert Faust in fataler Selbsttäuschung davon, die Entstehung einer neuen Welt zu kommandieren: »Wie das Geklirr der Spaten mich ergetzt! / Es ist die Menge die mir frönet.« So hatte es schon Goethe entworfen und jetzt lächelte Mephisto nur, als Faust 2005 im Deutschen Theater schließlich sterbend an seine Schulter sank. Endlich konnte er Fausts Seele kassieren. All seine Welteroberungspläne, alles Streben nach Erkenntnis, Wissen, Liebe und Schönheit oder gar Glück – umsonst. »Es ist so gut, als wär es nicht gewesen, / Und treibt sich doch im Kreis, als wenn es wäre. / Ich liebte mir dafür das Ewig-Leere«, sagt Mephisto noch, ehe es auf der Bühne dunkel wird.

Ein westdeutsch sozialisierter Kultursenator hatte den Westdeutschen Bernd Wilms zum Nachfolger des 1999 rüde mit seiner Nichtverlängerung als Intendant konfrontierten Thomas Langhoff gemacht. Es war das Jahr des Regierungsumzugs nach Berlin. Ebenso rüde leitete ein ostdeutsch sozialisierter Berliner Kultursenator nach vier Jahren Wilms' Absetzung ein. Dieses Vorhaben scheiterte am Ende und Wilms blieb bis 2009 Intendant. Theaterwirren und -kriege, viel Stoff für ein anderes Buch. »Es gibt keine großen Geschichten mehr«, sagt Robbie, eine Figur in »Shoppen und Ficken«, »früher, da gab es große Geschichten, in die konnte man sein Leben stellen, aber jetzt gibt es sie nicht mehr. Jetzt gibt es nur kleine Geschichten, jeder hat seine.«[7]

Die Antwort auf die Frage, inwieweit sich die Geschichten der jüngsten Vergangenheit eines Tages zu Geschichte sortieren und die Bretter der Welt erreichen, wird also einstweilen vertagt. Ein paar Voraussetzungen, die dafür nötig sind, hat einst Peter Hacks in Verse gefasst, die er zum 60. Geburtstag von Wolfgang Langhoff im Oktober 1961 schrieb:

> Ein Freund der Stückeschreiber, der manchem alten Stück
> Zu frischem Glanz verhilft mit Wedel und Kritik
> Und der die Schemen, die wir Neuen ausgedacht,
> Mit seinem Hauch aufbläst, und ihnen Bäuche macht.
> Er wohnet hier bei uns und wirket nicht nur hier.
> Er steckt ganz in der Zeit
> und riecht doch nicht nach ihr.[8]

Anhang

Anmerkungen

I Auf den Brettern der Welt: ein Prolog

1 Die erste Drehbühne war 1896 vom Königlich Bayrischen Hoftheatermaschinisten Carl Lautenschläger im Münchner Residenztheater eingebaut worden.

2 Zum großen Teil sogar von den in Berlin ansässigen Firmen wie Siemens oder der AEG.

3 Bühnenjahrbuch 1888. Das erste Theater, das in Berlin ans Stromnetz angeschlossen wurde, war 1882 das Königliche Schauspielhaus am Gendarmenmarkt. Die erste Theatervorstellung mit elektrischer Beleuchtung fand am 25. Mai 1883 wiederum im Münchner Residenztheater statt: »Wie es euch gefällt« von William Shakespeare.

4 Knina, Gustav (um 1880–1920), Bühnenbildner und -techniker, der Reinhardts Vorstellungen technisch realisierte. Arthur Kahane, Reinhardts Chefdramaturg, schreibt über Knina in seinem 1928 erschienenen »Tagebuch eines Dramaturgen«: »Damals [im Jahr 1906] lebte noch, von allen geliebt, ein kleines, schlichtes und stilles Männchen am Deutschen Theater, Gustav Knina mit Namen, ein zartes und unscheinbares Kerlchen, putzig anzuschauen, aus tausend genialen und tausend schnurrigen Zügen wunderlich gemischt, wie aus einem E. T. A. Hoffmannschen Märchen in diese aufgeregte Theatergegenwart hineingeweht, ein Tausendkünstler und Zauberer, ein Bastler und Tüftler, der alles probierte und alles verstand, mit Zauberfingern, die alles konnten, und des übrigen eine Seele von Mensch, das reinste, sauberste, harmloseste und selbstloseste Kindergemüt. Er war ursprünglich Elektrotechniker gewesen, hatte sich aber in alle Materien des theatertechnischen Betriebes hineingearbeitet und war schließlich so unentbehrlich geworden, daß ohne ihn keine Bühne und kein Büro eingerichtet, keine Dekoration und kein Interieur fertiggestellt wurde, wenn auch sein Name immer bescheiden im Winkel der Anonymität blieb.« Siehe auch Newesely, Brie: Die Drehbühne: La Scène Tournant, in: Bühnenmaschinerie, SH 2009, S. 53 ff.

5 Siehe »Dokumentation des Gebäudebestandes – Deutsches Theater und Kammerspiele 1891–83, Rekonstruktion und Wiederaufbau aus Anlass des 100jährigen Bestehens des Deutschen Theaters. Aufbauleitung Sondervorhaben Berlin, Bauakademie der DDR«, Landesbibliothek, Zentrum Berlin Studien.

6 Siehe Schivelbusch: Lichtblicke, S. 188 f.

7 Zitiert nach Schivelbusch: Lichtblicke, S. 189. Paul Lindau (1839–1919), freier Schriftsteller, Journalist und Theaterdirektor. Von 1895 bis 1899 Direktor des Meininger Hoftheaters, von 1900 bis 1903 Direktor des Berliner Theaters, 1904 bis 1905 leitete er das Deutsche Theater in der Nachfolge Otto Brahms. Von 1909 bis 1917 war Lindau Dramaturg am Königlichen Schauspielhaus.

8 Schivelbusch: Lichtblicke, S. 189.

9 Ebd., S. 181.

10 Mehr dazu bei Heininger: Ein Traum von großer Magie, S. 134 ff.

11 Zitiert nach Huesmann: Welttheater Reinhardt, S. 17.

12 Bildhauer: Wilfried Fitzenreiter (1932–2008), gegossen 1963, Werkverzeichnis 63.1.

13 Bildhauer: Eberhard Bachmann (1924–2008).

14 Im Proszenium gibt es auf jeder Seite drei übereinanderliegende Logen, von denen die mittlere linke für den Kaiser und gegenüber für den Kronprinzen eingerichtet war. Die Kaiserloge trug kaiserliche Insignien, die nach der Kündigung 1894 abgenommen wurden. Die Logen boten Platz für je acht Personen, und hatten ein Vorzimmer. Die Kaiserloge hatte (ursprünglich als Loge für den preußischen König) seit Eröffnung des Friedrich-Wilhelmstädtischen Theaters 1850 bestanden. Siehe: Dokumentation des Gebäudebestandes, Bauakademie DDR, Landesbibliothek, Berlin. Logen wie diese gehörten zur Grundausstattung jeden Theaters und waren keine Besonderheit des DT.

15 Archiv Deutsches Theater, Akte »Interne Mitteilungen ab Spielzeit 1963/64 und 64/65«.

16 Die Tafel war 1970, zum 100. Geburtstag Lenins, noch einmal erneuert worden.

17 Die Büsten von Otto Brahm und Max Reinhardt standen seit 1963 auf der Grünfläche gegenüber dem Deutschen Theater und zogen 1998 zusammen auf dem Vorplatz um, wo sie seitdem ein Ensemble mit den damals neu dazugekommenen Büsten von Heinz Hilpert und Wolfgang Langhoff bilden.

18 Bildhauer: Eberhardt Bachmann (1924–2008).

19 Für den als Reichstagsbrandstifter 1934 nach einem Schauprozess in Leipzig verurteilten und hingerichteten jungen Niederländer Marinus van der Lubbe befindet sich vor dem Eingang der Kammerspiele ein massiver Sandsteinquader, der Teil eines Denkmals ist, das der holländische Künstler Ron Sluik im

Auftrag der Amsterdamer Stiftung »Ein Grab für Marinus van der Lubbe« geschaffen hat. Ein zweiter Stein steht in van der Lubbes niederländischer Geburtsstadt Leiden, ein weiterer auf dem Leipziger Südfriedhof, wo der hingerichtete junge Mann anonym begraben worden war. Der Stein auf dem Theatervorplatz sollte ursprünglich in der Nähe des Reichstags aufgestellt werden, wofür es aber von den zuständigen Behörden keine Genehmigung gab. So bot sich damals das Deutsche Theater als provisorischer Standort des heimatlosen Denkmals des von der Geschichte bis heute unerlösten Marinus van der Lubbe an, dessen Beteiligung an der Reichstagsbrandstiftung weder je zweifelsfrei bewiesen noch widerlegt werden konnte. Das Urteil gegen ihn wurde längst aufgehoben. Am 27. Februar 2000, dem 67. Jahrestag des Reichstagsbrandes, wurde der Gedenkstein auf dem Vorplatz des Deutschen Theaters aufgestellt.

20 Kipphardt: Deutsches Theater, S. 5.

21 Bildhauer: Manfred Salow (*1943). Zur Geschichte der Büste siehe u. a. Esche: Der Hase im Rausch, S. 214 f.

22 Langhoff, Wolfgang: Die Moorsoldaten, Zürich, 1935.

23 Siehe u. a. Demps: Luftangriffe auf Berlin, S. 36 f., 250 f., 629–634.

24 Auf der Höhe der Kammerspiele gab es eine ausgelassene Stelle in der Bebauung.

25 Berliner Montagspost, 9. Juni 1853.

26 Siehe u. a. Maas: Das Friedrich-Wilhelmstädtische Theater.

27 Abriss der Baugeschichte des Deutschen Theaters und der Kammerspiele in Berlin, Schumannstr. 13a, unveröffentlichtes Typoskript, o. V., o. J., S. 8, in: Dokumentation des Gebäudebestandes, Bauakademie DDR, Landesbibliothek, Berlin.

28 Baugeschichtliche Bestandsdokumentation, adp – Büro für Architektur, Denkmalpflege und Bauforschung, Berlin 2008.

29 Weddigen: Geschichte der Theater Deutschlands, S. 294.

30 Entworfen von Meinhard von Gerkan und Stephan Schütz mit Nicolas Pomränke (Architekturbüro Gerkan, Marg und Partner, Berlin).

31 Biedrzynski: Schauspieler. Regisseure. Intendanten, zitiert nach Weigel: Das Deutsche Theater, S. 186.

32 Der Schauspieler Otto Mellies schreibt in seinen Erinnerungen »An einem schönen Sommermorgen …« auf Seite 85, dass er 1950 zu einer Vorstellung noch durch den steinernen Toreingang auf den Hof des Deutschen Theaters gelangt ist.

33 Zu DDR-Zeiten war darauf in einem barackenartigen Bau auch eine Mensa der Humboldt-Universität untergebracht.

34 Das Bühnenbild zu »Mutter Courage« gestaltete Heinrich Kilger.

35 Siehe Landesarchiv Berlin, C Rep 120 Nr. 3314, Schreiben an die Finanzabteilung des Magistrats von Berlin vom 25. 9. 1945.

36 Der Tagesspiegel, Berlin, 4. 12. 1948.

37 Ebd.

38 Luft: Stimme der Kritik I, S. 94 ff. Es geht um Wolfgang Langhoffs Inszenierung des Gegenwartsstückes »Der große Verrat« von Ernst Fischer (Premiere 18. 7. 1950), u. a. mit Wolfgang Heinz. Siehe auch Slevogt: Den Kommunismus mit der Seele suchen, S. 340–350.

39 Akademie der Künste, Berlin, Fritz-Kortner-Archiv, u. a. Nr. 315.

40 Kortner: Aller Tage Abend, S. 103.

41 U. a. Videointerview mit Erica Glaser-Wallach, 4. 5. 1991, Zeitzeugen-Archiv Thomas Grimm, DEFA-Stiftung, Berlin. Siehe auch die Vernehmungsprotokolle, die in dem Band »Der Fall Noel Field. Schlüsselfigur der Schauprozesse in Osteuropa« von Bernd-Rainer Barth und Werner Schweizer (Berlin 2005) dokumentiert worden sind.

42 Raddatz, Fritz J.: Mein Versagen als Bürger der DDR, in: Die Zeit, 15. 8. 2007.

43 Siehe auch Slevogt: Auf dem Platz neben Brecht, S. 27 f.

44 Ebd. Stephan Hermlin (1915–1997), eigentlich Rudolf Leder, emigrierte während der NS-Zeit nach Frankreich, Schweiz und Palästina, war später einer der bekanntesten und einflussreichsten Schriftsteller der DDR. Hans Mayer (1907–2003), damals Professor für Literaturwissenschaft an der Universität Leipzig, ab 1963 in der BRD. Herbert Ihering (1888–1977) war damals Chefdramaturg des Deutschen Theaters. Berühmt war er in der Weimarer Republik als Theaterkritiker geworden.

45 Akademie der Künste, Berlin, Herbert-Ihering-Archiv, Nr. 700.

46 John Heartfield (1891–1968), Grafiker und Bühnenbildner, in Berlin geboren als Helmut Herzfeld. Seinen Namen anglisierte er mitten in der antibritisch aufgehetzten Atmosphäre des Ersten Weltkrieges. Seine bis heute berühmtesten Bühnenbilder entstanden in der Weimarer Republik für Erwin Piscator, dessen Theater ohne die multimedialen und technisch hochgerüsteten Bühnen Heartfields nicht denkbar gewesen wäre. Auch seine politischen Collagen machten ihn berühmt. Zuvor war er Max Reinhardts Ausstattungsleiter im Deutschen Theater gewesen. Sein Bruder Wieland Herzfelde (1896–1988) hatte 1917 den berühmten Malik-Verlag gegründet. Zum Jahreswechsel 1918/19 traten die Brüder in die Kommunistischen Partei ein. 1934 gab Herzfelde im Prager Exil als Erster Bertolt Brechts »Gesammelte Werke« heraus. Die NS-Zeit überlebten beide Brüder in der britischen Emigration. Der Auftrag sowie die dazugehörige Korrespondenz mit dem damaligen Chefdramaturgen Heinar

Kipphardt befindet sich u.a. unter der Signatur 1858 im Wieland-Herzfelde-Archiv der Berliner Akademie der Künste.

47 Eine lachende und eine weinende Maske, die Komödie und Tragödie darstellen sollen.

48 Ludwig Schröder (1744–1816), Schauspieler, Theaterdirektor und Dramatiker, der u.a. gemeinsam mit Lessing am Hamburger Nationaltheater arbeitete, wo Lessing u.a. seine »Hamburgische Dramaturgie« verfasste. Karl Seydelmann (1793–1843), Schauspieler u.a. am kurfürstlichen Theater Kassel, Stuttgarter Hoftheater und dem preußischen Hoftheater, wo man ihn zum Hofschauspieler ernannte. Theodor Döring (1803–1878), Schauspieler u.a. an der Hofbühne Hannover, ab 1845 preußisches Hoftheater Berlin.

49 Laut einem Bericht von der Eröffnung des DT in der *Berliner Börsen Zeitung* vom 30.9.1883. Die *National-Zeitung* schreibt am 6.9.1883 dagegen: »[…] und der Ovalplafond mit den Porträts der Schauspieler Eckhof, Schröder, Dessoir und Döring versehen.«

50 Caroline Neuber (1697–1760), Schauspielerin und Theaterprinzipalin. Sie trug maßgeblich zur Anerkennung des Berufsstandes der Schauspieler bei und führte ein neues Theaterspiel vorwiegend mit Themen des Bürgertums in deutscher Hochsprache ein. Hedwig Niemann-Raabe (1844–1905), Schauspielerin, u.a. am Hoftheater St. Petersburg, ab 1883 Deutsches Theater. Agnes Sorma (1862–1927), seit 1884 Deutsches Theater, wo anfangs Josef Kainz ihr berühmter Bühnenpartner war. Else Lehmann (1866–1940), seit 1891 Deutsches Theater, spielte in verschiedenen Gerhart-Hauptmann-Uraufführungen, u.a. die Mutter Wolfen in »Der Biberpelz« und Luise Hilse in »Die Weber«.

51 Wann sie entfernt wurden, war nicht zu ermitteln. Einiges spricht dafür, dass es in den Jahren 1936/37 war, als auch die Kammerspiele umgebaut wurden. Viele Porträts verschwanden spurlos, darunter die Porträts von Konstantin Stanislawski und Adolph L'Arronge. Die erhaltenen Porträts des Wand- und Deckenschmucks werden heute vom Stadtmuseum Berlin aufbewahrt.

52 Heinrich Anschütz (1785–1865), Schauspieler, ab 1821 Burgtheater Wien. Ludwig Devrient (1784–1832), Schauspieler am Preußischen Hoftheater unter August Wilhelm Iffland, Freund E.T.A. Hoffmanns. Friedrich Haase (1825–1911), Schauspieler und 1883 Mitgründer des Deutschen Theaters.

53 August Wilhelm Iffland (1759–1814), Schauspieler, Dramatiker und seit 1796 Intendant des Hoftheaters am Gendarmenmarkt. Spielte u.a. die Rolle des Franz Moor in der Uraufführung von Friedrich Schillers Stück »Die Räuber« und trat in Goethes Weimarer Theater auf.

54 Die Geschichte des Rings ist u. a. hier dokumentiert: http://www.rolf-krekeler.com/Tigger3000/Iffland/Der%20Iffland-Ring%20-%20Buch.htm (letzter Zugriff 14. 6. 2023).

55 Albert Bassermann (1867–1952), 1891–1895 am Hoftheater Meiningen, 1895–1909 und 1909–1915 am Deutschen Theater, danach bis zu seiner Emigration freischaffend. 1934 emigrierte Bassermann zunächst nach Wien, 1938 in die USA. 1933 hatte Bassermann auch in der berüchtigten Uraufführung von Hanns Johsts Drama »Schlageter« mitgewirkt und einen alten Reichswehrgeneral dargestellt.

56 Alexander Moissi (1879–1935), Schauspieler, 1905 von Max Reinhardt ans Deutsche Theater engagiert.

57 Werner Krauß (1884–1959), Schauspieler, von Max Reinhardt 1913 ans Deutsche Theater engagiert.

58 Kortner: Aller Tage Abend, S. 200.

59 In den Berichten von der Eröffnung des Deutschen Theaters 1883 ist das Porträt von Haase noch nicht erwähnt. Es scheint auch wenig wahrscheinlich, dass Haase als einziger der Gründer so prominent in der Ikonografie des Theaters hervorgehoben worden wäre. Da er sich nach seinem Ausscheiden aus der Sozietät stets mit großer Distanziertheit über das DT äußerte, ist auch kaum vorstellbar, dass sein Porträt aufgenommen wurde, solange das Deutsche Theater Adolph L'Arronge gehörte, der die Theaterimmobilie 1881 gekauft hatte und die Positionen Haases eher befremdlich fand. Am wahrscheinlichsten scheint, dass Haases Porträt erst nach seinem Tod 1911 (also in der Reinhardt-Zeit) in den Deckenschmuck des Theaters gelangte: als er den Iffland-Ring an Albert Bassermann vermacht hatte, mit dem Ziel, ebendiese Schauspieler-Ring-Parabel zu bekräftigen. Aber auch das ist nur eine nicht belegbare Vermutung. Die drei nicht näher datierbaren Schattenrissporträts in der Decke über dem Zuschauerraum wurden im Zuge der Sanierung von 1981 bis 1983 freigelegt und zeigen William Shakespeare, Friedrich Schiller und Johann Wolfgang von Goethe. Wann sie entstanden, ist nicht belegt. (Quelle: Mitteilung Hans Rübesame, bis 2010 Archivar des DT, an Steffen Obermann, in: Baugeschichtliche Bestandsdokumentation, adp – Büro für Architektur, Denkmalpflege und Bauforschung, Berlin, 2008).

II Bürgerliche Selbstermächtigung: ein Theater wird gegründet

1 Friedmann: Vertrauliche Theaterbriefe, S. 99.

2 Ebd., S. 101.

3 Das hatte 1812 von Moskau aus Kaiser Napoleon I. so verfügt.

4 Die Gewerbefreiheit war zunächst im Norddeutschen Bund in Kraft getreten, zu dem auch Preußen gehörte. Nach der Reichsgründung wurde das Gesetz als Reichsgesetz übernommen.

5 Zu den Königlichen Schauspielen gehörten nicht nur die Berliner und Potsdamer Hofbühnen, sondern auch die Theater in Wiesbaden, Kassel und Hannover.

6 Siehe u. a. Hirner: Die Todesparzenschönheit, S. 170 f.

7 In jenen Jahren entstanden diverse Stücke, die das Drama um Helene von Dönniges und Ferdinand Lassalle zum Gegenstand hatten. Helene von Dönniges saß auch bekannten Malern ihrer Zeit wie Franz Lenbach und Hans Makart Modell.

8 Zitiert nach Hirner: Todesparzenschönheit, S. 186.

9 Ebd.

10 Lindau, Paul: Maria und Magdalena, Schauspiel in 4 Akten, o. O., 1872.

11 Ellen Franz (1830–1923), Schauspielerin und Schauspiellehrerin, dritte Ehefrau Georgs II., Herzog von Meiningen.

12 Ludwig Chronegk (1837–1891), Schauspieler und Regisseur, ab 1877 Oberregisseur und ab 1884 Intendant des Meininger Hoftheaters, dem er seit 1866 angehörte.

13 Die genauen Umstände und Details dieser Gründung sind nachzulesen u. a. bei Raeck: Das Deutsche Theater Berlin, Dreifuss: Deutsches Theater Berlin, Weigel: Das Deutsche Theater.

14 Barnay: Erinnerungen, S. 349.

15 II. Beilage der Berliner Börsen-Zeitung Nr. 458, Sonntag, 30. September 1883.

16 Ebd.

17 Zitiert nach Dreifuss: Deutsches Theater Berlin, S. 66. Siehe auch Martersteig: Das deutsche Theater im 19. Jahrhundert, S. 663.

18 Barnay: Erinnerungen, S. 42.

19 1855 am Sächsischen Hoftheater in Dresden. 1856 war die Inszenierung als Gastspiel auch in Berlin im Hoftheater am Genarmenmarkt zu sehen gewesen.

20 Siehe u. a. Bonnell: Shylock in Germany.

21 1871 wurde auch dieses Gesetz (wie die Verordnungen zur Gewerbefreiheit) als Reichsgesetz übernommen.

22 Chaim Weizmann (1874–1952), Chemiker, zionistischer Politiker und von 1948 bis 1952 erster Staatspräsident Israels.

23 Alle Gesellschafter erhielten nach dem Ende der Intendanz von Otto Brahm ihre Einlagen und Anteile verzinst zurück. Siehe u. a. Epstein: Das Theatergeschäft, S. 626 f.

24 Siehe u. a. Schlenther, Paul: Otto Brahm (1856–1912), in: Neue Rundschau, 1913, Bd. 1, S. 197.

25 Siehe Mitgliederkartei der Jüdischen Gemeinde zu Berlin, Archiv Stiftung Neue Synagoge, Centrum Judaicum, Berlin.

26 L'Arronge: Das Löwenhaupt von Berlin, S. 62 f.

27 Ebd.

28 In dem 1935 zuerst im Jüdischen Verlag in Berlin erschienenen und 1959 wieder aufgelegten Sammelwerk »Juden im deutschen Kulturbereich« ist L'Arronge im Anhang in einer Liste aufgeführt, die »Tabelle von Nichtjuden, die für Juden gehalten wurden« überschrieben ist. Siehe Kaznelson: Juden im deutschen Kulturbereich, S. 1052.

29 Davon berichtet beispielsweise Otto Brahm in seinem Rückblick »Das erste Lebensjahr des Deutschen Theaters« in der *Frankfurter Zeitung* am 29. Juni 1884.

30 Brahm, Otto: Das erste Lebensjahr des Deutschen Theaters, in: Fetting: Otto Brahm, S. 251. »Herr Frenzel« ist der einflussreiche Feuilletonchef der liberalen Berliner *National-Zeitung* Karl Frenzel (1827–1914), neben Theodor Fontane von der *Vossischen Zeitung* (für die auch Otto Brahm schrieb) der maßgebliche Theaterkritiker jener Zeit. Josef Kainz (1858–1910) war ein österreichischer Schauspieler und größter Theaterstar seiner Zeit. Zunächst im Ensemble des Meininger Hoftheaters. Ab 1883 im Ensemble des Deutschen Theaters, ab 1899 Mitglied des Wiener Burgtheaters.

31 Zitiert nach Fetting: Otto Brahm, S. 240.

32 Siegfried Jacobsohn (1881–1926), Publizist und Kritiker, gründete 1905 die Zeitschrift *Die Schaubühne*, die ab 1918 unter dem Namen *Die Weltbühne* erschien.

33 Jacobsohn: Theater in der Reichshauptstadt, S. 66.

34 Ebd., S. 66.

35 Ebd., S. 62.

36 Ernst von Wildenbruch (1845–1909), Diplomat, Jurist, Schriftsteller und besonders mit Historiendramen erfolgreich. Die österreichischen Brüder Franz (1849–1913) und Paul (1853–1905) von Schönthan waren Schriftsteller, Schauspieler, Regisseure und Journalisten. Sie sind bis heute besonders für ihren 1884 gemeinsam verfassten Schwank *Der Raub der Sabinerinnen* berühmt. Adolf von Wilbrandt (1837–1911), Schriftsteller und von 1881 bis 1887 Direktor des Wiener Burgtheaters.

37 Theodor Herzl (1860–1904), in Pest geborener österreichisch-ungarischer Schriftsteller und Publizist. Herzl war der Überzeugung, dass aufgrund der gescheiterten Aufnahme von Juden in die Gesellschaft ein jüdischer Staat entstehen müsse. 1896 erschien sein Buch »Der Judenstaat«, das er vor dem Hintergrund des wachsenden Antisemitismus in Europa schrieb. Vorbild seiner Überlegungen waren u. a. die separatistischen Bewegungen in der K.-u.-k.-Monarchie Österreich-Ungarn.

38 Gemeint sind die von Reichskanzler Otto von Bismarck 1878 erlassenen Gesetze »gegen die gemeingefährlichen Bestrebungen der Sozialdemokratie«, die bis 1890 galten und sozialistische, sozialdemokratische und kommunistische Vereine, Versammlungen und Schriften verboten.

39 Siehe L'Arronge, Gerhart, 1977, S. 614 f. Die Geschichte der Uraufführung der »Weber« füllt ganze Bibliotheken und wird hier lediglich gestreift.

40 Jacobsohn: Das Theater in der Reichshauptstadt, S. 107 f.

41 Mann, Heinrich: Schlaraffenland, zitiert nach Dreifuss: Deutsches Theater Berlin, S. 108.

42 Zitiert nach Weigel: Das Deutsche Theater, S. 59.

43 Ebd.

44 Zitiert nach L'Arronge: Das Löwenhaupt von Berlin, S. 19.

45 Neues Wiener Volkstheater, wo u. a. auch der junge Karl Kraus auftrat, mit dem Reinhardt als Spiegelberg in Schillers »Räubern« auf der Bühne stand, Kraus spielte den Franz Moor.

46 Kahane: Tagebuch eines Dramaturgen, S. 115 f.

47 Das Theater am Schiffbauerdamm ist mit Bertolt Brecht darüber hinaus auch als Schauplatz der legendären Uraufführung der »Dreigroschenoper« 1928 verbunden.

48 Winterstein: Mein Leben und meine Zeit, Bd. 2, S. 174 f.

49 Hermia: Lucie Höflich, Lysander: Alexander Ekert, Helena: Else Heims, die spätere Ehefrau Reinhardts und Mutter seiner Söhne Wolfgang und Gottfried. Alexander Moissi war Oberon und Gertrud Eysoldt spielte Puck.

50 Winterstein: Mein Leben und meine Zeit, Bd. 2, S. 174 f.

51 Zu Baugeschichte und architekturgeschichtlicher Einordnung der in den Jahren 1905/06 umgestalteten Kammerspiele und des Deutschen Theaters siehe den sehr genau recherchierten Text von Bernau, Nikolaus: Wo hing Munchs »Lebensfries«? Zu dem Bau der Kammerspiele und ihrem berühmtesten Schuck, in: Koberg/Stegemann/Thomsen: Max Reinhardt und das Deutsche Theater, S. 65 f.

52 Max Reinhardt zitiert nach Arthur Kahanes »Tagebuch eines Dramaturgen«, S. 119.

53 Ebd.

54 Zitiert nach L'Arronge: Das Löwenhaupt von Berlin, S. 19.

55 Zitiert nach ebd. Heinrich Laube (1806–1884) war Schriftsteller, Burschenschaftler und Mitglied der Nationalversammlung in der Frankfurter Paulskirche sowie von 1849 bis 1867 Direktor des Wiener Burgtheaters.

56 Siehe L'Arronge: Das Löwenhaupt von Berlin, S. 38.

57 Siehe Waack, Renate: Verwaltungsdirektor des Deutschen Theaters war ich 25 Jahre – Walter Kohls, in: Kuschnia: 100 Jahre Deutsches Theater, S. 179 f.

58 Nationaler Gedenktag, der im Deutschen Kaiserreich von 1871 bis 1918 jährlich um den 2. September gefeiert wurde, und ohne den u. a. auch für den 1892 geborenen Walter Benjamin eine Berliner Kindheit um 1900 undenkbar war. Der Feiertag erinnerte an die Kapitulation der französischen Armee am 2. September 1870 nach der Schlacht bei Sedan, und den kriegsentscheidenden Sieg der preußischen, bayerischen, württembergischen und sächsischen Truppen, dem 1871 in Versailles die Proklamation des preußischen Königs zum Deutschen Kaiser folgte. Insofern war der Sedantag eine Art »Tag der deutschen Einheit« des Kaiserreichs.

59 Siehe u. a. Reichardt/Schäche: Von Berlin nach Germania.

III Wege zum Weltruhm: die Direktion Max Reinhardt

1 Durieux: Eine Tür steht offen, S. 29.

2 Ihering, Herbert: Siebzig Jahre Deutsches Theater, in: Kipphardt: Deutsches Theater, S. 184.

3 Ebd.

4 Deutsche Zeitung, 11. 11. 1906, zitiert nach Weigel: Das Deutsche Theater, S. 111.

5 Reinhardt: Schriften, S. 326.

6 Siehe u. a. Katalog zur Ausstellung: Tilla Durieux. Eine Jahrhundertzeugin und ihre Rollen, hrsg. von Daniela Gregori und Hans-Peter Wipplinger, Leopold-Museum-Privatstiftung, Wien 2022.

7 Bergmann: Der Fall Reinhardt, zitiert nach Weigel: Das Deutsche Theater, S. 102.

8 Siehe Nickel, Gunther: Die Schaubühne – Die Weltbühne: Siegfried Jacobsohns Wochenschrift und ihr ästhetisches Programm, Opladen 1996, S. 107 f.

9 Bergmann zitiert nach Weigel: Das Deutsche Theater, S. 102.

10 Dorthin, und auf eine noch größere Drehbühne, war 1905 auch Reinhardts »Sommernachtstraum«-Inszenierung vom Schiffbauerdamm umgezogen.

11 Bab, Julius, zitiert nach Braulich: Max Reinhardt, S. 106.

12 Kutscher, Artur: Die Ausdruckskunst der Bühne. Grundriß und Bausteine zum neuen Theater, Leipzig 1910, zitiert nach Braulich, S. 108.

13 Der Begriff ist eine Anleihe aus Georg Lukács' im Winter 1914/15 verfasstem Buch »Die Theorie des Romans«, in dem der ungarische Philosoph den Roman als Kunstform des mit der Romantik (durch die Verdinglichung im aufkommenden Kapitalismus) transzendental obdachlos gewordenen Subjekts bezeichnet. Im Roman erschreibt das moderne Subjekt sich die verlorene Totalität zurück. Mit der Romantik aber entstand auch das bürgerliche Theater, das Reinhardt nun aufgrund seiner Flüchtigkeit als sicher vor jeglicher Form der Verdinglichung betrachtete.

14 Schaper: Moissi, S. 125.

15 Zitiert nach Wikipedia: https://de.wikipedia.org/wiki/Manifest_der_93 (letzter Zugriff 30. 6. 2023).

16 Der Aufruf erschien am 4. Oktober 1914 in nahezu allen großen Zeitungen des Landes.

17 Winterstein: Mein Leben und meine Zeit, Bd. 2, S. 303.

18 Zitiert nach Krivanec: Kriegsbühnen, S. 281. Das Regiebuch Reinhardts zu »Dantons Tod« befindet sich im Besitz der Theatersammlung der Freien Universität Berlin, https://www.geisteswissenschaften.fu-berlin.de/v/max-reinhardt/index.html (letzter Zugriff 30. 6. 2023).

19 Sehr oft hat Reinhardt die Choreografie der Massenszenen auch an seinen Salzburger Jugendfreund und engen Mitarbeiter, den Regisseur Berthold Held delegiert.

20 Reinhardt: Schriften, S. 112.

21 Konstantin Stanislawski (1863–1938), russischer Schauspieler, Regisseur und Theaterreformer. Gründete 1898 mit Wladimir Nemirowitsch-Dantschenko (1858–1943) das Moskauer Künstlertheater, wo er viele Dramen Anton Tschechows uraufführte, den er als Dramatiker entdeckt und durchgesetzt hat. 1928 wurde Stanislawski Ehrenmitglied des Deutschen Theaters. Drei Gemälde mit Porträts von Stanislawski und Nemirowitsch-Dantschenko, die im Deutschen Theater hingen, sind verschollen.

22 Braulich: Max Reinhardt, S. 7.

23 Gerhard Wolfram, DT-Intendant von 1972 bis 1980, am 18. Juli 1973 an DDR-Kulturminister Hans-Joachim Hoffmann, Archiv Deutsches Theater, Ordner »Minister für Kultur«.

24 Wilms, Bernd: So stell ich mir Max Reinhardt vor, in: Koberg/Stegemann/Thomsen. In dem Band gibt es auch Aufsätze der Theaterwissenschaftler Erika Fischer-Lichte, Christopher Balme und Peter W. Marx, die dieses Bild korrigieren.

25 Ebd., S. 8.

26 Kahane: Tagebuch eines Dramaturgen, S. 119.

27 Den Begriff »Kunst als Waffe« hat 1928 der Dramatiker Friedrich Wolf berühmt gemacht: mit einer gleichnamigen Rede, die er bei der Gründung des Arbeitertheaterbundes in Berlin gehalten hat, dem auch Erwin Piscator angehörte.

28 Reinhardt: Schriften, S. 333.

29 Kahane: Theater, Kap. 8, zitiert nach https://www.projekt-gutenberg.org/kahane/theater/theater.html (letzter Zugriff 4. 7. 2023).

30 Reinhardt: Schriften, S. 326 [Rechtschreibung wie im Original].

31 Kracauer, Siegfried: Die Angestellten, Frankfurt am Main 1930.

32 Adorno, Theodor W./ Horkheimer, Max: Die Dialektik der Aufklärung, Amsterdam 1944, S. 144 f.

33 Lukács, Georg: Geschichte und Klassenbewusstsein, zuerst 1923 im Berliner Malik-Verlag erschienen.

34 Reinhardt: Schriften, S. 253.

35 Reinhardt: Schriften, S. 117, siehe auch S. 126.

36 Ebd., S. 133.

37 Siehe Worbs: Komödie und Theater am Kurfürstendamm.

38 Schroeder, Max: Liebe zum Theater, in: Kipphardt: Deutsches Theater, S. 294.

39 Weigel: Das Deutsche Theater, S. 146.

40 Elisabeth Bergner (eigentlich Elisabeth Ettel, 1897–1988), eine der größten Theaterschauspielerinnen ihrer Zeit. Aufgrund ihrer jüdischen Herkunft musste sie Deutschland verlassen und lebte ab 1933 zunächst in Wien und später in London. 1985 wurde sie Ehrenmitglied des Deutschen Theaters.

41 Siehe: Edmund Reinhardts Nachfolge, in: Der Montag Morgen, 29. 7. 1929, zitiert nach Weigel: Das Deutsche Theater, S. 143 f.

42 Zitiert nach ebd., S. 146.

43 Julius Hay (eigentlich Julius Gyula, 1900–1975), österreichisch-ungarischer Dramatiker und Mitglied der Kommunistischen Partei. Seit der Niederschlagung der ungarischen Räterepublik im Jahr 1919 lebte er in Deutschland.

44 Fritz Kortner (1892–1970) ist in Wien als Fritz Nathan Kohn zur Welt gekommen.

45 Kerr: Mit Schleuder und Harfe, S. 596.

46 Ebd., S. 597.

47 Siehe Winterstein, Eduard von: Ansprache zum achtzigsten Geburtstag von Max Reinhardt, in: 70 Jahre Deutsches Theater, Berlin, 1953, S. 37.

48 Attila Hörbiger (1896–1987), Schauspieler, wurde von Max Reinhardt 1928 ans Wiener Theater in der Josefstadt engagiert. Ab 1934 festes Ensemblemitglied des Deutschen Theaters.

49 Heinrich George (1893–1946), Schauspieler, u. a. an der Volksbühne und dem Deutschen Theater. Von 1930–1933 Intendant des Staatstheaters am Gendarmenmarkt, 1937–1943 Intendant des Schillertheaters.

50 Zitiert nach Weigel: Das Deutsche Theater, S. 146.

51 Heinrich Gretler (1897–1977), Schauspieler, kündigte nach den Vorfällen während der Premiere von »Wilhelm Tell« sein Engagement und kehrte in die Schweiz zurück, wo er geboren wurde und ab 1938 im Kontext der »geistigen Landesverteidigung« am Zürcher Schauspielhaus selbst ein legendärer »Tell« war. Den Landvogt Geßler spielte in dieser Inszenierung der Emigrant und spätere DT-Intendant Wolfgang Langhoff.

52 Carl-Ludwig Achaz (eigentlich Carl Ludwig Duisberg, 1889–1958), Schauspieler und Regisseur. Sein Vater war der Industrielle Carl Duisberg. Gemeinsam

mit Heinrich Neft (1868–1944), der zuvor der Verwaltungsdirektor der Volksbühne war, pachtete er mit Vertrag vom 30. Januar 1933 von Max Reinhardt das Deutsche Theater und die Kammerspiele.

IV Im Nationalsozialismus

1 Siehe u. a. Weigel, Bjoern: Das Deutsche Theater, S. 20–23. Ders.: Vom deutschen zum »arischen« Theater.

2 Es ist gelegentlich geschrieben worden, u. a. von dem Journalisten Dieter E. Zimmer (Max Reinhardts Nachlass, in: Die Zeit, 15. 7. 1994), Reinhardts Theater seien schon bei der Machtübernahme 1933 überschuldet gewesen. Nach Auskunft der Anwälte Michael Barz (Frankfurt am Main) und Christian Linde (Berlin), die in den 1990er Jahren im Auftrag von Max Reinhardts jüngstem Sohn Gottfried erfolgreich das Restitutionsverfahren gegen das Land Berlin führten, ist das nicht korrekt. Die Bilanzen, die Reinhardts National-Theater AG im Handelsregister veröffentlichte und die bis heute in den entsprechenden Archiven einsehbar sind, lassen aus ihrer Sicht einen solchen Schluss nicht zu.

3 Zitiert nach Weigel: Das Deutsche Theater, S. 179.

4 Der tatsächliche Rechtsstatus der Bühne als Privattheater blieb allerdings bis zum Ende der Nazi-Zeit bestehen. Eigentümer blieb die Deutsche National-Theater AG, wenn auch zumindest nominell von der Deutschen Arbeitsfront (DAF) via Aktenmehrheit kontrolliert. Noch im Bühnenjahrbuch des Jahres 1944 ist Heinz Hilpert als Pächter und Rechtsträger des DT eingetragen.

5 Zitiert nach Wulf: Theater und Film im Dritten Reich, S. 50.

6 Hans Moser (eigentlich Johann Julier, 1880–1964), Schauspieler, von Max Reinhardt 1915 ans Wiener Theater in der Josefstadt engagiert. Als die Nationalsozialisten an die Macht kamen, verweigerte er die geforderte Scheidung von seiner jüdischen Frau.

7 Max Reinhardt kam 1873 in Wien als Maximilian Goldmann zu Welt, nannte sich aber schon vor 1900 Max Reinhardt. 1904 nahm er diesen Namen offiziell und amtlich beglaubigt an.

8 Leers, Johann von: Juden sehen dich an, Berlin 1934, S. 61. Der Herzog von Sachsen-Coburg-Gotha hatte Max Reinhardt 1909 zum Professor ernannt und im Laufe der Jahre hatte sich für Reinhardt auch die Anrede »Professor« eingebürgert.

9 Der Brief vom 16. Juni 1933 ist nachzulesen in: Reinhardt: Schriften, S. 222 f.

10 Siehe u. a. Dillmann: Heinz Hilpert, S. 109 f.

11 Heinz Hilpert im April 1934 an Otto Laubinger, Leiter der Abteilung T im Reichsministerium für Volksaufklärung und Propaganda. Zitiert nach Weigel: Das Deutsche Theater, S. 177.

12 Im Original klein geschrieben und ohne Umlaute und Interpunktion, zitiert nach Weigel: Das Deutsche Theater, S. 180.

13 Hans Rehberg (1901–1963), Dramatiker und seit 1930 Mitglied der NSDAP und der SA.

14 Hermann Burte (1879–1960), deutschnationaler Schriftsteller, alemannischer Mundartdichter und Verfasser von Hymnen an Adolf Hitler.

15 Jürgen Fehling (1885–1968), Regisseur und Schauspieler. Von den bedeutenden DT-Schauspielern Paul Wegener und Friedrich Kayßler zum Schauspieler ausgebildet, begann er 1919 an der damals unter der Direktion Max Reinhardts stehenden Volksbühne auch zu inszenieren. Ab 1922 arbeitete er als Regisseur am Preußischen Staatstheater am Gendarmenmarkt. Hier wurde er in den Jahren des Nationalsozialismus zu einem der bedeutendsten deutschen Regisseure. Ein Engagement ans Deutsche Theater nach dem Krieg scheiterte am Widerstand von Wolfgang Langhoff. Siehe Slevogt: Den Kommunismus mit der Seele suchen, S. 302 f.

16 Beispielsweise Jürgen Fehlings Inszenierung »Richard III.« aus dem Jahr 1937, in der auf Traugott Müllers gleißend weiter Bühne Werner Krauss als unterschwellig auf Goebbels anspielender klumpfüßiger Titelheld auftritt.

17 Drews: Die gläserne Kette, S. 103. Wolfgang Drews (1903–1975), Schauspieler, Publizist und Dramaturg, gehörte nach 1945 zunächst dem Kulturbeirat des Niedersächsischen Kultusministeriums an und war Vorstandsmitglied der Freien Volksbühne in Hannover. Von 1949 bis 1953 war er Feuilletonchef und Theaterkritiker der Münchner *Neuen Zeitung* und von 1953 bis zu seiner Pensionierung 1968 der Münchner Theaterkritiker der *Frankfurter Allgemeinen Zeitung*.

18 Ebd.

19 Ebd., S. 104.

20 Michael Dillmann/Andrea Rolz (Hrsg.): So wird alles Schwere entweder leicht oder Leben: Tagebuch für Nuschka, Stuttgart 2011.

21 Kurt Seeger (1901–1978), Dramaturg und Übersetzer aus dem Russischen. In den 1920er Jahren hatte Seeger in der Marxistischen Arbeiterschule (MASCH) in Berlin bei Hermann Permin, dem Bruder des Dramatikers Ossip Dymow, die russische Sprache erlernt. Damals schloss sich Seeger auch der Arbeitersportgruppe »Fichte« an, die während des Nationalsozialismus eine Widerstandsgruppe wurde, zu der Seeger weiterhin Kontakt hielt, was auch in der Berliner Gedenkstätte Deutscher Widerstand dokumentiert ist.

22 Archiv des Deutschen Theaters: Siebzig Jahre Deutsches Theater, Berlin, 1953, S. 11.

23 Aufzeichnung im Nachlass Kurt Seeger, Archiv des Deutschen Theaters Berlin.

24 Siehe auch Eintrag über Paul Otto, in: Handbuch des deutschsprachigen Exil-

theaters, hrsg. von Frithjof Trapp, Werner Mittenzwei, Hennig Rischbieter und Hansjörg Schneider, München, 1998.

25 Nachlass Kurt Seeger, Archiv des Deutschen Theaters Berlin.

26 Siehe Weigel: Das Deutsche Theater, S. 181 f.

27 Siehe Sandvoß: Die »andere« Reichshauptstadt, S. 447 f.

28 Seibt, Kurt: Illegaler Widerstand in Berlin, in: Im Kampf bewährt. Erinnerungen deutscher Genossen an den antifaschistischen Widerstand 1933–1945, hrsg. von Heinz Voßke, Berlin (DDR) 1969, S. 298 f.

29 Zitiert nach einem Abdruck aus Kurt Seibts Erinnerungstext in der *Berliner Zeitung* vom 6. September 1973, Jahrgang 29, Ausgabe 246, S. 3.

30 Drews: Die klirrende Kette, S. 115 f.

31 Ebd., S. 118.

32 Zitiert nach Seibt, Berliner Zeitung, 6. 9. 1973, S. 3. Dr. Hans-Rainer Sandvoß zufolge hatte das Flugblatt eine Auflage von 25 Stück (Mail an die Verfasserin vom 30. 9. 2016).

33 Kurt Seeger vertritt in seinen im DT-Archiv verwahrten Aufzeichnungen vom 7. 1. 1965 die Ansicht, Weiße sei in der Haft ermordet worden. Das entspricht jedoch nicht aktuellen Forschungsergebnissen.

34 E-Mail an die Verfasserin vom 30. 9. 2016.

35 Robert Dorsay (eigentlich Robert Stampa, 1904–1943), Sänger, Tänzer, Komiker, Schauspieler, Regisseur und Choreograf. Wirkte als Komiker auch in vielen populären Filmen mit.

36 Siehe u. a. Bernau, Nikolaus: Wo hing Munchs »Lebens-Fries«? Zu dem Bau der Kammerspiele und ihrem berühmtesten Schmuck, in: Koberg/Stegemann/Thomsen: Max Reinhardt und das Deutsche Theater.

37 Reinhardt: Schriften, S. 264 f.

38 Willy Robert Huth (1890–1977), Schüler von Willy Baumeister in Stuttgart, ab 1919 in Berlin, 1928 Mitglied der Berliner Sezession, galt seit 1933 als »entartet«. Nach 1945 zunächst Lehrer an der Kunsthochschule Weißensee, danach an der Hochschule der Künste in Berlin (West).

39 Diese Porträts befinden sich heute in der Theatersammlung des Stadtmuseums Berlin.

40 Hilpert, Ernst: Das Theater der Vierhundert, in: Blätter des Deutschen Theaters Spielzeit 1936/37, Heft 8.

41 Zur Baugeschichte der Kammerspiele siehe: »Deutsches Theater. Kammerspiele. Rekonstruktion und Wiederaufbau anlässlich des 100jährigen Bestehens des Deutschen Theaters«, Aufbauleitung Sondervorhaben Berlin (Hrsg.), Berlin (DDR) 1983, Bernau 2005.

42 Zit. nach Dillmann: Heinz Hilpert, S. 197.

43 Nikolai Erastowitsch Bersarin (1904–1945), Offizier der Roten Armee und ab 9. Mai 1945 erster Stadtkommandant von Berlin, kam am 16. Juni 1945 in Berlin bei einem Motorradunfall ums Leben.

44 Sergej Iwanowitsch Tulpanow (1902–1984), sowjetischer Germanist, Gesellschafts- und Wirtschaftswissenschaftler, war von 1945 bis 1949 Leiter der Informationsabteilung der SMAD in Berlin. Er stammte aus Leningrad, wo er vor dem Krieg u.a. Dozent für Germanistik war. Während der deutschen Belagerung der Stadt, die zwischen dem 8. September 1941 und dem 27. Januar 1944 insgesamt eine Million Zivilisten das Leben kostete, verlor Tulpanow drei kleine Kinder.

V Auf Trümmern

1 Demps: Luftangriffe auf Berlin, S. 96.

2 Dem Bühnenjahrbuch 1945/46 zufolge waren siebzig Prozent der Berliner Theater zerstört.

3 Bruno Hübner (1899–1983), Schauspieler und Regisseur. Gehörte seit 1934 dem Ensemble des Deutschen Theaters an. Wechselte 1946 an die Münchner Kammerspiele und war in den 1950er Jahren Mitglied des Bayerischen Staatsschauspiels, zeitweise als Oberspielleiter.

4 Wangenheim, Gustav von: Ein Aufruf, in: Der Aufbau, Jg. 11, Nr. 38, 21. 9. 1945, S. 8, https://archive.org/stream/aufbau111945germ#page/n627/mode/1up (letzter Zugriff 4. 7. 2023). Alexander Granach, 1890 im galizischen Werbowitz (heute Ukraine) geboren, war im März 1945 in New York an den Folgen einer Blinddarmoperation gestorben. 1909 war er in Max Reinhardts Schauspielschule aufgenommen worden und hatte nach dem Ersten Weltkrieg zu den großen Schauspielern der Weimarer Republik gehört. 1933 verließ Granach Deutschland.

5 Ebd. Von Wangenheim hatte seinen Aufruf noch als frisch ernannter Intendant des Theaters am Schiffbauerdamm verfasst, an das er im Sommer 1945 zunächst berufen worden war. Kurz darauf übernahm die Rote Armee das Theater, um hier eigene Veranstaltungen zu machen. Als der Aufruf im *Aufbau* erschien, war das Deutsche Theater unter seiner Leitung bereits offiziell wiedereröffnet worden.

6 Siehe Landesarchiv Berlin, C Rep 120 Nr. 1467.

7 Ebd.

8 Ebd. und Nr. 3314.

9 Werner Seelenbinder (1904–1944), Ringer, 1933 Deutscher Meister im Halbschwergewicht, Olympiateilnehmer 1936 und Widerstandskämpfer. Seit 1928 KPD-Mitglied. 1944 im Zuchthaus Brandenburg enthauptet.

10 Zitiert nach: Coppi, Hans / Warmbold, Nicole: Der zweite Sonntag im Septem-

ber. Zur Geschichte des Gedenktages für die Opfer des Faschismus, Gedenkstättenrundbrief 131, Berlin 2006, https://www.gedenkstaettenforum.de/uploads/media/GedRund131_12-19.pdf (letzter Zugriff 10. 7. 2023). Hans Scharoun (1893–1972), Architekt, in der Weimarer Republik Mitglied der von Bruno Taut gegründeten expressionistischen Architektengruppe »Die gläserne Kette«. 1945 von der Sowjetischen Militäradministration als Baustadtrat eingesetzt und verantwortlich u. a. für die Entwicklung eines Wiederaufbaukonzepts. 1946 abgelöst. Zu seinen bedeutendsten Bauten zählen die Philharmonie und die Staatsbibliothek in Berlin.

11 Horst Caspar (1913–1952), Theater- und Filmschauspieler, u. a. in »Kolberg« (1944/45), wo er an der Seite Heinrich Georges (zu dessen Ensemble im Schillertheater Caspar von 1940–1944 gehörte) spielte. Caspar hatte, wie im Zuge der Erstellung eines Ariernachweises 1934 festgestellt wurde, Urgroßeltern, die getaufte Juden waren, weshalb er als »Mischling 2. Grades« galt und eine Sondererlaubnis benötigte, um im Dritten Reich als Schauspieler arbeiten zu dürfen. Siehe Weigel, 2015, S. 234 f. Ernst Wilhelm Borchert (1907–1990), Schauspieler, bis 1944 Volksbühne Berlin.

12 Landesarchiv Berlin, C Rep 120 Nr. 1467. Winzer, Otto (1902–1975), Politiker (KPD, später SED). Trat 1919 der KPD bei. 1934 Emigration zunächst nach Frankreich, ab 1935 in Moskau. Kehrte als Mitglied der Gruppe Ulbricht am 2. Mai 1945 nach Berlin zurück. 1945 Stadtrat für Volksbildung, 1947 Leiter der Hauptabteilung Kultur des Zentralsekretariats der SED, ab 1950 Staatssekretär und von 1965 bis 1975 Außenminister der DDR. Sein Referent war in den Jahren 1945/46 Fritz Erpenbeck. Ottomar Geschke (1882–1957), Politiker (KPD, später SED). Vor 1933 Mitglied des Politbüros der KPD, 1933 verhaftet. Acht Jahre Haft in Zuchthäusern und Konzentrationslagern, zuletzt Sachsenhausen. 1945 Vorsitzender des Hauptausschusses »Opfer des Faschismus« beim Berliner Magistrat und in dieser Eigenschaft einer der Initiatoren und Hauptredner der Veranstaltung am 9. September 1945 in Neukölln.

13 Das Telegramm wird im Archiv des Deutschen Theaters verwahrt.

14 Heinrich Greif (1907–1946), Schauspieler, ab 1927 an der Berliner Volksbühne, ab 1928 gehörte er zum Ensemble Erwin Piscators, später zu Gustav von Wangenheims »Truppe 1931«, mit dem er auch freundschaftlich verbunden blieb. Über Paris und Zürich emigrierte er 1933 in die Sowjetunion, wo er von 1935 bis 1945 noch gelegentlich als Schauspieler arbeitete, hauptsächlich jedoch Sprecher der deutschsprachigen Sendungen von Radio Moskau war. 1945 kehrte er nach Deutschland zurück.

15 Zitiert nach Luft: Stimme der Kritik I, S. 17 f. Friedrich Luft (1911–1990), seit 1936 freier Autor und Theaterkritiker. Seine Radiosendung »Stimme der Kritik« für

den Berliner RIAS machte ihn ab 1946 zum populärsten westdeutschen Theaterkritiker.

16 Zitiert nach Schivelbusch: Vor dem Vorhang, S. 120.

17 Auch Maxim Vallentin (1904–1987) stammte aus dem Max-Reinhardt-Kosmos. Wie von Wangenheim war auch er in den 1920er Jahren politisiert worden und hatte sich vom institutionellen, bürgerlichen Theater abgewandt. 1935 war er in die Sowjetunion emigriert. Vallentins Vater, der Schauspieler und Regisseur Richard Vallentin (1874–1908), gehörte zu den frühesten Mitarbeitern Max Reinhardts und hatte 1903 in dessen erstem eigenen Theater Unter den Linden die legendäre deutschsprachige Erstaufführung von »Nachtasyl« inszeniert, einer epochalen Innenansicht aus dem vorrevolutionären Russland, die wenige Wochen zuvor von Konstantin Stanislawski in Moskau uraufgeführt worden war. (Stanislawski wurde von Reinhardt 1923 zum Ehrenmitglied des Deutschen Theaters ernannt.) Das Stück spielt in einem Elendsquartier unter Gestrauchelten und Verlorenen. In gesellschaftliche Abgründe wie diesen hatte das Theater nie zuvor geblickt. Mit fast 600 ausverkauften Aufführungen gehört Vallentins Inszenierung bis heute zu den erfolgreichsten deutschen Sprechtheaterproduktionen aller Zeiten. Auch darüber hinaus strahlte das Drama stark in die Wirklichkeit: Es wurde ein Signalstück der Russischen Revolution und sein Autor Maxim Gorki zu einer ihrer Symbolfiguren. Richard Vallentin hat 1904 seinen im Jahr nach der Premiere zur Welt gekommenen Sohn nach dem Autor des Dramas benannt. Maxim Vallentins Mutter, die Schauspielerin Elise Zachow-Vallentin hatte in der Inszenierung neben Eduard von Winterstein, Gertrud Eysoldt und Max Reinhardt auf der Bühne gestanden.

18 Siehe u. a. Stuber: Spielräume und Grenzen, S. 258, wo Vallentins Referat im Anhang dokumentiert ist.

19 Zitiert u. a. nach Hecht: Brecht-Chronik, S. 765.

20 Der Kurier, 31. 5. 1946, zitiert nach Schivelbusch: Vor dem Vorhang, S. 107.

21 Wangenheim, Gustav von: Bericht über meine Tätigkeit 1945/46, zitiert nach Stuber: Spielräume und Grenzen, S. 26.

22 Die erste Ausgabe erschien am 23. April 1946.

23 Zitiert nach Weigel: Das Deutsche Theater, S. 221.

24 Siehe Waack, Renate: Der Schauspieler Heinrich Greif, in: Das Sozialistische Berufstheater 1929–1933, hrsg. von Rolf Rohmer, Berlin (DDR) 1966, S. 353 f.

25 Zitiert nach Weigel: Das Deutsche Theater, S. 219.

26 Ebd.

27 Siehe u. a. Herbst, Andreas / Weber, Hermann: Deutsche Kommunisten. Biografisches Handbuch 1918–1945, Berlin 2004, S. 60.

28 Beim Uraufführungstermin konnte Carola Neher nicht auf der Bühne stehen, da sie ihrem sterbenden damaligen Ehemann, dem Dichter Klabund, beistehen wollte. Stattdessen spielte die Schauspielerin Roma Bahn die Rolle, Ehefrau von Karlheinz Martin. Erst später übernahm Neher die Rolle, die ihr »auf den Leib« geschrieben worden war.

29 Siehe u. a. Berger: Friedrich Wolf, S. 99.

30 Siehe u. a. Diezel, Peter (Hrsg.): Hans Hauska: Von Stalin zu Hitler. Ein Schicksal in Zeiten des Terrors. Aufzeichnungen, Briefe, Dokumente, Berlin 2003.

31 Der Film »Kämpfer« erzählt u. a. die Geschichte Georgi Dimitroffs, jenes bulgarischen Kommunisten, der 1933 als Reichstagsbrandstifter mit angeklagt war, die Anklage beim Prozess vor dem Leipziger Reichsgericht jedoch spektakulär gegen die Kläger zu wenden wusste: ein einzelner Angeklagter, Kommunist dazu, bot Nazi-Deutschland Paroli und stellte seine mächtigen Protagonisten Goebbels und Göring vor der Weltöffentlichkeit bloß. In einer Parallelhandlung erzählt der Film anhand einer Arbeiterfamilie vom Untergrundkampf der Kommunisten in Deutschland innerhalb und außerhalb der Konzentrationslager. Bis auf wenige Ausnahmen wurde der Film mit Emigranten besetzt, darunter Ernst Busch, Fritz Erpenbeck, Heinrich Greif, Alexander Granach und Inge von Wangenheim. Auch Friedrich Wolfs Ehefrau Else und sein damals neunjähriger Sohn Konrad spielten kleine Rollen. Bertolt Brecht hatte sich bei einem Besuch in Moskau vergeblich um eine Rolle für seine Frau Helene Weigel bemüht. Seitdem waren Brecht und von Wangenheim zutiefst verfeindet. Als der Film 1936 fertiggestellt war, hatten die »Säuberungen« bereits begonnen. In ihrem Verlauf wurden viele Mitarbeiter des Films Opfer von Repressalien, ein Drittel der Schauspieler und Mitarbeiter erschossen, verbannt, in sowjetische Lager verschleppt oder nach Deutschland zurückgebracht. Die Liquidierten, an Nazi-Deutschland Ausgelieferten oder in Ungnade Gefallenen wurden später auf den Fotos vom Filmset einfach weggekratzt. Siehe u. a.: Agde: Kämpfer; Slevogt: Den Kommunismus mit der Seele suchen, S. 213 f.; von Wangenheim: In den Fängen der Geschichte, S. 102 f.

32 Brief vom 8. März 1946, zitiert nach Berger: Friedrich Wolf, S. 92 f.

33 Berger: Friedrich Wolf, S. 124.

34 Zitiert nach ebd., S. 121 f.

35 Siehe u. a. Müller: Die Säuberung, S. 416 f.

36 Müller, Reinhard: Granachs große Illusion, in: Wittlich, Angelika / Recher, Hilde (Hrsg.): Alexander Granach. »Du mein liebes Stück Heimat«, Briefe an Lotte Lieven aus dem Exil, Augsburg 2008, S. 373 f. Im Anhang zu seinem Text nennt Müller auch Signaturen aus dem Russischen Staatsarchiv für Sozia-

listische Geschichte, wo er das Wangenheim belastende Material gefunden hat.

37 Das Wiedersehen von Gustav von Wangenheim und Ernst Lubitsch 1936 in Moskau und seinen Niederschlag im Film »Ninotschka« schildert auch Inge von Wangenheim in ihrem Buch »Auf weitem Feld«, S. 353 f.

38 Von Wangenheim: In den Fängen der Geschichte, S. 17 f.

39 Siehe auch von Wangenheim: Auf weitem Feld, S. 357 f.

40 Siehe u. a. Becher: Selbstzensur, S. 543–551.

41 Von Wangenheim: In den Fängen der Geschichte, S. 23 f.

42 Es handelt sich um die Publikation von Peter Diezel: Exiltheater in der Sowjetunion 1932–1937, die 1978 in Ost-Berlin erschien.

43 Von Wangenheim: In den Fängen der Geschichte, S. 23 f.

44 Siehe auch Slevogt: Den Kommunismus mit der Seele suchen, S. 284 f.

45 Dymschitz: Ein unvergesslicher Frühling, S. 376.

46 Siehe das entsprechende Schreiben Walter Ulbrichts vom 19. 8. 1946 an Generalleutnant F. J. Bokow: Bundesarchiv Berlin, SAPMO, Nachlass Ulbricht NY 4182/1190.

47 Zitiert nach Schivelbusch: Vor dem Vorhang, S. 105.

48 Siehe u. a. Krull: Wolfgang Langhoff, S. 25.

49 Akademie der Künste Berlin, Leopold-Lindtberg-Archiv 1193, Brief vom 6. 9. 1946.

50 Stadtarchiv Zürich, Nachlass Erwin Parker, Schreiben vom 6. 12. 1946.

51 Kuschina: 100 Jahre Deutsches Theater, S. 319.

52 Gemeinsam mit Dessaus damaliger Ehefrau Gudrun Kabisch war Wolfgang Langhoff in den 1920er Jahren am Theater Wiesbaden engagiert gewesen, wo die Freundschaft mit Dessau begonnen hatte. Mehr dazu siehe Slevogt: Den Kommunismus mit der Seele suchen, S. 31 f.

53 Siehe Briefwechsel Langhoff/Dessau 1946–1948, Akademie der Künste, Paul-Dessau-Archiv.

54 Siehe Akademie der Künste Berlin, Fritz-Kortner-Archiv.

55 Ebd.

56 Zitiert nach Slevogt: Den Kommunismus mit der Seele suchen, S. 313.

57 Ebd., S. 314.

58 http://www.americanrhetoric.com/speeches/harrystrumantrumandoctrine.html (letzter Zugriff 6. 7. 2023).

59 Wischniewski, Wsewolod (1900–1951), sowjetischer Schriftsteller, Dramatiker und damals auch Generalsekretär des Sowjetischen Schriftstellerverbandes. Enger Freund des Schriftstellers Friedrich Wolf. Wischniewski überlebte die Belagerung Leningrads durch die deutsche Wehrmacht. Sein

bedeutendstes Drama ist das Revolutionsstück »Optimistische Tragödie«, das eine kommunistische Neuformulierung des klassischen Tragödienbegriffs versucht: 1931 uraufgeführt, 1948 von Wolfgang Langhoff in Berlin inszeniert, 1971 von Manfred Wekwerth in einer berühmten und später von der DEFA auch verfilmten Inszenierung (mit Hilmar Thate und Renate Richter) herausgebracht. Peter Stein inszenierte das Stück 1972 an der West-Berliner Schaubühne (mit Ulrich Wildgruber, Elke Petri, Otto Sander und Peter Fitz).

60 Reinhold et al.: Erster Deutscher Schriftstellerkongress, S. 245 f.

61 Ebd., S. 247.

62 Siehe u. a. Saunders: Who Paid The Piper?, S. 27 f. In dieser faktengesättigten Studie hat die britische Historikerin und Literaturwissenschaftlerin die Strategien der Amerikaner im »Cultural Cold War« recherchiert. So förderte die CIA über Melvin J. Laskys 1949 gegründeten »Kongress für kulturelle Freiheit« als zentralem Verteiler Aktivitäten praktisch der gesamten nicht dezidiert kommunistischen Linken in Europa und setzte im gleichen Zug auch die Abstrakte Kunst durch. Saunders zufolge verdankt also ein großer Teil des kulturellen Diskurses im Westen jener Jahre seine materielle Grundlage dem amerikanischen Geheimdienst.

63 Reinhold et al.: Erster Deutscher Schriftstellerkongress, S. 295 f.

64 Ebd.

65 Reinhold et al.: Erster Deutscher Schriftstellerkongress, S. 352 f.

66 Ebd.

67 Langhoff, Wolfgang: Die verschiedenen Fassungen des Woyzeck, in: Kipphardt: Deutsches Theater, S. 56.

68 Meiszies: Wolfgang Langhoff, S. 98 f.

69 Karsch: Wort und Spiel, S. 183 f., zitiert nach Weigel: Das Deutsche Theater, S. 222.

70 Ebd., S. 185.

71 Parlament des Geistes / Kongreß mit Rissen, in: Der Spiegel, 41/1947.

72 Brief vom 25. 7. 1947, Akademie der Künste, Paul-Dessau-Archiv Nr. 2216. Alle Langhoff-Briefe an Kortner siehe Akademie der Künste, Fritz-Kortner-Archiv.

73 Kortner, Fritz: Letzten Endes. Fragmente, München 1971, S. 42.

74 Die Neue Zeitung, 6. 12. 1950.

75 Frisch, Max: Tagebuch 1946–1949, Berlin (DDR) 1963.

76 Benno Frank (1908–1980), als Benjamin Frenkel in Wiesbaden geboren, wo sein Vater polnischer Konsul war. Frank hatte in der Weimarer Republik seine Laufbahn als Theaterregisseur begonnen und war 1930 zunächst nach Palästina und dann in die USA emigriert. Seit Vater Abraham Frenkel war in Odessa geboren worden und Frank beherrschte auch die russische Sprache. Die gemein-

same Sprache und jüdische Herkunft erleichterte die Verständigung zwischen den Kulturoffizieren der beiden Siegermächte. Auch Dymschitz und Fradkin stammten aus jüdischen Familien.

77 Im August 1945 war das Hebbel-Theater von Karlheinz Martin mit einer Inszenierung der »Dreigroschenoper« eröffnet worden, der Brecht und den Komponisten Kurt Weill in den Nachkriegswirren jedoch nicht um Erlaubnis gefragt hatte.

78 Reger, Erik: Wofür?, in: Der Tagesspiegel, 4.12.1948.

79 Die bisher kaum beachtete Schlüsselrolle, die Wolfgang Langhoff als Intendant des Deutschen Theaters bei Bertolt Brechts Rückkehr nach Deutschland gespielt hat, habe ich anhand neuer und bisher nicht ausgewerteter Quellen in meiner Wolfgang-Langhoff-Biografie dargestellt. Langhoff hatte Erfahrung mit Operationen wie dieser: Nach 1945 hatte er im Auftrag der Kommunistischen Partei, mit Wissen sowjetischer Dienste und der Hilfe amerikanischer Stellen die Rückkehr kommunistischer Emigranten aus der Schweiz nach Deutschland organisiert.

80 Zitiert nach Slevogt: Den Kommunismus mit der Seele suchen, S. 319.

81 Zitiert nach Luft: Stimme der Kritik I, S. 110.

82 Radioreportage des Berliner Rundfunks, 7.10.1949. Deutsches Rundfunkarchiv, Potsdam, DRA/DOK 537. Bd. 4.

83 Ebd.

84 Zitiert nach Weigel: Das Deutsche Theater, S. 220.

85 Vašek Káňa (1905–1985), eigentlich Stanislav Řáda, tschechischer Journalist, Schriftsteller und ursprünglich Metallarbeiter.

86 Fünfjahresplan/Theater, in: Der Spiegel, 2/1951.

87 Ebd.

88 Langhoff, Wolfgang: Faust 1949 – Faust 1954, in: Kipphardt: Deutsches Theater, S. 254.

89 Im Deutschen Theater spielte das Instrument damals Oskar Sala, Musiker, Komponist, Physiker und Ingenieur, der das Trautonium um 1930 gemeinsam mit Friedrich Trautwein entwickelt hatte und der bedeutendste Interpret für Trautonium-Musik war. Am bekanntesten wurde Salas Produktion für den Film »Die Vögel« (1961) von Alfred Hitchcock. Denn die Vogelschreie waren nicht in einem Special-Effects-Studio in Hollywood, sondern in einem Hinterhof in Berlin-Charlottenburg an Salas Trautonium entstanden.

90 Thomas Müntzer (um 1489–1525), Theologe, Reformator, Revolutionär. 1513 zum katholischen Priester geweiht, wurde Müntzer zum radikalen Kritiker des Klerus und bekannte sich zu den Zielen der Reformation. Im Bauernkrieg von 1525, einem der ersten deutschen Aufstände von Bauern und »kleinen Leuten« ge-

gen ihre Unterdrückung durch Klerus und Feudalherren, kämpfte Müntzer auf der Seite der Aufständischen. Nach der Niederlage bei Frankenhausen wurde er in Mühlhausen gefangen genommen, gefoltert und enthauptet. Sein Kopf wurde auf einen Pfahl gesteckt, sein Körper aufgespießt.

91 Die genauen Zusammenhänge der Beschuldigungen in der sogenannten »Field-Affäre« mit den tatsächlichen Verhältnissen in der Schweizer Emigration werden in den Schweiz-Kapiteln meiner Langhoff-Biografie »Den Kommunismus mit der Seele suchen« rekonstruiert.

92 Slevogt: Den Kommunismus mit der Seele suchen, S. 259 f.

93 Luft: Stimme der Kritik I, S. 94 f.

94 Fischer, Ernst: Der große Verrat. Ein politisches Drama in fünf Akten, Wien 1950, S. 31 ff.

95 Luft: Stimme der Kritik I, S. 94.

96 Inge Keller (1923–2017), als Fabrikantentochter in Berlin geboren, debütierte 1942 im Berliner Theater am Kurfürstendamm. Nach 1945 zunächst am West-Berliner Hebbel-Theater engagiert, ging sie 1950 ans Deutsche Theater, wo die mehrfache Nationalpreisträgerin der DDR viele Jahrzehnte lang zu den bedeutendsten und bekanntesten Mitgliedern des Ensembles gehörte.

97 Noel Field (1904–1970), US-amerikanischer Diplomat und seit dem Ende des Spanischen Bürgerkrieges in der Flüchtlingshilfe aktiv. Zunächst von Frankreich aus, später mit Basis in der Schweiz, wo ihn auch Wolfgang Langhoff kannte. Field war Kommunist und Informant des sowjetischen Geheimdienstes GPU. 1949 wurde er nach Budapest entführt und beschuldigt, amerikanischer Agent zu sein. Schlüsselfigur einer Reihe osteuropäischer Schauprozesse. 1955 aus der Haft entlassen. Aus Furcht vor der CIA blieb er mit seiner deutschen Frau Herta, die ebenfalls in Haft gewesen war, bis zu seinem Tod in Budapest.

98 Siehe u. a.: Politisch Inhaftierte in der Nachkriegszeit »Auf der Ulm«. Eine Dokumentation von Hanna Eggerath, hrsg. von der VVN-BdA – Vereinigung der Verfolgten des Naziregimes – Bund der Antifaschist*innen – Kreisvereinigung Düsseldorf, Düsseldorf: Selbstverlag 2020, S. 28 f.

99 Ebd.

100 Slevogt: Den Kommunismus mit der Seele suchen, S. 354 f., 405 f.

101 https://www.youtube.com/watch?v=-Z2dh4EhjOI&t=15s (letzter Zugriff 8. 7. 2023).

102 Hans Garbe (1902–1981), seit 1949 Ofenmaurer bei Siemens Plania, dem späteren VEB Elektrokohle Berlin. Zum »Helden der Arbeit«, einer 1949 gestifteten staatlichen Auszeichnung »für bahnbrechende Taten für den Aufbau und den Sieg des Sozialismus in der Volkswirtschaft«, wurde Garbe durch die Generalüberholung eines Brennofens bei laufender Produktion in der Hälfte der Zeit

und kostengünstiger als veranschlagt. Das brachte ihm viel Lob ein, war aber auch Auslöser heftiger Diskussionen. Vor allem Kollegen verbanden damit die Heraufsetzung der Arbeitsnormen und gleichzeitiges Absinken der Löhne. Dialektik (und Dynamik) dieser Debatten sind auch Gegenstand von Müllers Auseinandersetzung mit diesem Thema. Müllers Stück wurde vom Deutschen Theater abgelehnt und erst 1988 dort von ihm selbst inszeniert.

103 Heinar Kipphardt (1922–1982), in Schlesien als Sohn eines Zahnarztes geboren, der als SPD-Mitglied u. a. Häftling im KZ Buchenwald gewesen war, kam Kipphardt mit der Familie 1937 ins Rheinland und studierte Medizin. 1950 trat er an der Ost-Berliner Charité eine Stelle als Nervenarzt an und kam auf Vermittlung seines Vaters, der Wolfgang Langhoff kannte, als Dramaturg ans DT.

104 Kipphardt: Schreibt die Wahrheit!, S. 80 f.

105 Zitiert nach: In der Sache Heinar Kipphardt, hrsg. von Uwe Naumann und Michael Töteberg, Marbacher Magazin 60/92, S. 15.

106 Kipphardt: Schreibt die Wahrheit!, S. 26.

107 Kipphardt, Heinar: Shakespeare dringend gesucht, Berlin 1954. Die Rolle des Dramaturgen Amadeus Färbel spielte Rudolf Wessely, Regie führte Herwart Grosse.

108 Ebd., S. 20.

109 Weigel: »Wir sind zu berühmt, um überall hinzugehen«, S. 60. Das Ministerium für Staatssicherheit wurde am 8. Februar 1950 gegründet.

110 Ebd. S. 57. Gertraut Last, genannt »Lastine«, war damals Leiterin des Künstlerischen Betriebsbüros.

111 Die Briefe befinden sich in den Verwaltungsakten des DT, Archiv Deutsches Theater und in der Akademie der Künste, Helene-Weigel-Archiv, BE-Akten, Ordner »Aktuelles«. Siehe auch Weigel: »Wir sind zu berühmt, um überall hinzugehen«; Wizisla: »ich lerne: gläser + tassen spülen«.

112 Hans-Jürgen Syberberg (*1935), Regisseur und Autorenfilmer. Sein berühmtester Film entstand 1977: Hitler, ein Film aus Deutschland (4 Teile zu je 90 bis 120 Minuten, mit dem einstigen BE-Schauspieler Heinz Schubert als Hitler und Himmler).

113 Siehe auch Syberberg, Hans-Jürgen: Aus der Zeit der letzten Unschuld, in: Berliner Ensemble (Hrsg.): Drucksache 4. Berliner Ensemble 1953. Syberberg filmt bei Brecht, Berlin 1993, S. 109.

114 Siehe u. a. Slevogt: Auf dem Platz neben Brecht, S. 15 f.

115 Ebd., S. 17.

116 Mellies: An einem schönen Sonntagmorgen, S. 109.

117 Der Spiegel, 37/1951, S. 30.

118 Landesarchiv Berlin, GO Deutsches Theater, C-Rep. 904–94 Nr. 4. Informationen, Berichte, Einschätzungen über die pol.-ideologische Situation und Entwicklung im Theater 1951–62.

119 Akademie der Künste, Helene-Weigel-Archiv, BE Akten/»Aktuelles«.

120 Hilde Benjamin (1902–1989), Juristin und im Jahr 1953 Vizepräsidentin des Obersten Gerichts der DDR, wo sie für die politischen Prozesse zuständig war. In der Weimarer Republik war sie als Anwältin für die »Rote Hilfe« tätig und hatte in den Jahren des Nationalsozialismus Berufsverbot. Sie war mit Georg Benjamin, dem Bruder des Philosophen Walter Benjamin, verheiratet, der sich 1940 auf der Flucht vor der GESTAPO das Leben genommen hatte. Georg Benjamin wurde 1942 im KZ Mauthausen ermordet.

121 Brecht, Bertolt: Brief an Peter Suhrkamp, 1. 7. 1953, in: Brecht: Briefe 1913–1956, S. 656–659.

122 Ebd.

123 Ebd.

124 Landesarchiv Berlin, GO Deutsches Theater, C-Rep. 904–94 Nr. 4, Informationen, Berichte, Einschätzungen über die pol.-ideologische Situation und Entwicklung im Theater 1951–62.

125 Ebd.

126 Ebd.

127 Strittmatter. Der Zustand meiner Welt, S. 275.

128 »Katzgraben« ist meines Wissens das erste Stück, das den modernen Klassenkampf auf dem Dorf auf die deutsche Bühne bringt. Es zeigt Großbauern, Mittelbauern, Kleinbauern und Parteisekretäre nach der Vertreibung der Junker in der Deutschen Demokratischen Republik. Die Gestalten des Stücks sind voller Individualität, mit köstlichen Einzelzügen, liebens- oder hassenswert, widerspruchsvoll und zugleich eindeutig, Gestalten, die sich den bekannten Gestalten der dramatischen Literatur würdig gesellen.« Zitiert nach Katzgraben-Notate, in: Brecht: Schriften zum Theater, S. 77 ff. Für das Stück wurde Erwin Strittmatter 1953 mit einem Nationalpreis ausgezeichnet.

129 Lawrentij P. Berija (1899–1953), sowjetischer Politiker und ab 1938 Chef des Geheimdienstes NKGW. Nach Stalins Tod im März 1953 Stellvertretender Ministerpräsident. Ordnete erste Entstalinisierungsmaßnahmen an, bevor er am 26. Juni 1953 verhaftet und zum Tode verurteilt wurde.

130 Berliner Zeitung, 30. Juni 1953.

131 Zitiert nach Naumann/Töteberg: In der Sache Heinar Kipphardt, S. 10. Henryk Keisch (1913–1986), Schriftsteller und Journalist. In Moers geboren, floh Keisch seiner jüdischen Abstammung wegen 1933 nach Paris, kämpfte als Freiwilliger

in der französischen Armee und gehörte der Resistance an. Wenige Monate vor der Befreiung Frankreichs wurde er 1944 verhaftet und floh aus einem Zug, mit dem er nach Auschwitz deportiert werden sollte. 1946 Rückkehr nach Deutschland. 1950 bis 1953 Theaterkritiker, danach Autor und Drehbuchschreiber. 1953 im Zuge der antisemitischen Kampagnen während des Slánsky-Prozesses Aberkennung des Status als Verfolgter des Nazi-Regimes in der DDR. DDR-Staatsbürgerschaft ab 1954. Ab 1965 Mitglied des PEN-Zentrums der DDR, 1974 bis 1985 dort Generalsekretär.

132 Stalin, Josef: Wir können ohne Selbstkritik nicht auskommen, in: Programmheft »Shakespeare dringend gesucht«, hrsg. Deutsches Theater, Spielzeit 1952/53, Heft 8, o. S.

133 Landesarchiv Berlin, C-Rep 120 Nr. 1467, Abteilung Volksbildung, S. 29.

134 Ebd., S. 30.

135 Egon Rentzsch (1915–1992), 1933 als Kommunist verhaftet, hat fast die gesamte Nazi-Zeit in diversen Zuchthäusern und KZs verbracht. Von 1950 bis 1953 Leiter der Abteilung Schöne Künste beim ZK der SED und hier 1951 Mitinitiator der Staatlichen Kunstkommission. Im Mai 1953 wg. »Versöhnlertums« entlassen. 1955 bis 1959 Präsident und Sekretär für Kultur beim FDGB.

136 Deutsches Theater Archiv, Mappe »Briefe zum Jubiläum«.

137 Zitiert nach Weigel: Das Deutsche Theater, S. 221.

VI Zwischen den Stühlen der Systeme

1 Diese Bezeichnung stammt von Kulturminister Alexander Abusch, siehe u. a. Protokoll der Sitzung der Kulturkommission 16. 2. 1959. Bundesarchiv, Bestand SAPMO, DY 30/VI 2/2.109–3, S. 36.

2 Der Begriff stammt ursprünglich von Karl Marx und bezieht sich auf die von ihm unterstellte narkotisierende Wirkung der Religion.

3 Diese Zahl nennt der Kulturpolitiker Alfred Kurella am 16. 1. 1959 im Rahmen einer Sitzung der Kulturkommission beim ZK der SED, deren Vorsitzender er war. Siehe Protokoll, Bundesarchiv Bestand SAPMO DY 30/VI 2/2.109–3, S. 62.

4 Siehe u. a. Sitzung der Kulturkommission am 16. 1. 1959. Siehe Protokoll, Bundesarchiv Bestand SAPMO, DY 30/VI 2/2.109–3.

5 May: Mit meinen Augen, S. 50 f.

6 Lückenlos aufbewahrt im Archiv des Deutschen Theaters. Es fehlt interessanterweise, wie es scheint, nur das Programmheft zu »Der große Verrat« von Ernst Fischer.

7 Die Kulturkonferenz vom 24./25. 10. 1957 gehört zu einer Reihe von Veranstaltungen, mit denen die SED nach dem Ungarn-Aufstand und den Unruhen in

Polen im Januar 1957 einen Schlussstrich unter die Debatten nach dem XX. Parteitag der KPdSU ziehen, die kritische Intelligenz disziplinieren und wieder auf Linie zwingen wollte. Siehe u. a. Schiller, Dieter: Disziplinierung der Intelligenz, in: Hefte zur DDR-Geschichte, Nr. 44, Berlin 1996.

8 Bundesarchiv Berlin, Bestand SAPMO, DY 30/IV 2/101408, Bl. 171.

9 Die Kulturkonferenz wurde seit 1957 jährlich vom Zentralkomitee der SED, dem Ministerium für Kultur und dem Deutschen Kulturbund abgehalten. Der hier zitierte Wortbeitrag Wolfgang Langhoffs stammt von der Konferenz des Jahres 1960, die vom 27. bis 29. April im Berliner VEB Elektrokohle abgehalten wurde. Transskript nach einer Aufzeichnung des DDR-Rundfunks: Deutsches Rundfunkarchiv Potsdam, Signatur 2022 761, Bd. 4.

10 Die Hallstein-Doktrin ist nach dem damaligen Staatssekretär im Außenministerium der Bundesrepublik Walter Hallstein (1901–1982) benannt und galt von 1955 bis 1969. Unter SPD-Bundeskanzler Willy Brandt wurde in der sozialliberalen Koalition diese Position aufgegeben.

11 Korea im Deutschen Theater. Antiamerikanismus auf Langhoffs Bühne, in: Die Zeit, 29. 1. 1953.

12 Die BRD war dem 1949 gegründeten Nordatlantikpakt 1955 beigetreten. 1955 wurde auch der Warschauer Pakt gegründet, dem die DDR ebenfalls angehörte.

13 Siehe auch Kipphardt, Heinar: Vorbildliche Zusammenarbeit, in: Theater der Zeit, 1/1955, S. 6 ff.

14 Brief vom 16. 11. 1957, in: Kipphardt: Schreibt die Wahrheit!, S. 49. Erpenbecks Angriff war unter der Überschrift »Blutarmes Theater« am 30. 5. 1957 im *Neuen Deutschland* erschienen. Im Namen des Ensembles hatte Kipphardt Erpenbeck – ebenfalls im *ND* – am 4. 7. 1957 entschieden widersprochen und ihn scharf angegriffen.

15 Chruschtschow, Nikita: Über den Personenkult und seine Folgen, nachzulesen u. a. in: SED und Stalinismus. Dokumente aus dem Jahr 1956, hrsg. von Gabert, Josef / Preiß, Lutz, Berlin 1990, S. 8 ff.

16 Siehe Wolfgang Langhoffs Kaderakte, Bundesarchiv Berlin, Bestand SAPMO DY 30/IV2/11v/558 p. 20.

17 Brief vom 11. 4. 1956, in: Kipphardt: Schreibt die Wahrheit!, S. 48.

18 Kaderakte Wolfgang Langhoff. Die Originaldokumente rund um die Parteiversammlungen nach dem XX. Parteitag samt Berichte von Hilderose Boock siehe Bundesarchiv Berlin, Bestand SAPMO, DY IV 2/906/198, Fiche 1. Die Schreiben der Partei GO ans ZK befinden sich ebenfalls in Langhoffs Kaderakte: Bundesarchiv, Bestand SAPMO, DY 30/IV2/11/v 558.

19 Ebd.

20 Mathilde Danegger (1903–1988), Tochter des österreichischen Schauspielers Josef Danegger. 1934 bis 1945 Emigration in die Schweiz. 1947 Rückkehr nach Ost-Berlin, seit 1953 Mitglied des DT-Ensembles, zeitweilig Parteisekretärin des Theaters. Daneggers Ehemann, der Politiker und Archäologe Herbert Crüger (1911–2003) wurde 1958 wegen Staatsverrats zu einer achtjährigen Zuchthausstrafe verurteilt. Auch er hatte nach dem XX. Parteitag, auf Demokratisierung setzend, sich für eine Fehlerdiskussion eingesetzt. Von 1959 bis 1961 war Crüger in Bautzen inhaftiert und wurde vorzeitig entlassen.

21 Bundesarchiv Berlin, Bestand SAPMO DY 30/IV 2/2.026/68.

22 Die Vorgänge sind aus Akten des Bundesarchivs Berlin rekonstruiert: Bestand SAPMO DY 30/IV 2/2.026/68.

23 Erpenbeck, Fritz: Blutarmes Theater, in: Neues Deutschland, 30. 5. 1957. Langhoffs hier scharf kritisierte Inszenierung galt 1973 als so kanonisch für die DDR-Theatergeschichte, dass die Deutsche Post der DDR eine 10-Pfennig-Briefmarke herausbrachte, die eine Szene mit Willy A. Kleinau als Lear und Inge Keller als Cordelia zeigte (Entwurf: Lothar Grünewald).

24 Kipphardt, Heinar: Zu einigen Fragen des heutigen Theaters, in: Neues Deutschland, 14. 7. 1957.

25 siehe Anm. 22.

26 Siehe Slevogt: Den Kommunismus mit der Seele suchen, S. 420 f.

27 Schabrod, Karl (1900–1981), kommunistischer Politiker und ausgebildeter Schreiner. Ursprünglich SPD-Mitglied, ab 1924 KPD. 1930/31 Studium in Moskau. 1933 Verhaftung, KZ Börgermoor, wo er mit Wolfgang Langhoff inhaftiert war, den er seit 1931 kannte. 1946 von der britischen Besatzungsregierung zum Mitglied des Landtags von NRW ernannt, dem er als Fraktionsvorsitzender der KPD bis 1950 angehörte und in dieser Funktion an der Ausarbeitung der Verfassung für das Bundesland NRW beteiligt war. Ab 1946 Lizenzträger der KPD-Zeitung *Die Freiheit* in Düsseldorf und bis 1947 deren Chefredakteur. Bei der Bundestagswahl von 1961 trat er ebenfalls als unabhängiger Kandidat an. Wegen Geheimbündelei wurde er daraufhin zu zweieinhalb Jahren Gefängnis verurteilt und erhielt Berufsverbot als Journalist. Gleichzeitig wurden ihm sein Status als Verfolgter des NS-Regimes und die bürgerlichen Ehrenrechte aberkannt. 1968 gehörte er zu den Mitgründern der DKP.

28 Bill-Bjelozerkowski, Wladimir N.: Sturm. Schauspiel in 4 Akten, Berlin 1960.

29 Davon hat Ernst Busch 1975 in einem Rundfunkinterview berichtet: DRA DOK 164, Bd. 3. Zu Gast bei Ernst Busch (Hans Jakobus). Siehe auch Slevogt: Den Kommunismus mit der Seele suchen, S. 424 f.

30 Anatoli Lunatscharski (1875–1933), Revolutionär und Kulturpolitiker, von 1917 bis 1929 in der Sowjetunion erster Volkskommissar für Bildungswesen.

31 Bill-Bjelozerkowski: Sturm, S. 39.

32 Sturm. Eine Sendung mit W. Langhoff zu dem Theaterstück von Bill-Bjelozerkowski. Erstsendung: Berliner Rundfunk, 26. 1. 1958, DRA Potsdam, DOK 2376.

33 Mellies: An einem schönen Sommermorgen, S. 121 f.

34 Siehe u. a. Bentzien: Meine Sekretäre und ich, S. 169 f.

35 Hans Rodenberg (1895–1978), Schauspieler, Regisseur, Theaterleiter und einflussreicher DDR-Kulturfunktionär in unterschiedlichsten Positionen. Von 1912 bis 1914 Ausbildung an Max Reinhardts Schauspielschule. Seit 1919 Mitglied der KPD. Mitglied der Revolutionären Gewerkschaftsopposition. 1932 Emigration in die Sowjetunion, wo er auch unter Verdacht geriet, NKGW-Spitzel zu sein. Erst 1948 konnte er aus der sowjetischen Emigration in die DDR zurückkehren.

36 Die »Kommission für Fragen der Kultur beim Politbüro des ZK der SED« bestand von 1958 bis 1962. Sie war im Zuge der Existenzkrise nach dem XX. Parteitag der KPdSU, den Unruhen in Polen und Ungarn gegründet worden, um die Hoheit der Partei in Kulturfragen wiederherzustellen und zu behaupten. Der von Alfred Kurella geleiteten Kommission gehörten SED-Politiker, Parteifunktionäre sowie Intendanten und Leiter von Kulturinstitutionen an, darunter auch DT-Intendant Wolfgang Langhoff. Siehe u. a. Schiller, Dieter: Disziplinierung der Intelligenz, in: Hefte zur DDR-Geschichte, Bd. 44, Berlin 1997.

37 Der Begriff fällt in der Sitzung am 16. 2. 1959. Protokoll: Bundesarchiv Bestand SAPMO DY 30/ IV 2/2.109/3.

38 Alle Zitate der Sitzung der Kulturkommission am 16. 2. 1959: Protokoll, Bundesarchiv, Bestand SAPMO DY 30/ IV 2/2.109/3. Ein sehr interessantes Dokument, um die Gesamtgemengelage in Berlin kurz vor dem Mauerbau zu verstehen, in der das Deutsche Theater sich bis dahin noch mit einem Angebot an die ganze Stadt zu behaupten versucht.

39 Die Akten der Kulturkommission (Büro Kurella) gehören zu den aufschlussreichsten Dokumenten, um die Kulturpolitik der DDR jener Jahre aus Parteisicht kennenzulernen: Bundesarchiv, Bestand SAPMO DY 30 IV 2/2.026/3.

40 Schiller, Dieter: Kurellas Kulturkommission – Auftrag und Scheitern, Berlin 2001, S. 15.

41 Bundesarchiv Bestand SAPMO, Sitzung am 16. 3. 1959.

42 »Die Festigung der Arbeiter-und-Bauern-Macht und Leitung der Wirtschaft, die Erfüllung der Produktionsaufgaben machen der Arbeiterklasse und den Werktätigen auch Sorgen. Das ist nun einmal so, denn wer die Macht hat, hat auch bestimmte Sorgen.« Walter Ulbricht zitiert nach Mittenzwei: Theater in der Zeitenwende, Bd. 2, S. 95.

43 Kipphardt: Schreibt die Wahrheit!, S. 54.

44 Die Vorgänge um Kipphardts Weggang und Langhoffs Konflikte mit der SED dieser Jahre sind rekonstruiert aus der Akte »Betriebsparteiorganisation Jürgen Schmidt« im Archiv des Deutschen Theaters, Schmidts Erinnerungsbuch: Ich möchte ich bleiben. Lebenslauf eines mittleren Kultur-Kaders, geschrieben nach 40 Jahren DDR, Schkeuditz 1996, Akten der Kulturabteilung des ZK der SED, Bundesarchiv Berlin, Bestand SAPMO, DY/IV 2/2.109/3, DY 30/IV 2/2./109/4 sowie Protokollen der Kulturkommission, Bundesarchiv Berlin, Bestand SAPMO, insbesondere: DY 30/VI 2/2.109–3, Sitzungsprotokoll 16. 3. 1959.

45 Zitiert nach den Protokollen der beiden hier mehrfach schon erwähnten Sitzungen der Kulturkommission.

46 Uraufgeführt von Hans Schweikart 1956 an den Münchner Kammerspielen.

47 Langhoff hat in seinen Inszenierungen immer wieder mit für die Entwicklung des Modernen Tanzes in Deutschland bedeutenden Choreografen zusammengearbeitet, darunter Jean Weidt, der 1949 die Tanzszenen seiner Faust-Inszenierung choreografierte oder Grit Kraetke, die Langhoff für die Choreografien seiner zweiten Faust-Inszenierung von 1954 engagierte. Für seine Don-Carlos-Inszenierung beauftragte Langhoff 1952 die damals fünfundzwanzigjährige Ruth Berghaus mit Studien zum spanischen Hofzeremoniell. Berghaus, die in Dresden zunächst bei Gret Palucca studiert hatte, war damals Langhoffs Regie-Meisterschülerin in der Akademie der Künste. 1953 erhielt sie den Auftrag, sich im Deutschen Theater um den Aufbau einer tänzerisch ausgebildeten Statisterie-Abteilung zu kümmern, um Lücken in den theatralischen Möglichkeiten von Massenszene zu schließen. Siehe Akademie der Künste, Berlin, Ruth-Berghaus-Archiv, Nr. 29372.

48 Neue Zeitung, 4. 12. 1958.

49 Der Morgen, 28. 11. 1958.

50 Berliner Zeitung, 28. 11. 1958.

51 Bundesarchiv Berlin, Bestand SAPMO, DY 30/VI 2/2.109–3, Sitzungsprotokoll 16. 2. 1959, S. 77.

52 Ebd.

53 Heym, Stefan: Nachruf, Berlin 1990, S. 665.

VII Theater in der geschlossenen Gesellschaft

1 Bruno Leuschner (1910–1965), in Berlin-Neukölln als Sohn eines Schumachers geboren, trat er 1931 der KPD bei. 1936 Verurteilung zu sechs Jahren Zuchthaus wegen Hochverrats. Nach Verbüßung der Haft verbrachte er die Jahre des Nationalsozialismus in den KZs Sachsenhausen und Mauthausen, wo er 1945 von der US-Army befreit wurde. Seit 1952 Vorsitzender der Staatlichen Planungs-

kommission der DDR und ab 1961 Koordinator für wirtschaftliche Grundaufgaben im Präsidium des Ministerrats.

2 Erwin Kramer (1902–1979), seit 1919 Mitglied der KPD. Floh wegen eines drohenden Hochverratsprozesses 1932 in die UdSSR. 1945 Rückkehr nach Berlin, 1946 zunächst Vizepräsident der Reichsbahndirektion Berlin, ab 1949 stellvertretender Generaldirektor, ab 1950 Generaldirektor der Reichsbahn und damit Nachfolger des während der Säuberungen im Zuge der Field-Affäre 1950 verschwundenen Willi Kreikemeyer, der wahrscheinlich in der Haft ermordet wurde. Seit 1954 auch Minister für Verkehrswesen der DDR.

3 Ernst Scholz (1913–1986), wurde 1934 Mitglied der KPD, arbeitete damals bereits im Untergrund. Nach seiner Teilnahme am Spanischen Bürgerkrieg floh er nach Frankreich, wo er bis 1945 Mitglied der Resistance war. 1945 Rückkehr nach Deutschland.

4 Siehe u. a. Bentzien: Meine Sekretäre und ich, S. 176 f. Darüber hinaus hat Hans Bentzien (1927–2015) der Autorin im Sommer 2010 im Rahmen der Recherche für ihre Wolfgang-Langhoff-Biografie in einem persönlichen Gespräch in seiner Wohnung in Bad Saarow detailreich von seinen kulturpolitischen Vorbereitungen des Mauerbaus erzählt.

5 Akademie der Künste Berlin, Wolfgang-Langhoff-Archiv Nr. 44.

6 Gedenkstätte Berliner Mauer, https://www.berliner-mauer-gedenkstaette.de/de/todesopfer-240.html (letzter Zugriff 17. 7. 2023).

7 Ulbricht, Walter: An alle Bürger der Deutschen Demokratischen Republik! An die ganze deutsche Nation! Rede von Walter Ulbricht, Erster Sekretär des Zentralkomitees der SED und Vorsitzender des Staatsrats, auf der 11. Tagung des Nationalrats der Nationalen Front des Demokratischen Deutschland am 23. März 1962 in Berlin, hrsg. vom Nationalrat der Nationalen Front des demokratischen Deutschlands, Berlin 1962, S. 45 f. Das in dieser Rede vorgestellte Manifest »Das nationale Dokument. Die geschichtliche Aufgabe der Deutschen Demokratischen Republik und die Zukunft Deutschlands« zielte darauf, den Anspruch auf Eigenstaatlichkeit zu untermauern. Die DDR wurde in diesem Kontext als historischer Höhepunkt in der deutschen Geschichte dargestellt, die BRD dagegen als von den imperialistischen Westmächten herausgelöster »Separatstaat«, mit dem die DDR nichtsdestotrotz eine Konföderation anstreben wollte. Das »nationale Dokument« wurde am 17. Juni 1962 vom Staatsrat verabschiedet.

8 Ebd., S. 46. In einer landesweit übertragenen Fernsehansprache nach der Nachrichtensendung »Die Aktuelle Kamera« hatte sich kurz vor der Wiedereröffnung des Deutschen Theaters nach dreijähriger Renovierung auch Intendant Wolfgang Langhoff dieser Faust-Sicht angeschlossen. Siehe DRA

B-N 065591, »Um die Zukunft der Nation«, Wolfgang Langhoff zum nationalen Dokument«.

9 Benno Besson (1922–2006), Besson war Regieassistent am Zürcher Schauspielhaus, wo er 1947 Brecht begegnet war, der ihn 1949 als Schauspieler und Regieassistent ans Berliner Ensemble im Deutschen Theater holte. Dort begann Besson ab 1952 auch selbst zu inszenieren. Zermürbt von den Diadochenkämpfen unter Brechts Schülern nach dem Tod des Meisters war er vom Berliner Ensemble ans Deutsche Theater gewechselt.

10 André Asriel (1922–2019), Komponist. Der nationalsozialistischen Verfolgung auf einem Kindertransport nach England entkommen, kehrte er 1946 nach Deutschland zurück, studierte erst in West-Berlin, später in Ost-Berlin Komposition und war an der Akademie der Künste der DDR Meisterschüler von Hanns Eisler.

11 Siehe u. a. Müller, André: Der erste Paukenschlag, in: Neubert-Herwig (Hrsg.): Benno Besson, S. 151 f.

12 Zitiert nach: »Der Fall ›Die Sorgen und die Macht‹ 1962/63 Dokumente«, Blätter des Deutschen Theaters, Heft 19, November 1991, S. 620. Siehe auch: Wolle, Stefan: Die Schaubude als ideologische Anstalt. Vorgeschichte, Aufführung und Verbot der Komödie »Die Sorgen und die Macht« von Peter Hacks, in: Argos. Mitteilungen zu Leben, Werk und Nachwelt des Dichters Peter Hacks, Sechstes Heft, Mainz 2010.

13 Blätter des Deutschen Theaters, Heft 19. S. 614 f.

14 In einem Interview beschrieb Hacks 1974 sein Verhältnis zu Langhoff: »Ich wusste, wenn ich ein Stück schreibe, wird Langhoff es vermutlich lesen, und im Grunde hat er die Absicht, es aufzuführen, und am Ende kann er das sogar.«, in: Hacks: Die Maßgaben der Kunst, S. 148.

15 Müller: Gespräche mit Peter Hacks, S. 7.

16 Zitiert nach Wolle: Die Schaubude als ideologische Anstalt, S. 45 [Fälschlicherweise wird Scherner hier als Sekretär von Albert Norden bezeichnet].

17 Siehe Brief vom 31. 5. 1960, in: Archiv Deutsches Theater, Akte Allgemeine Korrespondenzen 57/58 59/60 A-F.

18 So hat es Klaus Gendries 2010 im Rahmen einer Veranstaltung der Peter-Hacks-Gesellschaft berichtet. (Siehe Tonmitschnitt der Peter-Hacks-Gesellschaft).

19 Vergleichbar wären Stücke wie »Der Lohndrücker« oder »Die Umsiedlerin« von Heiner Müller, der in jenen Jahren noch eng mit Hacks befreundet war. Als Müller 1961, wenige Wochen nach dem Mauerbau, im Kontext des Skandals um die Uraufführung der »Umsiedlerin« durch B. K. Tragelehn im Rahmen einer Studententheaterwoche aus dem DDR-Schriftstellerverband ausgeschlossen wurde, hat Hacks zu den Wenigen gehört, die sich öffentlich für Mül-

ler eingesetzten. Auch Wolfgang Langhoff, dem Schirmherren der Theaterwoche, wurde vorgeworfen, sich nicht von Stück und Inszenierung distanziert zu haben.

20 Hans-Peter Minetti (1926–2006), Sohn des Schauspielers Bernhard Minetti. Gehörte der SED seit 1950 an, war Mitglied im Zentralrat der FDJ, seit 1958 Kandidat des ZK der SED, 1975 bis 1984 Direktor der Staatlichen Schauspielschule, ab 1984 Präsident des Verbandes der Theaterschaffenden der DDR und Vorsitzender der Gewerkschaft Kunst.

21 Weigel: Das Deutsche Theater, S. 230.

22 Ebd., S. 360.

23 Zitiert nach »Der Fall ›Die Sorgen und die Macht‹«, in: Blätter des Deutschen Theater, S. 639.

24 Zitiert nach einem Mitschnitt der Veranstaltung. Archiv Deutsches Theater Berlin.

25 Reimann: Ich bedauere nichts, S. 310.

26 Biermann: Warte nicht auf bessere Zeiten, S. 102 f.

27 Wolf Biermann, 1936 in Hamburg geboren, siedelte 1953 kurz vor dem 17. Juni in die DDR über. Sein Vater, der kommunistisch-jüdische Hamburger Werftarbeiter Dagobert Biermann, wurde 1943 in Auschwitz ermordet.

28 Esche: Wer sich grün macht, den fressen die Ziegen, S. 157 f.

29 Eine genauere Einordnung dieser demütigenden Vorgänge findet sich in meiner Wolfgang-Langhoff-Biografie, S. 452–457.

30 Biermann: Warte nicht auf bessre Zeiten!, S. 138 f.

31 Landesarchiv Berlin, C-Rep 902 Nr. 4570, SED Bezirksleitung Berlin, 399/44, »Material zur Erarbeitung einer Analyse der Entwicklung und des Standes der Arbeit im Deutschen Theater Berlin«, 8. März 1978.

32 Zitiert nach Meyer, Gerd: Sozialistische Systeme. Ein Studienbuch, Opladen 1978, S. 121.

33 BStU, Tagebuch Nummer 33 845/017, Sign. 11958/81, S. 04.

34 Premiere 17. 12. 1977 in den Kammerspielen.

35 Sontheimer/Wensierski: Berlin – Stadt der Revolte, S. 100 f.

36 Die Aufführung in der Ausstattung von Horst Sagert wurde 1966 beim Festival »Theater der Nationen« gezeigt und von der Pariser Tageszeitung *Le Figaro* als »beste Aufführung des Theaters der Nationen in diesem Jahr und seit vielen Jahren überhaupt« gefeiert. Siehe: Hasche/Schilling/Feinbach: Theater in der DDR, S. 53.

37 Horst Sagert (1934–2014), Studium an der Hochschule für Bildendende und Angewandte Kunst in Berlin, 1958 Diplom als Bühnenbildner. Von 1963 bis 1967 Bühnenbildner und Regisseur am Deutschen Theater. Die spektakuläre Figur

des Drachen hatte der bedeutende Theater- und Kostümplastiker Eddy Fischer (1916–1992) gebaut.

38 Siehe u. a. Mächler, Christian: Der Drache – Theater als Staatsaffäre: Politische Aufführungsgeschichte der Inszenierung von 1965 am Deutschen Theater in Ostberlin. Materialien des Instituts für Theaterwissenschaft, Bern 2018.

39 Langhoff, Wolfgang: »Faust 1949 – Faust 1954«, in: Kipphardt: Deutsches Theater, S. 255.

40 Ministerpräsident Alexander Abusch in seinem Diskussionsbeitrag beim Faust-Symposium des Verbandes der Theaterschaffenden der DDR am 12. 11. 1968 im Deutschen Theater. Zitiert nach dem Transkript der Autorin des Audio-Mitschnitts, den das Archiv des Deutschen Theaters Berlin verwahrt.

41 Wolfgang Heinz in seinem Diskussionsbeitrag beim Faust-Symposium des Verbandes der Theaterschaffenden der DDR am 12. 11. 1968 im Deutschen Theater. Zitiert nach dem Transkript der Autorin des Audiomitschnitts. a. a. O.

42 Jürgen Holtz (1932–2020), bedeutender Schauspieler seiner Generation. Engagements in Greifswald, an der Berliner Volksbühne, am Berliner Ensemble und am Deutschen Theater. 1985 verließ er die DDR und kehrte nach der Wende ans DT zurück. Zuletzt spielte er 2019 am BE die Titelrolle in Frank Castorfs Inszenierung »Das Leben des Galilei« von Bertolt Brecht.

43 »Er gab Dresen sein breites Kreuz und ließ ihn machen.« Transkript eines Gesprächs der Autorin mit Gabriele Heinz vom 3. 6. 2015.

44 Dieter Franke (1934–1984), kam 1964 ans Deutsche Theater und spielte sich mit mehreren Rollen in Dresens O'Casey-Inszenierung »Der Mond scheint auf Kylenamoe« in die erste Schauspielerliga der Bühnen in der Schumannstraße und der DDR.

45 Mittenzwei: Die Intellektuellen, S. 276 f.

46 Dresen, Adolf: Der Fall Faust, in: Ders.: Wieviel Freiheit braucht die Kunst?, S. 96.

47 Dresen, Adolf: Ist das politische Theater passé?, in: Ders.: Siegfrieds Vergessen, S. 175 f.

48 Wischniewski, Klaus: Die zornigen jungen Männer von Babelsberg, in: Agde: Kahlschlag, S. 171. Siehe auch »Der Westen war für uns keine Alternative.« Adolf Dresen 1990 im Gespräch mit Ingeborg Pieztsch, in: Siegfrieds Vergessen, S. 199.

49 Die »überarbeitete« Inszenierung blieb bis Dezember 1973 auf dem Spielplan.

50 Der Brief Adolf Dresens an Wolfgang Heinz, in dem er seine Entscheidung begründet, ist in dem Band »Wieviel Freiheit braucht die Kunst?« auf Seite 113 abgedruckt.

51 Konzeptionelle Überlegungen Langhoffs sind in seinem Nachlass in der Berli-

ner Akademie der Künste überliefert: Wolfgang-Langhoff-Archiv, Nr. 322 »Arbeitsprotokoll Faust II«.

52 Hacks, Peter: Faust-Notizen, in: Ders.: Das Poetische, S. 52 f. In dem Band befindet sich auch ein Interview von Alexander Weigel mit Hacks aus dem Dezember 1964.

53 Bühnenbildner von Adolf Dresens »Faust«-Inszenierung (erster Teil) war 1968 Andreas Reinhardt.

54 Mayer: Der Turm von Babel, S. 155.

VIII »Die DDR ist das langweiligste Land der Welt!«

1 Siehe u. a. Dietrich: Kulturgeschichte der DDR, Bd. 2, S. 1423.

2 Walter Ulbricht zitiert nach Dietrich, Bd. 2, S. 1423.

3 Ebd., S. 1428.

4 Ehemaliges SED-Bezirksparteiarchiv Berlin BPA IV C – 2/9.02/592, Kopie Archiv Martin Wolfram.

5 Dresen, Adolf, »DT-Konzeption im Stenogramm«, 1973/74. Archiv des Deutschen Theaters Berlin.

6 Brief von Adolf Dresen an die SED-Bezirksleitung vom 30. 10. 1974. Landesarchiv Berlin C-Rep 903-01-04, SED Bezirksleitung Berlin.

7 Siehe u. a. Weigel: Das imaginäre Theater, S. 178. Auf Erich Honeckers erstem Parteitag als SED-Vorsitzender waren im Juni 1971 im Rahmen des Fünfjahresplans wirtschafts- und sozialpolitische Maßnahmen beschlossen worden, die die Versorgung der Bevölkerung mit Konsumgütern verbessern sollten, um die Zufriedenheit der Menschen zu erhöhen. »Konsumsozialismus« war das Schlagwort. In jenen Jahren erreichte die DDR den höchsten Lebensstandard im ganzen Ostblock.

8 »Die Kipper« von Volker Braun, Regie: Klaus Erforth /Alexander Stillmark, Premiere am 2. 4. 1973 in den Kammerspielen.

9 Weigel: Das imaginäre Theater, S. 7.

10 Siehe ebd., S. 89.

11 Der Doppelabend »Prinz Friedrich von Homburg / Der zerbrochne Krug« hatte am 15. Mai 1975 Premiere. Der Abend war gerahmt von weiteren Veranstaltungen.

12 Honigmann: Bilder von A., S. 42.

13 Weigel: Das imaginäre Theater, S. 93.

14 Zitiert nach ebd., S. 248.

15 Erich Honecker zitiert nach Dietrich: Kulturgeschichte der DDR, Bd. 2, S. 126.

16 Klaus Renft (1942–2006), gründete 1958 die Klaus-Renft-Combo, die nach ihrem Verbot 1962 in Butlers umbenannt wurde, die 1964 wegen ihres westlichen

Stils erneut verboten wurde. Ab 1967 durfte sie wieder auftreten, bevor sie 1975 wieder verboten wurde. 1976 Ausreise nach West-Berlin.

17 Kurt Demmler (1943–2009), studierter Arzt und Texter für viele Rockbands der DDR, darunter Silly, Karat, Renft und die Puhdys. Einen seiner berühmtesten Texte schrieb er für Nina Hagen: »Du hast den Farbfilm vergessen«. 2008 wegen Kindesmissbrauch angeklagt, Selbstmord in der Haft.

18 Gerulf Pannach (1948–1998), Liedermacher und Texter, hauptsächlich für Klaus Renft. 1974 Auftrittsverbot. Im November 1976 wegen Protests gegen die Ausbürgerung von Wolf Biermann gemeinsam mit Jürgen Fuchs und Christian Kunert verhaftet und nach acht Monaten Stasi-Haft ausgebürgert und in die BRD abgeschoben.

19 Handschriftlicher Brief von Horst und Inge Sindermann an Gerhard Wolfram und Horst Schönemann vom 22. 2. 1975, zitiert nach einer Abschrift im Archiv Martin Wolfram.

20 Ebd.

21 Staatliche Nachrichtenagentur ADN, zitiert nach Dietrich: Kulturgeschichte der DDR, Bd. 2, S. 1555 f.

22 Landesarchiv Berlin, C-Rep 902 Nr. 4570 SED Bezirksleitung Berlin.

23 BStU MFS Zentralarchiv Allg. P. 3743/83 Band 1 S. 22, zitiert nach Kopien aus dem Archiv Martin Wolfram.

24 Neues Deutschland, 17. 11. 1976, zitiert nach Mittenzwei: Die Intellektuellen, S. 292.

25 Dresen: Der Einzelne und das Ganze, S. 83.

26 Dresen, Adolf: Unannehmbare Entmündigung. Brief an die Betriebsparteiorganisation, in: Ders.: Wieviel Freiheit braucht die Kunst?, S. 142.

27 Zwischenbericht der Arbeitsgruppe der SED-Kreisleitung Berlin-Mitte zur Unterstützung der politisch-ideologischen Arbeit der SED-Grundorganisation des Deutschen Theaters, 8. Mai 1978, S. 5. Kopie Archiv Martin Wolfram.

28 Siehe u. a. Bentzien: Meine Sekretäre und ich, S. 220, 229.

29 Inge Keller in einem Leserbrief an die Zeitung *Neues Deutschland*, zitiert nach Decker, Gunnar: 1965 – der kurze Sommer der DDR, Berlin 2015, S. 225.

30 Mann: »Schöne Vorstellung, S. 96.

31 Ebd., S. 121.

32 Grashof: Kam, sah und stolperte, S. 29.

33 Hanns Anselm Perten (1917–1985), eigentlich Johannes Franz Piotrowski, in Hamburg aufgewachsen, wo er 1938 verhaftet wurde und kurzzeitig ins KZ kam, anschließend Arbeitsdienst und Wehrmacht. 1946 Eintritt in die KPD, Umzug nach Mecklenburg. Von 1952 bis 1970 und 1972 bis 1985 Intendant des Volkstheaters Rostock und Begründer der Störtebecker Festspiele in Ralswiek

auf Rügen. Er kam 1985 unter nie ganz geklärten Umständen ums Leben, es wird von Suizid ausgegangen. Seine Familie hat dies bezweifelt. 2003 wurde Pertens Leichnam auf Antrag der Staatsanwaltschaft in Rostock exhumiert und obduziert. Ein Fremdverschulden konnte jedoch ebenso wenig noch nachgewiesen wie ausgeschlossen werden.

34 Zitiert nach Pietschmann: Hanns Anselm Perten, S. 161 f.

35 Hirschfeld, Georg: Pauline, 1899 von Emil Lessing im Deutschen Theater uraufgeführt – u. a. mit Else Lehmann, Else Heims, Max Reinhardt und Eduard von Winterstein. 1976 spielten u. a. Margit Bendokat, Simone von Zglinicki, Peter Borgelt und Peter Reusse. Der 1873 in Berlin geborene Hirschfeld gehörte zum Kreis um Christian Morgenstern und wurde von Otto Brahm gefördert. Seine Bücher und Stücke wurden 1933 verbrannt. 1942 nahm Hirschfeld sich das Leben.

36 Büchner, Georg: Dantons Tod. Ein Drama, 1. Akt, 2. Szene, in: Werke und Briefe, München 1994, S. 74. Alle Zitate aus dem Stück stammen aus dieser Ausgabe.

37 Ebd.

38 Zitiert nach Grashof: Kam, sah und stolperte, S. 34.

39 Zitiert nach einem Tonbandmitschnitt der Versammlung, Archiv Martin Wolfram.

40 Dresen, Adolf: Den alten Genossen, in: Ders.: Die Leere zwischen den Sternen, S. 178.

41 BStU / Ministerium für Staatssicherheit, Allg. P. 3743783 Band 1 »Auskunftsbericht« vom 22. 6. 1977, Bezirksverwaltung für Staatssicherheit Berlin, Abteilung XX/7, S. 6. Eingesehen wurde eine beglaubigte Kopie im Archiv Martin Wolfram.

42 Ebd.

43 Vom Fiasko zu Fiesko, in: Der Spiegel 11/1984, https://www.spiegel.de/kultur/vom-fiasko-zu-fiesko-a-93613a8f-0002-0001-0000-000013508864 (letzter Zugriff 27. 7. 2023).

44 Wolfram, Gerhard: »Wir waren alle auf der Suche«, Gespräch mit Heinz Klunker, in: Die Deutsche Bühne, Oktober 1990, zitiert nach dem Wiederabdruck in Blätter des Deutschen Theaters, Heft 17/1991, S. 22.

IX Das Ende der Geschichte

1 Nach dem Scheitern von Friedo Solters Faust II-Inszenierung, die das Theater nach der Rekonstruktion hätte eröffnen sollen, wurde stattdessen am 29. 9. 1983 Friedo Solters bereits acht Jahre alte Inszenierung »Tasso« mit Christian Grashof, Fred Düren, Dieter Mann und Gabriele Heinz gezeigt.

2 Bundeszentrale für politische Bildung, https://www.bpb.de/politik/hintergrund-aktuell/293568/ddr-ausreisewelle (letzter Zugriff 27. 7. 2023).
3 Müller, Heiner: »Der Horatier«, in: Mauser, Berlin 1978, S. 53.
4 Müller: Krieg ohne Schlacht, S. 293 f.
5 Zitiert nach Rübesame: Antrag auf Demonstration, S. 8.
6 Mann: Schöne Vorstellung, S. 232 f.
7 Rübesame: Antrag auf Demonstration, S. 10 f.
8 Zitiert nach: https://www.gvoon.de/strafgesetzbuch-stgb-ddr-gesetze-bestimmungen-1977/seite-81-433774.html (letzter Zugriff 30. 7. 2023).
9 Zitiert nach https://www.ddr89.de/texte/erklaerung25.html (letzter Zugriff 28. 7. 2023). Siehe auch: Rübesame: Antrag auf Demonstration, S. 12.
10 Mann: Schöne Vorstellung, S. 239 f.
11 Erklärung von Christa Wolf am 28. 10. 1989, zitiert nach dem Tonbandmitschnitt, Archiv Deutsches Theater Berlin.
12 Walter Janka am 28. 10. 1989, zitiert nach dem Tonbandmitschnitt, Archiv Deutsches Theater.
13 Mit Inge Keller (Frau Alving), Ulrich Mühe (Osvald), Dietrich Körner (Manders), Kurt Böwe (Engstand) und Simone von Zglinicki (Regine).
14 Siehe Schütt: Markus Wolf, S. 134.
15 Schauer-Peust: Mein Deutsches Theater, S. 69. Im März 2000 trennten sich das Deutsche Theater und Rosemarie Schauer wegen schwerwiegender Stasi-Vorwürfe gegen die Co-Intendantin.
16 https://www.ddr89.de/texte/brief9.html (letzter Zugriff 28. 7. 2023).
17 https://web.archive.org/web/20131012065100/http://www.hdg.de/lemo/html/dokumente/DieDeutscheEinheit_aufrufFuerUnserLand/index.html (letzter Zugriff 30. 7. 2023).
18 Theater heute 1/1997, S. 24.
19 Auskunft von Klaus Siebenhaar bei einem Gespräch mit der Autorin am 28. August 2021.
20 Mann: Schöne Vorstellung, S. 248.
21 Ebd., S. 252.
22 Ebd.
23 Ebd.
24 Klaus Siebenhaar in einem Gespräch mit der Autorin am 28. August 2021.
25 Theater spielen, Stücke schreiben im neuen Deutschland. Eine Umfrage unter Theatermachern, Autoren und Kritikern aus der DDR, in: Theater 1990, Jahrbuch der Zeitschrift Theater heute, S. 136 f.
26 Ebd.
27 Zitiert nach Mann: Schöne Vorstellung, S. 249.

28 Als verantwortliche Dramaturgin der Produktion hatte Eva Walch das Programmheft herausgegeben.

29 Seibt, Gustav: Einen Teppich teilen, in: Die Zeit, 31.5.2001, https://www.zeit.de/2001/23/200123_king_lear.xml/seite-2 (letzter Zugriff 28.7.2023).

30 Eberth: Einheit, S.9f.

31 Diese Einsicht verdanke ich dem Dramaturgen Michael »Maik« Hamburger (1931–2020), der mir die Dynamiken, die die damals aufeinanderprallenden Identitäten und Mentalitäten im Theateralltag auslösten, bei einem Gespräch in seiner Pankower Wohnung im September 2015 geschildert hat.

32 Eberth: Einheit, S.24.

33 Ebd.

34 Johann Peter Eckermann (1772–1854) war Schriftsteller und vor allem Sekretär Johann Wolfgang von Goethes. Nach Goethes Tod hatte Eckermann sein bekanntestes Werk »Gespräche mit Goethe in den letzten Jahren seines Lebens« herausgegeben, die u.a. auf Eckermanns Aufzeichnungen vieler Gespräche mit Goethe beruhten.

35 Eberth: Einheit, S.28.

36 Eberth: Einheit, S.28.

37 Aussage von Thomas Langhoff im Zuge der Recherchen für meine 2011 erschienene Wolfgang-Langhoff-Biografie »Den Kommunismus mit der Seele suchen«. Der Vorgang ist auch in Akten nachvollziehbar, die im Archiv der Landeshauptstadt Düsseldorf aufbewahrt sind.

38 »Überlegungen zur Situation der Berliner Theater« von Friedrich Dieckmann, Michael Merschmeier, Ivan Nagel und Henning Rischbieter, im Auftrag des Senators für Kulturelle Angelegenheiten Ulrich Roloff-Momin, Berlin, April 1991, zitiert nach einem Exemplar des sogenannten »Nagel-Gutachtens«, das bei der Pressekonferenz am 8. April 1991 ausgegeben wurde, die dieses Gutachten vorstellte. Roloff-Momin ist zitiert nach einer Erklärung, die dem Gutachten beigefügt war.

39 Ivan Nagel (1931–2021) wurde in Budapest geboren und hatte Krieg, Verfolgung und Holocaust mit seiner Familie im Untergrund überlebt. 1948 flüchtete er in die Schweiz, war später u.a. von 1960 bis 1969 Chefdramaturg an den Münchner Kammerspielen, von 1972 bis 1979 Intendant des Hamburger Schauspielhauses und von 1985 bis 1989 Schauspielintendant in Stuttgart. 1981 gründete er das Festival »Theater der Welt«.

40 Ivan Nagel sowie Henning Rischbieter, Kritiker, Redakteur und Gründer der Zeitschrift *Theater heute* und Michael Merschmeier, Kritiker und Redakteur der Zeitschrift *Theater heute*.

41 Friedrich Dieckmann, Schriftsteller und Dramaturg u.a. am Berliner Ensemble.

42 Das Schillertheater wurde 1993 geschlossen.

43 Zitiert nach dem »Nagel-Gutachten«, S. 15 f.

44 Frei nach Bertolt Brechts Brief an Peter Suhrkamp zum 17. Juni 1953, siehe S. 155 in diesem Buch.

45 »Das Käthchen von Heilbronn« von Heinrich von Kleist, Inszenierung: Thomas Langhoff, Bühne: Piet Hein, Kostüme: Bert Neumann. Mit Dietrich Körner, Daniel Morgenroth, Ulrike Krumbiegel, Lizzy Tempelhof, Käthe Reichel, Jörg Gudzuhn, Dagmar Manzel, Reimar Johannes Baur, Klaus Piontek, Horst Hiemer u. a., Premiere 14. 12. 1991.

46 https://www.deutschlandfunk.de/ritterspektakel-und-maerchenspiel-100.html (letzter Zugriff 28. 7. 2023).

47 Es lebte auch noch Ranghild »Lally« Reinhardt, geb. Stieve (1910 – unbekannt), die Witwe Wolfgang Reinhardts, mit dem sie die drei Söhne Michael (*1938), Thomas (*1940) und Christian (*1943) hatte. Wolfgang und Gottfried Reinhardt entstammten Max Reinhards erster Ehe mit der Schauspielerin Else Heims. Max Reinhardts zweite Ehe mit Helene Thimig war kinderlos. Die Erbengemeinschaft Thimig wurde von dem Schauspieler Michael Heltau vertreten.

48 Siehe auch Zehle: Max Reinhardt, S. 245 f.

49 Jüdische Gemeinde zu Berlin: Max Reinhardt, S. 5.

50 Siehe Reinhardt: Der Liebhaber, S. 399.

51 Ebd.

52 Linde, Christian: Entwicklung der Deutsches National-Theater AG nach 1945, Dokumentation und juristische Auswertung der Rechercheergebnisse. Typoskript vom 8. 10. 1993. Kopie im Besitz der Autorin. Der junge, damals frisch als Anwalt zugelassene Jurist Christian Linde war Mitarbeiter der Kanzlei, die Gottfried Reinhardt vertrat.

53 Schumacher, Ernst: Max Reinhardts Nachfahren erhielten ihren großen »Cirkus« zurück, in: Berliner Zeitung, 17. 2. 1994.

54 Siehe https://eisenmanarchitects.com/The-Max-Reinhardt-Haus-1992 (letzter Zugriff 28. 7. 2023).

55 Zimmer, Dieter E.: Max Reinhardts Nachlass. Drama um Kunst und Kommerz, in: Die Zeit, 29/1994, S. 9 ff.

56 Für sein Buch »Vom deutschen zum ›arischen‹ Theater« hat Bjoern Weigel die Vorgänge um Max Reinhardts Besitz in den Jahren 1934/34 minutiös erforscht und dargelegt.

57 taz, 21. 7. 1994, https://taz.de/!1552168/ (letzter Zugriff 28. 7. 2023).

58 Zitiert nach einer Aufzeichnung der Tagesschau vom 10. 4. 1994: https://www.tagesschau.de/multimedia/video/video1384162.html (letzter Zugriff 28. 7. 2023).

59 Diese Schilderung geht auf ein Gespräch der Autorin mit Gottfried Reinhardts Anwalt Michael Barz am 19. Juni 2016 zurück.

60 Reinhardt: Der Liebhaber, S. 394.

61 Zitiert nach der Aufzeichnung der Veranstaltung im Archiv des Deutschen Theaters.

X In der Zeit stecken, ohne nach ihr zu riechen: ein Epilog

1 Shermin Langhoff, 1969 in der türkischen Stadt Bursa geboren, kam im Alter von neun Jahren nach Deutschland und wuchs in Nürnberg auf. Seit 2012 ist sie Intendantin des Maxim-Gorki-Theaters in Berlin. Ihren Nachnamen verdankt sie ihrer Ehe mit Thomas Langhoffs Sohn Lukas.

2 Im Gespräch mit der Autorin am 28. August 2021.

3 Interview mit Bernd Wilms, Tagesspiegel, 22. 3. 2001, https://www.tagesspiegel.de/kultur/bernd-wilms-im-gesprach-ich-kann-ganz-gut-die-klappe-halten-774394.html (letzter Zugriff 14. 8. 2023).

4 »Faust I« im Jahr 1909 und »Faust II« im Jahr 1911: jeweils mit Friedrich Kayßler in der Titelrolle und Rudolph Schildkraut (1909) bzw. Albert Bassermann (1911) als Mephisto.

5 Ingo Hülsmann, 1963 in Stuttgart geboren.

6 Sven Lehmann, 1965 in Borna geboren, 2013 in Berlin gestorben.

7 Ravenhill, Marc: Shoppen und Ficken, zitiert nach dem Abdruck des Stücks in *Theater heute*, 3/98, S. 64.

8 Unveröffentlichtes Manuskript, Akademie der Künste, Berlin, Wolfgang-Langhoff-Archiv, Nr. 109.

Quellen und Literatur

Archive

Archiv Deutsches Theater Berlin
Archiv Akademie der Künste, Berlin
Bundesarchiv
Deutsches Rundfunkarchiv, Potsdam
Landesarchiv Berlin
Stadtmuseum Berlin, Theatersammlung

Literatur

Adler, Gusti: Aber vergessen Sie nicht die chinesischen Nachtigallen. Erinnerungen an Max Reinhardt, München/Wien 1980

Adorno, Theodor W./Horkheimer, Max: Dialektik der Aufklärung, Amsterdam 1945

Adorno, Theodor W.: Jene zwanziger Jahre, in: Eingriffe. Neun kritische Modelle, Frankfurt am Main 1971

Agde, Günter: Kämpfer. Biografie eines Films, Berlin 2001

Agde, Günter (Hrsg.): Kahlschlag. Das 11. Plenum des ZK der SED 1965. Studien und Dokumente, Berlin 1991

Aufbauleitung Sondervorhaben Berlin/DDR (Hrsg.): Deutsches Theater. Kammerspiele. Rekonstruktion und Wiederaufbau anläßlich des 100-jährigen Bestehens des Deutschen Theaters, Berlin [DDR] 1983

Barnay, Ludwig: Erinnerungen, Berlin 1903/1953

Becher, Johannes R.: Selbstzensur, in: Sinn und Form, Drittes Heft, Berlin [DDR] 1988

Benjamin, Walter: Ursprung des deutschen Trauerspiels, Frankfurt am Main 1978

Benjamin, Walter: Das Kunstwerk im Zeitalter seiner technischen Reproduzierbarkeit, Frankfurt am Main 1974

Bentzien, Hans: Meine Sekretäre und ich, Berlin 1995

Berger, Christel: Friedrich Wolf 1953. Eine unvollständige Biografie rückwärts, Berlin 2006

Bergmann, Ernst: Der Fall Reinhardt oder der künstlerische Bankrott des Deutschen Theaters zu Berlin, Berlin 1906

Biedrzynski, Richard: Schauspieler. Regisseure. Intendanten, Heidelberg/Berlin/Leipzig 1944

Biermann, Wolf: Warte nicht auf bessre Zeiten. Die Autobiografie, Berlin 2017

Böhm, Guido: Vorwärts zu Goethe? Faust-Aufführungen in der DDR, Berlin 2015

Bonnell, Andrew G.: Shylock in Germany: Antisemitism and The German Theatre from The Enlightment to the Nazis, London/New York 2008

Braulich, Heinrich: Max Reinhardt. Theater zwischen Traum und Wirklichkeit. Berlin [DDR] 1969
Braun, Matthias: Drama um eine Komödie. Das Ensemble von SED und Staatssicherheit, FDJ und Ministerium für Kultur gegen Heiner Müllers »Die Umsiedlerin oder Das Leben auf dem Lande« im Oktober 1961, Berlin 1995
Brecht, Bertolt: Schriften zum Theater, Bd. 7, Berlin/Weimar 1964
Brecht, Bertolt: Briefe 1913–1956, Bd. 1 Texte, Bd. 2 Anmerkungen, hrsg. u. kommentiert von Günter Glaeser, Berlin/Weimar 1983
Demps, Laurenz (Hrsg.): Luftangriffe auf Berlin. Die Berichte der Hauptluftschutzstelle 1940–1945, Schriftenreihe des Landesarchivs Berlin, Bd. 16, Berlin 2012
Dieckmann, Friedrich: Deutsche Daten oder der lange Weg zum Frieden, Göttingen 2009
Dietrich, Gerd: Kulturgeschichte der DDR, 3 Bände, Göttingen 2019
Diezel, Peter: Exiltheater in der Sowjetunion 1932–1937, Berlin [DDR] 1978
Dillmann, Michael: Heinz Hilpert. Leben und Werk, Berlin 1990
Dreifuss, Alfred: Deutsches Theater Berlin. Schumannstraße 13a, Berlin [DDR] 1983
Dresen, Adolf: Siegfrieds Vergessen. Kultur zwischen Konsens und Konflikt, Berlin 1992
Dresen, Adolf: Wieviel Freiheit braucht die Kunst? Reden, Briefe, Verse, Spiele, Berlin 2000
Dresen, Adolf: Die Leere zwischen den Sternen. Geschichten, Gedichte und Träume, hrsg. von Maik Hamburger, Renate Rätz, Alexander Weigel, Archiv-Blätter 20, Akademie der Künste, Berlin 2010
Dresen, Adolf: Der Einzelne und das Ganze. Zur Kritik der Marxschen Ökonomie, hrsg. von Friedrich Dieckmann, Berlin 2012
Drews, Wolfgang: Die klirrende Kette, Baden-Baden 1947
Durieux, Tilla: Eine Tür steht offen, Berlin [West] 1954
Dymschitz, Alexander: Ein unvergesslicher Frühling, Berlin [DDR] 1970
Eberth, Michael: Einheit. Berliner Theatertagebücher 91–96, Berlin 2015
Engel, Erich: Schriften. Über Theater und Film, Berlin [DDR] 1971
Epstein, Max: Das Theatergeschäft, in: Die Schaubühne, VIII. Jahrgang, Nr. 50, 12. 12. 1912
Esche, Eberhard: Der Hase im Rausch, Berlin 2000
Esche, Eberhard: Wer sich grün macht, den fressen die Ziegen, Berlin 2006
Fetting, Hugo (Hrsg.): Otto Brahm. Theater. Dramatiker. Schauspieler, Berlin [DDR] 1961
Friedmann, Siegwart: Vertrauliche Theaterbriefe. Erinnerungen, Berlin 1909
Frisch, Max: Tagebuch 1946–1949, Frankfurt am Main 1963

Gabert, Josef/Preiß, Lutz (Hrsg.): SED und Stalinismus. Dokumente aus dem Jahr 1956, Berlin 1990

Granach, Alexander: Du mein liebes Stück Heimat. Briefe an Lotte Lieven aus dem Exil, hrsg. von Angelika Wittlich/Hilde Recher, Augsburg 2008

Grashof, Christian: Kam, sah und stolperte. Gespräche mit Hans-Dieter Schütt, Berlin 2018

Haase, Friedrich: Was ich erlebte. 1846 bis 1896, Berlin o.J.

Hacks, Peter: Das Poetische. Ansätze einer postrevolutionären Dramaturgie, Frankfurt am Main 1972

Hacks, Peter: Die Maßgaben der Kunst, Frankfurt am Main 2010

Hasche, Christa/Schilling, Traute/Feinbach, Joachim: Theater in der DDR. Chronik und Positionen, Berlin 1994

Hay, Julius: Geboren 1900. Erinnerungen, Reinbek 1971

Hecht, Werner: Brecht-Chronik 1898–1956, Frankfurt am Main 1998 (2. Aufl.)

Heininger, Konstanze: Ein Traum von großer Magie: Die Zusammenarbeit von Hugo von Hofmannsthal und Max Reinhardt, München 2015

Herbst, Andreas/Weber, Hermann: Deutsche Kommunisten. Biografisches Handbuch 1918–1945, Berlin

Heym, Stefan: Nachruf, Berlin 1990

Hilpert, Heinz: Formen des Theaters, Reden und Aufsätze, Wien o.J.

Hilpert, Heinz: Liebe zum Theater, Berlin 1967

Hilpert, Heinz: So wird alles Schwere entweder leicht oder Leben. Tagebuch für Nuschka, Stuttgart 2011

Hirner, Andrea: Die Todesparzenschönheit. Helene Prinzessin Racowitza – Ein Münchner Kind in der Fremde, München 2011

Honigmann, Barbara: Das Schiefe, das Ungraziöse, das Unmögliche, das Unstimmige. Rede zur Verleihung des Kleist-Preises, in: Kleist-Jahrbuch 2001, Heidelberg 2001

Honigmann, Barbara: Bilder von A., München 2011

Honigmann, Barbara: Georg, München 2019

Huesmann, Heinrich: Welttheater Reinhardt. Bauten, Spielstätten, Inszenierungen, München 1983

Ihering, Herbert: Regie, Berlin 1943

Ihering, Herbert: Theaterstadt Berlin. Ein Almanach, Berlin 1948

Ihering, Herbert: Von Reinhardt bis Brecht. Vier Jahrzehnte Theater und Film, 3 Bände, Berlin 1961

Jacobsohn, Siegfried: Das Theater der Reichshauptstadt, München 1904

Jacobsohn, Siegfried: Max Reinhardt, Berlin 1921

Janka, Walter: Schwierigkeiten mit der Wahrheit, Hamburg 1989

Jüdische Gemeinde zu Berlin (Hrsg.): Max Reinhardt. Ausstellungskatalog, Berlin [West] 1987
Kahane, Arthur: Tagebuch eines Dramaturgen, Berlin, 1928
Kahane, Arthur, Theater, Berlin 1930
Karsch, Walther: Wort und Spiel. Aus der Chronik eines Theater-Kritikers 1945–1962, Berlin 1962
Kaznelson, Siegmund (Hrsg.): Juden im deutschen Kulturbereich, Berlin [West] 1959
Kerr, Alfred: Mit Schleuder und Harfe. Theaterkritiken aus drei Jahrzehnten, hrsg. von Hugo Fetting, Berlin [West] 1982
Kipphardt, Heinar: Deutsches Theater. Bericht über 10 Jahre, Berlin [DDR] 1957
Kipphardt, Heinar: Schreibt die Wahrheit! Essays. Briefe. Entwürfe. Bd. 1: 1949–1964, Reinbek 1989
Koberg, Roland/Stegemann, Bernd/Thomsen, Henrike (Hrsg.): Max Reinhardt und das Deutsche Theater. Texte und Bilder aus Anlass des 100-jährigen Jubiläums seiner Direktion, Blätter des Deutschen Theaters, Berlin 2005
Kortner, Fritz: Aller Tage Abend, München 1969
Krampitz, Karsten: 1976. Die DDR in der Krise, Berlin 2016
Krivanec, Eva: Kriegsbühnen. Theater im Ersten Weltkrieg. Berlin, Lissabon, Paris und Wien, Bielefeld 2012
Krull, Edith: Wolfgang Langhoff, Berlin 1962
Kurella, Alfred: Der Mensch als Schöpfer seiner selbst. Beiträge zum sozialistischen Humanismus, Berlin 1958
Kurella, Alfred: Zwischendurch. Verstreute Essays 1934–1940, Berlin/Weimar 1961
Kursbuch Heft 111: In Sachen Erich Honecker, Berlin 1993
Kuschnia, Michael (Hrsg.): 100 Jahre Deutsches Theater Berlin 1883–1983, Berlin 1983
L'Arronge, Adolphe: Deutsches Theater und deutsche Schauspielkunst, Berlin 1896
L'Arronge, Gerhart: Das Löwenhaupt von Berlin, Unveröffentlichtes Manuskript, 1977, Stadtmuseum, Berlin
Liebmann, Irina: Wäre es schön? Es wäre schön! Mein Vater Rudolf Herrnstadt, Berlin 2008
Linzer, Martin: Alexander Lang. Abenteuer Theater, Berlin [DDR] 1987
Lukács, Georg: Die Theorie des Romans. Ein geschichtsphilosophischer Versuch über die Formen der großen Epik (1914/15), München 1974
Luft, Friedrich: Berliner Theater 1945–1961, Hannover 1961
Luft, Friedrich: Stimme der Kritik I. Berliner Theater 1945–1965, Berlin 1982
Maas, Liselotte: Das Friedrich-Wilhelmstädtische Theater unter der Direktion von Friedrich Deichmann in der Zeit zwischen 1848 und 1860, Dissertation FU Berlin, 1961

Mann, Dieter: Schöne Vorstellung. Eine Autobiografie in Gesprächen mit Hans-Dieter Schütt, Berlin 2016

Martersteig, Max: Das deutsche Theater im 19. Jahrhundert, Leipzig 1904

Marx, Peter W.: Max Reinhardt. Vom bürgerlichen Theater zur Metropolitanen Kultur, Tübingen 2006

May, Gisela: Mit meinen Augen, Berlin [DDR] 1976

Mayer, Hans: Ein Deutscher auf Widerruf. Erinnerungen, Frankfurt am Main 1988

Mayer, Hans: Der Turm von Babel. Erinnerungen an eine Deutsche Demokratische Republik, Frankfurt am Main 1991

Mellies, Otto: An einem schönen Sommermorgen ..., Erinnerungen, Berlin 2010

Meiszies, Winrich: Wolfgang Langhoff. Theater für ein gutes Deutschland, Düsseldorf 1992

Mittenzwei, Werner, et al.: Theater in der Zeitenwende. Zur Geschichte des Dramas und des Schauspieltheaters in der DDR 1945–1968, 2 Bände, Berlin [DDR] 1972

Mittenzwei, Werner: Das Leben des Bertolt Brecht oder der Umgang mit den Welträtseln, Berlin [DDR] 1986

Mittenzwei, Werner: Die Intellektuellen. Literatur und Politik in Ostdeutschland von 1945 bis 2000, Leipzig 2001

Mittenzwei, Werner: Zwielicht. Auf der Suche nach dem Sinn einer vergangenen Zeit, Leipzig 2004

Müller sen., André: Gespräche mit Hacks 1963–2003, Berlin 2008

Müller, Heiner: Krieg ohne Schlacht. Leben in zwei Diktaturen. Köln 1992/1994

Müller, Henning: Theater der Restauration. Westberliner Bühnen, Kultur und Politik im Kalten Krieg, Berlin [West] 1981

Müller, Reinhard (Hrsg.): Die Säuberung. Moskau 1936: Stenogramm einer geschlossenen Parteiversammlung, Reinbek 1991

Müller, Reinhard: Menschenfalle Moskau. Exil und stalinistische Verfolgung, Hamburg 2001

Naumann, Uwe/Töteberg, Michael: In der Sache Heinar Kipphardt, Marbacher Magazin, 60/1992

Neubert-Herwig, Christa (Hrsg.): Benno Besson. Theater spielen in acht Ländern. Texte, Dokumente, Gespräche, Berlin 1998

Nir-Vered, Bettina/Müller, Reinhard/Reznikova, Olga/Scherbakowa, Irina (Hrsg.): Carola Neher. Gefeiert auf der Bühne, gestorben im Gulag. Kontexte eines Jahrhundertschicksals, Berlin 2016

Pietschmann, Michael Stefan: Hanns Anselm Perten – Ein Leben für das Theater. Eine Künstlerbiografie, Baden-Baden 2019

Raeck, Kurt: Das Deutsche Theater Berlin unter der Direktion Adolphe L'Arronge, Berlin 1928

Reichardt, Hans J./Schäche, Wolfgang (Hrsg.): Von Berlin nach Germania. Über die Zerstörung der Reichshauptstadt durch Albert Speers Neugestaltungsplanungen, Berlin [West] 1985
Reimann, Brigitte: Tagebücher, 2 Bände, Berlin 1998 (3. Aufl.)
Reinhardt, Gottfried: Der Liebhaber, München/Zürich 1973
Reinhardt, Max: Schriften, Berlin [DDR] 1974
Reinhold, Ursula/Schlenstedt, Dieter/Tanneberger, Horst (Hrsg.): Erster Deutscher Schriftstellerkongress 4. bis 8. Oktober 1948, Berlin 1997
Rilla, Paul: Essays, Berlin [DDR] 1955
Rilla, Paul: Theaterkritiken, Berlin [DDR] 1978
Rischbieter, Henning (Hrsg.): Durch den eisernen Vorhang. Theater im geteilten Deutschland, Berlin 1999
Roloff-Momin, Ulrich: Zuletzt Kultur, Berlin 1997
Rübesame, Hans (Hrsg.): Antrag auf Demonstration. Die Protestversammlung im Deutschen Theater am 15. Oktober 1989, Berlin 2010
Sandvoß, Hans-Rainer: Die »andere« Reichshauptstadt. Widerstand aus der Arbeiterbewegung in Berlin von 1933 bis 1945, Berlin 2007
Saunders, Frances Stonor: Who Paid The Piper? The CIA and the Cultural Cold War, London 1999
Schaper, Rüdiger: Moissi. Triest, Berlin, New York. Eine Schauspielerlegende, Berlin 2000
Schauer-Peust, Rosemarie: Mein Deutsches Theater, Berlin 2009
Schiller, Friedrich: Was kann eine gute stehende Schaubühne eigentlich wirken?, in: Vom Pathetischen und Erhabenen. Schriften zur Dramentheorie, Stuttgart 2009
Schivelbusch, Wolfgang: Vor dem Vorhang. Das geistige Berlin 1945–1948, Frankfurt am Main 1997
Schivelbusch, Wolfgang: Lichtblicke. Zur Geschichte der künstlichen Helligkeit im 19. Jahrhundert, Frankfurt am Main 2004
Seydel, Renate (Hrsg.): Verweile doch … Erinnerungen von Schauspielern des Deutschen Theaters Berlin, Berlin [DDR] 1984
Schlenther, Paul (Hrsg.): Otto Brahm. Kritische Schriften, 2 Bände, Berlin 1915
Schlögel, Karl: Terror und Traum. Moskau 1937, München 2008
Schütt, Hans-Dieter: Inge Keller. Alles aufs Spiel gesetzt, Berlin 2007
Schütt, Hans-Dieter: Spielzeit Lebenszeit: Thomas Langhoff, Berlin 2008
Schütt, Hans-Dieter: Markus Wolf. Letzte Gespräche, Berlin 2007
Sinsheimer, Hermann: Shylock und andere Schriften zu jüdischen Themen, hrsg. Deborah von Vietor-Engländer/Jonathan Skolnik, Berlin 2017
Slevogt, Esther: Den Kommunismus mit der Seele suchen. Wolfgang Langhoff, ein deutsches Künstlerleben, Köln 2011

Slevogt, Esther: Auf dem Platz neben Brecht. Egon Monks Jahre am Berliner Ensemble 1949–1953, in: Schumacher, Julia/Stuhlmann, Andreas (Hrsg.): Die »Hamburgische Dramaturgie« der Medien. Egon Monk (1927–2007), Marburg 2017

Slevogt, Esther: Nachruf auf Alexander Weigel, in: Kleist-Jahrbuch 2020, Heidelberg 2020

Sontheimer, Michael/Wensierski, Peter: Berlin – Stadt der Revolte, Berlin 2018

Strittmatter, Erwin: Der Zustand meiner Welt. Aus den Tagebüchern 1974–1995, Berlin 2016

Stuber, Petra: Spielräume und Grenzen. Studien zum DDR-Theater, Berlin 1998

Thiele, André (Hrsg.): Mitteilungen zu Leben, Werk und Nachwelt des Dichters Peter Hacks, Argos, zweites Heft, Mainz 2010

Szondi, Peter: Die Theorie des bürgerlichen Trauerspiels im 18. Jahrhundert, Frankfurt am Main 1973

Uexküll, Gösta von: Ferdinand Lassalle in Selbstzeugnissen und Bilddokumenten, Reinbek 1974

Ullmann, Petra/Wolf, Sabine (Hrsg.): Die Regierung ruft die Künstler: Dokumente zur Gründung der Deutschen Akademie der Künste (DDR) 1945–1953, Berlin 1993

Unruh, Walther: ABC der Theatertechnik, Halle/Saale 1950

Vietor-Engländer, Deborah: Faust in der DDR, Berlin/New York/Oxford 1987

Waack, Renate: Wolfgang Heinz, Berlin [DDR] 1980

Wangenheim, Inge von: Auf weitem Feld, Berlin [DDR] 1954

Wangenheim, Laura von: In den Fängen der Geschichte. Inge von Wangenheim. Fotografien aus dem sowjetischen Exil 1933–1945, Berlin 2013

Weddigen, Otto: Geschichte der Theater Deutschlands, Berlin 1899

Weigel, Alexander: Das Deutsche Theater. Eine Geschichte in Bildern, Berlin 1999

Weigel, Alexander: Das imaginäre Theater Heinrich von Kleists, Heilbronn 2015

Weigel, Bjoern: Das Deutsche Theater, in: Kubanek, Bettina (Hrsg.): Verraten und verkauft. Jüdische Unternehmen in Berlin 1933–1945, Berlin 2009

Weigel, Bjoern: Vom deutschen zum »arischen« Theater. Die Verdrängung jüdischer Theaterunternehmer in Berlin in der NS-Zeit, Berlin, 2017

Weigel, Helene: »Wir sind zu berühmt, um überall hinzugehen«. Briefwechsel 1935–1971, hrsg. von Stefan Mahlke, Berlin 2000

Winterstein, Eduard von: Mein Leben und meine Zeit, 2 Bände, Berlin 1947

Wizisla, Erdmut (Hrsg.): »ich lerne: gläser + tassen spülen«. Bertolt Brecht, Helene Weigel – Briefe 1923–1956, Berlin 2012

Wolle, Stefan: Der große Plan. Alltag und Herrschaft in der DDR 1949–1961, Berlin 2013

Worbs, Dietrich: Komödie und Theater am Kurfürstendamm, München/Berlin 2007
Wulf, Joseph: Theater und Film im Dritten Reich. Eine Dokumentation, Gütersloh 1964
Zehle, Sibylle: Max Reinhardt. Ein Leben als Festspiel, Wien 2020

Abbildungsnachweis

Akademie der Künste, Berlin: S. 132 (Bertolt-Brecht-Archiv, 1536/18)

Archiv Deutsches Theater Berlin: S. 104; S. 184 (Dietlind Krönig); S. 194; S. 205; S. 208 (Dietlind Krönig); S, 223 (Gisela Brandt); S. 231; S. 247; S. 259 (Pepita Engel)

Bridgeman Images: S. 97 (SZ Foto, SZT5179636)

bpk-Bildagentur: Frontispiz (Bildarchiv Marburg, 70363443); S. 77 (Herbert Hoffmann, 10002231); S. 107 (Willi Saeger, 30017708)

Bundesarchiv: S. 166 (Eva Kemlein, Bild 183-21621-0003); S. 177 (DY 30/89080); S. 186 (Heinz Junge, Bild 183-65904-0001); S. 257 (Rainer Mittelstädt, Bild 183-1983-0929-049); S. 281 (Hubert Link, Bild 183-19891104-034)

Drama Berlin: S. 309 (Wolfhard Theile, drama-berlin.de)

Österreichische Nationalbibliothek Wien: S. 52 (203.675-D)

Stiftung Stadtmuseum Berlin: S. 10 (Globophot Pressedienst/Reproduktion: Dorin Alexandru Ionita, Berlin, Inv.-Nr.: TA 00/1144 VF); S. 17 (J. Goldiner Verlag/Reproduktion: Dorin Alexandru Ionita, Berlin, Inv.-Nr.: IV 61/3570 V); S. 29; S. 39 (F. Albert Schwartz, Fotografisches Atelier/Reproduktion: Dorin Alexandru Ionita, Berlin, Bildnummer/Signatur: V 68–1916a); S. 54 (Reproduktion: Dorin Alexandru Ionita, Berlin, Bildnummer/Signatur TA 00–1146 VF); S. 55 (Globophot Pressedienst/Reproduktion: Dorin Alexandru Ionita, Berlin, TA 00–1143 VF); S. 102 (Eva Kemlein/Reproduktion: Friedhelm Hoffmann, Berlin, Inv.-Nr.: SM 2015–0465); S. 234 (Wolfgang Utzt, Inv.-Nr.: TA 08/270,4 MR); S. 273 (Ludwig Binder/Reproduktion: Friedhelm Hoffmann, Berlin, Inv.-Nr.: SM 2018–02214)

ullstein bild: S. 75 (00820993); S. 88 (Rene Fosshag, 00318960); S. 149 (Erich Engel, 02977508)

Laura von Wangenheim: S. 117 (Inge von Wangenheim, Thüringisches Staatsarchiv)

Peter Woelck: S. 226

Register

H

M

S

T

Z

Dank

Neben Literatur und Archivmaterial gehören Gespräche und Korrespondenzen zum Fundament, auf das dieses Buch gebaut ist. Sie haben Verständnisräume eröffnet und Bezüge erhellt, Brücken zwischen den Zeiten geschlagen, Informationen vertieft oder bekräftigt.

Alexander Weigel danke ich für die Großzügigkeit, mit der er bis zu seinem Tod im Jahr 2020 sein enzyklopädisches Wissen über das Deutsche Theater mit mir geteilt hat, dem er viele Jahrzehnte als Dramaturg angehörte und über das er ein Standardwerk verfasst hat.

Ein besonderer Dank geht an Karl Sand, den langjährigen Leiter des Archivs des Deutschen Theaters, durch das er mich stets zuverlässig navigierte, und schließlich noch das Manuskript zu diesem Buch einer sorgfältigen kritischen Durchsicht unterwarf.

Unverzichtbar für dieses Buch ist Silke Panzner gewesen, die dem DT seit ihrer Kindheit (durch ihre hier tätige Mutter) verbunden war, zuletzt als Assistentin von Intendant Thomas Langhoff. Ihre Netzwerke reichen ebenso tief in die Geschichte dieses Theaters wie ihr Wissen.

Dank auch an Frank Splanemann und Simone von Zglinicki, die stets die entlegensten Fragen zur Geschichte dieses Hauses (die sie teilweise mitgestaltet haben) beantworten konnten – und am Ende das Manuskript kritisch prüften.

Martin Wolfram danke ich für intensive Gespräche über seinen Vater Gerhard Wolfram und die DDR – und vor allem die vertrauensvolle Überlassung für dieses Buch relevanter Teile seines Privatarchivs. Dank auch an Klaus Wolfram für Einblicke in Leben und Arbeit seines Vaters Gerhard und in die Jahre 1989/90.

Dank an Christian Grashof für Einblicke in die Komplexität der 1970er und 80er Jahre sowie die Arbeit mit Alexander Lang und Friedo Solter während der Intendanz von Gerhard Wolfram.

Dieter Mann (1941–2022) danke ich für die unterstützende Haltung zu meiner Arbeit an diesem Buch.

Michael Barz und Christian Linde gilt ein besonderer Dank für ihre Schilderung der Begegnungen mit Gottfried Reinhardt, den sie als Anwälte im Restitutionsverfahren vertreten haben. Darüber hinaus haben sie mir umfangreiche Informationen und Erläuterungen zum Restitutionsverfahren selbst gegeben.

Margit Bendokat danke ich für die Schilderung ihrer imaginären Beziehung zur Stimme von Alexander Moissi, Ulrich Matthes für das Teilen seiner Erinnerung an Elisabeth Bergner, der er als junger Schauspieler in den 1980er Jahren begegnete, als sie die Ehrenmitgliedschaft des Deutschen Theaters erhielt. Darüber hinaus danke ich ihm für einen wichtigen Zeittunnel, den er für mich in einem langen Gespräch aus der Vergangenheit des Deutschen Theaters in seine Gegenwart baute.

Gabriele Heinz gilt mein Dank für die Erinnerung an ihre Eltern Erika Pelikowsky und Wolfgang Heinz. Viel bedeutet hat mir auch ihre Schilderung des Bruchs in der Geschichte des Deutschen Theaters, die für sie als langjähriges Mitglied des Ensembles mit dem Beginn der Intendanz von Bernd Wilms verbunden waren. Johanna Schall hat das Manuskript geprüft und manche wertvolle Information zu seinem Entstehen beigesteuert. Ein großer Dank dafür.

Dank an Hans Nadolny und Susanne Thelemann, die ihre Sicht auf die Zeit mit mir teilten, in der sie jeweils an Schaltstellen in der Dramaturgie des Deutschen Theaters arbeiteten. Insbesondere danke ich dem langjährigen DT-Dramaturgen Michael »Maik« Hamburger (1931–2020) für seine mentalitätsgeschichtlichen Tiefenanalysen sowie manch zeitgeschichtliches Detail. Bei Blanche Kommerell bedanke ich mich für die vertrauensvolle Überlassung von Archivalien aus dem Besitz ihres Mannes Alexander Weigel. Der Dramaturg Michael Eberth hat meinen Blick insbesondere auf die Jahre nach 1989/90 geschärft. Roland Koberg danke ich für ein Gespräch über seine Zeit als Dramaturg während der Intendanz von Bernd Wilms. Dank auch an Rosemarie Schauer für ein Gespräch über ihre langjährige Tätigkeit am DT, zuletzt als stellvertretende Intendantin. Klaus Siebenhaar hat mit viel Detailwissen und Humor mir die Jahre nach 1989/90 geschildert und war stets ansprechbar für Detailfragen. Auch dafür mein Dank!

Unverzichtbar für dieses Buch war Bärbel Reißmann, Leiterin der Theatersammlung des Stadtmuseums Berlin. Ein Dank außerdem an Stephan Dörschel, Leiter des Archivs Darstellende Kunst der Akademie der Künste, Berlin. Eine wichtige Informationsquelle waren außerdem die (unveröffentlichten) Interviews mit Protagonisten des DDR-Theaters und der Jahre um 1989/90, die Sabine Zolchow vom Archiv Darstellende Kunst der Akademie der Künste geführt hat.

Hans-Rainer Sandvoß von der Gedenkstätte Deutscher Widerstand in Berlin danke ich für seine Informationen zur Widerstandsgruppe im DT während der Nazi-Zeit. Bei Jana Hensel bedanke ich mich für ein Gespräch über die DDR der 1970er Jahre und wichtige Literaturhinweise. Anja Scholtyssek und Pamela Talenta schulde ich Dank für Informationen und Navigationshilfen durch gegenwärtige und vergangene Senatskanzleien für Kultur in Berlin.

Darüber hinaus ist in dieses Buch Material aus Gesprächen eingeflossen, die ich im Kontext der Arbeit an meiner 2011 erschienenen Wolfgang-Langhoff-Biografie »Den Kommunismus mit der Seele suchen« geführt habe, darunter Hans Bentzien (1927–2015), von 1961 bis 1965 Minister für Kultur der DDR, und Inge Keller (1923–2017), die mich im Wohnzimmer ihres »Tauris« genannten Hauses in Berlin-Niederschönhausen mit den Worten empfing: »Setzen Sie sich, mein Kind. Sie müssen sehr aufgeregt sein.«

Mein besonderer Dank gilt Ulrich Khuon, dem langjährigen Intendanten des Deutschen Theaters, der die Arbeit an diesem Buch angestoßen hat. Ich danke meiner Lektorin Maike Nedo für das ebenso genaue wie kundige Lektorat. Dank außerdem an Agnes Neuhaus-Theil für die unterstützende Begleitung meiner Arbeit. Ein Spezialdank für meinen Mann Henryk Birnbach.